독자의 1초를 아껴주는 정성!

세상이 아무리 바쁘게 돌아가더라도
책까지 아무렇게나 빨리 만들 수는 없습니다.
인스턴트 식품 같은 책보다는
오래 익힌 술이나 장맛이 밴 책을 만들고 싶습니다.

길벗이지톡은 독자 여러분이
우리를 믿는다고 할 때 가장 행복합니다.
나를 아껴주는 어학 도서,
길벗이지톡의 책을 만나보십시오.

독자의 1초를 아껴주는
정성을 만나보십시오.

미리 책을 읽고 따라해본 2만 베타테스터 여러분과
무따기 체험단, 길벗스쿨 엄마 2% 기획단,
시나공 평가단, 토익 배틀, 대학생 기자단까지!
믿을 수 있는 책을 함께 만들어주신 독자 여러분께 감사드립니다.

(주)도서출판 길벗 www.gilbut.co.kr
길벗이지톡 www.gilbut.co.kr
길벗스쿨 www.gilbutschool.co.kr

mp3 파일 다운로드

길벗 홈페이지(www.gilbut.co.kr)로 오시면 mp3 파일 및 관련 자료를 다양하게 이용할 수 있습니다.

1단계	도서명 ▼ [ ] 검색 에 찾고자 하는 책 이름을 입력하세요.
2단계	검색한 도서로 이동하여 〈자료실〉 탭을 클릭하세요.
3단계	mp3 파일 및 다양한 자료를 받으세요.

드라마 중국어회화

핵심패턴

233

드라마 중국어회화 핵심패턴 233
233 Essential Patterns for Conversation in Chinese Drama

초판 발행 · 2014년 5월 10일
초판 8쇄 발행 · 2021년 2월 15일

지은이 · 임대근, 高瑜
발행인 · 이종원
발행처 · (주)도서출판 길벗
브랜드 · 길벗이지톡
출판사 등록일 · 1990년 12월 24일
주소 · 서울시 마포구 월드컵로 10길 56(서교동)
대표 전화 · 02)332-0931 | **팩스** · 02)323-0586
홈페이지 · www.gilbut.co.kr | **이메일** · eztok@gilbut.co.kr

기획 및 책임 편집 · 오윤희(tahiti01@gilbut.co.kr) | **디자인** · 박수연 | **제작** · 이준호, 손일순, 이진혁
영업마케팅 · 김학흥, 장봉석 | **웹마케팅** · 이수미, 최소영 | **영업관리** · 심선숙 | **독자지원** · 송혜란, 윤정아

편집진행 및 교정 · 정윤주 | **삽화** · 김혜연 | **전산편집** · 박진형 | **오디오 녹음** · 와이알미디어
인쇄 · 북토리 | **제본** · 신정문화사

ISBN 978-89-6047-851-0 03720
(길벗 도서번호 300743)

정가 15,800원

드라마 속 패턴만 익히면 나도 주인공처럼 말할 수 있다!

드라마 중국어회화

핵심패턴 233

임대근, 高瑜 지음

머리말

외국어를 익히는 데 있어서 '패턴'은 아무리 강조해도 지나치지 않습니다. 외국어를 자기 것으로 만드는 가장 빠르고 정확한 방법이 바로 패턴이기 때문이지요. 제가 중국어를 처음 배우던 20여 년 전, 그때도 중요한 패턴을 외우고 단어를 바꿔 넣어가며 열심히 연습했던 기억이 나네요. 오랜 시간이 흘렀지만 패턴의 위력은 여전히 막강합니다.

왜 그럴까요?

그건 대부분 어른이 되어 중국어를 배우기 때문입니다. 우리가 한국말을 배운 것처럼 중국어를 배운다면, 패턴은 저절로 익혀지겠지요. 하지만 우리는 어린아이들이 중국어를 배우는 것과 같은 단계를 재빨리 뛰어넘어 낯선 표현들을 문장 단위로 익혀야 하지요.

어린아이들은 단어만으로 자기 뜻을 표현하는 단계를 오랫동안 거칩니다. 엄마를 보고 안쓰러운 눈빛으로 "엄마, 엄마!", "맘마, 맘마!"라고만 말해도 자기가 필요한 모든 것을 얻어낼 수 있지요. 하지만 여러분이 잘 아는 어떤 친구가 중국어를 배웠다고 해서 저런 식으로 말하는 모습을 생각해 보세요.
"妈妈, 妈妈!", "吃饭, 吃饭!" 아, 상상하셨나요? 전 좀 끔찍하네요.

우리는 중국어를 배우면서 하고 싶은 이야기가 많습니다. 세계 경제의 흐름도, 유럽의 아름다운 풍경도, 유구한 동양의 역사도, 아픈 전쟁의 참상도, 달콤한 사랑의 밀어까지 모두 말해보고 싶지요. 이런 말들을 잘하려면 어떻게 해야 할까요?

자, 다음 말을 중국어로 한번 바꿔 봅시다.
"우리 엄마는 날 어린애로 생각해."

갑자기 머릿속이 하얘지나요? 그럼, 바로 이 책을 집어 들고 패턴 연습을 시작해야 합니다.
"我妈把我看成一个孩子。"

여기서 중요한 패턴은 '把…看成…'(~을 ~으로 생각하다)이에요. 이 패턴을 잘 익혔다면 이제 우리는 무한히 많은 이야기를 할 수 있게 됩니다.

"저는 이 차를 택시로 봤어요."
"저는 오늘을 일요일로 생각했어요."
"그들은 그것을 지진이라고 착각했습니다."

놀랍지 않은가요? 패턴에 단어만 바꿔 넣으면, 이런 말들을 다 할 수 있게 되니까요. 위의 문장들을 중국어로 어떻게 말하는지는 이 책을 통해서 확인해 보세요.

그렇다면 중국 사람들이 가장 많이 쓰는 패턴은 어떻게 가려낼 수 있을까요? 만일 외국인이 한국어를 배우고 싶다면서, 일상생활에서 가장 자주 쓰는 한국어 문장의 패턴을 어떻게 알 수 있느냐고 물어온다면 여러분은 어떻게 대답하실래요?

중국 사람들이 일상적으로 쓰는 현장의 중국어를 가장 잘 담고 있는 콘텐츠, 바로 드라마이지요. 중국 드라마, 줄여서 '중드'에서 패턴을 뽑아 연습하면 그 어느 교재보다 현장감 있고 활용도가 높은 문장들을 익힐 수 있습니다.

이런 생각에 따라 패턴을 고르다 보니, 문장을 구조적으로 만들어주는 경우가 아니더라도 자주 쓰는 표현들은 중요한 패턴이라고 보았습니다. 이제 여러분은 중국어를 말하는 데 가장 중요한 패턴 233개를 익히게 됩니다. 233개 패턴을 잘 익혀두면 그 효과는 백 배, 천 배로 나타날 겁니다.

한국인과 중국인으로 팀을 이룬 지은이들은 책을 만드는 과정 내내 한국인으로서 중국어를 배울 때 꼭 필요한 핵심을 정리하고 가장 중국어다운 표현을 다듬어내기 위해 서로 도우며 작업했습니다.

기본 패턴과 패턴을 활용한 예문들, 드라마 대사들을 원어민의 녹음을 들으며 큰 소리로 열 번, 스무 번 반복해서 읽어 보세요. 그러면 어느새 자신의 중국어가 마치 단단한 철골처럼 성장해 있음을 느끼게 될 겁니다. 그 위에 여러분만의 멋지고 힘찬 중국어의 집을 지어보세요.

2014년 4월
임대근, 高瑜

이 책의 구성

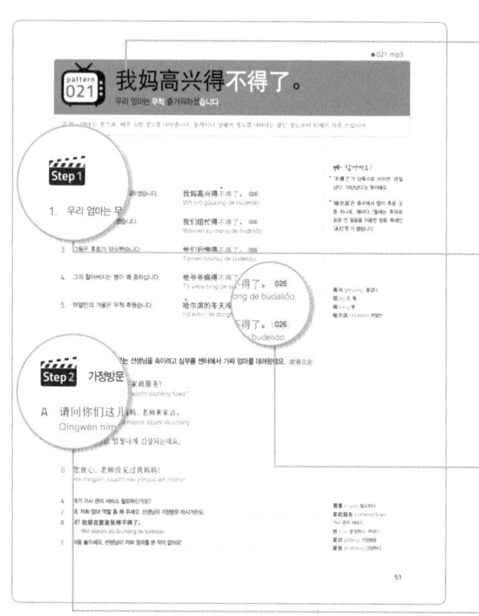

★ 패턴 대표 문장

233개 패턴을 익힐 수 있는 대표 문장을 제목으로 뽑았습니다. 우리가 일상생활에서 흔히 쓰는 활용도 높은 문장입니다.
대표 문장 아래에는 패턴과 가장 잘 어울리는 우리말 뜻, 패턴의 특징과 비슷한 패턴, 활용할 때 주의해야 할 점을 간단히 설명했습니다.

★ Step 1

패턴을 활용한 기본 문장입니다. 대부분 평서형 문장으로 이루어져 있습니다. 부정형과 의문형은 구조가 거의 비슷하기 때문에 별도의 패턴으로 나누지 않았습니다. 단, 활용도가 높은 부정형과 의문형은 별도 패턴으로 뽑았습니다.

★ 상호 참조 패턴

기본 다섯 문장 중 다른 패턴을 동시에 활용하는 경우에는 해당 패턴을 서로 참고할 수 있도록 문장 끝에 패턴 번호를 표시했습니다.

★ Step 2

드라마에서 패턴이 활용된 대화를 뽑아 간략한 상황과 함께 제시했습니다. 드라마 속 대화를 통해 실제 생활에서 패턴이 어떻게 쓰이는지 생생한 느낌으로 접해 보세요. 그리고 패턴이 사용된 문장의 우리말 해석을 보며 스스로 중국어 문장으로 바꿔보는 연습도 해 보세요.

★ 잠깐만요

Step 1, 2에서 콕 집어 설명하고 싶은 Tip을 '잠깐만요' 코너로 묶었습니다. 패턴을 활용할 때 주의해야 할 내용은 물론, 중국의 일상생활과 문화에 관련된 이야기도 곳곳에 담았습니다.

★ 단어 정리

Step 1, 2에 새로 나오는 단어를 정리했습니다. Step 1 단어는 교재에서 자주 볼 수 있는 기본 단어, Step 2 단어는 중국인들이 일상적으로 자주 쓰는 단어들로 이루어져 있습니다.

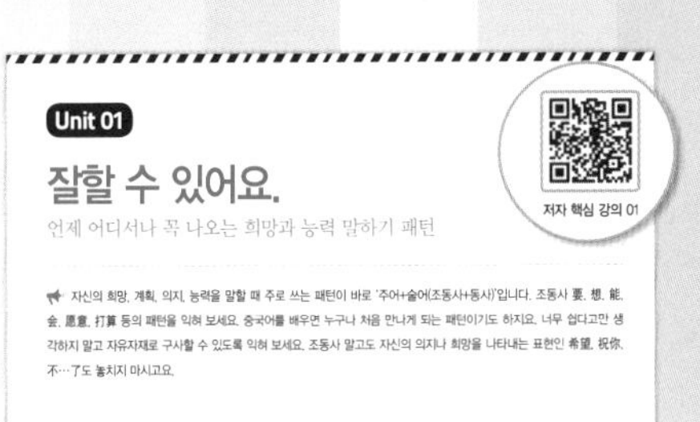
Unit 01

잘할 수 있어요.

언제 어디서나 꼭 나오는 희망과 능력 말하기 패턴

저자 핵심 강의 01

자신의 희망, 계획, 의지, 능력을 말할 때 주로 쓰는 패턴이 바로 '주어+술어(조동사+동사)'입니다. 조동사 要, 想, 能, 会, 愿意, 打算 등의 패턴을 익혀 보세요. 중국어를 배우면 누구나 처음 만나게 되는 패턴이기도 하지요. 너무 쉽다고만 생각하지 말고 자유자재로 구사할 수 있도록 익혀 보세요. 조동사 말고도 자신의 의지나 희망을 나타내는 표현인 希望, 祝你, 不…了도 놓치지 마시고요.

★ **특별 서비스 : 저자 직강 팟캐스트 강의**

이 책의 핵심 내용을 재미있게 풀어낸 저자 직강 팟캐스트 33강을 QR코드로 제공합니다. 저자의 강의를 들으며 Unit별로 배울 내용을 가볍게 워밍업 해보세요.

★ **특별부록 : 훈련용 소책자**

언제 어디서나 들고 다니며 학습할 수 있는 훈련용 소책자를 별책으로 구성하였습니다. 소책자에는 본책 Step 1의 기본 다섯 문장을 모았습니다. [소책자 듣기용 mp3]를 들으면서 공부하세요. 우리말 해석을 보며 패턴을 적용해 문장을 만들어 봅니다. 우리말만 보고도 중국어가 바로 튀어나올 때까지 반복해서 연습하세요!

* 알려두기

- Unit으로 묶은 패턴들은 어법적으로 비슷한 부류인지와 우리말 뜻의 활용이 비슷한지를 고려해 나누었습니다.
- 비슷한 패턴이 여럿 있는 경우에는 대표 패턴만 뽑았습니다. 대표 패턴은 중국어 말뭉치 사전들과 포털 사이트의 출현 빈도 등을 자세히 따져서 가려냈습니다.
- 드라마 대사에는 초급자 수준에 어려운 긴 문장이나 비문법적인 표현들이 자주 나옵니다. 표준 중국어를 선보이고 난이도를 맞추기 위해 드라마 상황 설정과 대화 속 패턴만 살리고 이루어지는 대화는 모두 수정, 첨삭, 윤문을 통해 재구성했습니다.
- 일상생활에서 자주 쓰이는 중국어의 특징들을 잘 살리기 위해서 Step 2의 대화문은 가장 자연스러운 우리말 표현으로 옮기려고 노력했습니다.

이 책의 효과적인 학습법

《드라마 중국어회화 핵심패턴 233》은 중국어 회화를 재미있게 공부하고 싶은 초급자와 한 걸음 더 도약하여 중국 드라마를 자막 없이 즐기고 싶은 중급자를 대상으로 합니다.

1단계 어떤 패턴을 배울지 확인해 보세요.

목차를 살펴보며 어떤 표현을 배우게 될지 큰 그림을 그려 봅니다. 초급 수준의 기본 패턴을 정리하고 싶은 분들은 목차에 표시된 ★패턴을 집중적으로 익히세요. ★패턴을 완전히 익힌 분들은 나머지 패턴을 통해 한 단계 더 높은 실력을 쌓아 보세요. 꼭 패턴을 처음부터 순서대로 공부할 필요는 없습니다. 잘 알고 있는 패턴은 복습 겸 간단히 확인만 하고 새로 익힐 패턴을 중심으로 살펴보면 됩니다.

2단계 책을 보면서 큰 소리로 따라 하세요. + 중국어만 듣기용 mp3

[Step 1] 귀에 익숙해질 때까지 우선 듣기만 하세요. 그러다가 어느 정도 들린다 싶으면 오디오를 들으면서 큰 소리로 따라 해 보세요.

[Step 2] 일단 해석을 보지 말고 들으면서 어떤 이야기를 하는지 맞혀 보세요. 그 다음 책을 보면서 한 문장씩 따라 읽어 보고, 익숙해진 후에는 우리말 해석만 보고 중국어로 바꿔 말하는 연습을 해 보세요.

3단계 훈련용 소책자로 반복하세요. + 소책자 듣기용 mp3

훈련용 소책자에는 우리말 해석만 넣었습니다. 본책으로 어느 정도 내용을 익힌 후에는 훈련용 소책자와 오디오를 들으면서 예문이 입에 붙을 정도로 연습해 보세요.

4단계 일주일에 한 번씩 꼭 복습하세요. + 기본 학습용 mp3

중국어를 잘하는 가장 좋은 방법은 자주 반복해서 중국어가 생활이 되도록 하는 것입니다. mp3 파일을 들으며 반복해서 연습하세요.

오디오 활용법

용도에 맞게 골라 들을 수 있도록 3가지 버전의 mp3 파일을 제공합니다(총 20시간 분량). mp3 파일은 길벗이지톡 홈페이지(www.eztok.co.kr)에서 무료로 내려받을 수 있습니다.

♪ 기본 학습용 mp3

책 없이 공부할 수 있게 구성한 오디오 파일입니다. 이동할 때나 자투리 시간을 이용해 들으며 패턴을 익히세요. [Step 1]은 우리말 해석 1번, 중국어 2번씩 읽어 주고, [Step 2]는 중국어만 1번씩 읽어 줍니다.

♩ 중국어만 듣기용 mp3

책과 함께 공부할 때 듣는 오디오 파일입니다. 책에 담긴 모든 중국어 문장을 두 번씩 들려줍니다. 한 문장이 끝날 때마다 따라 읽으며 학습하세요.

♬ 소책자 듣기용 mp3

DAY별로 패턴과 예문을 녹음했습니다. 우리말 해석 1번, 중국어 2번으로 구성되어 있습니다. 틈틈이 반복해서 듣다 보면 핵심 패턴이 저절로 기억됩니다.

목차

Part 00 '중드', 이 정도는 알고 보자

Part 01 '중드'에 밥 먹듯이 나오는 자기 생각 말하기 패턴

Part 02 '중드'를 속속들이 훑어줄 시간과 영역 말하기 패턴

Part 03 알고 나면 '중드'가 더 재밌어지는 이어 말하기 패턴

Part 00

저자 핵심 강의 00

'중드', 이 정도는 알고 보자

드라마로 중국어를 공부하기로 다짐하고 기대에 가득 찬 드라마 재생 버튼을 누른 당신. 아무리 들어봐도 도통 무슨 말을 하는지 모르겠다고요?

드라마는 구어체를 생생하게 반영하기 때문에 실제 생활 속 중국인들의 언어 습관이 그대로 드러납니다. 우리도 일상적으로 대화를 할 때 교과서에 나오는 정직한 문장으로만 말하진 않죠? 중국어도 마찬가지예요.

'중드'에 나오는 구어체가 아직 낯선 분들을 위해 드라마 속 중국어 표현법 10가지를 정리했습니다. 이것만 알아도 '중드'를 보기가 한결 쉬워질 거예요. 더불어 '중드'만의 매력을 100% 즐기기 위해 '중드' 마니아라면 꼭 알아야 할 중국 드라마의 특징을 간단히 소개합니다.

01 드라마 속 중국어 표현법

드라마 속 대화는 실제 생활의 대화를 그대로 옮겨왔다고 할 수 있습니다. 드라마 중국어의 특징을 잘 익히면 일상 회화를 할 때도 유용하게 활용할 수 있겠죠?

표현법 01 짧은 말들로 요점만 말한다

물론 많은 이야기를 해야 할 때는 말을 길게 하지요. 하지만 짧은 말들을 연이어 말하면서 요점만을 짚는 경우도 많아요. 꼭 긴 문장으로 말해야만 중국어를 잘하는 것은 아니랍니다.

你怎么了? 在哪儿呢? 你快说怎么了? 왜 그래? 어딘데? 빨리 말해 봐.
Nǐ zěnme le? Zài nǎr ne? Nǐ kuài shuō zěnme le?

친구에게 걸려온 전화를 받았는데, 상황을 돌려 이야기하자 거기에 대답하는 말이에요. 상대방에게 알아내고 싶은 내용이 다 들어 있어요.

표현법 02 꼭 어법에 맞는 '착한' 문장만 쓰이지 않는다

드라마 속 대화들도 대부분은 어법에 맞는 '착한' 문장들이에요. 하지만 말을 하다 보면 늘 어법에 꼭 맞게 할 수는 없겠죠. 그래서 어법을 배신하는 문장들이 간혹 등장해요. 하지만 그런 문장들도 나름의 규칙이 있어서 의사소통에는 전혀 지장이 없답니다.

❶ 어순이 종종 바뀐다

앞뒤 어순이 바뀌는 경우가 종종 있어요. 특히 '你' 같은 말은 주어의 자리에 와야 하는데, 문장 중간이나 맨 뒤로 옮겨가곤 한답니다.

打完这个你还打我吗? 이거 때리고 또 때릴 거예요?
Dǎwán zhè ge nǐ hái dǎ wǒ ma?

아빠에게 혼나는 아들의 말이에요. 규범적인 어법으로 따지자면 "你打完这个, 还要打我吗?"가 더 정확하다고 할 수 있겠죠. 하지만 왠지 여기서는 매를 더 맞고 싶지 않은 아들의 심정이 느껴지는 것 같지 않나요?

❷ 의문문이라고 해서 꼭 '吗'로 끝나지는 않는다

무언가를 묻는 말에는 '물음'을 나타내는 표지가 꼭 있어야 하죠. 대표적인 경우가 의문조사 '吗'인데요, 어법의 기준으로 보면 '吗'가 있어야 할 자리임에도 불구하고 쓰지 않는 경우가 많아요.

你看起来不开心啊, 你在生气? 너 기분 별로인 것 같은데? 화난 거야?
Nǐ kàn qǐlái bù kāixīn a, nǐ zài shēngqì?

약속에 늦게 나와 친구의 눈치를 보고 있네요. 이때 "你在生气?"는 어법적으로는 "你在生气吗?"라고 해야 맞겠죠. 하지만 여기서는 '吗' 없이도 뒤쪽 억양을 올리는 방법으로 의문을 나타내고 있어요. 일상 대화에서는 너무나 자주 쓰는 방법이지요.

❸ 필요 없는 말이 들어가기도 한다

대표적인 경우는 '是'자예요. 어법적으로 보면 들어갈 자리가 아닌데 쓰이는 경우가 자주 보여요.

如果是再多一个就更好了。 하나 더 있으면 훨씬 좋을 텐데.
Rúguǒ shì zài duō yí ge jiù gèng hǎo le.

아이를 하나 더 갖고 싶어하는 아빠의 말이에요. 어법적으로는 "如果是…"가 아니라 "如果…"라고 하면 될 텐데 '是'자를 더 넣어 말했어요. 그렇다고 아무 데나 '是'를 넣을 수 있는 것은 아니니, 여러 경우를 잘 눈여겨보세요.

표현법 03 자주 쓰는 말들이 있다

❶ 감탄사

중국어의 감탄사는 독특한 억양 때문에 중국어를 배우지 않는 사람에게도 친근감을 주곤 합니다. '啊', '哇', '哇塞', '哎哟' 등은 말하기에 앞서 자주 나오는 감탄사들이에요.

❷ 어기조사

'吧', '呢', '嘛' 같은 어기조사들은 어떤 의미를 만들어내기 때문에 어법적으로도 정확한 쓰임이 드러나는 경우이지요. 이런 경우 말고도 말 끝에 붙어서 때로는 부드럽게 때로는 강하게 어감을 바꿔주는 '啊', '哦', '啦' 등의 쓰임을 살펴보세요.

❸ 정도를 나타내는 부사

우리말에서도 '정말', '진짜', '너무'와 같은 표현들을 자주 하는 것처럼 중국어에서도 '很', '真', '太', '特别' 같은 말들이 생각보다는 자주 나와요. 자신의 말을 강조하고, 거기에 믿음을 싣고 싶어하는 심리 때문이겠지요.

❹ 줄임말

줄여서 쓰는 말들이 많아요. 예를 들면 '没有'를 '没'로, '看一看'을 '看看'으로, '咱们两个人'을 '咱俩'처럼 말하는 식이에요. 짧은 말로 뜻을 나타내고 싶어하는 언어의 경제성 때문이겠지요.

❺ 대답하는 말, 嗯

한국 사람들은 대답할 때 "예" 하고 말하는 습관이 있어서 중국어로 말을 할 때도 "是", "对" 같은 말들을 자주 쓰는 편이에요. 하지만 중국어는 일상적으로 "嗯"이라는 표현도 자주 쓴답니다.

표현법 04 말을 이어 붙여 가는 말들을 자주 쓴다

말을 하다 보면 그 다음 말이 바로 이어지지 않을 때가 있어요. 우리말로는 '음~', '그러니까~' 등과 같은 것인데, 개인적인 습관에 따라 특정한 표현을 자주 쓰기도 합니다. '솔직히 말하면~' 같은 표현이에요. 이런 말들을 중국어로는 '口头禅'이라고 하는데, 대표적으로는 '这个', '那个'가 있지만 '其实', '我觉得', '我告诉你' 등도 모두 이렇게 쓰일 수 있습니다.

표현법 05 사람을 부르는 말이 자주 나온다

이야기하는 상대방을 부르는 말이 자주 나와요. '老爸', '老妈'처럼 가족을 부르는 호칭부터 '程峰', '刘星'처럼 직접 이름을 부르거나, '胖子'처럼 별명을 부르고, '汤总'처럼 직책을 붙여 부르는 말들이 자주 쓰여요. 심지어는 잘 모르는 사람들 사이에서도 '朋友', '大哥', '哥们儿' 같은 말들을 쓰기도 해요.

표현법 06 반복해서 말한다

중국어의 특징 중 하나는 앞에 한 말을 다시 반복하는 경우가 자주 있다는 것이지요. "谢谢"라고 한 번 하면 될 것을 "谢谢, 谢谢" 하는 식이에요.

对啦对啦！我就是这个意思啦！ 맞아요, 맞아요! 제 말이 바로 그 말이에요!
Duì la duì la! Wǒ jiùshì zhè ge yìsi la!

자기 말을 잘 알아듣는 상대방이 얼마나 반가웠겠어요. 이런 반복은 문장에 리듬감과 안정감을 주고, 말을 강조하는 효과도 있습니다.

표현법 07 단어나 표현이 자유롭다

서면어나 규범적인 글에서는 보기 어려운 단어나 표현들이 자주 등장해요. '干嘛'(뭐), '屁'(쓸데없는 것), '凶'(독하다), '去'(됐다), '贫嘴'(쓸데없는 소리) 등은 모두 일상 대화에서 자주 등장하는 말들이에요.

去去去，这不可能！ 됐어, 됐어! 그건 안 돼!
Qù qù qù, zhè bù kěnéng!

여기서 '去'는 '가다'라는 사전적인 의미가 아니라 상대의 말을 부정하는 표현이에요. 우리말의 "됐다, 됐어!"쯤에 해당합니다.

표현법 08 문장이 완전히 끝나지 않는 경우도 많다

말을 하다 보면 모든 문장을 완전히 끝내지 못하고 다음 말로 이어가는 경우가 종종 있지요. 중국어도 예외는 아니랍니다.

我就要离开这了，不能和爸爸在一起，所以… 여기를 곧 떠나야 하니까요. 아빠랑 같이 있을 수 없어서, 그래서…
Wǒ jiù yào líkāi zhè le, bùnéng hé bàba zài yìqǐ, suǒyǐ…

뭔가 말을 하고 싶지만 생각이 안 나거나, 굳이 더 말하지 않아도 되거나, 상대방이 말을 끊었거나 하는 경우는 말을 다 마치지 못하기도 해요.

표현법 09 관용어, 성어, 속담 같은 숙어가 자주 쓰인다

오랫동안 쓰여서 익숙해진 표현들은 습관적으로 쓰여요. 숙어에는 관용어나 성어, 속담 같은 것들이 있어요.

你们成双成对，我当电灯泡。 너희는 다 쌍쌍인데, 내가 눈치 없이 끼기 싫어.
Nǐmen chéngshuāng chéngduì, wǒ dāng diàndēngpào.

'成双成对'라는 성어와 '电灯泡'라는 관용어(원래는 '백열전구'라는 뜻이지만, 여기서는 남녀 사이에 눈치 없이 끼어드는 사람이라는 뜻)가 함께 쓰인 예문이에요. 이 밖에도 '莫名其妙', '一无所有', '一分为二' 등 자주 나오는 성어들과 속담들도 익혀 보세요.

표현법 10 우리 한자와 다른 뜻으로 쓰이는 말도 있다

한국 사람들이 중국어를 배울 때 가장 큰 장점은 우리가 알고 있는 한자어를 그대로 중국어로 활용할 수 있다는 점이에요. 하지만 간혹 중요한 표현들을 오해하는 경우가 생길 수 있으니 주의가 필요합니다.

就是要辞职，也要精精神神的去! 사직을 하더라도 씩씩하게 해!
Jiùshì yào cízhí, yě yào jīngjīngshénshén de qù!

여기서 '精精神神'은 '精神'을 중첩한 표현인데요, '정신'이라는 뜻이 아니라 '활기차다', '씩씩하다'라는 뜻이에요.

02 중국 드라마가 궁금하다!

'중국 드라마' 하면 무엇이 떠오르나요? 아빠가 좋아할 법한 역사 드라마? 채널만 돌리면 나온다는 혁명이나 전쟁 드라마? 시대적, 정치적 배경을 알면 드라마가 더 재미있어지는 법! 중국 드라마의 색깔을 만들어 낸 사회 배경과 최신 중드 트렌드를 알아볼까요?

1. 중국 드라마는 혁명 이야기가 전부다?

1978년 개혁 개방이 시작되기 전까지 중국 드라마는 천편일률적인 혁명 이야기가 대부분이었습니다. 하지만 개혁 개방의 총설계사 덩샤오핑(邓小平)이 집권한 뒤 중국 사회는 급속한 변화를 맞이했고, 텔레비전 방송도 예외는 아니었어요. 그렇다고 하루아침에 모든 게 바뀔 수는 없는 법! 분위기가 바뀌기 시작한 것은 1990년대 이후부터였어요. 공산당과 정부가 완전히 장악하고 있던 방송국도 자율적인 결정권이 조금씩 늘어나기 시작했고, 당 · 정의 지원에 의한 제작보다 스스로 시장을 개척해야 하는 상황에 놓이게 됐죠. 2000년대에 들어서서는 제작과 유통 방식이 시장화되면서 시청자의 구미에 맞는 드라마들이 계속 제작되었어요.

2. 사회주의를 지키려는 공산당의 영화 · 드라마 전략

개혁 개방이 가속화하면서 서구 문화가 물밀 듯이 들어오고, 사람들이 '사회주의 정신'에서 점점 멀어지는 현상이 일어나자 깜짝 놀란 공산당은 전략을 꺼내 듭니다. 바로 '주선률' 드라마. 중국의 '주된 리듬'으로서의 사건을 소재로 주류 문화를 선전하고 사회주의 가치관을 지켜야 한다는 전략이 있는 드라마죠. 달콤한 솜사탕 같은 서구 문화가 들어오는 상황에서 혁명과 사회주의보다 다른 것에 더 관심을 두는 대중들에게 그러한 소재는 계속 활용하되, 형식은 서구의 드라마처럼 달콤하게 만들어 보자는 의도였어요.

3. 중드가 좋아하는 역사, 무협, 혁명, 가족 이야기

중국 드라마가 가장 좋아하는 소재는 무엇일까요? 역사와 혁명, 무협, 가족 등과 같은 소재가 가장 인기가 많습니다. 특히 사회주의 혁명을 겪은 현대사 이야기가 드라마에 자주 등장합니다. 하지만 현대 중국의 역사를 잘 모르는 외국인 입장에서 이런 드라마를 보기에는 지루할 거예요. 이 말은 곧 중국 드라마 대부분이 내국인들을 위해 만들어진다는 뜻이랍니다. 역사 이야기라도 '삼국지'나 '초한지'처럼 어려서부터 들어온 이야기들, 강호의 의리가 땅에 떨어지면 나타나는 무사와 협사를 그린 판타지들, 현대 도시 생활에서 벌어지는 가족, 사랑, 우정, 배신에 관한 좌충우돌 이야기들이 환영받고 있어요.

4. 삼각관계, 도시 남녀의 사랑… 중드는 진화 중!

중국 드라마도 우리처럼 가족에 대한 이야기가 많습니다. 유교적 정서가 남아 있어서 그렇다고 해요. 특이한 점은 대가족보다는 부부 중심의 핵가족이 훨씬 많이 등장한다는 사실이에요. 이혼이나 재혼 가정 이야기도 자주 다뤄지는 소재입니다. 언제나 가족 간에 불화를 일으키는 인물이 있고, 그에 맞서서 가정을 잘 지키려는 인물이 등장해요. 그러나 뭐니 뭐니 해도 드라마의 꽃은 연애 이야기죠. 중국 드라마에도 빠질 수 없는 흥미진진한 이야기는 역시 삼각관계예요. 최근에는 이른바 '시공초월 드라마'(穿越剧)가 폭발적인 반응을 불러일으키기도 했어요. 하지만 어떤 경우든 권선징악과 해피엔딩으로 이야기가 마무리된답니다.

《드라마 중국어회화 핵심패턴 233》에서 공부할 '중드' 여섯 편을 소개합니다!

《드라마 중국어회화 핵심패턴 233》에서 다룰 중국 드라마는 중국 현지와 한국에서 인기 있는 드라마를 중심으로 6편을 선정하였습니다. 본격적인 패턴 학습으로 들어가기 전에 드라마의 줄거리를 살짝 맛볼까요?

《家有儿女(가유아녀)**》** (2004) : 딸과 막내아들이 있는 아빠, 개구쟁이 아들 하나를 둔 엄마가 재혼으로 이룬 새로운 가정을 배경으로 해요. 새로 만난 가족들 사이에 하루도 편할 날 없이 사건 사고가 터지는 좌충우돌, 포복절도 시트콤입니다.

《奋斗(분투)**》** (2007) : 건축 천재라는 평을 받으며 인생 목표를 위해 고군분투하는 남자, 묵묵히 남자를 뒷바라지하며 패션디자인의 꿈을 접은 착한 동거녀의 이야기예요. 지칠 대로 지친 동거녀가 자신의 꿈을 위해 파리로 떠나기로 하자 등장하는 남자의 전 애인 사이에 벌어지는 삼각관계 로맨스입니다.

《北京爱情故事(베이징 러브스토리)**》** (2012) : 서로 죽고 못 사는 대학 동창 사이인 세 친구, 그중 꽃미남을 좋아하는 한 여자는 친구의 배신으로 괴로워하지만, 꽃미남은 여전히 시큰둥하네요. 이른바 '80허우'(八零后) 세대의 사랑과 우정을 그린 신세대 멜로 드라마입니다.

《小爸爸(소파파)**》** (2012) : 미국에 잠시 공부를 하러 갔다가 만난 여자와 사랑에 빠진 남자. 남자가 중국으로 돌아간 뒤 여자는 혼자 아이를 낳아 기르다 불행한 사고를 당하게 돼요. 아빠를 찾아 혼자 중국으로 날아온 어린 아들과 젊은 아빠의 만남부터 벌어지는 웃지 못할 사건을 다룬 세미 코미디입니다.

《爱情是从告白开始的(사랑은 고백에서부터)**》** (2012) : 이제 막 대학생활을 시작한 새내기 친구들 이야기예요. 고등학생 때부터 좋아하는 마음을 품고 있던 여자 친구를 만나 고백을 하는 한 친구와 그런 상황이 썩 달갑지 않은 다른 친구가 등장해요. 중국의 캠퍼스 생활과 함께 펼쳐지는 우정과 사랑을 그린 청춘 멜로입니다.

《胜女的代价(승녀적대가)**》** (2012) : 백화점 여점원은 사장 아들의 청혼을 받지만 그의 옆에 나타난 유명 스타, 남자의 사랑을 의심하는 여자 앞에 유명 쇼핑몰의 후계자까지 나타나네요. 어려움에 부닥친 쇼핑몰을 위해 능력을 발휘하여 난국을 헤쳐 가는 여자의 일과 사랑을 그린 신데렐라 도시 멜로로, 타이완 홍콩 합작 드라마입니다.

pattern 001—009

Part 01

'중드'에 밥 먹듯이 나오는 자기 생각 말하기 패턴

자, 중국인을 만나서 중국어로 대화를 시작한다고 상상해 보세요. 우선 무슨 말을 하게 될까요? 상대방이 묻는 말에 대답도 해야 하고, 거기에 자기 생각을 말하기도 해야 하겠죠? Part01은 그럴 때 쓸 수 있는 패턴들을 모았어요. 중국어로 말하는 데 가장 기본이 되는 패턴들이라고 할 수 있지요. 이 패턴들을 익히고 나면 자기가 뭘 하고 싶은지, 무슨 말을 들었는지, 자신의 말이 어떤 뜻이었는지, 상대방에게 요구하고 싶은 게 뭔지를 잘 말할 수 있게 될 거예요. 일상생활뿐만 아니라 '중드'에도 가장 많이 나오는 패턴들이지요. 구성되는 방식도 '주어+술어' 또는 독립적인 말뭉치로 이루어져 있어서 익히기에도 어렵지 않아요. 이제 중국어로도 확실하게 자기 생각을 말해 보세요!

Unit 01

잘할 수 있어요.

언제 어디서나 꼭 나오는 희망과 능력 말하기 패턴

저자 핵심 강의 01

자신의 희망, 계획, 의지, 능력을 말할 때 주로 쓰는 패턴이 바로 '주어+술어(조동사+동사)'입니다. 조동사 要, 想, 能, 会, 愿意, 打算 등의 패턴을 익혀 보세요. 중국어를 배우면 누구나 처음 만나게 되는 패턴이기도 하지요. 너무 쉽다고만 생각하지 말고 자유자재로 구사할 수 있도록 익혀 보세요. 조동사 말고도 자신의 의지나 희망을 나타내는 표현인 希望, 祝你, 不…了도 놓치지 마시고요.

패턴 미리보기

001 要 ~할 것이다, ~하려고 하다

002 想 ~하고 싶다

003 能 ~할 수 있다

004 会 ~할 수 있다, ~할 줄 안다

005 愿意 ~하기를 원하다

006 打算 ~할 생각이다, ~할 계획이다

007 希望 ~하길 바랍니다

008 祝你 ~하길 빕니다

009 不…了 더 이상 ~하지 않겠다

▶ 001.mp3

我要去中国。

저는 중국에 갈 **거예요**.

'~할 것이다', '~하려고 하다' 등의 뜻으로, 어떤 일을 하려는 계획이나 의지를 말하고 싶을 때 쓰는 표현입니다. 계획이나 의지가 어느 정도 구체적일 때 쓰입니다.

Step 1

1. 저는 중국에 갈 거예요.
   我要去中国。
   Wǒ yào qù Zhōngguó.
2. 저는 커피 마실 거예요.
   我要喝咖啡。★
   Wǒ yào hē kāfēi.
3. 그 사람은 소설을 쓸 거예요.
   他要写小说。
   Tā yào xiě xiǎoshuō.
4. 그 사람은 휴대전화를 살 거예요.
   他要买手机。★
   Tā yào mǎi shǒujī.
5. 제 동생은 군대에 갈 거예요.
   我弟弟要去当兵。★ 178
   Wǒ dìdi yào qù dāngbīng.

잠깐만요!

* 중국어로 외래어를 번역하는 방법은 여러 가지입니다. '咖啡'처럼 비슷한 음으로 바꾸는 음역도 있고, '手机'처럼 뜻에 따라서 바꾸는 의역도 있어요. 중국에서는 영어에 익숙하지 않아서인지 의역이 많은 편이에요.

* '군대 가다'는 표현은 '当兵'이라고 합니다. 중국은 우리와 달리 모병제를 시행하고 있는데, 병력은 2백만 명이고, 군사력은 전 세계 3위랍니다.

咖啡 kāfēi 커피
小说 xiǎoshuō 소설
手机 shǒujī 휴대전화
当兵 dāngbīng 군대 가다

Step 2 친구 둘이서 유럽 여행 계획을 짜고 있네요. 奋斗

A 난 너와 파리 갈 거야.

B 还是去西班牙吧。
Háishi qù Xībānyá ba.

A 你不是想看巴黎的建筑吗?
Nǐ búshì xiǎng kàn Bālí de jiànzhù ma?

B 跟你去哪儿都行。
Gēn nǐ qù nǎr dōu xíng.

A 我要带你去巴黎。
Wǒ yào dài nǐ qù Bālí.
B 그래도 스페인을 가야지.
A 파리의 건축물 안 보고 싶어?
B 널 따라간다면 어디든 좋아.

带 dài 지니다
巴黎 Bālí 파리
西班牙 Xībānyá 스페인
建筑 jiànzhù 건축물, 건축하다

002.mp3

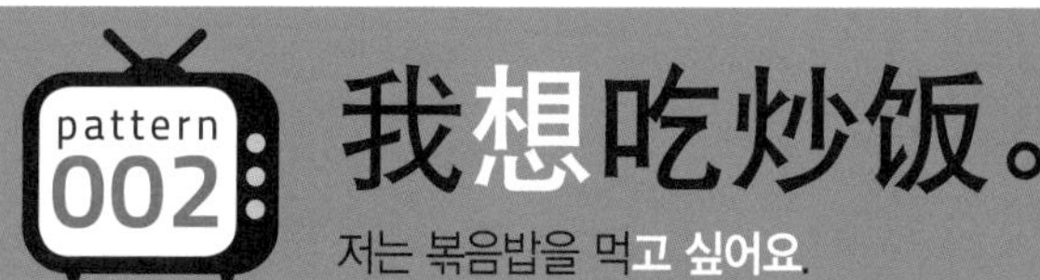

我想吃炒饭。

저는 볶음밥을 먹고 싶어요.

'~하고 싶다'는 뜻으로, 말하는 사람의 바람을 나타내는 표현입니다. 이때 바람은 막연할 수도 있고 구체적일 수도 있습니다.

1. 저는 볶음밥을 먹고 싶어요.
   我想吃炒饭。
   Wǒ xiǎng chī chǎofàn.
2. 저는 영화를 보고 싶어요.
   我想看电影。
   Wǒ xiǎng kàn diànyǐng.
3. 저는 우리 할머니가 보고 싶어요.
   我想见我*奶奶。
   Wǒ xiǎng jiàn wǒ nǎinai.
4. 그 사람은 중국어를 배우고 싶어 해요.
   他想学习汉语。
   Tā xiǎng xuéxí Hànyǔ.
5. 우리 형은 여자 친구를 사귀고 싶어 해요.
   我哥哥想交*女朋友。
   Wǒ gēge xiǎng jiāo nǚpéngyou.

잠깐만요!

* '우리 할머니', '우리 형'이라는 말은 '我奶奶', '我哥哥'처럼 표현해요. '我们'이라고 하면 듣는 사람까지 포함하는 뜻이라서 어색해져요. 가족을 말할 때는 '的'를 넣지 않는데, 친밀한 관계이기 때문에 생략하고 말한답니다.

* '交'는 '사귀다'라는 뜻 말고도 '내다', '제출하다', '교차하다'는 뜻도 있어요.

炒饭 chǎofàn 볶음밥
电影 diànyǐng 영화
奶奶 nǎinai 할머니
女朋友 nǚpéngyou 여자 친구

남자는 여자 친구에게 프러포즈를 하고 있는데, 결과가 궁금하네요. 奋斗

A 나 너랑 결혼하고 싶어.

B 结就结。
Jié jiù jié.

A 我从来不说大话。
Wǒ cónglái bù shuō dàhuà.

B 好，我接受你的请求。
Hǎo, wǒ jiēshòu nǐ de qǐngqiú.

A 我想跟你结婚。
Wǒ xiǎng gēn nǐ jiéhūn.
B 해야 하는 거지.
A 난 지금껏 허풍은 안 떨어 봤어.
B 좋아, 네 프러포즈를 받아 주지.

结婚 jiéhūn 결혼하다
从来 cónglái 지금까지, 여태껏
大话 dàhuà 허풍
接受 jiēshòu 받아들이다
请求 qǐngqiú 요청, 부탁

003.mp3

我能听懂你的话。

나는 네 말을 알아들을 수 있어.

'~할 수 있다'는 뜻으로, 말하는 사람의 능력을 나타낼 때 쓰입니다. 이때 능력은 타고난 것이든 나중에 익힌 것이든, 상황에 따른 것이든 모두 가능합니다. 부정형은 '不能'으로 '~할 수 없다', '~해서는 안 된다'는 뜻입니다.

Step 1

1. 나는 네 말을 알아들을 수 있어.
   我能听懂你的话。
   Wǒ néng tīngdǒng nǐ de huà.

2. 저는 기름진 음식을 먹을 수 있어요.
   我能吃油腻[★]的菜。
   Wǒ néng chī yóunì de cài.

3. 제 동생은 시험에 합격할 수 있어요.
   我弟弟能考得上。 195
   Wǒ dìdi néng kǎodeshàng.

4. 저는 탁구를 못 합니다.
   我不能打乒乓[★]球。
   Wǒ bù néng dǎ pīngpāngqiú.

5. 너 나를 떠나면 안 돼.
   你不能离开我。
   Nǐ bù néng líkāi wǒ.

잠깐만요!

★ 예전에는 짜장면의 종류 중에 '유니짜장'이 인기가 있었는데요, '유니'라는 말은 '기름지다'라는 뜻의 '油腻'를 우리말 독음으로 쓴 것입니다.

★ '乒乓球'는 영어의 '핑퐁'이란 말에서 음을 따와 만든 글자인데, 마치 탁구공이 통통 튀는 모습을 연상케 하지 않나요? '핑팡' 뒤에 '球'를 붙여서 구기 종목임을 나타냅니다.

听懂 tīngdǒng 알아듣다
油腻 yóunì 기름지다
菜 cài 요리, 음식
乒乓球 pīngpāngqiú 탁구
离开 líkāi 떠나다

Step 2 싸움 끝에 파출소에 끌려가자 친구 아버지에게 도움을 청하네요. 北京爱情故事

A 내가 네 말을 믿을 수 있을까?

B 叔叔，我没骗你！
Shūshu, wǒ méi piàn nǐ!

A 他是不是做错事被打了？
Tā shì bu shì zuò cuòshì bèi dǎ le?

B 真的叔叔，是他帮助别人打抱不平。
Zhēn de shūshu, shì tā bāngzhù biérén dǎbào bùpíng.

A 我能相信你说的话吗?
Wǒ néng xiāngxìn nǐ shuō de huà ma?
B 아저씨, 저 거짓말 안 했어요!
A 걔, 잘못해서 맞은 거 아니야?
B 정말이에요, 아저씨! 불의에 맞서서 다른 사람을 도와줬다니까요.

相信 xiāngxìn 믿다
叔叔 shūshu 아저씨
骗 piàn 속이다
被打 bèi dǎ 맞다
打抱不平 dǎbào bùpíng 불의에 맞서서 싸우다

004.mp3

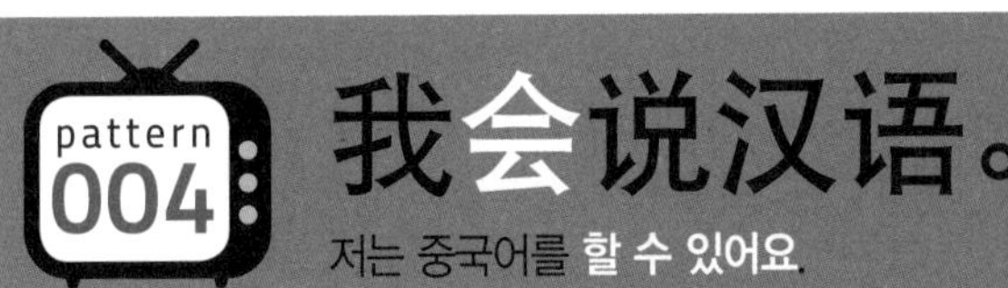

我会说汉语。

저는 중국어를 **할 수 있어요.**

'~할 수 있다', '~할 줄 안다'는 뜻으로, 말하는 사람의 능력을 나타냅니다. 이때 능력이란 '배워서 할 줄 아는 능력'을 말합니다.

Step 1

1. 저는 중국어를 할 수 있어요. 我会说汉语。 Wǒ huì shuō Hànyǔ.
2. 저는 자전거를 탈 줄 알아요. 我会骑*自行车。 Wǒ huì qí zìxíngchē.
3. 저는 마작 할 줄 알아요. 我会打麻将。 Wǒ huì dǎ májiàng.
4. 그 사람은 운전을 못 합니다. 他不会开车。 Tā bú huì kāichē.
5. 저는 밥할 줄 모릅니다. 我不会做饭。 Wǒ bú huì zuòfàn.

잠깐만요!

* '骑'는 '타다'라는 뜻으로, 두 다리를 벌리고 올라가서 타는 말이나 자전거, 오토바이 등에 쓰는 말이에요. 탈 것 안으로 들어가서 타는 배나 자동차, 비행기 등에는 모두 '坐'를 동사로 쓴답니다.

骑 qí 타다
自行车 zìxíngchē 자전거
麻将 májiàng 마작
开车 kāichē 운전하다
做饭 zuòfàn 밥을 짓다

Step 2 남편은 보기에 예쁘다며 쟁반을 사왔다네요. 奋斗

A 나도 밥할 줄 모르고 그이도 밥할 줄 몰라!

B 那你丈夫为什么买这些盘子啊?
Nà nǐ zhàngfu wèi shénme mǎi zhèxiē pánzi a?

A 他说看着漂亮，放在家里有家的感觉。
Tā shuō kànzhe piàoliang, fàng zài jiā li yǒu jiā de gǎnjué.

B 他这是要把你变成一位家庭主妇哦!
Tā zhè shì yào bǎ nǐ biànchéng yí wèi jiātíng zhǔfù o!

A 我不会做饭，他也不会做饭!
Wǒ bú huì zuòfàn, tā yě bú huì zuòfàn!
B 그런데 네 남편은 왜 이 쟁반들을 샀어?
A 보기에 예쁘다나. 집에 두면 정말 집다운 느낌이래.
B 그건 너를 가정주부로 만들려는 거야!

丈夫 zhàngfu 남편
盘子 pánzi 쟁반
感觉 gǎnjué 느낌
家庭主妇 jiātíng zhǔfù 가정주부

005.mp3

我愿意搞音乐。

저는 음악 **하기를 원해요.**

'~하기를 원하다'는 뜻으로, 말하는 사람의 희망과 바람, 동의까지 나타낼 수 있는 표현입니다. '要'나 '想'보다 바라는 정도가 조금 더 강한 느낌입니다.

1. 저는 음악 하기를 원해요.
   我愿意搞音乐。
   Wǒ yuànyì gǎo yīnyuè.

2. 저는 당신 말을 듣기를 원해요.
   我愿意听你的话。
   Wǒ yuànyì tīng nǐ de huà.

3. 저는 고향에 돌아가기를 원합니다.
   我愿意回老家。
   Wǒ yuànyì huí lǎojiā.

4. 그는 영화 찍기를 원합니다.
   他愿意拍摄电影。
   Tā yuànyì pāishè diànyǐng.

5. 그는 중학교에서 가르치기를 원해요.
   他愿意在中学*教书。 122
   Tā yuànyì zài zhōngxué jiāoshū.

잠깐만요!

* '中学'는 중학교나 고등학교를 모두 가리킵니다. 중국에서는 '중학교'를 '初级中学(初中)', '고등학교'를 '高级中学(高中)'이라고도 하지만, 둘을 구분하지 않고 '中学'라는 말을 자주 쓰는 편이에요.

搞 gǎo 하다
音乐 yīnyuè 음악
老家 lǎojiā 고향
拍摄 pāishè 촬영하다
中学 zhōngxué 중 · 고등학교

두 친구가 미래에 관해 이야기를 나누네요. 奋斗

A 我真不想长大，不想工作。
Wǒ zhēn bù xiǎng zhǎngdà, bù xiǎng gōngzuò.

B 나는 학교에 남아서 수업을 하고 싶어.

A 一切都会好起来的！
Yíqiè dōu huì hǎo qǐlái de!

B 是的，会好起来的！
Shì de, huì hǎo qǐlái de!

A 난 어른이 되고 싶지 않고, 일도 하고 싶지 않아.
B 我就愿意留在学校里边上学。
Wǒ jiù yuànyì liú zài xuéxiào lǐbian shàngxué.
A 모두 다 잘될 거야!
B 맞아, 모두 다 좋아질 거야!

长大 zhǎngdà 자라다
工作 gōngzuò 일하다
上学 shàngxué 등교하다, 수업하다
一切 yíqiè 모든

006.mp3

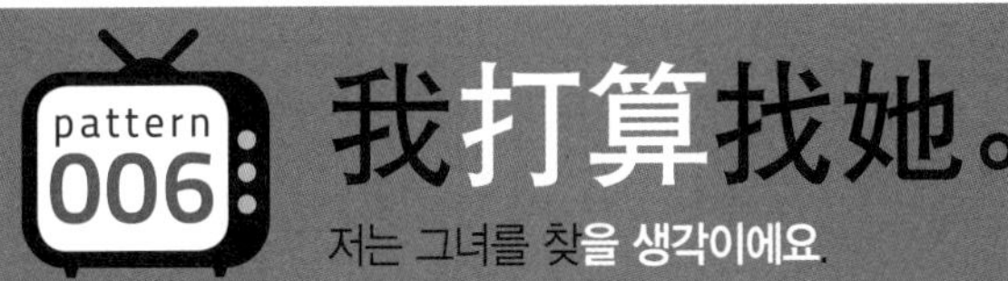

我打算找她。

저는 그녀를 찾을 생각이에요.

'~할 생각이다', '~할 계획이다'는 뜻으로, 말하는 사람의 계획을 나타낼 때 쓰는 표현입니다. 이때 계획은 주로 구체적인 내용을 나타냅니다.

Step 1

1. 저는 그녀를 찾을 생각이에요. 我打算找她。 Wǒ dǎsuan zhǎo tā.
2. 저는 가수가 될 생각이에요. 我打算当歌手。 Wǒ dǎsuan dāng gēshǒu.
3. 저는 담배를 피우지 않을 생각이에요. 我打算不抽烟。 Wǒ dǎsuan bù chōuyān.
4. 그는 계속 한국에 있을 생각이에요. 他打算一直在韩国。 Tā dǎsuan yìzhí zài Hánguó.
5. 그는 상하이에서 유학할 생각이에요. 他打算在上海留学。 122 Tā dǎsuan zài Shànghǎi liúxué.

잠깐만요!

★ '打算'은 '계획'이라는 뜻의 명사로도 쓰인답니다. "你有什么打算吗?"라고 하면, "너 무슨 계획 있어?"라는 말입니다.

★ '不抽烟'은 '담배를 피우지 않다'는 뜻입니다. '담배를 끊다'라고 말하고 싶을 땐 '戒烟'이라고 하면 돼요. 마찬가지로 '술을 끊다'는 말은 '戒酒'라고 해요.

歌手 gēshǒu 가수
抽烟 chōuyān 담배를 피우다
一直 yìzhí 계속, 줄곧
留学 liúxué 유학하다

Step 2 연인에게 '여행 결혼'을 제안하고 있네요. 奋斗

A 우리 리지앙에 여행 결혼하러 가자.

B 同意，那我们就省钱了。
Tóngyì, nà wǒmen jiù shěngqián le.

A 你太小气了吧！
Nǐ tài xiǎoqì le ba!

B 别生气哦，旅行结婚多好啊！
Bié shēngqì o, lǚxíng jiéhūn duō hǎo a!

A 我们俩打算去趟丽江旅行结婚。
Wǒmen liǎ dǎsuan qù tàng Lì Jiāng lǚxíng jiéhūn.
B 좋아, 그럼 우리 돈 아껴야겠다.
A 너 너무 쩨쩨한 거 아니니!
B 화내지 마, 여행 결혼이 얼마나 좋은데!

잠깐만요!

★ '旅行结婚'이란 중국에서 결혼식과 신혼여행을 합하여 여행으로 대신하는 새로운 풍속이에요.

旅行结婚 lǚxíng jiéhūn 여행 결혼
同意 tóngyì 동의하다
省钱 shěngqián 돈을 아끼다
小气 xiǎoqì 쩨쩨하다
生气 shēngqì 화내다

007.mp3

我希望你成功。

성공하시길 바랍니다.

'~하길 바랍니다'는 뜻으로, 말하는 사람의 바람을 나타낼 때 쓰는 표현입니다. '想'이 자신의 상황에 대한 바람을 주로 나타낸다면, '希望'은 그뿐 아니라 다른 사람에 대한 바람을 나타내기도 합니다.

1. 성공하시길 바랍니다. 我希望你成功。 Wǒ xīwàng nǐ chénggōng.
2. 서울에서 뵙기를 바랍니다. 我希望在首★尔见。 122 Wǒ xīwàng zài Shǒu'ěr jiàn.
3. 제 여동생이 시험에 합격하길 바랍니다. 我希望我妹妹考上。 Wǒ xīwàng wǒ mèimei kǎoshàng.
4. 내년엔 베이징에 가기를 바랍니다. 我希望明年去北京。 Wǒ xīwàng míngnián qù Běijīng.
5. 우리 모두 승리하길 바랍니다. 我希望我们都胜利。 Wǒ xīwàng wǒmen dōu shènglì.

잠깐만요!

★ '서울'은 오랫동안 '汉城'이라고 불렸는데, 이 말은 옛 서울의 명칭인 '한성'을 그대로 가져다 쓴 것이에요. 서울시는 연구를 거쳐 2005년부터 공식적으로 '首尔'이라는 표현을 쓰기 시작했어요. 중국에도 요청하자 흔쾌하게 받아들였고, 지금은 거의 정착됐어요.

成功 chénggōng 성공하다
首尔 Shǒu'ěr 서울
考上 kǎoshàng 시험에 합격하다
胜利 shènglì 승리하다

매사에 진지하지 않은 남편 때문에 말다툼이 벌어졌네요. 奋斗

A 난 앞으로 일들이 모두 잘되기를 바랄게!

B 不会出什么事儿吧?
Bú huì chū shénme shìr ba?

A 媳妇儿，让暴风雨来吧！
Xífur, ràng bàofēngyǔ lái ba!

B 你要是再这样随随便便，咱俩还是离婚吧！
Nǐ yàoshi zài zhèyàng suísuíbiànbiàn, zán liǎ háishi líhūn ba!

A 我希望接下来的事一切顺利！
Wǒ xīwàng jiē xiàlái de shì yíqiè shùnlì!
B 별일 없겠죠?
A 색시, 폭풍우 불어오라고 해!
B 한 번 더 그렇게 마구잡이로 그러면 우린 이혼이에요!

接下来 jiē xiàlái 이어지다
顺利 shùnlì 순조롭다
媳妇儿 xífùr 아내, 색시
暴风雨 bàofēngyǔ 폭풍우
要是 yàoshi 만일
随随便便 suísuíbiànbiàn 아무렇게나
离婚 líhūn 이혼하다

008.mp3

祝你身体健康。

건강하시길 빕니다.

'~하길 빕니다'는 뜻으로, 상대방을 축하해 주거나 좋은 의미로 기원해 줄 때 쓰입니다. 원래 표현은 '我祝福你…'인데, 간단히 줄여서 '祝你…'라고 합니다.

1. 건강하시길 빕니다. 祝你身体健康。 Zhù nǐ shēntǐ jiànkāng.
2. 생일 축하해요. 祝你生日快乐。 Zhù nǐ shēngrì kuàilè.
3. 공부 잘하시길 빕니다. 祝你学习进步。 Zhù nǐ xuéxí jìnbù.
4. 영원히 행복하길 빕니다. 祝你永远幸福。 Zhù nǐ yǒngyuǎn xìngfú.
5. 모든 일이 뜻대로 이루어지길 바랍니다. 祝你万事如意。 Zhù nǐ wànshì rúyì.

잠깐만요!

* '快乐'는 '즐거움'이라는 뜻이에요. 우리말의 '쾌락'이라는 뜻이 아니니 주의하세요.

健康 jiànkāng 건강하다
快乐 kuàilè 즐겁다
进步 jìnbù 진보하다
永远 yǒngyuǎn 영원히
幸福 xìngfú 행복하다
万事如意 wànshì rúyì 만사가 뜻대로 되다

생일을 맞은 리우싱을 모두 축하해주고 있네요. 家有儿女

A 리우싱, 공부도 잘하고 즐겁게 자라거라!

B 今天我也要送你们一份惊喜！
Jīntiān wǒ yě yào sòng nǐmen yífèn jīngxǐ!

A 今天我们大家在一起为刘星庆祝生日！干杯！
Jīntiān wǒmen dàjiā zài yìqǐ wèi Liúxīng qìngzhù shēngrì! Gānbēi!

C 我想说谢谢爸爸妈妈，没有你们就没有我们！
Wǒ xiǎng shuō xièxie bàba māma, méiyǒu nǐmen jiù méiyǒu wǒmen!

A 刘星，祝你学业进步，快乐成长！
Liúxīng, zhù nǐ xuéyè jìnbù, kuàilè chéngzhǎng!
B 오늘은 저도 서프라이즈를 선물할게요!
A 오늘 우리 모두 리우싱의 생일을 축하합시다! 건배!
C 아빠 엄마한테 감사하고 싶어요. 두 분이 안 계셨으면 우리도 없었을 테니까요!

学业 xuéyè 학업
进步 jìnbù 발전하다
成长 chéngzhǎng 자라다
惊喜 jīngxǐ 놀람과 기쁨
庆祝 qìngzhù 축하하다

009.mp3

pattern 009 我不抽烟了。

이제 담배 **안 피울래요.**

'더이상 ~하지 않겠다'는 뜻으로, 앞으로는 어떤 행위를 하지 않겠다는 자신의 의지를 나타냅니다. '이제는'이라는 말을 더 강조하고 싶으면 '不再'를 쓰기도 합니다.

Step 1

1. 이제 담배 안 피울래요.
   我不抽烟了。
   Wǒ bù chōuyān le.

2. 이제 더 안 기다릴래요.
   我不等你了。
   Wǒ bù děng nǐ le.

3. 이제 커피 안 마실래요.
   我不喝咖啡了。
   Wǒ bù hē kāfēi le.

4. 이제 게임 안 할래요.
   我不打游戏了。
   Wǒ bù dǎ yóuxì le.

5. 이제 네 말 안 들을래.
   我不听★你的话了。
   Wǒ bù tīng nǐ de huà le.

잠깐만요!
★ '听话'라고 하면 '귀로 말을 듣다'는 뜻도 있지만 '말하는 사람의 의견에 따르다'는 뜻도 있습니다.

咖啡 kāfēi 커피
游戏 yóuxì 게임

Step 2 아빠는 방 밖에 있는 엄마 들으라고 아들을 때리는 척하고 있어요. 家有儿女

A 站好！看你还敢不敢?
Zhànhǎo! Kàn nǐ hái gǎn bu gǎn?

B 이제 안 그럴게요! 打完这个你还打我吗?
Dǎwán zhè ge nǐ hái dǎ wǒ ma?

A 那得看我还有没有力气…。
Nà děi kàn wǒ hái yǒu méiyǒu lìqi….

B 爸，你不★愧是儿童剧院的大导演。
Bà, nǐ búkuì shì értóng jùyuàn de dà dǎoyǎn.

A 똑바로 서! 또 그럴 거야 안 그럴 거야?
B 我不敢了！이거 때리고 또 때릴 거예요?
Wǒ bù gǎn le!
A 그거야 내가 힘이 있는지 없는지 봐야지…….
B 아빠, 정말 어린이 극장 감독님 못지않은 걸요.

잠깐만요!
★ '不愧'는 '~에 부끄럽지 않다'라는 뜻 외에 '~에 손색이 없다', '~라 할 만하다'는 뜻으로도 쓰여요.

敢 gǎn 감히 ~하다
力气 lìqi 힘
不愧 búkuì ~에 부끄럽지 않다
儿童剧院 értóng jùyuàn 어린이 극장
导演 dǎoyǎn 감독

Unit 02

어렵지 않아요!

언제 어디서나 꼭 나오는 상태 말하기 패턴

저자 핵심 강의 02

눈앞에 보이는 상태가 어떻다고 말할 때 주로 쓰는 패턴은 '부사+형용사'입니다. 형용사는 혼자 쓰이기보다는 다양한 부사를 앞에 데려와서 자기 상태를 나타내죠. 너무나 흔하게 쓰이는 패턴들이어서 쉬운 편이지만, 가장 그럴듯한 우리말 표현과 연결해서 다시 한 번 확인해 주세요. 특히 pattern026~028의 정도보어 패턴은 한국인들에게는 생소하지만, 매우 중요하니 반복하여 대표 문장을 외우세요.

패턴 미리보기

010 很 매우
011 挺 꽤, 매우, 상당히
012 真 정말로, 참으로
013 太…了 매우 ~하다
014 不太 별로(그다지) ~하지 않다
015 比较 좀 ~한 편이다
016 非常 매우, 대단히
017 特别 정말, 아주, 유달리, 특별히
018 一点儿 좀 ~하다
019 有点儿 좀 ~하다
020 又…又… ~하기도 하고 ~하기도 하다
021 …不得了 무척 ~하다
022 还可以 그런대로 괜찮다
023 多… 얼마나 ~한가
024 不好… ~하기 어렵다
025 …了 (변해서) ~되었다
026 동사술어+목적어+동사술어+得+정도보어 ~한 정도로 ~하다
027 목적어+동사술어+得+정도보어 ~한 정도로 ~하다
028 목적어, 주어+동사술어+得+정도보어 ~한 정도로 ~하다
029 …极了 대단히 ~하다

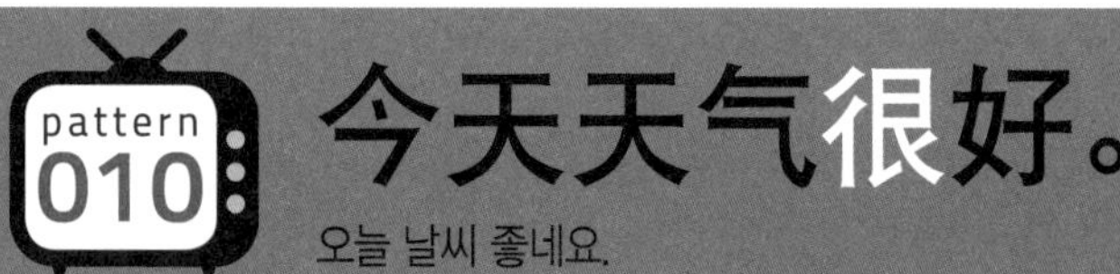

pattern 010 今天天气很好。

오늘 날씨 좋네요.

'매우'라는 뜻으로, 어떤 상태나 모양을 묘사 또는 형용할 때 습관적으로 씁니다. 강하게 읽지 않는다면 별 뜻은 없습니다.

Step 1

1. 오늘 날씨 좋네요. — ★今天天气很好。 Jīntiān tiānqì hěn hǎo.
2. 우리 아버지는 엄하세요. — 我爸爸很严格。 Wǒ bàba hěn yángé.
3. 그의 여자 친구는 예뻐요. — 他女朋友很漂亮。 Tā nǚpéngyou hěn piàoliang.
4. 전 어렸을 땐 똑똑했어요. — 我★小时候很聪明。 111 Wǒ xiǎo shíhou hěn cōngming.
5. 시간이 빨리 가네요. — 时间过得很快。 028 Shíjiān guò de hěn kuài.

잠깐만요!

★ 이 패턴에서 '很'을 쓰지 않으면, 문장이 아직 끝나지 않고 뒤에 다른 말이 더 와야 하는 어감이므로 유의하세요.

★ '小'는 '작다'는 뜻 외에 '나이가 어리다'는 의미도 있습니다. 반대로 '나이가 많다'는 말은 '大'를 씁니다.

天气 tiānqì 날씨
严格 yángé 엄격하다
小 xiǎo 어리다
聪明 cōngming 똑똑하다

Step 2 딸은 가짜 남자 친구를 만들어 부모님께 반항하려 하네요. 家有儿女

A 我还会把男孩儿带到家里来的。
Wǒ hái huì bǎ nánháir dài dào jiā li lái de.

B 可—以。
Kě–yǐ.

A 제가 나쁘게 변하는 게 두렵지 않나요?

B 你怎么可能变得很坏呢?
Nǐ zěnme kěnéng biàn de hěn huài ne?

A 전 남자애도 집에 데려올 거예요.
B 좋—아.
A 你们不怕我变得很坏?
Nǐmen bú pà wǒ biàn de hěn huài?
B 네가 어떻게 나쁘게 변하겠니?

变 biàn 변하다
坏 huài 나쁘다

011.mp3

今年夏天挺热。

올해 여름은 **꽤** 덥네요.

'꽤', '매우', '상당히'라는 뜻으로, 어떤 상태나 모양을 묘사하거나 형용할 때 강조하는 표현입니다. '很'보다는 뜻이 강하고, '太'보다는 뜻이 약합니다.

Step 1

1. 올해 여름은 꽤 덥네요.
   今年夏天挺热。
   Jīnnián xiàtiān tǐng rè.

2. 그 사람 말은 꽤 분명합니다.
   他的话挺清楚。
   Tā de huà tǐng qīngchu.

3. 그의 개는 꽤 귀여워요.
   他的狗挺可爱。
   Tā de gǒu tǐng kě'ài.

4. 그 만화는 꽤 재미있네요.
   那个漫画*挺有意思。
   Nà ge mànhuà tǐng yǒu yìsi.

5. 학교가 여기서 꽤 가깝군요.
   学校离这儿挺近。
   Xuéxiào lí zhèr tǐng jìn.

잠깐만요!

* '漫画'는 주로 종이책으로 된 만화를 말하고, 애니메이션이라고 할 때는 '动漫'이라고 해요. 영어의 'cartoon'을 음역한 '卡通'도 종종 쓴답니다.

夏天 xiàtiān 여름
热 rè 덥다
清楚 qīngchu 분명하다
狗 gǒu 개
可爱 kě'ài 귀엽다
漫画 mànhuà 만화
学校 xuéxiào 학교
离 lí ~로부터
近 jìn 가깝다

Step 2 친구 펑쯔가 새로운 여자 친구를 쫓아다니고 있나 보네요. 北京爱情故事

A 펑쯔가 그녀에 대해서 꽤 진지하던데.

B 疯子追姑娘总是很认真!
Fēngzǐ zhuī gūniang, zǒngshi hěn rènzhēn!

A 我跟他认识这么多年了，这次不一样!
Wǒ gēn tā rènshi zhème duō nián le, zhè cì bù yíyàng!

B 咱换个话题行吗? 我不想谈疯子的事!
Zán huàn ge huàtí xíng ma? Wǒ bù xiǎng tán Fēngzǐ de shì!

A 疯子对她挺认真的。
Fēngzǐ duì tā tǐng rènzhēn de.
B 펑쯔는 아가씨를 쫓아다닐 때 항상 진지했어!
A 내가 그 친구하고 이렇게 여러 해를 알고 지냈어도, 이번엔 달라!
B 우리 다른 이야기 할래? 나 펑쯔 이야기하기 싫어!

认真 rènzhēn 진지하다
追 zhuī 쫓아다니다
换 huàn 바꾸다
话题 huàtí 화제

012.mp3

这儿的气氛真不错。

여기 분위기 **정말** 좋네요.

'정말로, 참으로'라는 뜻으로, 어떤 상태나 모양을 묘사할 때 씁니다. '很'은 습관적으로 쓰지만, '真'을 쓰면 강조의 뜻이 됩니다.

1. 여기 분위기 정말 좋네요.
   这儿的气氛真不错。
   Zhèr de qìfēn zhēn búcuò.

2. 이 물건들은 정말 쌉니다.
   这些东西真便宜。
   Zhèxiē dōngxi zhēn piányi.

3. 한국 학생들은 정말 불쌍해요.
   韩国的学生真可怜。
   Hánguó de xuésheng zhēn kělián.

4. 그 사람 정말 싹수가 노래요.
   他这个人真没出息。
   Tā zhè ge rén zhēn méi chūxi.

5. 늦어서 정말 죄송합니다.
   我来晚了，真对不起。
   Wǒ láiwǎn le, zhēn duìbuqǐ.

잠깐만요!

* '不错'는 모양만 보면 '错'(틀리다)의 부정형이지만, '很好'의 뜻에 가까워요. '틀리지 않다', '맞다'는 '没错'라고 말해요.

* '他'라고 쓰고 다시 한 번 '这个人'을 덧붙이면 '그라는 사람'이라는 어감을 줍니다.

气氛 qìfēn 분위기
不错 búcuò 좋다
便宜 piányi 싸다
可怜 kělián 불쌍하다
没出息 méi chūxi 못났다, 싹수가 노랗다

 여자 친구와 헤어지고 나서 후회하고 있네요. 北京爱情故事

A 네 말 듣지 않은 게 정말 후회돼.

B 你怎么了？告诉我你到底出什么事了？
Nǐ zěnme le? Gàosu wǒ nǐ dàodǐ chū shénme shì le?

A 麻烦你转告她如果有下辈子，我愿意和她白头到老。
Máfan nǐ zhuǎngào tā rúguǒ yǒu xià bèizi, wǒ yuànyì hé tā báitóudàolǎo.

B 喂，喂！你在哪儿呢？
Wéi, wéi! Nǐ zài nǎr ne?

A 我真后悔没听你的话。
Wǒ zhēn hòuhuǐ méi tīng nǐ de huà.
B 왜 그러는데? 도대체 무슨 일 있었는지 말해 봐.
A 그녀에게 만일 다음 생에서 만나면 백년해로하고 싶다고 좀 전해 줘.
B 여보세요? 여보세요! 너 어디 있는데?

잠깐만요!

* '白头到老'는 '白头偕老'(báitóu xiélǎo)라고 할 수도 있어요.

* '喂'의 원래 성조는 제4성이지만 전화상에서는 보통 제2성으로 발음해요.

后悔 hòuhuǐ 후회하다
转告 zhuǎngào 전해주다
下辈子 xià bèizi 다음 생
白头到老 báitóudàolǎo 백년해로하다

013.mp3

他太过分了。

그 사람 **너무하네요**.

'매우 ~하다'는 뜻으로, 긍정적인 뜻일 때는 '매우', 부정적인 뜻일 때는 '너무'로 해석하고, 문장 맨 끝에는 '了'가 옵니다.

Step 1

1. 그 사람 너무하네요. — 他太过分了。 Tā tài guòfèn le.
2. 그럼 아주 잘됐네요. — 那太好了。 Nà tài hǎo le.
3. 우리 집 강아지는 아주 똑똑해요. — 我家小狗太聪明了。 Wǒ jiā xiǎogǒu tài cōngming le.
4. 이 신발은 너무 커요. — 这双*鞋子太大了。 Zhè shuāng xiézi tài dà le.
5. 이 영화 정말 재미없어요. — 这部电影太没有意思了。 Zhè bù diànyǐng tài méiyǒu yìsi le.

잠깐만요!

* '双'은 한 쌍을 이루는 물건을 가리킬 때 쓰는 양사예요. '一双鞋子(신발 한 켤레)', '一双筷子(젓가락 한 벌)', '一双眼睛(두 눈)'처럼 말해요. 한 쪽만 말할 때는 '一只鞋子(신발 한 짝)', '一只眼睛(눈 한 쪽)', '一根筷子(젓가락 한 짝)'라고 해요.

过分 guòfèn 지나치다
小狗 xiǎogǒu 강아지
鞋子 xiézi 신발
部 bù 편(영화를 세는 단위)

Step 2

딸이 친구를 집에 초대했는데 난꽃을 선물로 가져왔네요. 北京爱情故事

A 伯父*伯母好！
Bófù bómǔ hǎo!

B 快请进！这都是家常便饭。
Kuài qǐng jìn! Zhè dōu shì jiāchángbiànfàn.

A 叔叔，我就把我养的兰花送给您！
Shūshu, wǒ jiù bǎ wǒ yǎng de lánhuā sòng gěi nín!

B 뭘 이런 걸 다! 不过这花太漂亮了！
Búguò zhè huā tài piàoliang le!

A 아저씨 아주머니 안녕하세요!
B 어서 와요! 그냥 집에서 먹는 대로 차렸어요.
A 아저씨, 제가 기르던 난을 선물로 드릴게요!
B 你太*客气了！ 그런데 이 꽃 정말 예쁘네!
Nǐ tài kèqi le!

잠깐만요!

* '伯父'와 '伯母'는 '큰아버지', '큰어머니'라는 뜻이지만, 친구의 부모님을 이렇게 부르기도 해요.

* '太客气了'는 글자 그대로 하면 '너무 겸손해하다'는 뜻이지만, 문맥에 따라서 '뭘 이런 걸 다', '별말씀을요' 등과 같이 해석할 수 있어요.

伯父 bófù 큰아버지, 아저씨
伯母 bómǔ 큰어머니, 아주머니
家常便饭 jiāchángbiànfàn 가정식 요리
养 yǎng 기르다
兰花 lánhuā 난

014.mp3

我身体不太舒服。

저는 몸이 **별로 안** 좋아요.

'별로(그다지) ~하지 않다'는 뜻으로, '太'의 부정형입니다. '太不'로 어순이 바뀌면 '매우 ~하지 않다'는 뜻이 되니 조심해야 합니다. '不怎么'로 바꿔 쓸 수 있습니다.

Step 1

1. 저는 몸이 별로 안 좋아요.
   我身体不太舒服。
   Wǒ shēntǐ bútài shūfu.

2. 이 요리는 별로 맛이 없네요.
   这道菜★不太好吃。
   Zhè dào cài bútài hǎochī.

3. 우리도 잘 모르겠어요.
   我们也不太清楚。
   Wǒmen yě bútài qīngchu.

4. 전 음악 듣는 거 별로 안 좋아해요.
   我不太喜欢听音乐。
   Wǒ bútài xǐhuan tīng yīnyuè.

5. 그는 인간관계를 별로 중시하지 않아요.
   他不太讲究人际关系。
   Tā bútài jiǎngjiu rénjì guānxi.

잠깐만요!

★ 중국인들은 누군가에게 대접을 받을 때, 식탁에 나온 요리 개수로 초대한 사람의 성의를 판단하고 상대방에게 자신이 얼마나 중요한 사람인지 가늠하곤 해요.

舒服 shūfu 편안하다
道 dào 그릇(요리의 양사)
讲究 jiǎngjiu 중요하게 여기다
人际关系 rénjì guānxi 인간관계

Step 2 친구와 만나기로 했는데 늦어서 눈치를 보고 있네요. 胜女的代价

A 你看起来不开心啊，你在生气?
Nǐ kàn qǐlái bù kāixīn a, nǐ zài shēngqì?

B 내 기분이 별로 안 좋은 이유는 여러 가지야. 但是不包含你。
Dànshì bù bāohán nǐ.

A 那就好，对不起，我来晚了!
Nà jiù hǎo, duìbuqǐ, wǒ láiwǎn le!

B 请坐! 麻烦主厨马上上菜!
Qǐng zuò ! Máfán zhǔchú mǎshàng shàngcài!

A 너 기분 별로인 것 같은데, 화난 거야?
B 我心情不太好，原因有很多。하지만 너 때문은 아니야.
Wǒ xīnqíng bútài hǎo, yuányīn yǒu hěn duō.
A 그럼 됐어, 늦어서 미안해!
B 앉아! 주방장에게 바로 요리 좀 달라고 하세요!

开心 kāixīn 즐겁다
生气 shēngqì 화내다
心情 xīnqíng 마음, 기분
包含 bāohán 포함하다
主厨 zhǔchú 주방장, 요리사
上菜 shàngcài 요리를 내다

015.mp3

我爸年纪比较大。

저희 아버지는 연세가 좀 많은 편이에요.

'좀 ~한 편이다'라는 뜻입니다. '비교적'이라고 할 수도 있지만, '좀 ~한 편이다'라고 해석하면 훨씬 자연스럽습니다.

Step 1

1. 저희 아버지는 연세가 좀 많은 편이에요. 我爸年纪★比较大。
Wǒ bà niánji bǐjiào dà.

2. 이 문제는 좀 쉬운 편이에요. 这个问题比较容易。
Zhè ge wèntí bǐjiào róngyì.

3. 그 이야기는 좀 복잡한 편이에요. 那个故事比较复杂。
Nà ge gùshi bǐjiào fùzá.

4. 이 도시는 좀 조용한 편이에요. 这座城市★比较安静。
Zhè zuò chéngshì bǐjiào ānjìng.

5. 서울은 교통이 편리한 편이에요. 首尔交通比较方便。
Shǒu'ěr jiāotōng bǐjiào fāngbiàn.

잠깐만요!

★ 중국어에는 단어 자체가 높임말인 경우가 별로 없어요. 그래서 '나이'나 '연세'라는 표현이 모두 같아요. '年纪'는 '年龄'이라고 할 수도 있어요.

★ '城市'는 '都市'와 같은 뜻이에요.

年纪 niánji 나이
复杂 fùzá 복잡하다
座 zuò 채(산, 건물, 도시 등을 세는 양사)
城市 chéngshì 도시
安静 ānjìng 조용하다
交通 jiāotōng 교통
方便 fāngbiàn 편리하다

Step 2 조카를 잃어버렸다고 생각한 삼촌이 아빠에게 전화를 했네요. 小爸爸

A 爸爸，是谁啊?
Bàba, shì shéi a?

B 你舅舅，너를 못 찾아서 마음이 좀 급했나 봐.
Nǐ jiùjiu,

A 我舅舅? 他不是去公司开会了嘛?
Wǒ jiùjiu? Tā búshì qù gōngsī kāihuì le ma?

B 他是不是没事就大惊小怪的!
Tā shì bu shì méishì jiù dàjīngxiǎoguài de!

A 아빠, 누구예요?
B 외삼촌이야. 他找不到你了，比较着急。
tā zhǎobudào nǐ le, bǐjiào zháojí.
A 외삼촌이요? 회의한다고 회사 가지 않았어요?
B 별일도 아닌데 그렇게 놀라기는!

舅舅 jiùjiu 외삼촌
着急 zháojí 조급하다
公司 gōngsī 회사
大惊小怪 dàjīngxiǎoguài 작은 일에 크게 놀라다

016.mp3

认识您非常荣幸。

뵙게 되어 **대단히** 영광입니다.

'매우', '대단히'라는 뜻으로, 어떤 상태나 상황에 대한 판단을 강조한 표현입니다.

1. 뵙게 되어 대단히 영광입니다. 认识您非常荣幸。
   Rènshi nín fēicháng róngxìng.
2. 그분은 저를 매우 잘 보살펴주십니다. 他非常关心我。
   Tā fēicháng guānxīn wǒ.
3. 그가 말한 문제는 매우 중대합니다. 他说的问题非常重大。
   Tā shuō de wèntí fēicháng zhòngdà.
4. 그의 성격은 매우 솔직합니다. 他的性格非常直率。
   Tā de xìnggé fēicháng zhíshuài.
5. 우리의 꿈은 매우 위대했습니다. 我们的梦想非常伟大。
   Wǒmen de mèngxiǎng fēicháng wěidà.

잠깐만요!

* '关心'은 어떤 사람이나 사물을 잘 돌봐 주는 마음으로 '관심이 있다'는 말입니다. 뒤에 바로 보살펴 주려는 대상이 따라와요.
* '梦想'은 미래에 이루고 싶은 꿈을 나타냅니다. 자면서 꾸는 꿈은 '梦', '꿈을 꾸다'는 '做梦'이라고 말해요.

荣幸 róngxìng 영광스럽다
关心 guānxīn 관심이 있다
重大 zhòngdà 중대하다
性格 xìnggé 성격
直率 zhíshuài 솔직하다
梦想 mèngxiǎng 꿈
伟大 wěidà 위대하다

엄마와 아빠는 반항하는 딸에게 연극을 하고, 딸아이는 화내며 나갔네요. 家有儿女

A 우린 정말 호흡이 잘 맞아!

B 就是有点儿累。
Jiùshì yǒudiǎnr lèi.

A 你说小雪会明白我们的苦心吗?
Nǐ shuō Xiǎoxuě huì míngbai wǒmen de kǔxīn ma?

B 我想她会理解我们的。
Wǒ xiǎng tā huì lǐjiě wǒmen de.

A 我们配合得非常好!
Wǒmen pèihé de fēicháng hǎo!
B 단지 좀 힘들 뿐이야.
A 샤오쉐에가 우리의 고충을 알 거라고?
B 난 그 아이가 우리를 이해할 거라고 생각해.

配合 pèihé 호흡이 맞다
明白 míngbai 알게 되다
苦心 kǔxīn 고충
理解 lǐjiě 이해하다

017.mp3

她长得特别漂亮。

그녀는 **정말** 예쁘게 생겼네요.

'정말, 아주, 유달리, 특별히'라는 뜻으로 '非常'보다 더 강한 어감을 갖고 있습니다.

1. 그녀는 정말 예쁘게 생겼네요.
   她长★得特别漂亮。
   Tā zhǎng de tèbié piàoliang.

2. 베이징에는 안개가 정말 짙어요.
   北京烟雾特别大。
   Běijīng yānwù tèbié dà.

3. 그는 농구를 유달리 좋아합니다.
   他特别喜欢打篮球。
   Tā tèbié xǐhuan dǎ lánqiú.

4. 이 드라마는 특별히 재미있어요.
   这部电视剧特别有★趣。
   Zhè bù diànshìjù tèbié yǒuqù.

5. 우리는 선생님을 정말로 존경했습니다.
   我们特别崇拜我们的老师。
   Wǒmen tèbié chóngbài wǒmen de lǎoshī.

잠깐만요!

* '长'은 '자라다'는 뜻이지만, '长得' 뒤에 주로 생김새를 나타내는 말이 오면 '~하게 생겼다'는 뜻이 됩니다.
* '有趣'는 '有意思'와 같은 뜻이에요.

烟雾 yānwù 안개
篮球 lánqiú 농구
电视剧 diànshìjù 텔레비전 드라마
有趣 yǒuqù 재미있다
崇拜 chóngbài 존경하다, 숭배하다

상사의 종교를 알아내서 아부하는 동료를 부러워하고 있네요. 北京爱情故事

A 你什么时候信上佛了? 连赵处长信佛你都知道?
Nǐ shénme shíhou xìnshàng fó le? Lián Zhào chùzhǎng xìnfó nǐ dōu zhīdào?

B 어째 지금 나를 정말 존경하고 있다고 말하려는 거 같은데?

A 说真的，我越来越发现能在你身上学到很多东西!
Shuō zhēn de, wǒ yuèláiyuè fāxiàn néng zài nǐ shēnshang xuédào hěn duō dōngxi!

B 哈哈，虽然你笨了点，但我可以破例收你为徒!
Hāha, suīrán nǐ bèn le diǎn, dàn wǒ kěyǐ pòlì shōu nǐ wéi tú!

A 언제부터 불교를 믿었어? 자오 처장이 불교를 믿는 것도 알고 있었어?
B 你现在是不是想说，你特别崇拜我?
Nǐ xiànzài shì bu shì xiǎng shuō, nǐ tèbié chóngbài wǒ?
A 말이야 맞지, 갈수록 너한테 배울 게 많다는 걸 깨닫는다니깐!
B 하하, 넌 좀 멍청하긴 하지만 예외적으로 내 밑으로 받아줄게!

信 xìn 믿다
佛 fó 부처
崇拜 chóngbài 존경하다
发现 fāxiàn 발견하다
笨 bèn 멍청하다
破例 pòlì 예외적으로
收 shōu 받다
徒 tú 무리

018.mp3

pattern 018 便宜一点儿吧。

좀 싸게 해 주세요.

'좀 ~하다'는 뜻으로, 주로 상태나 성질을 묘사하는 형용사 뒤에 오지만, 때로는 동작이나 행위를 나타내기도 합니다. '一些'로 바꿔 쓸 수도 있고, 앞에 '比较'가 함께 올 수도 있습니다.

Step 1

1. 좀 싸게 해 주세요. 便宜一点儿吧。 Piányi yìdiǎnr ba.
2. 우리 형은 키가 좀 큽니다. 我哥哥个子高★一点儿。 Wǒ gēge gèzi gāo yìdiǎnr.
3. 제주도는 여기서 좀 멉니다. 济州岛离这儿远了一点儿。 Jìzhōudǎo lí zhèr yuǎn le yìdiǎnr.
4. 저는 그 사람 말을 좀 알아들었습니다. 我懂了一点儿他的话。 Wǒ dǒng le yìdiǎnr tā de huà.
5. 제가 의견을 좀 보충하겠습니다. 我来补充一点儿我的意见。 162 Wǒ lái bǔchōng yìdiǎnr wǒ de yìjiàn.

잠깐만요!

★ '키가 크다'고 할 때는 '高'나 '大'를 모두 쓸 수 있어요. '키가 작다'고 할 때는 '小'나 '矮'를 써요.

个子 gèzi 키
高 gāo (키가) 크다
济州岛 Jìzhōudǎo 제주도
补充 bǔchōng 보충하다
意见 yìjiàn 의견

Step 2 친구에게 프랑스어를 가르쳐 주겠다고 나섰네요. 奋斗

A 你要学法语，跟我学吧！
Nǐ yào xué Fǎyǔ, gēn wǒ xué ba!

B 你真会说法语啊?
Nǐ zhēn huì shuō Fǎyǔ a?

A 어렸을 때 좀 배웠어, 我爸逼的。
wǒ bà bī de.

B 现在还记得吗?
Xiànzài hái jìdé ma?

A 너 프랑스어 배우려면 나한테 배워!
B 정말 프랑스어 할 줄 알아?
A 我小时候学过一点儿, 아빠한테 떠밀려서.
Wǒ xiǎo shíhou xuéguo yìdiǎnr,
B 아직도 기억이 나?

法语 Fǎyǔ 프랑스어
逼 bī 강압하다
记得 jìdé 기억하다

019.mp3

这篇文章有点儿难。

이 글은 **좀** 어려워**요**.

'좀 ~하다'는 뜻입니다. 때에 따라 '有一点儿'이라고 쓸 수도 있는데, 뜻은 '一点儿'과 같지만 주로 부정적인 상태를 말할 때 씁니다.

Step 1

1. 이 글은 좀 어려워요. 这篇文章有点儿难。
Zhè piān wénzhāng yǒudiǎnr nán.

2. 그 사람 성격은 좀 단순합니다. 他性格有点儿单纯。
Tā xìnggé yǒudiǎnr dānchún.

3. 그 연극은 좀 길었습니다. 这出戏有一点儿长。
Zhè chū xì yǒu yìdiǎnr cháng.

4. 이번 여행은 좀 힘들었습니다. 这次旅行有点儿累。
Zhè cì lǚxíng yǒudiǎnr lèi.

5. 우리는 살기가 좀 어렵습니다. 我们的生活有点儿困难。
Wǒmen de shēnghuó yǒudiǎnr kùnnan.

잠깐만요!

* '문장'이라고 하지 말고, '글'이라고 기억해 주세요. '문장'은 중국어로 '句子'라고 말해요.
* '出'는 경극 같은 연극을 세는 단위예요. 원래 '齣'라고 썼는데, 획수가 많은 글자를 간체자로 만들면서 발음이 같은 '出'로 대체되었어요.

文章 wénzhāng 글
性格 xìnggé 성격
单纯 dānchún 단순하다
出 chū 막(연극을 세는 양사)
戏 xì 연극
旅行 lǚxíng 여행
困难 kùnnan 어렵다, 빈곤하다

Step 2 재혼한 남편은 딸아이를 데려와 같이 살고 싶어 하네요. 家有儿女

A 我想把小雪从爷爷家接过来一块儿住。
Wǒ xiǎng bǎ Xiǎoxuě cóng yéye jiā jiē guòlái yíkuàir zhù.

B 你是说，让我当三个孩子的妈?
Nǐ shì shuō, ràng wǒ dāng sān ge háizi de mā?

A 敢不敢? 目前中国孩子最多的妈妈啊。
Gǎn bu gǎn? Mùqián Zhōngguó háizi zuì duō de māma a.

B 你扶着我点儿，나 좀 못 움직일 것 같아.
Nǐ fúzhe wǒ diǎnr,

A 샤오쉐를 할아버지 집에서 데려와서 함께 살고 싶어.
B 나더러 세 아이의 엄마가 되라고?
A 어때? 오늘날 중국에서 아이가 가장 많은 엄마!
B 나 좀 붙잡아 줘, 我有点儿走不动了。
wǒ yǒudiǎnr zǒubudòng le.

잠깐만요!

* 중국은 가족계획을 엄격히 실시해 왔고, 汉族(한족)의 경우 한 가정에 한 아이밖에 낳을 수 없었죠. 하지만 최근에는 부모 가운데 한 명이 외동이면 두 아이까지 낳을 수 있도록 정책을 바꾸고 있답니다.

接 jiē 맞이하다
目前 mùqián 현재
扶 fú 부축하다

020.mp3

这把刀又长又快。

이 칼은 길**고도** 날카롭**습니다**.

'~하기도 하고 ~하기도 하다'는 뜻으로, 두 가지 성질이나 상태를 동시에 표현합니다. '又' 뒤에는 성질이나 상태를 묘사하는 형용사가 와야 합니다.

1. 이 칼은 길고도 날카롭습니다. 这把刀又长又快★。
Zhè bǎ dāo yòu cháng yòu kuài.

2. 이 집은 싸고 맛있습니다. 这家店又便宜又好吃。
Zhè jiā diàn yòu piányi yòu hǎochī.

3. 그의 아이는 예쁘고 똑똑합니다. 他的孩子又漂亮又聪明。
Tā de háizi yòu piàoliang yòu cōngming.

4. 저 고양이는 눈이 희고 동그랍니다. 那只猫眼睛又白又圆。
Nà zhī māo yǎnjing yòu bái yòu yuán.

5. 지하철을 타면 빠르고 편리합니다. 坐地铁又快又方便。
Zuò dìtiě yòu kuài yòu fāngbiàn.

잠깐만요!

★ '快'가 칼 등의 성질을 묘사할 때는 '날카롭다'는 뜻이에요.

把 bǎ (손잡이가 달린 사물의 양사)
快 kuài 날카롭다
店 diàn 가게
便宜 piányi 싸다
猫 māo 고양이
圆 yuán 동그랗다
地铁 dìtiě 지하철

부부는 예민한 성격의 딸아이에 대해 이야기하네요. 家有儿女

A 看照片时，小雪又生气了吧？
Kàn zhàopiàn shí, Xiǎoxuě yòu shēngqì le ba?

B 她怎么生气了？
Tā zěnme shēngqì le?

A 我怎么知道呢？
Wǒ zěnme zhīdào ne?

B 내가 보기엔 사진이 작은데다 흐릿해서, 她就生气了。
tā jiù shēngqì le.

A 사진 볼 때 샤오쉐에 또 화났지?
B 왜 화난 거야?
A 내가 어떻게 알아?
B 我看照片又小又不清楚, 화가 난 거야.
Wǒ kàn zhàopiàn yòu xiǎo yòu bù qīngchu,

照片 zhàopiàn 사진
生气 shēngqì 화내다

021.mp3

我妈高兴得不得了。

우리 엄마는 **무척 즐거워하셨습니다.**

'무척 ~하다'는 뜻으로, 매우 심한 정도를 나타냅니다. 동작이나 상태의 정도를 나타내는 말인 정도보어 뒤에서 자주 쓰입니다.

Step 1

1. 우리 엄마는 무척 즐거워하셨습니다.
   我妈高兴得不得了。★ 026
   Wǒ mā gāoxìng de bùdeliǎo.

2. 우리 팀은 무척 바빴습니다.
   我们组忙得不得了。026
   Wǒmen zǔ máng de bùdeliǎo.

3. 그들은 후회가 막심했습니다.
   他们后悔得不得了。026
   Tāmen hòuhuǐ de bùdeliǎo.

4. 그의 할아버지는 병이 꽤 중하십니다.
   他爷爷病得不得了。026
   Tā yéye bìng de bùdeliǎo.

5. 하얼빈의 겨울은 무척 추웠습니다.
   哈尔滨★的冬天冷得不得了。026
   Hā'ěrbīn de dōngtiān lěng de bùdeliǎo.

잠깐만요!

★ '不得了'가 단독으로 쓰이면 '큰일 났다', '야단났다'는 뜻이에요.

★ '哈尔滨'은 중국에서 많이 추운 곳 중 하나로, 해마다 1월에는 추위로 꽁꽁 언 얼음을 이용한 빙등 축제인 '冰灯节'가 열립니다.

高兴 gāoxìng 즐겁다
组 zǔ 조, 팀
病 bìng 병
哈尔滨 Hā'ěrbīn 하얼빈

Step 2 가정방문 오는 선생님을 속이려고 심부름 센터에서 가짜 엄마를 데려왔네요. 家有儿女

A 请问你们这儿需要家政服务?
Qǐngwèn nǐmen zhèr xūyào jiāzhèng fúwù?

B 对，你来扮一下妈妈，老师来家访。
Duì, nǐ lái bàn yíxià māma, lǎoshī lái jiāfǎng.

A 啊? 저 지금 엄청나게 긴장되는데요.
Á?

B 您放心，老师没见过我妈妈!
Nín fàngxīn, lǎoshī méi jiànguo wǒ māma!

A 여기 가사 관리 서비스 필요하신가요?
B 네. 저희 엄마 역할 좀 해 주세요. 선생님이 가정방문 하시거든요.
A 네? 我现在就紧张得不得了。
Wǒ xiànzài jiù jǐnzhāng de bùdeliǎo.
B 마음 놓으세요. 선생님이 저희 엄마를 본 적이 없어요!

需要 xūyào 필요하다
家政服务 jiāzhèng fúwù 가사 관리 서비스
扮 bàn 분장하다, 꾸미다
家访 jiāfǎng 가정방문
紧张 jǐnzhāng 긴장하다

022.mp3

他们的关系还可以。

그 사람들 관계는 **그런대로 괜찮아요.**

'그런대로 괜찮다'는 뜻으로, 매우 좋지도 않고 나쁘지도 않은 상황을 나타냅니다. 판단이나 평가를 유보하는 표현일 수도 있지만 대체로는 '좋다'는 의미로 쓰입니다.

1. 그 사람들 관계는 그런대로 괜찮아요. 他们的关系★还可以。
Tāmen de guānxi hái kěyǐ.

2. 그는 중국어를 그런대로 괜찮게 해요. 他的汉语说得还可以。 027
Tā de Hànyǔ shuō de hái kěyǐ.

3. 새로 나온 상품은 그런대로 괜찮아요. 新出的商品还可以。
Xīn chū de shāngpǐn hái kěyǐ.

4. 이 영화는 그런대로 볼 만해요. 这部电影还可以。
Zhè bù diànyǐng hái kěyǐ.

5. 괜찮으면 같이 가시지요. 还可以的话，我们一起去。
Hái kěyǐ dehuà, wǒmen yìqǐ qù.

잠깐만요!

★ '关系'는 중국 사회와 문화를 대표하는 단어로, 일을 함에 있어 관계를 중요시하는 중국인의 특성을 잘 나타내 줍니다. 하지만 꼭 중국에만 그런 현상이 있는 것은 아니겠지요.

关系 guānxi 관계
汉语 Hànyǔ 중국어
出 chū 나오다, 내다
商品 shāngpǐn 상품

아빠는 재혼해서 새로 얻은 아들에게 좋은 아빠가 되고 싶어 하네요. 家有儿女

A 刘星，你觉得我这个爸爸怎么样啊？
Liúxīng, nǐ juéde wǒ zhè ge bàba zěnmeyàng a?

B 그런대로 괜찮아요, 反正亲爸和你都对我好。
fǎnzhèng qīnbà hé nǐ dōu duì wǒ hǎo.

A 你喜欢什么样的爸爸啊？
Nǐ xǐhuan shénmeyàng de bàba a?

B 这…我能说吗？您就可以，挺好的！
Zhè… wǒ néng shuō ma? Nín jiù kěyǐ, tǐng hǎo de!

A 리우싱, 너 이 아빠 어떻게 생각해?
B 还可以啊, 어쨌든 친아빠나 아빠나 다 잘해주세요.
Hái kěyǐ a,
A 넌 어떤 아빠가 좋아?
B 저……, 얘기해야 해요? 아빠 괜찮아요. 아주 좋아요!

亲爸 qīnbà 친아빠
反正 fǎnzhèng 어쨌든

这孩子多可爱!

이 아이는 **얼마나** 귀여운**지요**!

'얼마나 ~한가'라는 뜻으로, 어떤 대상에 대한 감탄을 나타낼 때 쓰는 표현입니다. '多么~啊'로 쓸 수도 있습니다.

1. 이 아이는 얼마나 귀여운지요! — **这孩子多可爱!** Zhè háizi duō kě'ài!
2. 그 문제는 얼마나 어렵던지요! — **那道题多难啊!** Nà dào tí duō nán a!
3. 이 빵은 얼마나 맛있던지요! — **这块面包多好吃!** Zhè kuài miànbāo duō hǎochī!
4. 제 친구가 얼마나 부럽던지요! — **我多么羡慕我朋友啊!** Wǒ duōme xiànmù wǒ péngyou a!
5. 우리 회사가 얼마나 자랑스럽던지요! — **我们的公司多么让人骄傲★啊!** 151 Wǒmen de gōngsī duōme ràng rén jiāo'ào a!

재혼한 부부는 잘 지내는 양쪽 아이들을 보면서 흐뭇해하네요. 家有儿女

A 你看，这俩孩子好得跟亲兄弟似的，얼마나 좋아!
Nǐ kàn, zhè liǎ háizi hǎo de gēn qīnxiōngdì shì de,

B 好！如果是再多一个就更好了。
Hǎo! Rúguǒ shì zài duō yí ge jiù gèng hǎo le.

A 什么意思啊？你还想让我再生啊?
Shénme yìsi a? Nǐ hái xiǎng ràng wǒ zài shēng a?

B 不是，我不是那个意思。
Búshì, wǒ búshì nà ge yìsi.

A 봐 봐, 이 아이들이 친형제처럼 잘 지내니, **多好啊!** duō hǎo a!
B 그러게요! 하나 더 있으면 훨씬 좋을 텐데.
A 무슨 말이에요? 나더러 하나 더 낳으라고?
B 아니, 난 그런 뜻은 아니고.

잠깐만요!

★ '骄傲'는 '자랑', '자랑스럽다'는 긍정적인 뜻도 있고, '교만하다'는 부정적인 뜻도 있어요. 어떤 문맥에서 쓰이느냐에 따라 뜻이 달라지니 유의하세요.

可爱 kě'ài 귀엽다
道 dào (문제를 세는 양사)
题 tí 문제
块 kuài 조각(조각으로 나뉜 물건을 세는 양사)
面包 miànbāo 빵
好吃 hǎochī 맛있다
羡慕 xiànmù 부럽다
公司 gōngsī 회사
骄傲 jiāo'ào 자랑스럽다

亲兄弟 qīnxiōngdì 친형제
意思 yìsi 의미

024.mp3

这种话，我不好说。

이런 말은 **하기 어려운데요.**

'~하기 어렵다'는 뜻으로, 뒤에는 동작이나 행위를 나타내는 말이 옵니다. '很难'이나 '不容易'로 바꿔 쓸 수 있습니다.

Step 1

1. 이런 말은 하기 어려운데요. 这种话，我不好说。 Zhè zhǒng huà, wǒ bùhǎo shuō.
2. 그 요리는 만들기 어려워요. 那道菜不好做。 Nà dào cài bùhǎo zuò.
3. 그 사람 짐은 들기가 어려워요. 他的行李不好拿。 Tā de xíngli bùhǎo ná.
4. 새로운 학문은 배우기가 어려워요. 新的学科不好学。 Xīn de xuékē bùhǎo xué.
5. 이 문제는 해결하기가 어려워요. 这个问题不好解决。 Zhè ge wèntí bùhǎo jiějué.

잠깐만요!

* '不好吃(맛이 없다)', '不好看(보기 싫다)', '不好听(듣기 싫다)' 같은 말들은 워낙 자주 쓰이다 보니 한 낱말인 것처럼 익숙해졌지만, 원래는 이와 같은 패턴에서 비롯되었어요.
* '学科'는 '학문 분야'라는 뜻이에요. 우리말로 '학과'는 '系'라고 해요.

行李 xíngli 짐
拿 ná 들다
学科 xuékē 학문
解决 jiějué 해결하다

Step 2 할머니가 사고 친 손자를 위해 아빠에게 비밀을 지키라고 하네요. 家有儿女

A 刘星，快快！你爸答应了不跟你妈说！
Liúxīng, kuài kuài! Nǐ bà dāying le bù gēn nǐ mā shuō!

B 我答应什么了？
Wǒ dāying shénme le?

A 你不是答应了吗？
Nǐ búshì dāying le ma?

B 이놈에 아빠 노릇 하기 힘드네.

A 리우싱, 빨리! 아빠가 엄마한테 얘기 안 한다고 했어!
B 제가 뭘 얘기했어요?
A 자네가 대답하지 않았나?
B 我这个爸爸不好当啊。
Wǒ zhè ge bàba bùhǎo dāng a.

答应 dāying 허락하다
当 dāng ~가 되다, ~노릇 하다

025.mp3

他的头发变白了。

그분은 머리가 희어**졌어요**.

'(변해서) ~되었다'는 뜻으로, 어떤 상태나 동작에 변화가 일어났다는 표현입니다. 상태나 성질을 나타내는 말 앞에는 때때로 '变'이나 '更'과 같은 말을 함께 쓸 수도 있습니다.

1. 그분은 머리가 희어졌어요.
   他的头发变白了。
   Tā de tóufa biànbái le.

2. 우리 모두 돈이 떨어졌어요.
   我们都没有钱了。
   Wǒmen dōu méiyǒu qián le.

3. 오늘 날씨는 따뜻해졌네요.
   今天天气暖和★了。
   Jīntiān tiānqì nuǎnhuo le.

4. 1년 만에 저는 키가 컸어요.
   一年里★我个子长高了。
   Yìnián li wǒ gèzi zhǎng gāo le.

5. 이번 시험은 더 쉽지 않아졌어요.
   这次考试更不容易了。
   Zhè cì kǎoshì gèng bù róngyì le.

잠깐만요!

★ '따뜻하다'고 할 때는 '和'를 'huo'로 읽어요.

★ '어떤 시간 동안'을 말하고 싶으면 시간을 나타내는 말 뒤에 '里'를 넣어 말해요.

头发 tóufa 머리카락
变白 biànbái 희어지다
暖和 nuǎnhuo 따뜻하다
考试 kǎoshì 시험

재혼하고 함께 살게 될 아빠의 딸을 기다리고 있네요. 家有儿女

A 배고픈 사람은 가서 물 한 잔 마셔.

B 饿了给喝水，那叫后妈。
È le gěi hē shuǐ, nà jiào hòumā.

A 我告诉你，姐姐来了不许欺负她。
Wǒ gàosu nǐ, jiějie lái le bùxǔ qīfù tā.

B 记不住了，我已经大脑缺氧了！
Jìbuzhù le, wǒ yǐjīng dànǎo quēyǎng le!

A 你们谁饿了，就去喝杯水。
Nǐmen shéi è le, jiù qù hē bēi shuǐ.
B 배고프다는데 물을 마시라니, 새엄마네.
A 잘 들어, 누나 오거든 괴롭히면 안 돼.
B 기억 못 하겠어요, 벌써 대뇌에 산소가 부족해요!

饿 è 배고프다
后妈 hòumā 새엄마
欺负 qīfù 무시하다, 괴롭히다
大脑 dànǎo 대뇌
缺氧 quēyǎng 산소 결핍

026.mp3

他说汉语说得很流利。

그는 중국어를 유창하게 합니다.

[동사술어+목적어+동사술어+得+정도보어]는 '~한 정도로 ~하다'는 뜻으로, 행위나 동작의 상태가 어떠한 정도인지를 나타낼 때 쓰는 표현입니다. 이른바 정도보어라고 합니다.

1. 그는 중국어를 유창하게 합니다.
   他说汉语说得很流利。 010
   Tā shuō Hànyǔ shuō de hěn liúlì.

2. 그는 한자를 꽤 예쁘게 씁니다.
   他写汉字写得蛮漂亮。
   Tā xiě Hànzì xiě de mán piàoliang.

3. 제 친구는 타자를 매우 정확하게 칩니다.
   我朋友打字打得非常正确。 016
   Wǒ péngyou dǎ zì dǎ de fēicháng zhèngquè.

4. 제 여동생은 아이를 잘 돌봅니다.
   我妹妹管孩子管得很好。 010
   Wǒ mèimei guǎn háizi guǎn de hěn hǎo.

5. 그 선수는 스케이트를 정말 빠르게 탑니다.
   那个选手滑冰滑得特别快。 017
   Nà ge xuǎnshǒu huábīng huá de tèbié kuài.

잠깐만요!

* 이 패턴에서 '무엇을'에 해당하는 목적어가 없으면 "他说得很流利。"라고 쓰면 되지만, 목적어가 있으면 동사술어를 한 번 더 써야 해요. 물론 pattern027~028처럼 표현할 수도 있습니다.

* '蛮'은 '很'과 비슷한 뜻인데, 주로 중국 남부 지역에서 많이 쓰는 표현이에요.

流利 liúlì 유창하다
汉字 Hànzì 한자
打字 dǎzì 타자를 치다
正确 zhèngquè 정확하다
选手 xuǎnshǒu 선수
滑冰 huábīng 스케이트를 타다

엄마는 아들에게 집안일을 시켰네요, 결과는 어땠을까요? 家有儿女

A 刘星, 집안일을 정말 잘했구나.
Liúxīng,

B 谢谢夸奖!
Xièxie kuājiǎng!

A 不过, 你这衣服洗得太不干净了!
Búguò, nǐ zhè yīfu xǐ de tài bù gānjìng le!

B 我昨天太累了, 就大概洗了洗。
Wǒ zuótiān tài lèi le, jiù dàgài xǐ le xǐ.

A 리우싱, 你做家务做得很好啊。
nǐ zuò jiāwù zuò de hěn hǎo a.
B 칭찬해 주셔서 감사해요!
A 하지만 이 옷은 정말 더럽게 빨았네!
B 어제 너무 힘들어서 그냥 대충 빨았어요.

家务 jiāwù 집안일
夸奖 kuājiǎng 칭찬하다
洗 xǐ 빨다
干净 gānjìng 깨끗하다
大概 dàgài 대충

027.mp3

他的汉语说得很流利。

그는 중국어를 유창하게 합니다.

[목적어+동사술어+得+정도보어]는 '~한 정도로 ~하다'는 뜻으로, pattern026과 같은 표현입니다. '무엇을'에 해당하는 목적어와 주어가 서로 소속 관계에 있으면 이렇게도 쓸 수 있습니다. '他的汉语'에서 '的'를 쓰지 않을 수도 있습니다.

1. 그는 중국어를 유창하게 합니다. 他的汉语说得很流利。 010
   Tā de Hànyǔ shuō de hěn liúlì.
2. 그는 한자를 꽤 예쁘게 씁니다. 他的汉字写得蛮漂亮。
   Tā de Hànzi xiě de mán piàoliang.
3. 저는 시험을 잘 못 보았어요. 我考试考得不太好。 014
   Wǒ kǎoshì kǎo de bútài hǎo.
4. 제 여동생은 아이를 잘 돌봅니다. 我妹妹孩子管得很好。 010
   Wǒ mèimei háizi guǎn de hěn hǎo.
5. 제 친구는 좀 말이 많습니다. 我朋友的话说得有点罗嗦★。 019
   Wǒ péngyou dehuà shuō de yǒudiǎnr luōsuo.

잠깐만요!

★ '罗嗦'는 '수다스럽다'라는 뜻 외에 '잔소리하다', '중언부언하다', '자질구레하다', '번거롭다' 등의 다양한 뜻이 있어요.

考试 kǎoshì 시험
罗嗦 luōsuo 말이 많다

친구에게 누나의 작문 숙제를 훔쳐 달라고 부탁하네요. 家有儿女

A 너네 누나 작문 정말 잘한다며? 能帮我搞到一篇吗?
néng bāng wǒ gǎodào yì piān ma?

B 啊，你让我偷她作文? 这可不行。
Á, nǐ ràng wǒ tōu tā zuòwén? Zhè kě bù xíng.

A 你先听我说嘛。只要弄到一篇就可以了。
Nǐ xiān tīng wǒ shuō ma. Zhǐyào nòngdào yì piān jiù kěyǐ le.

B 那你请我吃★麦当劳，怎么样?
Nà nǐ qǐng wǒ chī Màidāngláo, zěnmeyàng?

A 听说你姐作文写得特棒, 나 좀 한 편만 도와줘.
Tīngshuō nǐ jiě zuòwén xiě de tè bàng,
B 응? 누나 작문을 훔쳐 달라고? 그건 안 되지.
A 우선 내 말 좀 들어 봐. 한 편만 해 주면 돼.
B 그럼 맥도날드 가서 사 줘. 어때?

잠깐만요!

★ '맥도날드에 가서 사 먹다'는 표현은 간단하게 '吃麦当劳'라고 할 수 있어요.

作文 zuòwén 작문
棒 bàng 훌륭하다
偷 tōu 훔치다
弄 nòng 하다
麦当劳 Màidāngláo 맥도날드

028.mp3

汉语，他说得很流利。

중국어를 그는 유창**하게 합니다**.

[목적어, 주어+동사술어+得+정도보어]는 '무엇이 ~한 정도로 ~하다'는 뜻으로, pattern026~027과 같은 표현이에요. '무엇을'에 해당하는 목적어를 문장 맨 앞으로 보낸 표현입니다. '무엇을'에 해당하는 부분이 약간 강조되는 어감이 있습니다.

1. 중국어를 그는 유창하게 합니다. 汉语，他说得很流利。 010
   Hànyǔ, tā shuō de hěn liúlì.
2. 한자를 그는 꽤 예쁘게 씁니다. 汉字，他写得蛮漂亮。
   Hànzì, tā xiě de mán piàoliang.
3. 이번 시험을 저는 잘 못 보았습니다. 这次考试，我考得不太好。 014
   Zhè cì kǎoshì, wǒ kǎo de bútài hǎo.
4. 이 문제를 그리 빨리 해결하지는 못했습니다. 这个问题，我解决得不怎么快。
   Zhè ge wèntí, wǒ jiějué de bù zěnme kuài.
5. 저는 제 컴퓨터를 매우 편리하게 사용합니다. 我的电脑，我使用得特别方便。 017
   Wǒ de diànnǎo, wǒ shǐyòng de tèbié fāngbiàn.

电脑 diànnǎo 컴퓨터
使用 shǐyòng 사용하다
方便 fāngbiàn 편리하다

 아빠는 오랜만에 아이들에게 요리 솜씨를 뽐내네요. 家有儿女

A 孩子们，晚饭怎么样啊？
Háizimen, wǎnfàn zěnmeyàng a?

B 老爸，오늘 저녁 진짜 괜찮았어요!
Lǎobà,

A 我的厨艺进步了吧！
Wǒ de chúyì jìnbù le ba!

B 嗯[*]，以后你要经常给我们做！
Èng, yǐhòu nǐ yào jīngcháng gěi wǒmen zuò!

잠깐만요!
* 상대방의 말에 긍정의 대답으로 "예"라고 말할 때, '嗯'이라고 말할 수도 있어요.

A 얘들아, 저녁 어땠니?
B 아빠, 今天的晚饭，你做得还真不错！
jīntiān de wǎnfàn, nǐ zuò de hái zhēn búcuò!
A 내 요리 솜씨가 늘었지?
B 네, 앞으로도 자주 해 주세요!

晚饭 wǎnfàn 저녁
厨艺 chúyì 요리 솜씨
进步 jìnbù 진보하다
经常 jīngcháng 항상, 자주

029.mp3

那儿的风景美极了。

그곳 풍경은 **대단히** 아름답**습니다**.

'대단히 ~하다'는 뜻으로, 상태나 성질을 강조해서 말할 때 쓰는 표현입니다. 상태나 성질을 나타내는 말 앞에 다른 강조 표현이 함께 올 수는 없습니다.

1. 그곳 풍경은 대단히 아름답습니다. 那儿的风景美极了。 Nàr de fēngjǐng měi jí le.
2. 그 가게는 장사가 대단히 잘됩니다. 那家店生意好极了。 Nà jiā diàn shēngyi hǎo jí le.
3. 오늘 우리 선생님은 대단히 기뻐하셨습니다. 今天我们的老师高兴极了。 Jīntiān wǒmen de lǎoshī gāoxìng jí le.
4. 이 취두부는 냄새가 대단히 고약합니다. 这个臭豆腐臭极了。 Zhè ge chòudòufu chòu jí le.
5. 다리의 상처가 대단히 고통스럽습니다. 腿上的伤口疼极了。 Tuǐshang de shāngkǒu téng jí le.

잠깐만요!

* 이런 패턴으로 쓸 수 있는 표현으로는 '…多了(훨씬 ~하다)', '…死了(~해서 죽겠다)', '…透了(정말 ~하다)' 등이 있어요.
* '취두부' 드셔 보셨나요? 두부를 발효시켜서 만든 음식인데, 그 퀴퀴한 냄새를 처음 맡는 사람들은 조금 힘들어해요. 우리의 청국장쯤에 해당한다고 할까요? 그 맛에 익숙해지면 자주 먹지 않고는 못 견딘다네요.

风景 fēngjǐng 풍경
生意 shēngyi 장사
臭 chòu 냄새가 지독하다
伤口 shāngkǒu 상처
疼 téng 아프다

식구들은 아빠와 딸이 오면 함께 저녁을 먹으려고 기다리고 있네요. 家有儿女

A 怎么还不回来呀?
Zěnme hái bù huílái ya?

B 他们下馆子去了吧? 咱们先吃!
Tāmen xià guǎnzi qù le ba? Zánmen xiān chī!

A 去去去, 这不可能!
Qù qù qù, zhè bù kěnéng!

B 만일 도중에 정말 배가 고팠다면요?

A 왜 아직 안 오는 거지?
B 식당에 간 거 아니에요? 우리 먼저 먹어요!
A 됐어, 됐어! 그건 안 돼!
B 要是他们路上饿极了呢?
Yàoshi tāmen lùshang è jí le ne?

잠깐만요!

* '下馆子'는 '음식점에 식사하러 가다'라는 뜻으로, 구어체에서 자주 쓰는 표현이에요.

馆子 guǎnzi 음식점
要是 yàoshi 만일
路上 lùshang 도중

Unit 03

제 생각엔 말이죠.

저자 핵심 강의 03

자신의 의견을 말하는 장면에서 꼭 나오는 패턴

뭔가 본격적인 얘기에 앞서서 "제 생각에는…"이라고 말하고 싶을 때 쓰는 패턴은 주로 '주어+술어('생각하다' 같은 동사)'입니다. 또 看과 说 등의 동사를 활용한 다양한 패턴도 준비되어 있어요. 이 패턴들을 익히면 좀 더 분명하게 자신의 의견을 상대방에게 전달할 수 있을 겁니다. 대부분 말을 시작하면서 앞에 붙이는 패턴이니 쉽게 익힐 수 있겠죠?

패턴 미리보기

030 想 생각하다
031 觉得 ~라고 생각하다
032 认为 ~라고 생각하다
033 以为 ~라고 잘못 알다 / ~라고 생각하다
034 知道 ~을 알고 있다
035 相信 ~을 믿다
036 我估计 제 생각엔~ / 제 추측으로는~
037 我是说 (그러니까) 제 말은~
038 我的意思是… 내 말뜻은~
039 我的意见是… 제 의견은~
040 我看 보아하니 / 자
041 看样子 보아하니
042 依我看 제가 보기엔
043 在我看来 제가 보기엔
044 对…来说 ~에게 (있어) / ~같은 경우에
045 从…来看 ~에서 보면
046 我跟你说 (내 얘기) 들어 봐
047 我告诉你 들어 봐 / 이것 봐
048 说实话 솔직히 말하면

030.mp3

我想了一个办法。

저는 한 가지 방법을 **생각했어요**.

'생각하다'는 뜻으로, 말하는 사람의 생각이 어떠함을 나타냅니다. 뒤에는 짧은 낱말부터 긴 문장까지 모두 올 수 있습니다. pattern002의 '想'과 모양은 같지만 뜻은 다르니 유의하세요.

1. 저는 한 가지 방법을 생각했어요. — 我想了一个办法。
   Wǒ xiǎng le yí ge bànfǎ.
2. 어떻게 하면 좋을지 생각해 봐. — 你想一想该怎么办?
   Nǐ xiǎng yi xiǎng gāi zěnme bàn?
3. 그는 반나절을 생각하더니 한마디 했어요. — 他想了半天说了一句话。
   Tā xiǎng le bàntiān shuō le yí jù huà.
4. 저는 이 일은 그녀가 맞게 했다고 생각해요. — 我想这件事她做对了。
   Wǒ xiǎng zhè jiàn shì tā zuòduì le.
5. 그들 모두 정답을 생각해 내지 못했어요. — 他们都没想出正确的答案。★
   Tāmen dōu méi xiǎngchū zhèngquè de dá'àn.

잠깐만요!

★ '정답'은 '正确的答案'이라고 하고, '오답'은 '错误的答案'이라고 말해요.

办法 bànfǎ 방법
该 gāi 반드시 ~해야 한다
半天 bàntiān 반나절
正确 zhèngquè 정확하다
答案 dá'àn 답, 답안

남동생의 생일을 앞두고 세 남매가 신경전을 벌이고 있네요. 家有儿女

A 明天就是我的生日，你们想好送我什么礼物了吗?
Míngtiān jiùshì wǒ de shēngrì, nǐmen xiǎnghǎo sòng wǒ shénme lǐwù le ma?

B 我们三个，送什么礼物啊!
Wǒmen sān ge, sòng shénme lǐwù a!

A 那你觉得怎么过生日好啊?
Nà nǐ juéde zěnme guò shēngrì hǎo a?

B 내가 좋은 아이디어를 생각해 냈어!

A 내일이 내 생일인데 뭐 선물할지 생각했어?
B 우리 셋이서 선물은 무슨!
A 그럼 생일을 어떻게 보내야 해?
B 我想到了一个好主意!
Wǒ xiǎngdào le yí ge hǎo zhǔyi!

生日 shēngrì 생일
送 sòng 선물하다
礼物 lǐwù 선물
主意 zhǔyi 생각, 아이디어

031.mp3

我觉得他是一个好人。

저는 그분이 좋은 사람이라고 생각해요.

'~라고 생각하다'는 뜻으로, 말하는 사람의 생각을 나타낼 때 쓰는 표현입니다. '想'과 정밀한 차이를 구분하기는 어렵지만, '觉得'는 말하는 사람의 느낌을 포함하는 어감이 더 강합니다.

1. 저는 그분이 좋은 사람이라고 생각해요. 我觉得他是一个好人。
   Wǒ juéde tā shì yí ge hǎorén.
2. 오늘은 정말 행운이라고 생각해요. 我觉得今天很幸运。 010
   Wǒ juéde jīntiān hěn xìngyùn.
3. 저는 좀 추운 것 같은데요. 我觉得有一点儿冷。 019
   Wǒ juéde yǒuyìdiǎnr lěng.
4. 말 속에 뼈가 있는 것 같은데요. 我觉得你话里有话。
   Wǒ juéde nǐ huàliyǒuhuà.
5. 여러분은 어떻게 생각해요? 你们觉得怎么样?
   Nǐmen juéde zěnmeyàng?

잠깐만요!

* '幸运'은 '행운'이라는 뜻도 있고, '다행스럽다', '행운이다'는 뜻도 있어요.
* '话里有话'는 우리말로 '언중유골'이라고 하지요. '话中有话', '话里有骨头' 등의 표현도 쓸 수 있어요.

好人 hǎorén 좋은 사람
幸运 xìngyùn 다행이다
话里有话 huàliyǒuhuà 말 속에 뼈가 있다

연인을 혼자 기다리게 하고 난 뒤에 달래주네요. 奋斗

A 你说十分钟，我都在这待了十七分钟了。
Nǐ shuō shí fēnzhōng, wǒ dōu zài zhè dāi le shíqī fēnzhōng le.

B 别生气了，对不起！都是我的错！
Bié shēngqì le, duìbuqǐ! Dōu shì wǒ de cuò!

A 17분이 정말 길게 느껴졌다고!

B 好了，咱俩去吃夜宵！
Hǎo le, zán liǎ qù chī yèxiāo!

A 10분이라더니 여기서 17분을 기다렸거든.
B 화내지 마. 미안해! 다 내 잘못이야!
A 我觉得这十七分钟特别漫长！
Wǒ juéde zhè shíqī fēnzhōng tèbié màncháng!
B 그래. 우리 야식 먹으러 가자!

漫长 màncháng (시간이) 길다
夜宵 yèxiāo 야식

032.mp3

我认为未来是美丽的。

저는 미래가 아름답**다고 생각해요**.

'~라고 생각하다'는 뜻으로, 역시 말하는 사람의 생각을 나타낼 때 쓰입니다. '想'이나 '觉得'보다는 생각이 좀 더 분명하고 확실한 경우에 이렇게 말합니다.

1. 저는 미래가 아름답다고 생각해요. — 我认为未来是美丽的。 197
   Wǒ rènwéi wèilái shì měilì de.

2. 그는 자기가 가장 잘났다고 생각해요. — 他认为自己是最棒的。
   Tā rènwéi zìjǐ shì zuì bàng de.

3. 그가 우리 행사에 오리라고 생각해요. — 我认为他会参加我们的活动。
   Wǒ rènwéi tā huì cānjiā wǒmen de huódòng.

4. 보통 사람들은 중국인이 먹을 것을 중시한다고 생각해요. — ★一般人认为中国人讲究吃。
   Yìbān rén rènwéi Zhōngguórén jiǎngjiu chī.

5. 우리는 모두 세계 경제가 좋아질 거라고 생각해요. — 我们都认为世界经济会好的。 053
   Wǒmen dōu rènwéi shìjiè jīngjì huì hǎo de.

잠깐만요!

★ '一般'이라는 말은 '보통', '일반'이라는 뜻이 있어요. 하지만 상태를 나타낼 때 '很一般'이라고 하면 '그저 그렇다'라는 뜻으로 그다지 좋은 평가는 아니에요.

未来 wèilái 미래
棒 bàng 대단하다
参加 cānjiā 참가하다
活动 huódòng 행사, 활동
一般 yìbān 보통
世界 shìjiè 세계
经济 jīngjì 경제

친구의 남자 친구를 뺏은 친구를 옆에서 나무라는 중이에요. 奋斗

A 사실 이번 일은 미라이에게 정말 불공평하다고 생각해.

B 是我对不起她，抢了她的男朋友！
Shì wǒ duìbuqǐ tā, qiǎng le tā de nánpéngyou!

A 米莱对你最好，为了一个帅哥值吗？
Mǐlái duì nǐ zuì hǎo, wèile yí ge shuàigē zhí ma?

B 那段时间我也不知道自己怎么了。
Nà duàn shíjiān wǒ yě bù zhīdào zìjǐ zěnme le.

A 其实我认为这事对米莱挺不公平的。
Qíshí wǒ rènwéi zhè shì duì Mǐlái tǐng bù gōngpíng de.
B 내가 그 애한테 미안하지. 그 애 남자친구를 뺏었잖아!
A 미라이가 너랑 제일 친했는데, 멋진 남자 때문에 그럴 만한 가치가 있었니?
B 그때는 나도 내가 어떻게 됐는지 모르겠어.

其实 qíshí 사실
公平 gōngpíng 공평하다
抢 qiǎng 뺏다
帅哥 shuàigē 멋진 남자
值 zhí 가치가 있다

033.mp3

我以为今天是星期天。

저는 오늘이 일요일인 줄 알았어요.

'~라고 잘못 알다', '~라고 생각하다'는 뜻으로, 중국어의 독특한 동사 가운데 하나입니다. '~라고 생각했는데, 사실은 그것이 아니었다'는 의미입니다.

1. 저는 오늘이 일요일인 줄 알았어요.
   我以为今天是星期天。
   Wǒ yǐwéi jīntiān shì Xīngqītiān.

2. 저는 그 사람이 한국인인 줄 알았어요.
   我以为他是韩国人。
   Wǒ yǐwéi tā shì Hánguórén.

3. 저는 그 사람이 나이가 적은 편이라고 생각했어요.
   我以为他年纪比较小。
   Wǒ yǐwéi tā niánji bǐjiào xiǎo.

4. 우리는 아버지가 돌아가시지 않을 거라 생각했어요.
   我们以为爸爸不会去世的。 053
   Wǒmen yǐwéi bàba bú huì qùshì de.

5. 그들은 자신의 사랑이 영원히 변치 않으리라 생각했어요.
   他们以为自己的爱情永远不变。
   Tāmen yǐwéi zìjǐ de àiqíng yǒngyuǎn bú biàn.

잠깐만요!

* '去世'는 '逝去'라고도 말해요.
* "사랑이 어떻게 변하니?"라는 유명한 대사가 문득 떠오르네요. 많은 연인은 자신들의 사랑만큼은 영원히 변하지 않을 거라고 생각하죠. 정말 그런가요?

去世 qùshì 돌아가시다
爱情 àiqíng 사랑
永远 yǒngyuǎn 영원히
不变 bú biàn 변하지 않다

친구가 어떤 여자를 좋아하고 있었다는 사실을 알게 됐군요. 北京爱情故事

A 看着林夏因为你整天以泪洗面，我的心都碎了！
Kànzhe Línxià yīnwèi nǐ zhěngtiān yǐlèixǐmiàn, wǒ de xīn dōu suì le!

B 胖子，原来你喜欢林夏？
Pàngzi, yuánlái nǐ xǐhuan Línxià?

A 我是喜欢她怎么了？
Wǒ shì xǐhuan tā zěnme le?

B 나는 네가 게이인 줄 알았어!

A 린시아가 나 때문에 온종일 눈물로 세수하고 있는 걸 보니 내 마음이 무너져!
B 팡쯔야, 너 원래 린시아 좋아했었어?
A 내가 그 애 좋아하는 게 어때서?
B 我还以为你是同志呢！
Wǒ hái yǐwéi nǐ shì tóngzhì ne!

잠깐만요!

* '同志'는 원래 '동지'를 뜻했지만, 요즘은 동성애자인 게이를 지칭하는 속어로도 쓰여요.

整天 zhěngtiān 온종일
以泪洗面 yǐlèixǐmiàn 눈물로 지새우다
碎 suì 부서지다

034.mp3

我知道你不爱我。

네가 날 사랑하지 않는다는 것을 알고 있어.

'~을 알고 있다'는 뜻으로, 말하는 사람이 현재 어떤 사실을 알고 있다는 의미입니다.

1. 네가 날 사랑하지 않는다는 것을 알고 있어.
   我知道你不爱我。
   Wǒ zhīdào nǐ bú ài wǒ.

2. 그 사람 돈 많다는 것을 알고 있어.
   我知道他很有钱。 010
   Wǒ zhīdào tā hěn yǒuqián.

3. 다음 역에서 내려야 한다는 것을 알고 있어.
   我知道要在下*一站下。 122
   Wǒ zhīdào yào zài xià yí zhàn xià.

4. 우리는 건강이 가장 중요하다는 것을 알고 있어요.
   我们知道健康是最重要的。
   Wǒmen zhīdào jiànkāng shì zuì zhòngyào de.

5. 한류가 전 세계에서 사랑받는다는 것을 모두 알고 있어요.
   我们都知道韩流在全世界很受*欢迎。 122
   Wǒmen dōu zhīdào hánliú zài quánshìjiè hěn shòu huānyíng.

잠깐만요!

* '다음다음 역'은 '下下站' 또는 '下两站', '지난 역'은 '上一站'이라고 말해요.

* '受欢迎'이라는 말은 직역하면 '환영받다'는 뜻이지만, '사랑받다', '인기가 많다'는 의미로도 쓰여요. 물론 '인기가 많다'는 말은 '有人气'라고도 할 수 있어요.

有钱 yǒuqián 돈이 있다
下一站 xià yí zhàn 다음 역
下 xià 내리다
健康 jiànkāng 건강
重要 zhòngyào 중요하다
韩流 hánliú 한류

동생이 아버지 회사에 들어가게 되자 형이 질투하네요. 胜女的代价

A 听说爸让你回来工作。
Tīngshuō bà ràng nǐ huílái gōngzuò.

B 爸让我进来锻炼锻炼。
Bà ràng wǒ jìnlái duànliàn duànliàn.

A 在公司工作没那么容易！
Zài gōngsī gōngzuò méi nàme róngyì!

B 전 저의 위치를 알아요, 형!

A 아버지가 일하러 돌아오라고 하셨다며.
B 아버지가 들어와서 훈련 좀 받으라고 하시네요.
A 회사에서 일하는 게 그렇게 쉽지는 않을 거야!
B 我知道自己的位置，哥！
Wǒ zhīdào zìjǐ de wèizhi, gē!

工作 gōngzuò 일, 일하다
锻炼 duànliàn 훈련하다
位置 wèizhi 위치

035.mp3

我相信你会再回来的。

나는 네가 다시 돌아올 거라고 믿어.

'~을 믿다'는 뜻으로, 말하는 사람이 믿고 있는 바를 나타냅니다. 말하는 사람의 신념이 다소 강하게 들어 있는 표현입니다.

Step 1

1. 나는 네가 다시 돌아올 거라고 믿어. 我相信你会再回来的。 053
Wǒ xiāngxìn nǐ huì zài huílái de.

2. 저는 그가 이 아이의 아버지라고 믿습니다. 我相信他是这孩子的爸爸。
Wǒ xiāngxìn tā shì zhè háizi de bàba.

3. 저는 좋은 사람이 성공할 거라고 믿습니다. 我相信好人一定会成功。 053
Wǒ xiāngxìn hǎorén yídìng huì chénggōng.

4. 저는 인간은 모두 평등하다고 믿습니다. 我相信人类都是平等的。 197
Wǒ xiāngxìn rénlèi dōu shì píngděng de.

5. 우리는 과학기술이 계속 진보하리라 믿습니다. 我们都相信科技*一直在进步。 104
Wǒmen dōu xiāngxìn kējì yìzhí zài jìnbù.

잠깐만요!

* '과학기술'은 줄여서 보통 '科技'라고 말해요.

再 zài 다시
成功 chénggōng 성공하다
平等 píngděng 평등하다
科技 kējì 과학기술

Step 2 친구가 자신의 다른 친구들과 싸움을 벌인 일 때문에 난처해졌군요. 北京爱情故事

A 你说你来北京第一天，就遇到他们打架！
Nǐ shuō nǐ lái Běijīng dìyītiān, jiù yùdào tāmen dǎjià!

B 没关系，他们不都是你的朋友嘛？
Méi guānxi, tāmen bù dōu shì nǐ de péngyou ma?

A 交友不慎啊，交友不慎！
Jiāoyǒu bú shèn a, jiāoyǒu bú shèn!

B 난 네가 사귀는 그 친구들이 모두 좋은 사람이라고 믿어.

A 베이징에 온 첫날, 걔네 만나서 치고받고 했다며!
B 괜찮아, 걔네 다 네 친구잖아.
A 그렇게 친한 친구들은 아니란 말이야!
B 我相信你交的这些朋友都是好人。
Wǒ xiāngxìn nǐ jiāo de zhèxiē péngyou dōu shì hǎorén.

遇到 yùdào 만나다
打架 dǎjià 싸우다
交友不慎 jiāoyǒu búshèn 사귐이 깊지 않다
交 jiāo 사귀다

036.mp3

我估计两天以内有变化。

제 생각엔 이틀 안에 변화가 있을 거예요.

'제 생각엔~', '제 추측으로는~'이라는 뜻으로, 말하는 사람의 추측을 나타냅니다. 꼭 그래야 하는 것은 아니지만, 추측을 나타내다 보니 수량 표현이 자주 따라옵니다.

1. 제 생각엔 이틀 안에 변화가 있을 거예요. 我估计两天★以内有变化。
   Wǒ gūjì liǎngtiān yǐnèi yǒu biànhuà.
2. 제 생각엔 그 사람 중국어 수준이 틀림없이 높을 거예요. 我估计他的汉语水平一定很高。 010
   Wǒ gūjì tā de Hànyǔ shuǐpíng yídìng hěn gāo.
3. 제 생각엔 1억 명의 관객이 이 영화를 봤어요. 我估计有一亿观众看过这部电影。 106
   Wǒ gūjì yǒu yíyì guānzhòng kànguo zhè bù diànyǐng.
4. 제 생각에 그건 천 년 전 문화재예요. 我估计它是一千年以前的文化遗产★。
   Wǒ gūjì tā shì yìqiān nián yǐqián de wénhuà yíchǎn.
5. 제 생각에 올해 생산량은 작년의 두 배가 될 거예요. 我估计今年的产量可以达到去年的两倍。
   Wǒ gūjì jīnnián de chǎnliàng kěyǐ dádào qùnián de liǎng bèi.

잠깐만요!

★ 수량을 나타내는 '两'은 꼭 숫자 '2'만을 가리키지는 않고, 때로는 '두셋' 정도를 나타내기도 해요. 그래서 이 문장도 "이삼일 안에는 변화가 있을 거라 생각해요."라고 해석해도 됩니다.

★ 중국은 문화재, 즉 '文化遗产'을 '物质文化遗传'(유형문화재)과 '非物质文化遗传'(무형문화재)로 나누어 관리하고 있어요.

变化 biànhuà 변화
水平 shuǐpíng 수준
观众 guānzhòng 관객
文化遗产 wénhuà yíchǎn 문화재
产量 chǎnliàng 생산량
达到 dádào ~까지 이르다

오랜만에 옛 선생님을 찾아가 부탁을 하고 있네요. 北京爱情故事

A 你怎么有空来这儿看我啊?
Nǐ zěnme yǒu kòng lái zhèr kàn wǒ a?

B 忘了谁，我也不会忘记我亲爱的王老师啊!
Wàng le shéi, wǒ yě bú huì wàngjì wǒ qīn'ài de Wáng lǎoshī a!

A 贫嘴! 내 생각엔 틀림없이 무슨 일이 있는 건데?
Pínzuǐ!

B 王老师果然了解我，我想让您帮我个忙。
Wáng lǎoshī guǒrán liǎojiě wǒ, wǒ xiǎng ràng nín bāng wǒ ge máng.

A 너 어떻게 날 보러 올 시간이 다 났어?
B 누구를 잊겠어요. 사랑하는 왕 선생님을 어떻게 잊어요!
A 쓸데없는 소리! 我估计你一定是有什么事儿吧?
Wǒ gūjì nǐ yídìng shì yǒu shénme shìr ba?
B 왕 선생님은 과연 저를 이해해 주시는군요. 선생님이 도와주실 일이 있어요.

空 kòng 시간, 틈
忘 wàng 잊다
亲爱 qīn'ài 사랑하다
贫嘴 pínzuǐ 쓸데없는 말을 하다
果然 guǒrán 과연

037.mp3

我是说世界上有的是女孩子。

제 말은 세상에 여자는 많다고요.

'(그러니까) 제 말은~'이라는 뜻으로, 말하는 사람이 자기 생각을 다시 한 번 확인하기 위해서 강조하는 말입니다.

1. 제 말은 세상에 여자는 많다고요.
   我是说世界上有的是女孩子。 159
   Wǒ shì shuō shìjiè shàng yǒudeshì nǚháizi.
2. 제 말은 우리는 목표가 다르다고요.
   我是说咱们的目标不一样。
   Wǒ shì shuō zánmen de mùbiāo bù yíyàng.
3. 제 말은 여러분 모두 바로 돌아가야 한다고요.
   我是说你们马上要回去。
   Wǒ shì shuō nǐmen mǎshàng yào huíqù.
4. 그분 말은 그녀가 우리 팀원이 아니라는 거예요.
   他是说她不是我们的组员。
   Tā shì shuō tā búshì wǒmen de zǔyuán.
5. 네 말은 네가 아무 문제 없다는 거지?
   你是说你自己没有什么问题?
   Nǐ shì shuō nǐ zìjǐ méiyǒu shénme wèntí?

잠깐만요!

* '咱们'은 말하는 사람과 듣는 사람을 모두 포함하는 '우리'예요. '我们'은 이런 상황에도 쓰일 수 있지만 두 집단으로 나뉘어 있을 때, 상대 집단을 포함하지 않을 수도 있어요.
* '问题'에는 '문제'라는 뜻도 있고 '질문'이라는 뜻도 있어요.

有的是 yǒudeshì 얼마든지 있다
咱们 zánmen 우리
目标 mùbiāo 목표
马上 mǎshàng 곧, 바로
组员 zǔyuán 팀원

스타오는 앞으로 생활이 더 나아질 거라고 연인을 위로하는 중이에요. 奋斗

A 你就骗我吧，我都等了你三个月了！
Nǐ jiù piàn wǒ ba, wǒ dōu děng le nǐ sān ge yuè le!

B 别担心，我们的生活会很好的。
Bié dānxīn, wǒmen de shēnghuó huì hěn hǎo de.

A 石涛，我们会结婚吗?
Shítāo, wǒmen huì jiéhūn ma?

B 当然，내 말은 우리가 결혼한 뒤에，你可以做服装设计吗?
Dāngrán, nǐ kěyǐ zuò fúzhuāng shèjì ma?

A 나 속인 거지? 나는 석 달 동안이나 널 기다렸다고!
B 걱정하지 마, 우리 생활도 더 좋아질 거야.
A 스타오, 우리 결혼할 거야?
B 물론이지, 我是说我们结婚以后, 네가 패션 디자인을 할 수 있느냔 말이지.
wǒ shì shuō wǒmen jiéhūn yǐhòu,

骗 piàn 속이다
服装 fúzhuāng 패션
设计 shèjì 디자인

038.mp3

我的意思是要接受他的看法。

제 뜻은 그의 생각을 받아들여야 한다는 거예요.

'내 뜻은~'이란 뜻으로, 말하는 사람이 자기 생각을 다시 확인하기 위한 표현입니다. '我是说…'와 같은 뜻으로, "我的意思是说…"라고 말하기도 합니다.

Step 1

1. 제 뜻은 그의 의견을 받아들여야 한다는 거예요.
   我的意思是**要接受他的看法。**
   Wǒ de yìsi shì yào jiēshòu tā de kànfǎ.

2. 제 뜻은 그가 절대로 동의하지 않는다는 거예요.
   我的意思是**他绝对不同意。**
   Wǒ de yìsi shì tā juéduì bù tóngyì.

3. 제 뜻은 아무리 해도 못 알아듣겠다는 거예요.
   我的意思是**怎么也听不懂。** 196
   Wǒ de yìsi shì zěnme yě tīngbudǒng.

4. 그의 뜻은 네가 도대체 어디 있느냐는 거지.
   他的意思是**你到底在哪儿。**
   Tā de yìsi shì nǐ dàodǐ zài nǎr.

5. 그녀의 뜻은 포도주가 건강에 좋다는 거야.
   她的意思是**红酒对健康好。** 129
   Tā de yìsi shì hóngjiǔ duì jiànkāng hǎo.

잠깐만요!

* '怎么也'는 '어떻게 해도'라는 뜻으로 상황을 쉽게 바꿀 수 없음을 나타내요.

* 중국의 전통술은 크게 맑은술인 '白酒', 탁주인 '黄酒'로 나뉘어요. 포도주인 '红酒'와 맥주인 '啤酒'는 서양의 영향을 받아 유행하게 됐어요. 포도주는 '葡萄酒'라고도 하는데, '红酒'라는 말을 더 많이 써요.

接受 jiēshòu 받아들이다
看法 kànfǎ 견해, 생각
绝对 juéduì 결코, 절대로
同意 tóngyì 동의하다
到底 dàodǐ 도대체
红酒 hóngjiǔ 포도주

Step 2 술집에서 일하는 여자 친구와 말다툼이 벌어졌네요. 奋斗

A 有些钱是不能挣的，你想都别往那想！
Yǒuxiē qián shì bù néng zhèng de, nǐ xiǎng dōu bié wǎng nà xiǎng!

B 你说这话什么意思啊?
Nǐ shuō zhè huà shénme yìsi a?

A 내 말뜻은 사람들이 그런 음탕한 눈빛으로 널 보는 게 싫다고!

B 那是你从他们的眼神里看到你自己。
Nà shì nǐ cóng tāmen de yǎnshén li kàndào nǐ zìjǐ.

A 돈이라고 다 벌면 되는 건 아냐. 그렇게 돈 벌려고 생각하지 마.
B 너 그 말, 무슨 뜻이야?
A 我的意思是不喜欢那些人用色眯眯的眼神儿看你！
Wǒ de yìsi shì bù xǐhuan nàxiē rén yòng sèmīmī de yǎnshénr kàn nǐ!
B 그건 네가 그 사람들 눈빛에서 너 자신을 봤기 때문이야.

挣 zhèng (돈을) 벌다
色眯眯 sèmīmī 음탕하다
眼神 yǎnshén 눈빛

我的意见是咱们赶快回家。

제 의견은 우리 서둘러 집에 가야 한다고요.

'제 의견은~'이란 뜻으로, 말하는 사람이 자신의 의견을 확정짓고자 할 때 쓰는 표현입니다. '我的意思是…'와 비슷하지만, '의견'임을 나타내는 어감이 좀 더 강합니다.

1. 제 의견은 우리 서둘러 집에 가야 한다고요.
   我的意见是咱们赶快回家。
   Wǒ de yìjiàn shì zánmen gǎnkuài huí jiā.
2. 제 의견은 이 문제를 다시 고려해야 한다고요.
   我的意见是重新考虑这个问题。
   Wǒ de yìjiàn shì chóngxīn kǎolǜ zhè ge wèntí.
3. 제 의견은 우리가 함께 노력해 나가야 한다는 거예요.
   我的意见是我们应该要一起努力下去。 189
   Wǒ de yìjiàn shì wǒmen yīnggāi yào yìqǐ nǔlì xiàqù.
4. 그녀의 의견은 축구 경기가 매우 재미있다는 거예요.
   她的意见是足球*比赛非常有意思。 016
   Tā de yìjiàn shì zúqiú bǐsài fēicháng yǒuyìsi.
5. 우리의 의견은 그 결과를 생각해야만 한다는 거예요.
   我们的意见是应该想想它的后果。 090
   Wǒmen de yìjiàn shì yīnggāi xiǎngxiang tā de hòuguǒ.

잠깐만요!

* 중국어로 '축구'는 '足球'라고 해요. 그러면 '족구'는 뭐라고 하면 좋을까요? 여러분이 상상력을 발휘해서 한 번 만들어 보세요. 脚球? 足网球?

赶快 gǎnkuài 서둘러
重新 chóngxīn 새롭게, 다시
考虑 kǎolǜ 고려하다
努力 nǔlì 노력하다
足球 zúqiú 축구
比赛 bǐsài 경기
应该 yīnggāi 마땅히 ~해야 한다
后果 hòuguǒ 결과, 뒷일

행사장에 늦게 도착한다는 스타 때문에 야단이 났군요. 胜女的代价

A 我们的活动马上要开始了，阿基师呢?
Wǒmen de huódòng mǎshàng yào kāishǐ le, Ājīshī ne?

B 刚刚助理打电话说阿基师会晚些来!
Gānggāng zhùlǐ dǎ diànhuà shuō Ājīshī huì wǎn xiē lái!

A 那该怎么办呢? 快给我点建议!
Nà gāi zěnme bàn ne? Kuài gěi wǒ diǎn jiànyì!

B 제 의견은 우리가 직접 나가자는 거예요!

A 우리 행사 이제 곧 시작하려고 하는데, 아지스는?
B 방금 매니저가 전화 와서 아지스 좀 늦는다고 했어요!
A 그럼 어쩌지? 얼른 의견을 줘 봐!
B 我的意见是我们来亲自示范吧!
Wǒ de yìjiàn shì wǒmen lái qīnzì shìfàn ba!

助理 zhùlǐ 조수, 매니저
亲自 qīnzì 직접, 친히
示范 shìfàn 시범, 시범을 보이다

040.mp3

我看，现在我们要出发。

자, 이제 우리 출발해야 해요.

'보아하니', '자'라는 뜻으로, 글자 그대로 하면 '내가 보니'라는 의미지만 실제로는 '보다'는 의미가 강하지는 않습니다. 문맥에 따라서는 말을 시작하기 위한 것으로 큰 의미가 없기도 합니다.

1. 자, 이제 우리 출발해야 해요.
   我看，现在我们要出发。
   Wǒ kàn, xiànzài wǒmen yào chūfā.

2. 자, 두 분 먼저 인사하세요.
   我看，两位先要打招呼。
   Wǒ kàn, liǎng wèi xiān yào dǎ zhāohu.

3. 자, 우리 팀이 이길 것 같습니다.
   我看，我们队会赢。 053
   Wǒ kàn, wǒmen duì huì yíng.

4. 보아하니 저기 사고가 났네.
   我看，那儿出事了。
   Wǒ kàn, nàr chūshì le.

5. 보아하니 그 책은 읽기 어렵겠네.
   我看，那本书很难读。 010
   Wǒ kàn, nà běn shū hěn nán dú.

잠깐만요!

* '现在'를 '현재'라고만 하지 마시고 '이제'라는 뜻으로도 기억해 보세요. 활용 범위가 훨씬 넓어집니다.

现在 xiànzài 이제
出发 chūfā 출발하다
打招呼 dǎ zhāohu 인사하다
赢 yíng 이기다
读 dú 읽다

딸이 데려온 가짜 남자 친구는 부모님께 결국 실토하네요. 家有儿女

A 내가 보기엔 넌 얌전한 모범생인데, 怎么叫狂野男孩儿呀?
zěnme jiào kuángyě nánháir ya?

B 这是夏雪给我取的。
Zhè shì Xiàxuě gěi wǒ qǔ de.

A 你能立刻从小雪身边消失吗?
Nǐ néng lìkè cóng Xiǎoxuě shēnbiān xiāoshī ma?

B 其实我不是小雪的男朋友，是她雇来的托儿。
Qíshí wǒ búshì Xiǎoxuě de nánpéngyou, shì tā gùlái de tuōr.

A 我看，你文质彬彬的，왜 짐승남이라고 부르는 거야?
Wǒ kàn, nǐ wénzhìbīnbīn de,
B 그건 샤오쉐에게가 지어 준 거예요.
A 당장 샤오쉐에 옆에서 사라져 주겠니?
B 사실 저는 샤오쉐에 남자 친구가 아니라 고용된 일꾼이에요.

잠깐만요!

* '狂野'는 '야만스럽다'는 뜻이에요. 유행어인 '狂野男孩儿'은 우리말로 자연스럽게 옮기기 쉽지 않은데, '상남자', '짐승남' 정도가 어떨까 해요.

文质彬彬 wénzhìbīnbīn 고상하고 예의 바르다
取 qǔ 받다
立刻 lìkè 즉시
身边 shēnbiān 옆
消失 xiāoshī 사라지다
其实 qíshí 사실
雇 gù 고용하다
托儿 tuōr 일꾼

看样子，他挺喜欢你。

보아하니 그 사람이 너를 참 좋아하네.

'보아하니'라는 뜻으로, 상황을 봐서 뭔가를 판단하려고 할 때 씁니다. 말을 시작할 때나 이어가는 중간에 덧붙이는 말이기도 합니다.

1. 보아하니 그 사람이 너를 참 좋아하네. — 看样子，他挺喜欢你。 011
   Kàn yàngzi, tā tǐng xǐhuan nǐ.
2. 보아하니 이 라면은 맵겠네요. — 看样子，这方便面有点儿辣。 019
   Kàn yàngzi, zhè fāngbiànmiàn yǒudiǎnr là.
3. 보아하니 그녀는 임신했네요. — 看样子，她怀孕了。 025
   Kàn yàngzi, tā huáiyùn le.
4. 보아하니 그는 직업을 구한 것 같아요. — 看样子，他找到工作了。 025
   Kàn yàngzi, tā zhǎodào gōngzuò le.
5. 구름이 많아요. 보아하니 곧 비가 오겠네요. — 多云，看样子马上要下雨了。 102
   Duōyún, kàn yàngzi mǎshàng yào xiàyǔ le.

잠깐만요!

* '라면'은 편리함을 뜻하는 말로 '方便面'이라고도 하고, 음을 그대로 따서 '拉面'이라고도 해요. 타이완에서는 빨리 먹을 수 있다는 뜻에서 '速食面'이라고도 해요.
* 음식의 맛을 나타내는 표현은 '酸甜苦辣'가 대표적인데요. '시고, 달고, 쓰고, 맵고'를 나타내는 낱말을 한데 모아쓰면 인생의 곡절을 뜻하기도 해요.

方便面 fāngbiànmiàn 라면
辣 là 맵다
怀孕 huáiyùn 임신하다
找 zhǎo 찾다
云 yún 구름

Step 2 아빠는 아이들을 위해서 마라면을 만들어 주네요. 家有儿女

A 哇，好香的味道啊！老爸，做什么呢?
Wā, hǎo xiāng de wèidào a! Lǎobà, zuò shénme ne?

B 你们爱吃的麻辣面，看起来不错吧?
Nǐmen ài chī de málàmiàn, kàn qǐlái búcuò ba?

A 냄새 맡으니 너무 좋고, 보아하니 정말 맛있겠어요.

B 我做麻辣面可是最好吃的哦！
Wǒ zuò málàmiàn kěshì zuì hǎochī de o!

A 와, 맛있는 냄새! 아빠, 뭐하고 계세요?
B 너희가 좋아하는 마라면, 좋아 보이지?
A 闻着味儿很香，看样子挺好吃。
Wénzhe wèir hěn xiāng, kàn yàngzi tǐng hǎochī.
B 내가 만든 마라면이 진짜 최고로 맛있지!

잠깐만요!

* 여기서 '可是'는 '정말로 ~하다'는 강조 표현이에요.
* 현대 중국어에서 '闻'은 '냄새 맡다'는 뜻으로, '듣다'는 말이 아니니 유의하세요.

味道 wèidào 맛, 냄새
麻辣 málà 얼얼하게 맵다
闻 wén 냄새 맡다
味儿 wèir 맛, 냄새

042.mp3

依我看，他为人很好。

제가 보기엔 그 사람은 사람됨이 훌륭해요.

'제가 보기엔'이라는 뜻으로, 말하는 사람이 자신의 주관적인 의견을 말할 때 쓰는 표현입니다. 뒤이어 나오는 말은 사실 여부와 상관없이 말하는 사람의 마음을 나타냅니다.

1. 제가 보기엔 그 사람은 사람됨이 훌륭해요.
   依我看，**他为人很好。** 010
   Yī wǒ kàn, tā wéirén hěn hǎo.
2. 제가 보기엔 이 도시는 아름다운 곳이에요.
   依我看，**这座城市很美丽。** 010
   Yī wǒ kàn, zhè zuò chéngshì hěn měilì.
3. 제가 보기엔 젊은이들은 특권이 있어요.
   依我看，**年轻人有自己的特权。**
   Yī wǒ kàn, niánqīng rén yǒu zìjǐ de tèquán.
4. 제가 보기엔 몇 년 전에 그들은 헤어졌어요.
   依我看，**几年前他们就*离*了。** 025
   Yī wǒ kàn, jǐ nián qián tāmen jiù lí le.
5. 제가 보기엔 경제에 대한 올림픽의 영향은 작지 않아요.
   依我看，**奥运会对经济的影响不小。** 128
   Yī wǒ kàn, àoyùnhuì duì jīngjì de yǐngxiǎng bù xiǎo.

잠깐만요!

* '就'는 말하는 사람이 보기에 어떤 일이 이른 시점에 일어났음을 나타내고, '才'는 '그제서야'라는 뜻으로 일이 늦은 시점에 일어났음을 나타내요.
* '离'는 '헤어지다' 또는 '이혼하다'는 뜻으로 쓰여요.

为人 wéirén 사람됨
年轻人 niánqīng rén 젊은이
特权 tèquán 특권
离 lí 헤어지다
奥运会 àoyùnhuì 올림픽
经济 jīngjì 상업
影响 yǐngxiǎng 영향

사람들이 홍보 행사에 갑자기 나타난 스타 이야기를 하네요. 胜女的代价

A 昨天做宣传时，那个白季晴怎么突然出现了？
Zuótiān zuò xuānchuán shí, nà ge Báijìqíng zěnme tūrán chūxiàn le?

B 我也不知道啊。 내가 보기엔 우리 홍보를 도와주려는 거 아닐까.
Wǒ yě bù zhīdào a.

A 你不觉得她很漂亮，每个男人见到她都会喜欢她！
Nǐ bù juéde tā hěn piàoliang, měi ge nánrén jiàndào tā dōu huì xǐhuan tā!

B 她那么漂亮，每个男人都会*为她心动！
Tā nàme piàoliang, měi ge nánrén dōu huì wèi tā xīndòng!

A 어제 홍보 행사에 그 바이지칭이 왜 갑자기 나타난 거야?
B 나도 모르지. **依我看她就是想帮我们宣传。**
Yī wǒ kàn tā jiùshì xiǎng bāng wǒmen xuānchuán.
A 정말 예쁘지 않니? 모든 남자들이 그녀를 보면 모두 좋아할 거야!
B 그렇게 예쁘니 남자들마다 그녀 때문에 가슴이 뛰겠지!

잠깐만요!

* 여기서 '为'는 '~때문에'라는 뜻이에요.

宣传 xuānchuán 홍보, 선전
突然 tūrán 갑자기
出现 chūxiàn 나타나다
心动 xīndòng 가슴이 뛰다

043.mp3

在我看来，人人都有自己的长处。

제가 보기엔 사람들은 모두 저마다 장점이 있어요.

'제가 보기엔'이라는 뜻으로, 말하는 사람이 자신의 주관적인 의견을 말할 때 쓰는 표현입니다.

1. 제가 보기엔 사람들은 모두 저마다 장점이 있어요.
   在我看来，人人★都有自己的长处。
   Zài wǒ kànlái, rénrén dōu yǒu zìjǐ de chángchù.

2. 제가 보기엔 이 갈등은 해결하기 어렵지 않아요.
   在我看来，这个矛盾不难解决。 024
   Zài wǒ kànlái, zhè ge máodùn bù nán jiějué.

3. 제가 보기엔 중요한 건 환경보호예요.
   在我看来，重要的是要保护环境。
   Zài wǒ kànlái, zhòngyào de shì yào bǎohù huánjìng.

4. 제가 보기엔 전쟁은 인류 최대의 비극이에요.
   在我看来，战争是人类最大的悲剧。
   Zài wǒ kànlái, zhànzhēng shì rénlèi zuì dà de bēijù.

5. 제가 보기엔 전통명절은 현대 생활에 적합하지 않아요.
   在我看来，传统节日不适★合当代生活。
   Zài wǒ kànlái, chuántǒng jiérì bú shìhé dāngdài shēnghuó.

잠깐만요!

★ '人人'은 '每人'이라고 말할 수도 있어요.

★ '~에 적합하다, 알맞다'라는 뜻의 '适合'는 동사이기 때문에 바로 뒤에 그 대상인 목적어가 따라옵니다. 예컨대 "그 옷 잘 어울리네요."는 "这件衣服很适合你。"라고 말해요. 하지만 '合适'는 뒤에 목적어가 올 수 없는 형용사예요.

人人 rénrén 사람마다
长处 chángchù 장점
矛盾 máodùn 갈등, 모순
战争 zhànzhēng 전쟁
悲剧 bēijù 비극
传统 chuántǒng 전통
节日 jiérì 명절
当代 dāngdài 현대

남자는 마음에 둔 여인 앞에서 슬쩍 마음을 떠보네요. 胜女的代价

A 你知道一个男人通常什么时候对一个女人好吗?
Nǐ zhīdào yí ge nánrén tōngcháng shénme shíhou duì yí ge nǚrén hǎo ma?

B 내가 보기엔 남자들이 여자를 사랑하게 될 때지.

A 那你觉得我对你怎么样?
Nà nǐ juéde wǒ duì nǐ zěnmeyàng?

B 你会莫名其妙无时无刻出现在我身边。
Nǐ huì mòmíngqímiào wúshíwúkè chūxiàn zài wǒ shēnbiān.

A 남자가 보통 여자한테 잘해주는 때가 언제인 줄 알아?
B 在我看来是当一个男人爱上一个女人的时候。
Zài wǒ kànlái shì dāng yí ge nánrén àishàng yí ge nǚrén de shíhou.
A 그럼 네 생각에 나는 너한테 어떤 것 같아?
B 넌 이유 없이 시도 때도 없이 내 앞에 나타나잖아.

通常 tōngcháng 통상
莫名其妙 mòmíngqímiào (말로 설명하기 어렵게) 묘하다, 공연히
无时无刻 wúshíwúkè 시도 때도 없이

044.mp3

对我来说，今天是难忘的一天。

제게 있어 오늘은 잊을 수 없는 하루입니다.

'~에게 (있어)', '~같은 경우에'라는 뜻으로, 말하는 사람 또는 특정한 대상의 입장을 표현합니다. '对…来说' 사이에는 사람이나 사물 모두 들어갈 수 있고, '对…而言', '在…来说', '在…而言', '从…来说' 등도 모두 비슷한 패턴입니다.

1. 제게 있어 오늘은 잊을 수 없는 하루입니다.
   对我来说，今天是难忘的一天。
   Duì wǒ láishuō, jīntiān shì nánwàng de yìtiān.

2. 우리에게 있어 휴대전화는 의사소통 도구예요.
   对我们来说，手机是一种沟通工具。
   Duì wǒmen láishuō, shǒujī shì yì zhǒng gōutōng gōngjù.

3. 중국 같은 경우엔 인구 문제가 매우 중대합니다.
   对中国来说，人口问题非常重大。 016
   Duì Zhōngguó láishuō, rénkǒu wèntí fēicháng zhòngdà.

4. 중국어의 경우엔 발음이 전혀 어렵지 않습니다.
   对汉语来说，发音并不难。
   Duì Hànyǔ láishuō, fāyīn bìng bù nán.

5. 이 잡지 같은 경우는 국내 유일의 영화 주간지입니다.
   对这本杂志来说，是国内唯一的电影周刊。
   Duì zhè běn zázhì láishuō, shì guónèi wéiyī de diànyǐng zhōukān.

难忘 nánwàng 잊을 수 없다
手机 shǒujī 휴대전화
沟通 gōutōng 의사소통
工具 gōngjù 도구
人口 rénkǒu 인구
发音 fāyīn 발음
杂志 zázhì 잡지
国内 guónèi 국내
唯一 wéiyī 유일하다
周刊 zhōukān 주간

친구들 사이 대화에는 언제나 연애 이야기가 빠질 수 없나 보네요. 北京爱情故事

A 你怎么还不找女朋友啊?
Nǐ zěnme hái bù zhǎo nǚpéngyǒu a?

B 나한테 있어서 사랑은 정말 복잡해, 不太适合我这种简单*的人。
bútài shìhé wǒ zhè zhǒng jiǎndān de rén.

A 我觉得爱情一点都不复杂，我爱你，我恨你，在一起。
Wǒ juéde àiqíng yìdiǎn dōu bú fùzá, wǒ ài nǐ, wǒ hèn nǐ, zài yìqǐ.

B 我不知道这些道理，我只知道爱要用心。
Wǒ bù zhīdào zhèxiē dàolǐ, wǒ zhǐ zhīdào ài yào yòngxīn .

잠깐만요!
* '简单'에는 '단순하다'라는 뜻도 있어요.

A 넌 왜 아직 여자 친구를 안 사귀어?
B 对我来说，爱情实在太复杂了，나처럼 단순한 사람한테는 안 맞아.
Duì wǒ láishuō, àiqíng shízài tài fùzá le,
A 내 생각에 사랑은 조금도 안 복잡해. 사랑하고 미워하며 함께 가는 거야.
B 난 그런 이치들은 모르겠어. 난 그냥 사랑은 애를 써야 한다는 것만 알아.

实在 shízài 정말로
简单 jiǎndān 단순하다
恨 hèn 미워하다
道理 dàolǐ 이치
用心 yòngxīn 마음을 쓰다

045.mp3

从我的角度来看，他是对的。

제 시각**에서 보면** 그가 옳았습니다.

'~에서 보면'이라는 뜻으로, 말하는 사람 또는 특정한 대상의 입장을 표현합니다. '从…来看' 사이에는 사람이나 사물이 모두 들어갈 수 있고, '从…来说'도 비슷한 패턴으로 쓰입니다.

Step 1

1. 제 시각에서 보면 그가 옳았습니다.
   从我的角度来看，他是对的。 197
   Cóng wǒ de jiǎodù láikàn, tā shì duì de.

2. 겉모습으로 보면 그들은 영화배우 같습니다.
   从外表来看，他们像电影演员。
   Cóng wàibiǎo láikàn, tāmen xiàng diànyǐng yǎnyuán.

3. 멀리 보면 이 계획은 중요합니다.
   从长远来看，这个计划很重要。 010
   Cóng chángyuǎn láikàn, zhè ge jìhuà hěn zhòngyào.

4. 바나나의 성분을 보면 소화를 도울 수 있어요.
   从香蕉的成分来看，它能帮助消化。★ 003
   Cóng xiāngjiāo de chéngfèn láikàn, tā néng bāngzhù xiāohuà.

5. 현재 상황으로 보면 한국 팀은 결코 질 수 없어요.
   从现在的情况来看，韩国队绝不会输。 053
   Cóng xiànzài de qíngkuàng láikàn, Hánguó duì jué bú huì shū.

잠깐만요!

★ 바나나가 소화를 촉진한다는 사실 알고 계셨나요? 섬유질이 풍부한 바나나는 위장의 소화를 도와준답니다. '消化不良'에 걸리신 분들 바나나 많이 드세요!

角度 jiǎodù 각도, 시각
外表 wàibiǎo 겉모습
成分 chéngfèn 성분
消化 xiāohuà 소화
长远 chángyuǎn 멀다, 오래되다
计划 jìhuà 계획
情况 qíngkuàng 상황
队 duì 팀
输 shū 지다

Step 2 회사 사장님인 아버지와 아들은 회사일에 대해 의논하고 있네요. 北京爱情故事

A 爸，您看明年的广告案给胡氏做不行吗?
Bà, nín kàn míngnián de guǎnggào'àn gěi Hú shì zuò bù xíng ma?

B 我们一般都选择4A级的大公司，值得信任。
Wǒmen yìbān dōu xuǎnzé sì A jí de dà gōngsī, zhídé xìnrèn.

A 회사의 시각에서 보면, 我们也应该发掘一些小的广告公司啊!
wǒmen yě yīnggāi fājué yìxiē xiǎo de guǎnggào gōngsī a!

B 这个事情你明天跟负责广告的谈一下吧。
Zhè ge shìqing nǐ míngtiān gēn fùzé guǎnggào de tán yíxià ba.

A 아버지, 내년 광고 안을 후씨에게 주면 안 되나요?
B 보통 4A급 대기업을 선택해야 믿을 만하지.
A **从公司的角度来看**, 우리도 작은 광고회사를 발굴해야 해요!
Cóng gōngsī de jiǎodù láikàn,
B 그 일은 내일 광고 책임자하고 다시 이야기하거라.

广告案 guǎnggào'àn 광고 안
选择 xuǎnzé 선택하다
值得 zhídé ~할 만하다
信任 xìnrèn 신임하다
发掘 fājué 발굴하다
负责 fùzé 책임지다

046.mp3

我跟你说，吃饭是次要的。

들어 봐, 밥 먹는 건 다음 문제야.

'(내 얘기) 들어 봐'라는 뜻으로, 말을 듣는 사람의 주의를 환기하는 역할을 하는 표현입니다. 말을 시작할 때나 중간에 모두 넣어 쓸 수 있습니다.

1. 들어 봐, 밥 먹는 건 다음 문제야.
   我跟你说，吃饭是次要的。
   Wǒ gēn nǐ shuō, chī fàn shì cìyào de.
2. 들어 봐, 이 일은 꼭 비밀을 지켜야 해.
   我跟你说，这件事一定要保密。
   Wǒ gēn nǐ shuō, zhè jiàn shì yídìng yào bǎomì.
3. 들어 봐, 그 두 사람 관계가 심상치 않아.
   我跟你说，他俩*关系不太寻常。 014
   Wǒ gēn nǐ shuō, tā liǎ guānxi bú tài xúncháng.
4. 들어 봐, 호랑이는 영원한 동물의 왕이야.
   我跟你说，老虎是永远的动物之王。
   Wǒ gēn nǐ shuō, lǎohǔ shì yǒngyuǎn de dòngwù zhī wáng.
5. 들어 봐, 사람 노릇을 하려면 잘해야 해.
   我跟你说，做人要做好人。
   Wǒ gēn nǐ shuō, zuòrén yào zuò hǎorén.

잠깐만요!

* '他俩'는 '他们两个人'을 간단히 줄여서 쓴 말로, '我们两个人'과 '咱们两个人'은 각각 '我俩', '咱俩'로 줄여 쓸 수 있어요.

次要 cìyào 부차적이다
保密 bǎomì 비밀을 지키다
寻常 xúncháng 평범하다
老虎 lǎohǔ 호랑이
动物 dòngwù 동물
做人 zuòrén 사람 노릇 하다

친구에게서 걸려온 전화를 받아보니 여자 친구가 뭔가 일을 낼 모양이네요. 北京爱情故事

A 你在哪儿呢？人命关天！
Nǐ zài nǎr ne? Rénmìng guāntiān!

B 我谈事呢。
Wǒ tán shì ne.

A 你谈个屁啊！林夏要跳楼了，会死人的。
Nǐ tán ge pì a! Línxià yào tiàolóu le, huì sǐ rén de.

B 잘 들어 봐, 걔 잠깐 답답해서 그래. 没事啊！
méi shì a!

A 너 어디야? 사람이 죽게 생겼는데!
B 나 일 이야기 하고 있어.
A 일은 얼어 죽을! 린시아가 뛰어내린대, 사람이 죽겠다고.
B 我跟你说，她就是一时想不开，별일 아니야!
Wǒ gēn nǐ shuō, tā jiùshì yìshí xiǎngbukāi,

人命关天 rénmìng guāntiān 사람 목숨이 하늘에 달렸다
屁 pì 하찮은 것
跳 tiào 뛰다
楼 lóu 건물
一时 yìshí 잠깐
想不开 xiǎngbukāi 답답하다

047.mp3

我告诉你，学汉语并不难。

들어 봐, 중국어 공부는 전혀 어렵지 않아.

'들어 봐', '이것 봐'라는 뜻으로, 역시 말을 듣는 사람의 주의를 환기하는 역할을 합니다. 그대로 번역하면 '내가 너에게 알려준다'는 뜻이지만, 그보다 약한 의미로 자주 쓰는 표현입니다.

1. 들어 봐, 중국어 공부는 전혀 어렵지 않아. 我告诉你，学汉语并*不难。
   Wǒ gàosu nǐ, xué Hànyǔ bìng bù nán.
2. 이것 봐, 요즘엔 장사가 정말 안 돼. 我告诉你，最近生意真不好。 012
   Wǒ gàosu nǐ, zuìjìn shēngyi zhēn bù hǎo.
3. 이것 봐, 그는 작년에 벌써 떠나갔어. 我告诉你，他去年已经离开了。 025
   Wǒ gàosu nǐ, tā qùnián yǐjīng líkāi le.
4. 들어 보세요. 내일 회의는 취소됐어요. 我告诉你，明天的会议取消了。 025
   Wǒ gàosu nǐ, míngtiān de huìyì qǔxiāo le.
5. 들어 보세요. 한중관계의 역사는 유구합니다. 我告诉你，韩中关系的历史很悠久。
   Wǒ gàosu nǐ, HánZhōng guānxì de lìshǐ hěn yōujiǔ.

잠깐만요!

* '并'은 부정을 나타내는 말 앞에 쓰여 '결코'라는 의미로 부정의 어감을 강조해요.

并 bìng 결코
取消 qǔxiāo 취소하다
历史 lìshǐ 역사
悠久 yōujiǔ 유구하다

헤어진 연인들을 잊지 못하는 두 친구, 동병상련이군요. 北京爱情故事

A 你别忘了，你跟疯子只好了两个月。
Nǐ bié wàng le, nǐ gēn Fēngzǐ zhǐ hǎo le liǎng ge yuè.

B 我那么爱疯子，他这么对我！
Wǒ nàme ài Fēngzǐ, tā zhème duì wǒ!

A 들어 봐, 난 양쯔시랑 장장 4년이나 잘 지냈어. 她还离开了我。
Tā hái líkāi le wǒ.

B 你找到她了吗？ 你联系上她了吗？
Nǐ zhǎodào tā le ma? Nǐ liánxì shàng tā le ma?

A 잊지 마. 너랑 펑쯔랑 겨우 두 달 동안만 잘 지낸 거야.
B 내가 펑쯔를 그렇게 사랑했는데 그는 나를 이렇게 대했어.
A 我告诉你，我跟杨紫曦好了整整四年。그래도 나를 떠나갔잖아.
Wǒ gàosu nǐ, Wǒ gēn Yángzǐxī hǎo le zhěngzhěng sì nián.
B 너 걔 찾았어? 걔 연락됐어?

对 duì 대하다
整整 zhěngzhěng 꼭
联系 liánxì 연락하다

048.mp3

说实话，我不喜欢吃面条。

솔직히 말하면 나 국수 안 좋아해.

'솔직히 말하면'이란 뜻으로, '其实'와 의미가 비슷해서 바꿔 써도 괜찮습니다.

1. 솔직히 말하면 나 국수 안 좋아해. 说实话，我不喜欢吃面条。
Shuō shíhuà, wǒ bù xǐhuan chī miàntiáo.

2. 솔직히 말하면 오늘 저 늦게 일어났어요. 说实话，今天我起得很晚。 026
Shuō shíhuà, jīntiān wǒ qǐ de hěn wǎn.

3. 솔직히 말하면 남자 친구를 사귀고 싶어요. 说实话，我很想交个男朋友。 002
Shuō shíhuà, wǒ hěn xiǎng jiāo ge nánpéngyou.

4. 솔직히 말하면 난 록 음악 팬이야. 说实话，我是一个摇滚音乐迷。
Shuō shíhuà, wǒ shì yí ge yáogǔn yīnyuèmí.

5. 솔직히 말하면 지난주에 홍콩에 다녀왔어. 说实话，我在上星期去了香港*。 106
Shuō shíhuà, wǒ zài shàng xīngqī qù le Xiānggǎng.

잠깐만요!

* '香港'은 표준어(普通话) 발음으로 'Xiānggǎng'이지만 광둥어(广东话)로는 '홍콩'이란 발음에 가깝다고 해요. 그래서 영문 표기가 'Hong Kong'으로 정착됐고, 모두 그렇게 부르게 됐어요.

面条 miàntiáo 면, 국수
起 qǐ 일어나다
摇滚 yáogǔn 록, 로큰롤
音乐 yīnyuè 음악
迷 mí 팬
香港 Xiānggǎng 홍콩

아이들을 위해 과외 학습을 준비하는 엄마, 하지만 아빠의 생각은 다르네요. 家有儿女

A 你拿这么多资料干什么?
Nǐ ná zhème duō zīliào gàn shénme?

B 我准备给小雨刘星他们报些课外补习班。
Wǒ zhǔnbèi gěi Xiǎoyǔ Liúxīng tāmen bào xiē kèwài bǔxíbān.

A 솔직히 말하면, 과외 학원은 우리 집 애들한테 꼭 도움이 되는 건 아니야.

B 别人家的孩子都上，咱们也不能落后。
Biérén jia de háizi dōu shàng, zánmen yě bù néng luòhòu.

A 그렇게 많은 자료로 뭐 하게?
B 샤오위랑 리우싱이랑 과외 학원 등록 준비하려고요.
A 说实话，这些补习班对咱们家孩子不一定有帮助哦。
Shuō shíhuà, zhèxiē bǔxíbān duì zánmen jiā háizi bù yídìng yǒu bāngzhù o.
B 다른 집 아이들 다 하는데 우리만 안 하면 뒤떨어져요.

资料 zīliào 자료
准备 zhǔnbèi 준비하다
课外补习班 kèwàibǔxíbān 과외 학원
帮助 bāngzhù 도움

Unit 04

저자 핵심 강의 04

그런 것 아니었나요?

상대방의 말을 확인하는 장면에서 꼭 나오는 패턴

상대방의 말을 못 알아들었다고요? 아니면 자신이 생각하고 있는 내용이 확실한지 확인해 보고 싶다고요? 그럴 때 쓸 수 있는 패턴을 준비했어요. 상대에게 확인을 위해 묻는 패턴이기 때문에 모두 의문문으로 이루어져 있어요. 是不是 패턴은 위치가 자유로워서 편하게 쓸 수 있고, 不是…吗 패턴은 말할 때 톤의 강약을 잘 조절해야 해요. 难道…吗 패턴도 시의 적절한 상황에서 말해 보세요.

패턴 미리보기

049.mp3

他是不是新来的职员?

그 사람이 새로 온 직원이에요?

'~인 것인가요?'라는 뜻으로, 상대방에게 어떤 사실을 확인하고 싶을 때 쓰는 표현입니다. 이 표현은 문장 맨 앞에 올 수도 있고, 주어와 술어 사이에 올 수도 있고, 문장 맨 뒤에 올 수도 있습니다.

1. 그 사람이 새로 온 직원이에요?
   他是不是新来的职员?
   Tā shì bu shì xīn lái de zhíyuán?

2. 요즘 일이 바쁜 거예요?
   是不是你最近工作很忙? 010
   Shì bu shì nǐ zuìjìn gōngzuò hěn máng?

3. 제 말을 잘못 들은 겁니다. 그렇죠?
   你听错了我的话，是不是?
   Nǐ tīngcuò le wǒ de huà, shì bu shì?

4. 아직 배가 안 부른 거죠?
   你是不是还没有吃饱?
   Nǐ shì bu shì hái méiyǒu chībǎo?

5. 계속 기침을 하는데, 감기 걸린 건가요?
   你一直咳嗽*，是不是感冒了? 025
   Nǐ yìzhí késou, shì bu shì gǎnmào le?

아들의 학부모회에 다녀온 아빠는 큰 충격을 받았나 보네요. 家有儿女

A 是不是有一种当头一棒的感觉?
Shì bu shì yǒu yì zhǒng dāngtóuyíbàng de gǎnjué?

B 我那个… 是心甘情愿去的。
Wǒ nà gè… shì xīngānqíngyuàn qù de.

A 쥐구멍에라도 파고들고 싶었어요?

B 没那么严重，瞧你说的。
Méi nàme yánzhòng, qiáo nǐ shuō de.

A 따끔한 맛을 좀 본 느낌이에요?
B 그게……. 정말 기쁜 마음으로 갔는데.
A 是不是想找个地缝钻进去?
Shì bu shì xiǎng zhǎo ge dìfèng zuàn jìnqù?
B 그렇게 심각하진 않아. 말하는 거 하고는.

잠깐만요!

* '咳嗽'는 한자어로 읽으면 '해소'인데, 중국어에서는 '기침'이라고 해석하는 편이 좋아요.

职员 zhíyuán 직원
吃饱 chībǎo 배부르다
感冒 gǎnmào 감기 걸리다
咳嗽 késou 기침을 하다

当头一棒 dāngtóuyíbàng 따끔하게 일침을 가하다
感觉 gǎnjué 느낌
心甘情愿 xīngānqíngyuàn 기꺼운 마음으로 원하다
地缝 dìfèng 갈라진 틈
钻 zuàn 파고들다
严重 yánzhòng 심각하다

050.mp3

他不是说三点来吗?

그 사람 3시에 온다고 하지 않았어요?

'~인 것 아닌가요?'라는 뜻으로, 자신이 알고 있던 사실이 분명하지 않다고 생각되거나 그 사실을 다시 확인하고 싶을 때 상대방에게 묻는 표현입니다. 강하게 말하면 추궁하는 어감이 생길 수도 있습니다.

1. 그 사람 3시에 온다고 하지 않았어요?
   他不是说三点来吗?
   Tā búshì shuō sān diǎn lái ma?

2. 그 사람들 한국에 와 본 적 있지 않아요?
   他们不是来过韩国吗? 106
   Tāmen búshì láiguo Hánguó ma?

3. 이 사진 우리 베이징에서 찍은 것 아니에요?
   这张照片不是我们在北京照的吗? 197
   Zhè zhāng zhàopiàn búshì wǒmen zài Běijīng zhào de ma?

4. 그건 우리가 그제 봤던 뮤지컬 아니에요?
   这不是我们前天看的那部音乐剧吗?
   Zhè búshì wǒmen qiántiān kàn de nà bù yīnyuèjù ma?

5. 방학에 중국어 배운다 하지 않았어요?
   你不是说假期*学习汉语吗?
   Nǐ búshì shuō jiàqī xuéxí Hànyǔ ma?

잠깐만요!

* '假期'는 학생들의 방학, 직장인들의 휴가 등을 모두 포함할 수 있는 표현입니다.

照片 zhàopiàn 사진
照 zhào (사진을) 찍다
前天 qiántiān 그저께
音乐剧 yīnyuèjù 뮤지컬
假期 jiàqī 방학, 휴가

아빠는 딸아이한테 당하고 난 뒤 아내에게 하소연하고 있네요. 家有儿女

A 干嘛呀，干嘛呀?
Gànmá ya, gànmá ya?

B 她说我结婚离婚又结婚，你说这孩子。
Tā shuō wǒ jiéhūn líhūn yòu jiéhūn, nǐ shuō zhè háizi.

A 결혼하고 이혼하고 또 결혼한 거 아니에요? 孩子说的没错。
Háizi shuō de méicuò.

B 给我杯水，败败火！
Gěi wǒ bēi shuǐ, bàibài huǒ!

A 왜 그래요? 뭐래요?
B 나한테 결혼하고 이혼하고 또 결혼했대. 이 애 좀 봐!
A 你不是结婚离婚又结婚吗? 아이 말이 맞네요.
Nǐ búshì jiéhūn líhūn yòu jiéhūn ma?
B 물 한 잔만 줘. 열 좀 식히게!

没错 méicuò 맞다
败火 bàihuǒ 열을 식히다

他难道不是韩国人吗?

그 사람 **설마** 한국인은 아니**겠죠**?

'설마 ~인가요?'라는 뜻으로, 자기 생각이나 추측이 확실하지는 않지만 뭔가 느낌이 올 때 확인하는 물음의 형태입니다.

1. 그 사람 설마 한국인은 아니겠죠? 他难道不是韩国人吗? Tā nándào búshì Hánguórén ma?
2. 오늘 설마 금요일은 아니겠지? 今天难道不是星期五吗? Jīntiān nándào búshì Xīngqīwǔ ma?
3. 설마 저를 모르는 건 아니죠? 难道你不认识我了吗? Nándào nǐ bú rènshi wǒ le ma?
4. 설마 제가 뭐 잘못한 건가요? 难道是我做错什么了吗? Nándào shì wǒ zuòcuò shénme le ma?
5. 설마 이 음식이 맛이 없나요? 难道这个菜不好吃吗? Nándào zhè ge cài bù hǎochī ma?

认识 rènshi 알다
做错 zuòcuò 잘못 하다
菜 cài 음식
好吃 hǎochī 맛있다

엄마는 딸아이를 일부러 밖에 내보내고 싶어 하네요. 家有儿女

A 설마 저한테 밖에 나갔다 오라는 건가요?

B 你应该熟悉一下这儿★的环境，让弟弟带你去?
Nǐ yīnggāi shúxī yíxià zhèr de huánjìng, ràng dìdi dài nǐ qù?

A 我现在不想去，太累了！
Wǒ xiànzài bù xiǎng qù, tài lèi le!

B 哦，那就有时间再去吧！
O, nà jiù yǒu shíjiān zài qù ba!

잠깐만요!
★ '이곳', '저곳'이라고 말할 때, '这儿', '那儿'이라고 말해요.

A 你们难道让我出去吗?
Nǐmen nándào ràng wǒ chūqù ma?
B 여기 주변 환경에 좀 익숙해져야지. 동생한테 같이 가라고 할까?
A 지금은 가고 싶지 않아요. 너무 힘들어!
B 아, 그럼 시간 날 때 가렴!

熟悉 shúxī 익숙하다
环境 huánjìng 환경

Unit 05

아마 그럴 걸요.

저자 핵심 강의 05

자신의 추측을 말하는 장면에서 꼭 나오는 패턴

살다 보면 뭔가 그런 것은 같은데 확신이 없을 때도 있죠. "그럴 수도 있을 것 같은데…", "아마도 그렇게 될 것 같아…"처럼 추측을 말하거나 대충 어림짐작을 말하고 싶을 때 쓰는 패턴들이에요. 이 패턴들은 '주어+술어(동사)', '주어+술어(조동사+동사)', '주어+부사어+술어' 등 다양한 형태로 이루어져 있어요. 추측의 강도도 경우마다 조금씩 다르니 잘 살펴보세요.

패턴 미리보기

052 我猜 내 추측으로는 / 내 생각에는

053 会…的 ~할 것이다 / ~일 것이다

054 可能 아마도 / 어쩌면

055 好像 마치 ~와 같다 / 마치 ~와 비슷하다

056 也许 아마도

057 恐怕… 아마 ~일 것이다

058 我怕… ~할까 봐

059 应该… 틀림없이(마땅히) ~일 것이다

060 大概 대략

061 左右 ~쯤

052.mp3

我猜这是他的包。

제 생각에는 이거 그 사람 가방이에요.

'내 추측으로는', '내 생각에는'이라는 뜻으로, 자신의 추측을 직접 말할 때 씁니다. '我猜想…'이나 '我猜测…'과도 비슷한 패턴입니다.

1. 제 생각에는 이거 그 사람 가방인데요. 我猜★这是他的包。
Wǒ cāi zhè shì tā de bāo.

2. 제 생각에는 그 사람 여자 친구 없어요. 我猜他没有女朋友。
Wǒ cāi tā méiyǒu nǚpéngyou.

3. 제 추측으로는 요즘 타이베이는 따뜻할 거예요. 我猜最近台北很暖和。
Wǒ cāi zuìjìn Táiběi hěn nuǎnhuo.

4. 제 추측으로는 그들이 길을 잃은 것 같아요. 我猜他们好像迷路了。 055
Wǒ cāi tāmen hǎoxiàng mílù le.

5. 제 추측으로는 그 둘은 틀림없이 싸웠어요. 我猜他俩肯定吵★架了。
Wǒ cāi tā liǎ kěndìng chǎojià le.

잠깐만요!

★ "맞혀 봐!"라는 말은 "你猜一猜!" 라고 해요.

★ '吵架'는 '말로 싸운다'는 뜻이고, '치고받고 싸우다'는 '打架'라고 해요. 나라 사이에 치고받고 싸우면 '전쟁'이 되겠죠? 그래서 '打架'는 '전쟁하다'는 뜻으로도 쓰여요.

包 bāo 가방
台北 Táiběi 타이베이
迷路 mílù 길을 잃다
肯定 kěndìng 틀림없이
吵架 chǎojià 말다툼하다

유치원 선생님이 원장님에게 그만두겠다는 뜻을 전하네요. 北京爱情故事

A 园长，我不能在这儿工作了。
Yuánzhǎng, wǒ bù néng zài zhèr gōngzuò le.

B 怎么说走就走呢，你再好好考虑考虑。
Zěnme shuō zǒu jiù zǒu ne, nǐ zài hǎohǎo kǎolǜ kǎolǜ.

A 不了，园长。我已经想好了。
Bù le, yuánzhǎng. Wǒ yǐjīng xiǎnghǎo le.

B 내 생각엔 남자 친구하고 사이가 틀어진 것 같은데, 有什么事跟我说说。
yǒu shéme shì gēn wǒ shuōshuo.

A 원장님, 저 여기서 더 일을 못 하게 됐어요.
B 어떻게 말하자마자 떠난다고 그래요? 다시 잘 생각해 봐요.
A 아니에요, 원장님. 벌써 다 생각했어요.
B 我猜你是不是和男朋友闹别扭了，무슨 일인지 얘기해 봐요.
Wǒ cāi nǐ shì bu shì hé nánpéngyou nàobièniu le,

园长 yuánzhǎng (유치원) 원장
考虑 kǎolǜ 고려하다
闹别扭 nàobièniu 사이가 틀어지다

053.mp3

明天会更好的。

내일은 더 좋아질 거예요.

'~할 것이다', '~일 것이다'는 뜻으로, 조동사로 쓰이는 '会'는 추측을 나타낼 수 있습니다. 문장 끝에는 '了', '的'가 자주 오는데, 이런 말들이 함께 쓰이면 추측의 어감이 더욱 강해집니다. '会'는 간혹 '要'로 바꿔 쓸 수도 있습니다.

1. 내일은 더 좋아질 거예요. ★明天会更好的。 Míngtiān huì gèng hǎo de.
2. 그는 반드시 돌아올 겁니다. 他一定会回来的。 Tā yídìng huì huílái de.
3. 오늘은 비가 올 리 없어요. 今天★不会下雨的。 Jīntiān bú huì xiàyǔ de.
4. 그들은 모두 회의를 하러 올 겁니다. 他们都会来开会的。 178 Tāmen dōu huì lái kāihuì de.
5. 중국 사회는 변화할 것입니다. 中国社会会有变化的。 Zhōngguó shèhuì huì yǒu biànhuà de.

스타는 자기를 사랑해 주는 남자와 평범한 사랑을 하고 싶어 하네요. 胜女的代价

A 你到底爱我什么? 你看到的只是画报上的我!
Nǐ dàodǐ ài wǒ shénme? Nǐ kàndào de zhǐshì huàbào shàng de wǒ!

B 我爱你的全部。请你相信我。
Wǒ ài nǐ de quánbù. Qǐng nǐ xiāngxìn wǒ.

A 我只想要幸福平凡。
Wǒ zhǐ xiǎng yào xìngfú píngfán.

B 내가 네 희망을 만족하게 해 줄게, 相信我!
xiāngxìn wǒ!

A 너 도대체 나를 왜 사랑한단 거야? 네가 본 건 화보에 있는 예쁜 나일뿐이라고!
B 네 전부를 사랑해. 날 믿어 줘.
A 난 평범하게 행복해지고 싶어.
B 我会满足你的愿望的, 믿어 줘!
Wǒ huì mǎnzú nǐ de yuànwàng de,

잠깐만요!

* 비운의 스타 장국영이 나온 영화 〈영웅본색〉을 기억하시나요? 장국영이 직접 불러 유명해진 노래 제목 중에 〈明天会更好〉가 있어요. 공부하다 쉬실 때, 장국영을 떠올리며 한번 들어 보세요.

* 추측을 나타내는 '会'의 부정 표현인 '不会'는 '~일 리 없다', '~하지 않을 것이다'는 뜻이 됩니다.

更 gèng 더욱
下雨 xiàyǔ 비가 오다
开会 kāihuì 회의를 열다
社会 shèhuì 사회
变化 biànhuà 변화

画报 huàbào 화보
全部 quánbù 전부
幸福 xìngfú 행복하다
平凡 píngfán 평범하다
满足 mǎnzú 만족하다
愿望 yuànwàng 바람, 희망

054.mp3

他可能不在里边儿。

그 사람 **아마** 안에 없을 걸요.

'아마도', '어쩌면'이라는 뜻으로 추측을 나타내며, 때로는 '会'와 함께 쓰이기도 합니다.

1. 그 사람 아마 안에 없을 걸요. 他可★能不在里边儿。 Tā kěnéng bú zài lǐbiānr.
2. 그 사람 아마도 또 병이 난 것 같아요. 他可能又病了。 025 Tā kěnéng yòu bìng le.
3. 엄마는 아마 내일 갈 것 같아요. 妈妈可能明天走。 Māma kěnéng míngtiān zǒu.
4. 그녀는 아마도 스타가 될 거예요. 她可能成为一个明星。 Tā kěnéng chéngwéi yí ge míngxīng.
5. 그들은 어쩌면 방법을 찾을 거예요. 他们可能会找方法的。 053 Tāmen kěnéng huì zhǎo fāngfǎ de.

잠깐만요!

★ '可能'에는 '가능성'이라는 뜻도 있어서 '가능성이 있다'는 '有可能'이라고 말해요. 또한 '가능하다'는 뜻도 있는데 '가능하지 않다'는 '不可能'이라고 해요.

里边儿 lǐbiānr 안
病 bìng 병이 나다
成为 chéngwéi ~가 되다
明星 míngxīng 스타
方法 fāngfǎ 방법

막내아들이 이웃집 여자아이를 좋아한다는 말을 듣게 됐네요. 家有儿女

A 小雨说喜欢朵朵，아마 그 생각은 좀 서양식인 것 같아요.
Xiǎoyǔ shuō xǐhuan Duǒduo,

B 对，对！他在美国呆过一段。
Duì, duì! Tā zài Měiguó dāiguo yíduàn.

A 但是绝对无恶意，小孩子比较单纯。
Dànshì juéduì wú èyì, xiǎoháizi bǐjiào dānchún.

B 他说的那个喜欢其实就是… 有点儿喜欢。
Tā shuō de nà ge xǐhuan qíshí jiùshì… yǒudiǎnr xǐhuan.

A 샤오위가 둬둬를 좋아한다는데, **可能这个思★想还有点儿西方化。**
kěnéng zhè ge sīxiǎng hái yǒudiǎnr xīfānghuà.
B 맞아, 맞아! 걔가 미국에서 좀 살았잖아요.
A 하지만 절대 악의가 있는 건 아니에요. 어린아이라 단순한 편인 거죠.
B 그가 말하는 좋아한다는 것이 사실은…… 좀 좋아하겠지.

잠깐만요!

★ '思想'이란 말에는 '사상'이란 뜻도 있지만, 그보다 가벼운 느낌으로 '생각'이란 뜻도 있어요.

思想 sīxiǎng 생각
西方化 xīfānghuà 서양화
呆 dāi 머무르다
一段 yíduàn 한동안
恶意 èyì 악의

055.mp3

我们好像见过面。

우리 아마도 만난 적이 있는 것 같은데요.

'마치 ~와 같다', '마치 ~와 비슷하다'는 뜻이지만, 추측의 어감으로 쓰일 때는 '아마도'라고 표현해도 좋습니다.

1. 우리 아마도 만난 적이 있는 것 같은데요. 我们好像见过面。 106
   Wǒmen hǎoxiàng jiànguo miàn.
2. 그 사람 아마도 중국인이 아닌 것 같아요. 他好像不是中国人。
   Tā hǎoxiàng búshì Zhōngguórén.
3. 올해 여름은 아마도 매우 더울 것 같아요. 今年夏天好像很热。 013
   Jīnnián xiàtiān hǎoxiàng hěn rè.
4. 그는 아마 막 수업이 끝난 것 같은데요. 他好像刚下课的样子。*
   Tā hǎoxiàng gāng xiàkè de yàngzi.
5. 그녀는 마치 몸이 좀 안 좋은 것 같아요. 她身体好像有点儿不舒服。 019
   Tā shēntǐ hǎoxiàng yǒudiǎnr bù shūfu.

잠깐만요!
* '好像…样子'는 관용적인 표현으로 '~한 모양이다'라는 뜻이에요.

见面 jiànmiàn 만나다
夏天 xiàtiān 여름
刚 gāng 막, 방금
下课 xiàkè 수업을 끝내다
样子 yàngzi 모양
舒服 shūfu 편안하다

헤어진 연인이 다른 사람과 결혼한다는 소식을 듣고 찾아갔네요. 胜女的代价

A 你来这里干嘛？我们之间没什么好谈的，你走吧！
Nǐ lái zhèli gànmá? Wǒmen zhījiān méi shénme hǎo tán de, nǐ zǒu ba!

B 你真的要跟她结婚吗？你忘了跟我说的话吗？
Nǐ zhēn de yào gēn tā jiéhūn ma? Nǐ wàng le gēn wǒ shuō de huà ma?

A 그게 아마도 최고의 선택인 것 같아, 至少有人欣赏我的真心。
zhìshǎo yǒurén xīnshǎng wǒ de zhēnxīn.

B 这个玩笑并不可笑，别拿这件事开玩笑！
Zhè ge wánxiào bìng bù kěxiào, bié ná zhè jiàn shì kāi wánxiào!

A 여기서 뭐 해? 우리 할 얘기 없잖아. 가!
B 정말 그 여자랑 결혼할 거야? 나한테 한 말은 잊었어?
A **这好像是最好的选择**, 적어도 누군가는 내 진심을 좋아하니까.
Zhè hǎoxiàng shì zuìhǎo de xuǎnzé,
B 그런 농담 재미없어, 그런 일로 농담하지 마!

选择 xuǎnzé 선택하다
至少 zhìshǎo 적어도
欣赏 xīnshǎng 감상하다, 좋아하다
真心 zhēnxīn 진심
玩笑 wánxiào 농담(하다)
可笑 kěxiào 우습다

056.mp3

这也许是一件好事。

그건 **아마도** 좋은 일인 듯합니다.

'아마도'라는 뜻이지만, 말하는 사람이 자신의 추측이나 짐작을 확실히 단정짓지 못할 때 씁니다. 상대적으로 어감이 약한 편입니다.

Step 1

1. 그건 아마도 좋은 일인 듯합니다. 这也许是一件好事。 Zhè yěxǔ shì yí jiàn hǎoshì.
2. 그는 아마도 공연 보는 걸 좋아하는 듯합니다. 他也许喜欢看表演。 Tā yěxǔ xǐhuan kàn biǎoyǎn.
3. 이 답안은 아마도 정확한 듯합니다. 这个答案也许是正确的。 197 Zhè ge dá'àn yěxǔ shì zhèngquè de.
4. 그들은 아마도 저를 기억 못 하는 듯합니다. 他们也许不记得我了。 025 Tāmen yěxǔ bú jìde wǒ le.
5. 내일 그녀가 저를 도와줄 수 있을 듯합니다. 明天她也许能帮助我。 003 Míngtiān tā yěxǔ néng bāngzhù wǒ.

잠깐만요!

* '나를 돕다'고 할 때 '帮助'를 쓰면 '帮助我'라고 하지만, '帮忙'을 쓰면 '帮我的忙'이라고 말해야 해요.

好事 hǎoshì 좋은 일
表演 biǎoyǎn 공연
正确 zhèngquè 정확하다
不记得 bú jìde 기억을 못 하다
帮助 bāngzhù 돕다

Step 2 엄마는 재혼으로 얻은 딸과의 관계가 좀 나아지기를 바라네요. 家有儿女

A 小雪对我的态度什么时候能改变一些呢?
Xiǎoxuě duì wǒ de tàidù shénme shíhou néng gǎibiàn yìxiē ne?

B 你别太担心，给她点时间，她还是孩子。
Nǐ bié tài dānxīn, gěi tā diǎn shíjiān, tā háishi háizi.

A 你说的对，아마도 시간이 가장 좋은 방법일 거예요.
Nǐ shuō de duì,

B 开心点！一定会好起来的！
Kāixīn diǎn! Yídìng huì hǎo qǐlái de!

A 저에 대한 샤오쉐의 태도가 언제쯤에나 좀 바뀔까요?
B 너무 걱정하지 마. 그 애한테 시간을 주자고. 아직 어린애잖아.
A 맞아요. 也许时间是最好的办法。
yěxǔ shíjiān shì zuìhǎo de bànfǎ.
B 기분 좀 내자고! 반드시 좋아질 거야!

态度 tàidù 태도
改变 gǎibiàn 바꾸다
担心 dānxīn 걱정하다

057.mp3

恐怕她明年要结婚。

그녀는 아마 내년에 결혼할 것 같아요.

'아마 ~일 것이다'는 뜻으로, 말하는 사람의 바람과 상반되는 일이 일어나리라고 추측할 때 쓰는 표현입니다. "(나는 그렇게 되지 않았으면 좋겠는데) 아마도 그렇게 될 것이다"는 의미입니다.

1. 그녀는 아마 내년에 결혼할 것 같아요. 恐怕她明年要结婚。
Kǒngpà tā míngnián yào jiéhūn.

2. 여기는 아마 오늘 문을 안 여는 것 같아요. 今天这儿恐怕不开门。
Jīntiān zhèr kǒngpà bù kāimén.

3. 내일 오전에는 아마 비가 올 것 같아요. 明天上午恐怕要★下雨。
Míngtiān shàngwǔ kǒngpà yào xiàyǔ.

4. 그 사람 아마 행사에 참석 못 할 것 같아요. 他恐怕不会来参加活动。 053
Tā kǒngpà bú huì lái cānjiā huódòng.

5. 제가 마음대로 말을 할 수는 없을 것 같아요. 我恐怕不能随★便说话。 003
Wǒ kǒngpà bù néng suíbiàn shuōhuà.

잠깐만요!

★ 여기서 '要'는 추측을 나타내는 '会'로 바꿔 쓸 수 있어요.

★ '随便'은 '편한 대로', '마음대로', '아무렇게나' 등의 뜻이에요.

开门 kāimén 문을 열다
随便 suíbiàn 마음대로

엄마는 딸의 친구들을 초대하려고 하고, 딸은 뭔가 걱정하네요. 小爸爸

A 三妹啊，你给于果打个电话，让他快点儿来，再叫上泰勒！
Sānmèi a, nǐ gěi Yúguǒ dǎ ge diànhuà, ràng tā kuài diǎnr lái, zài jiàoshang Tàilè!

B 엄마, 위궈를 부르면서 타이러랑 같이 자리하게 하는 건 아마도 안 좋을 것 같아요.

A 有什么不好的，一个是恩人，一个是你男朋友。
Yǒu shénme bù hǎo de, yí ge shì ēnrén, yí ge shì nǐ nánpéngyou.

B 好了，听您的，我马上就打电话！
Hǎo le, tīng nín de, wǒ mǎshàng jiù dǎ diànhuà!

A 싼메이야. 위궈에게 전화해서 빨리 오라고 해. 타이러도 부르고!
B 妈，你请于果，让泰勒陪他恐怕不太好吧。
Mā, nǐ qǐng Yúguǒ, ràng Tàilè péi tā kǒngpà bútài hǎo ba.
A 뭐가 안 좋아. 하나는 은인이고 하나는 네 남자 친구인데.
B 알았어요. 엄마 말대로 할게요. 바로 전화할게요!

陪 péi 모시다
恩人 ēnrén 은인

058.mp3

我怕你起得晚。

네가 늦게 일어**날까 봐** 걱정돼.

'~할까 봐'라는 뜻으로, '怕'는 '두려워하다'는 뜻이지만 문맥 속에서는 '~할까 봐'라고 하는 편이 좋습니다.

1. 네가 늦게 일어날까 봐 걱정돼. 我怕你起得晚。 026
Wǒ pà nǐ qǐ de wǎn.

2. 그녀가 거부할까 봐 두려워. 我怕她拒绝★我。
Wǒ pà tā jùjué wǒ.

3. 후회할까 봐 회식에 참가했어요. 我怕后悔, 所以来参加晚会了。 168
Wǒ pà hòuhuǐ, suǒyǐ lái cānjiā wǎnhuì le.

4. 배가 고플까 봐 많이 먹었어요. 我怕肚子饿, 所以吃了很多。 168
Wǒ pà dùzi è, suǒyǐ chī le hěn duō.

5. 벌레에 물릴까 봐 약을 발랐어요. 我怕被虫子咬, 就上药了。
Wǒ pà bèi chóngzi yǎo, jiù shàngyào le.

잠깐만요!

★ '拒绝'는 '거부하다'는 뜻으로도 자주 쓰여요.

拒绝 jùjué 거부하다
晚会 wǎnhuì 저녁 회식
肚子 dùzi 배
虫子 chóngzi 벌레
咬 yǎo 물다
上药 shàngyào 약을 바르다

Step 2 집을 나가겠다고 선언한 딸아이 때문에 아빠는 화가 났네요. 家有儿女

A 箱子还在, 这说明她没跑回爷爷家。
Xiāngzi hái zài, zhè shuōmíng tā méi pǎo huí yéye jiā.

B 凭什么呀? 我又没招她!
Píng shénme ya? Wǒ yòu méi zhāo tā!

A 억울하게 될까 봐 给咱来个先发制人。
gěi zán lái ge xiānfāzhìrén.

B 谁招她啦! 她就一声不说走了!
Shéi zhāo tā la! Tā jiù yìshēng bù shuō zǒu le!

A 상자가 아직 있는 걸 보니 할아버지 집에 안 갔단 말이네.
B 어떻게 알아? 난 다시 건드리지도 않았는데!
A 她怕受委屈, 우리한테 선제공격을 한 거죠.
Tā pà shòu wěiqu,
B 누가 건드렸는데! 나간다고 한마디도 안 했으면서!

箱子 xiāngzi 상자
说明 shuōmíng 설명하다
招 zhāo 건드리다
受委屈 shòu wěiqu 억울하게 되다, 기가 죽다
先发制人 xiānfāzhìrén 선제공격하다

059.mp3

他应该喜欢红色的帽子。

그 사람 **틀림없이** 빨간 모자를 좋아할 **거예요.**

'틀림없이(마땅히) ~일 것이다'는 뜻입니다. '应该'는 '~해야만 한다'는 뜻으로도 자주 쓰이지만, 강한 추측을 나타낼 때도 쓰입니다. 우리말로 '마땅히, 틀림없이, 당연히'라는 뜻의 '一定'이나 '肯定'도 비슷한 의미입니다.

1. 그 사람 틀림없이 빨간 모자를 좋아할 거예요.
   他应该喜欢红色的帽子。★
   Tā yīnggāi xǐhuan hóngsè de màozi.
2. 그들은 틀림없이 이 음식들 다 못 먹을 거예요.
   他们应该吃不了这些东西。 196
   Tāmen yīnggāi chībuliǎo zhèxiē dōngxi.
3. 저는 그가 틀림없이 앞에 있을 거라 생각해요.
   我认为他应该在前面。 032
   Wǒ rènwéi tā yīnggāi zài qiánmiàn.
4. 도서관에는 틀림없이 그 책이 있을 거예요.
   图书馆里应该有这本书。
   Túshūguǎn li yīnggāi yǒu zhè běn shū.
5. 이 일은 마땅히 네가 처리해야 해.
   这项工作应该由你处理。 163
   Zhè xiàng gōngzuò yīnggāi yóu nǐ chǔlǐ.

잠깐만요!

★ 남자들은 중국에 가서 녹색 모자를 쓰면 안 돼요. '戴绿帽子'는 '아내가 바람을 피우다'는 뜻의 관용어이거든요. 잘못하면 중국 사람들에게 비웃음을 살 수도 있으니까 조심하세요!

红色 hóngsè 빨간색
帽子 màozi 모자
前面 qiánmiàn 앞쪽
图书馆 túshūguǎn 도서관
项 xiàng (일을 세는 양사)
工作 gōngzuò 일, 업무, 직업
处理 chǔlǐ 처리하다

사장님에게 밥을 얻어먹으려는 직원과 친구 사이의 대화네요. 胜女的代价

A 没想到总裁人这么好啊!
Méi xiǎngdào zǒngcái rén zhème hǎo a!

B 你吃饭了没? 要不要好好吃一顿? 有人买单啊!
Nǐ chīfàn le méi? Yào bu yào hǎohǎo chī yí dùn? Yǒu rén mǎidān a!

A 你平常吃我的喝我的不够，连你们总裁也不放过。大胃王!
Nǐ píngcháng chī wǒ de hē wǒ de búgòu, lián nǐmen zǒngcái yě bú fàngguò. Dàwèiwáng!

B 什么大胃王? 잘 들어, 난 틀림없이 너의 행운의 신이야.
Shénme dàwèiwáng?

A 난 사장님이 그렇게 사람이 좋은 줄 몰랐어.
B 밥 먹었어? 같이 먹을래? 사겠다는 사람이 있어!
A 넌 맨날 나한테 얻어먹고도 부족해서 사장님까지 놔주질 않는구나. 식충이 같으니라고!
B 웬 식충이? 我告诉你，我应该是你的幸运之神。
Wǒ gàosu nǐ, wǒ yīnggāi shì nǐ de xìngyùn zhī shén.

总裁 zǒngcái 사장
买单 mǎidān 계산서, 결제하다
平常 píngcháng 자주
大胃王 dàwèiwáng 식충이
幸运之神 xìngyùn zhī shén 행운의 신

060.mp3

我大概三点到办公室。

저는 **대략** 3시에 사무실에 도착할 거예요.

'대략'이라는 뜻으로, 시간이나 수량, 어떤 범위 등의 대체적인 내용을 설명하거나 묻고 싶을 때 씁니다. 하지만 '大概'가 오면 대략적인 상황을 나타내는 다른 표현은 함께 올 수 없습니다. 예를 들면 '大概'와 '左右'를 한 문장 안에서 같이 쓰지는 않습니다.

Step 1

1. 저는 대략 3시에 사무실에 도착할 거예요.
   我大概三点到办公室。
   Wǒ dàgài sān diǎn dào bàngōngshì.
2. 오늘 열 명쯤 되는 학생이 견학을 옵니다.
   今天大概★有十个学生来参观。 158
   Jīntiān dàgài yǒu shí ge xuésheng lái cānguān.
3. 제 생각엔 그 사람 아마도 여기 오지 않을 겁니다.
   我想他大概不会来这儿。 002 053
   Wǒ xiǎng tā dàgài bú huì lái zhèr.
4. 대략적인 원인을 알려주실 수 있나요?
   你能告诉我大概的原因吗? 003 065
   Nǐ néng gàosu wǒ dàgài de yuányīn ma?
5. 이것이 바로 이곳의 대략적인 상황입니다.
   这就是这儿大概的情况。
   Zhè jiùshì zhèr dàgài de qíngkuàng.

잠깐만요!

★ '大概有十个学生'은 '十来个学生', '十多个学生', '十个左右的学生' 등으로 다양하게 표현할 수 있어요.

办公室 bàngōngshì 사무실
参观 cānguān 견학하다, 구경하다

Step 2 상사는 채식 요리를 먹으려고 직원에게 식당을 알아보라고 하네요. 北京爱情故事

A 我让你查公司附近的餐厅数量，查出来了吗?
Wǒ ràng nǐ chá gōngsī fùjìn de cāntīng shùliàng, chá chūlái le ma?

B 我都整理出来了，모두 대략 32곳이고요. 其中全素菜的就一家。
Wǒ dōu zhěnglǐ chūlái le, Qízhōng quán sùcài de jiù yì jiā.

A 好的，你马上帮我在那订一桌。
Hǎo de, nǐ mǎshàng bāng wǒ zài nà dìng yì zhuō.

B 好，我这就去订!
Hǎo, wǒ zhè jiù qù dìng!

A 회사 근처 식당 수 조사 다 됐나?
B 정리 다 됐습니다. 共有大概32家。 그중 채식 식당은 한 곳뿐입니다.
gòng yǒu dàgài sānshí'èr jiā.
A 좋아, 거기다 바로 예약 좀 해 줘요.
B 네, 바로 예약하겠습니다!

查 chá 조사하다
附近 fùjìn 부근
餐厅 cāntīng 식당
数量 shùliàng 수
整理 zhěnglǐ 정리하다
素菜 sùcài 채식 요리
订 dìng 예약하다
桌 zhuō 테이블

061.mp3

你几点左右到车站?

몇 시쯤 역에 도착하나요?

'~쯤'이라는 뜻으로, 시간이나 수량 등의 어림짐작을 나타낼 때 쓰입니다. '大概' 등과 같이 다른 어림짐작을 나타내는 표현과는 함께 쓰지 않습니다.

1. 몇 시쯤 역에 도착하나요?
   你几点左右到车站?
   Nǐ jǐ diǎn zuǒyòu dào chēzhàn?

2. 그는 30분쯤 말했습니다.
   他讲了半个小时左右。 121
   Tā jiǎng le bàn ge xiǎoshí zuǒyòu.

3. 그는 상하이에서 30년쯤 살았습니다.
   他在上海住了三十年左右。
   Tā zài Shànghǎi zhù le sānshí nián zuǒyòu.

4. 그 남자아이는 스무 살쯤으로 젊습니다.
   那个男孩子二十岁左右很年轻。 010
   Nà ge nánháizi èrshí suì zuǒyòu hěn niánqīng.

5. 만두를 10개쯤 먹었더니 조금도 배가 안 고파요.
   我吃了十个左右的饺子★, 一点儿也不饿。 198
   Wǒ chī le shí ge zuǒyòu de jiǎozi, yìdiǎnr yě bú è.

잠깐만요!

★ 우리가 말하는 '만두'는 중국의 '饺子'에 해당해요. 중국어로 '馒头'는 속에 아무런 소가 없는 빵이에요.

车站 chēzhàn 역, 터미널
小时 xiǎoshí 시간
年轻 niánqīng 젊다
饺子 jiǎozi 만두

엄마는 인터넷에서 알게 된 친구를 만나러 간다는 딸아이 때문에 걱정하네요. 家有儿女

A 妈, 被单用来干什么呀?
Mā, bèidān yònglái gàn shénme ya?

B 万一把你关在一个阴冷潮湿的环境, 盖着点儿别冻着。
Wànyī bǎ nǐ guān zài yí ge yīnlěng cháoshī de huánjìng, gàizhe diǎnr bié dòngzhe.

A 我是去见网友, 搞得我要去中东地区坐牢一样。
Wǒ shì qù jiàn wǎngyǒu, gǎo de wǒ yào qù Zhōngdōng dìqū zuòláo yíyàng.

B ★不怕一万, 就怕万一。平均每年死于意外事故的 4만 명쯤 된다고.
Bú pà yíwàn, jiù pà wànyī. Píngjūn měinián sǐ yú yìwài shìgù de

A 엄마, 침대 시트는 뭐하게요?
B 만일 네가 춥고 축축한 환경에 갇히면 덮고 얼어 죽지 말라고.
A 인터넷 친구 만나러 가는데 제가 중동 지역에 갇힌 것처럼 그러세요?
B 무슨 일이든 신중해야 해. 평균적으로 해마다 뜻밖의 사고로 죽는 사람이 有四万左右。
yǒu sìwàn zuǒyòu.

잠깐만요!

★ "不怕一万, 就怕万一"는 "일만 번은 두렵지 않으나 그 중 한 번이라도 실수가 있을까 두렵다"는 뜻입니다.

被单 bèidān 침대 시트, 홑이불
关 guān 갇히다
阴冷潮湿 yīnlěng cháoshī 춥고 습하다
盖 gài 덮다
冻 dòng 얼다
网友 wǎngyǒu 인터넷 친구
中东地区 Zhōngdōng dìqū 중동 지역
坐牢 zuòláo 수감되다
平均 píngjūn 평균
意外 yìwài 의외, 뜻밖
事故 shìgù 사고

Unit 06

제 친구가 그러던데요…….

저자 핵심 강의 06

남의 말을 전하는 장면에서 꼭 나오는 패턴

남의 이야기를 전하고 싶은 건 어쩌면 사람의 가장 기본적인 욕구 중의 하나일지도 모른다는 생각이 드네요. 가만히 생각해 보면 우리는 완전히 순수한 자기 생각을 말하는 경우보다는 누군가에게서 들은 말을 이렇게 저렇게 옮기는 경우가 더 많지 않을까요? 친구에게서, 텔레비전 뉴스를 통해서, 또는 잘 기억 안 나는 그 누군가에게서 들었던 말임을 밝히고 싶을 때 써 보세요. 대부분 단순한 기본 패턴의 변형이라서 그리 어렵지 않아요.

패턴 미리보기

062 听说… ~라던데 / ~한다던데

063 听…说 ~가 그러던데

064 据说… ~라고 하던데

065 告诉…说 ~에게 알려주는데

066 …来着? ~라더라?

067 这么来说 듣고 보니 / 그렇게 말을 하는 걸 보니

● 062.mp3

听说他们早就认识了。

그 사람들 진작부터 알고 있었**다던데요**.

'~라던데', '~한다던데'라는 뜻으로, 누군가에게서 들은 말을 다른 사람에게 옮길 때 씁니다. 그 말을 옮기는 사람을 나타내려면 '我听说…', '他听说…'처럼 말합니다.

Step 1

1. 그 사람들 진작부터 알고 있었다던데요.
   听说他们早就认识了。
   Tīngshuō tāmen zǎojiù rènshi le.

2. 그의 소설은 매우 유명하다던데요.
   听说他的小说非常有名。 016
   Tīngshuō tā de xiǎoshuō fēicháng yǒumíng.

3. 부산까지는 2시간이 걸린다던데요.
   听说去釜山得两个小时。 121
   Tīngshuō qù Fǔshān děi liǎng ge xiǎoshí.

4. 그 사람 아직 베이징에서 공부한다던데요.
   我听说他还在北京读书。 122
   Wǒ tīngshuō tā hái zài Běijīng dúshū.

5. 중국 경제는 더 좋아질 거라던데요.
   我听说中国经济会更好。 053
   Wǒ tīngshuō Zhōngguó jīngjì huì gèng hǎo.

잠깐만요!

* '早就'는 우리말로 '진작에', '진작부터'라는 뜻으로 기억해 두면, 활용도가 올라갈 거예요.

* 여기서 '得'는 어떤 일을 하는 데 시간이나 돈, 인력 등이 얼마나 '걸리다', '필요로 하다'는 뜻으로 'děi'로 읽어야 해요.

早就 zǎojiù 진작에
认识 rènshi (사람이나 글자 등을) 알다
釜山 Fǔshān 부산
得 děi 걸리다, 들다
读书 dúshū 공부하다

Step 2 선생님인 친구와 베이징 시내를 함께 다니네요. 北京爱情故事

A 참, 샤오멍이 그러던데 올림픽 때 여기 오고 싶어 했다며?

B 嗯，是要来的！
Èng, shì yào lái de!

A 那后来怎么没来呢?
Nà hòulái zěnme méi lái ne?

B 我放不下我班里的那些孩子。
Wǒ fàngbuxià wǒ bān li de nàxiē háizi.

A 对了，我听小猛说奥运会时你不是要来的嘛?
Duì le, wǒ tīng Xiǎoměng shuō àoyùnhuì shí nǐ búshi yào lái de ma?
B 응, 오고 싶었지!
A 그런데 왜 안 왔어?
B 우리 반 아이들을 놔두고 올 수가 없었어.

잠깐만요!

* '对了'는 화제를 바꾸려고 할 때 쓰는 말로, '참', '맞다' 정도의 어감이에요.

后来 hòulái 나중에
放 fàng 놓다
班 bān 반

063.mp3

我听他说今天会下雪。

그 사람이 그러던데 오늘 눈 온**다는데요.**

'~가 그러던데', '~한다던데'라는 뜻으로, 누군가에게서 들은 말을 다른 사람에게 옮길 때 쓰는 표현입니다. 옮기는 말을 누가 했는지를 분명히 밝히고 싶을 때 그 말을 한 사람을 '说' 앞에 씁니다.

1. 그 사람이 그러던데 오늘 눈 온다는데요. — 我听他说今天会下雪。 053
   Wǒ tīng tā shuō jīntiān huì xiàxuě.

2. 제 친구가 그러던데 그 사람 사직했다던데요. — 我听朋友说他辞职了。
   Wǒ tīng péngyou shuō tā cízhí le.

3. 어머니 말씀으로는 이 가게는 좀 비싸다던데요. — 我听我妈说这家店有点儿贵。 019
   Wǒ tīng wǒ mā shuō zhè jiā diàn yǒudiǎnr guì.

4. 선생님 말씀으로는 다음 주에 방학한다던데요. — 我听老师说要在下周放假。
   Wǒ tīng lǎoshī shuō yào zài xià zhōu fàngjià.

5. 뉴스에서 들었는데 또 거기서 사고가 났다던데요. — 我听报道*说那儿又出事了。
   Wǒ tīng bàodào shuō nàr yòu chūshì le.

잠깐만요!

* 누군가의 말을 전할 때 가장 흔하게 나오는 표현 중 하나가 '일기예보'나 '뉴스보도' 같은 것들이겠죠? '일기예보'는 '天气预报', '뉴스보도'는 '新闻报道'라고 해요.

下雪 xiàxuě 눈이 오다
辞职 cízhí 사직하다
下周 xiàzhōu 다음 주
放假 fàngjià 방학하다
报道 bàodào 보도
出事 chūshì 사고가 나다

아버지는 다른 친구에게 맞고 돌아온 아들을 데리고 복수하러 갔네요. 小爸爸

A 谁敢打我儿子！出来看看！
Shéi gǎn dǎ wǒ érzi! Chūlái kànkan!

B 你就是夏天的爸爸。 우리 집 애가 그러던데 무슨 탐험가시라고요?
Nǐ jiùshì Xiàtiān de bàba.

A 我不是什么探险家，你儿子凭什么欺负我儿子？
Wǒ búshì shénme tànxiǎnjiā, nǐ érzi píng shénme qīfù wǒ érzi?

B 那不叫欺负，就是孩子们之间的小矛盾。
Nà bú jiào qīfù, jiùshì háizimen zhī jiān de xiǎo máodùn.

A 누가 감히 우리 아들을 때렸어? 나와 봐!
B 시아티안 아버지시군요. **听我们家孩子说你是什么探险家！**
Tīng wǒmen jiā háizi shuō nǐ shì shénme tànxiǎnjiā!
A 전 아무 탐험가도 아니에요. 당신 아들이 왜 우리 아들을 못살게 구는 겁니까?
B 못살게 구는 게 아니라 아이들끼리 좀 다툰 거죠.

敢 gǎn 감히
探险家 tànxiǎnjiā 탐험가
欺负 qīfù 깔보다
矛盾 máodùn 갈등

064.mp3

据说他的星座是天秤座。

그 사람 천칭자리**라던데요.**

'~라고 하던데'라는 뜻으로, 누군가에게 들은 말을 옮길 때 쓰는 표현입니다. '听说'와 쓰임이 비슷하지만 '据' 앞에 주어를 붙일 수는 없고, 굳이 주어를 말하고 싶으면 '据我听说…'처럼 써야 합니다.

1. 그 사람 천칭자리라던데요. — **据说**他的星座是天秤座。
Jùshuō tā de xīngzuò shì tiānchèngzuò.

2. 제 남동생은 혈액형이 AB형이라던데요. — **据说**我弟弟的血型是AB型。
Jùshuō wǒ dìdi de xuèxíng shì AB xíng.

3. 구이린은 풍경이 아름답다던데요. — **据说**桂林风景很美丽。 010
Jùshuō Guìlín fēngjǐng hěn měilì.

4. 그 사람 말이 곧 신입생을 모집한다는데요. — **据**他**说**马上要招新生了。 102
Jù tā shuō mǎshàng yào zhāo xīnshēng le.

5. 제 친구 말이 그 가수는 노래를 잘 부른다던데요. — **据**我朋友**说**那位歌手唱得很好。 026
Jù wǒ péngyou shuō nà wèi gēshǒu chàng de hěn hǎo.

잠깐만요!

* 우리나라 사람들은 혈액형에 관심이 많은데 중국 젊은이들은 별자리에 더 관심이 많아요. 태어난 날의 별자리로 성격과 취미, 운명까지 점치기도 해요. 혈액형이든 별자리든 한번쯤 관심가져 볼 수 있겠지만, 설마 그것들이 우리의 운명을 모두 결정해 놓은 것은 아니겠죠?

星座 xīngzuò 별자리
天秤座 tiānchèngzuò 천칭자리
血型 xuèxíng 혈액형
桂林 Guìlín 구이린
风景 fēngjǐng 풍경
招 zhāo 모집하다
新生 xīnshēng 신입생
歌手 gēshǒu 가수

두 친구가 학교에서 졸업증을 발급해 주지 않을까 봐 걱정하고 있네요. 奋斗

A 你说他们真不给我毕业证怎么办?
Nǐ shuō tāmen zhēn bù gěi wǒ bìyèzhèng zěnme bàn?

B 咱们先礼后兵, 작년에 샤오저우도 그랬다던데.
Zánmen xiānlǐhòubīng,

A 他怎么干的呀?
Tā zěnme gàn de ya?

B 他买了一盒点心送给校长, 跟校长要文凭。
Tā mǎi le yì hé diǎnxīn sòng gěi xiàozhǎng, gēn xiàozhǎng yào wénpíng.

A 그 사람들이 정말로 졸업증 안 주면 어떻게 해?
B 우선 예의를 갖춰서 말해 보고 안 되면 싸워야지. **据说去年小周就是这么干的。**
jùshuō qùnián Xiǎo Zhōu jiùshì zhème gàn de.
A 그는 어떻게 했다는데?
B 먹을 걸 좀 사서 총장님한테 선물하고는 졸업증을 달라고 했대.

毕业证 bìyèzhèng 졸업증
先礼后兵 xiānlǐhòubīng 우선 예의로 대하다가 나중에 무력을 사용하다
盒 hé 상자
点心 diǎnxīn 간식
文凭 wénpíng 문서

他告诉我说有人来找我。

누군가 저를 찾아왔다고 그가 **알려주었어요.**

'~에게 알려주는데'라는 뜻으로, 누군가 다른 사람에게 어떤 내용을 알려주었다는 말을 하고 싶을 때 쓰는 표현입니다. '告诉' 바로 뒤에 '~에게'에 해당하는 말을 듣고 있는 사람이 바로 나오고, 뒤의 '说'는 쓰지 않기도 합니다.

1. 누군가 저를 찾아왔다고 그가 알려주었어요.
   他告诉我说有人来找我。 158
   Tā gàosu wǒ shuō yǒurén lái zhǎo wǒ.
2. 이 컵의 물은 마셔도 된다고 다른 사람이 알려주었어요.
   别人告诉我说可以喝这杯水。
   Biérén gàosu wǒ shuō kěyǐ hē zhè bēi shuǐ.
3. 그 친구 벌써 졸업했다고 선생님이 알려주셨어요.
   老师告诉我说他已经毕业了。
   Lǎoshī gàosu wǒ shuō tā yǐjīng bìyè le.
4. 앞으로 조심하라고 제가 그에게 알려주었어요.
   我告诉他说以后要小心。
   Wǒ gàosu tā shuō yǐhòu yào xiǎoxīn.
5. 내일은 출근하지 않는다고 제가 동료에게 알려주었어요.
   我告诉我同事*说明天不上班。
   Wǒ gàosu wǒ tóngshì shuō míngtiān bú shàngbān.

잠깐만요!

* 함께 일하는 사람을 나타내는 말이에요. 함께 공부하는 사람(학우)은 '同学', 함께 방을 쓰는 사람(룸메이트)은 '同屋'라고 해요.

有人 yǒurén 어떤 사람
杯 bēi 잔, 컵
毕业 bìyè 졸업하다
小心 xiǎoxīn 조심하다
同事 tóngshì 동료
上班 shàngbān 출근하다

자기 아이를 몰라보는 아버지를 두고 옆에서 사람들이 험담하고 있네요. 小爸爸

A 这么可爱的孩子居然没人认，真狠心！
Zhème kě'ài de háizi jūrán méi rén rèn, zhēn hěnxīn!

B 不认也好，那个人看着很不靠谱！
Bú rèn yě hǎo, nà ge rén kànzhe hěn bú kàopǔ!

A 우리 엄마가 저에게 알려주셨는데, 从一个人穿的鞋就能看出他是什么样的人！
cóng yí ge rén chuān de xié jiù néng kànchū tā shì shénmeyàng de rén!

B 那你就说说他是什么样的人。
Nà nǐ jiù shuōshuo tā shì shénmeyàng de rén.

A 이렇게 귀여운 아이를 뜻밖에도 몰라보다니, 정말 잔인하네!
B 몰라보는 건 괜찮은데, 저 사람은 아예 앞뒤도 없어요!
A 我妈妈告诉我说, 사람이 신은 신발을 보면 그 사람이 어떤 사람인지 알 수 있다고 하셨어!
Wǒ māma gàosu wǒ shuō,
B 그럼 저 사람이 어떤 사람인지 말해 봐.

居然 jūrán 뜻밖에
狠心 hěnxīn 모질다, 잔인하다
靠谱 kàopǔ 이치에 맞다
鞋 xié 신발

066.mp3

他的名字叫什么来着?

그 사람 이름이 뭐였더라?

'~라더라?'라는 뜻으로, 누군가에게 어떤 말을 들었거나 이미 알고 있던 사실이 순간적으로 분명히 생각이 안 나는 경우에 쓸 수 있는 표현입니다. 주로 의문을 나타내는 말 뒤에 옵니다.

1. 그 사람 이름이 뭐였더라? — 他的名字叫什么来着?
   Tā de míngzi jiào shénme láizhe?
2. 네 생일이 며칠이었더라? — 你的生日是几号来着?
   Nǐ de shēngrì shì jǐ hào láizhe?
3. 그가 방금 뭐라고 했더라? — 他刚才★说什么来着?
   Tā gāngcái shuō shénme láizhe?
4. 이 근처에 은행이 어디 있었더라? — 这附近银行在哪儿来着?
   Zhè fùjìn yínháng zài nǎr láizhe?
5. 우리 약속이 언제였더라? — 我们约定★的是几点来着?
   Wǒmen yuēdìng de shì jǐ diǎn láizhe?

잠깐만요!

* '刚才'와 비슷한 말로 '刚刚'이 있어요. '刚才'는 시간을 나타내는 명사(시간사)여서 주어 앞뒤에서 모두 쓰일 수 있지만 '刚刚'은 부사여서 주어 뒤, 술어 앞에만 올 수 있어요.

* '约定'은 '약속하다'라는 뜻으로 "我们的约定…"이라고 하면 뒤에 약속한 내용이 나와야 해요. 약속 시간을 말하고 싶을 때엔 "我们约定的是…"라고 합니다.

生日 shēngrì 생일
刚才 gāngcái 방금
附近 fùjìn 근처
银行 yínháng 은행
约定 yuēdìng 약속하다

재혼한 남편의 딸이 함께 살기 위해 오는 날이라 엄마는 마음이 바쁘네요. 家有儿女

A 你告诉我，小雪爱喝★什么汤?
Nǐ gàosu wǒ, Xiǎoxuě ài hē shénme tāng?

B 我记得应该是西红柿鸡蛋汤。
Wǒ jìde yīnggāi shì xīhóngshì jīdàntāng.

A 好好，你等会儿。 또 뭐가 있었더라? 또…….
Hǎo hǎo, nǐ děng huìr.

B 哈哈，我看你是有点儿紧张了!
Hāha, wǒ kàn nǐ shì yǒudiǎnr jǐnzhāng le!

A 샤오쉐에가 무슨 탕 좋아하는지 말해 줘요.
B 틀림없이 토마토 계란탕일 거라고 기억하는데.
A 좋아요 좋아, 잠깐만요. 我想想还有什么事来着? 还有…
Wǒ xiǎngxiang háiyǒu shénme shì láizhe? Háiyǒu…
B 하하, 당신 좀 긴장한 것 같은데!

잠깐만요!

* '汤'처럼 국물이 있거나 '粥(죽)'와 같은 음식의 동사는 모두 '喝(마시다)'라고 말해요.

西红柿 xīhóngshì 토마토
鸡蛋 jīdàn 계란
紧张 jǐnzhāng 긴장하다

067.mp3

这么来说，我猜得没错。

듣고 보니 제 추측이 맞았네요.

'듣고 보니', '그렇게 말을 하는 걸 보니', '그렇게 말을 했다니'라는 뜻으로, 상대방 또는 누군가의 말을 듣고 나서 새로운 사실을 판단하게 될 경우에 쓰는 표현입니다.

1. 듣고 보니 제 추측이 맞았네요.　这么来说，我猜得没错。 026
Zhème láishuō, wǒ cāi de méicuò.

2. 듣고 보니 상황이 더 복잡해졌네요.　这么来说，情况更复杂了。 025
Zhème láishuō, qíngkuàng gèng fùzá le.

3. 듣고 보니 그 사람 너한테 관심이 있네.　这么来说，他好像很关心你。 055
Zhème láishuō, tā hǎoxiàng hěn guānxīn nǐ.

4. 듣고 보니 네가 일부러 그런 거야?　这么来说，你是故意的吗?*
Zhème láishuō, nǐ shì gùyì de ma?

5. 듣고 보니 그는 미국에 가고 싶지 않네요.　这么来说，他不愿意去美国。 005
Zhème láishuō, tā bú yuànyì qù Měiguó.

잠깐만요!

* '故意'는 종종 '故意的'로 쓰여서 '일부러 그런 것', '의도적인'이란 뜻을 나타냅니다. "我不是故意的。"라고 하면 "일부러 그런 것 아니에요."라는 뜻이에요.

情况 qíngkuàng 상황
复杂 fùzá 복잡하다
故意 gùyì 일부러

아들을 데리러 공항에 간 아버지는 엉뚱한 아이를 만나게 되네요. 小爸爸

A 你们通知我来接夏小白，他不是夏小白啊。
Nǐmen tōngzhī wǒ lái jiē Xiàxiǎobái, tā búshì Xiàxiǎobái a.

B 你看看登记信息，申请人夏小白，接机人于果。
Nǐ kànkan dēngjì xìnxī, shēnqǐngrén Xiàxiǎobái, jiējī rén Yúguǒ.

A 我要接的夏小白是女的，怎么出来个小男孩。
Wǒ yào jiē de Xiàxiǎobái shì nǚ de, zěnme chūlái ge xiǎo nánhái.

B 그렇게 말씀하시는 걸 보니 시아샤오바이가 이 아이를 데려가라고 부탁한 거네요.

A 저한테 시아샤오바이를 데리러 오라고 통보하셨는데, 이 아이는 시아샤오바이가 아닌데요.
B 등록 정보를 보세요. 신청인이 시아샤오바이고 접객인은 위궈입니다.
A 내가 데리러 온 시아샤오바이는 여잔데, 어떻게 남자애가 나왔느냐고요.
B 这么来说是夏小白委托您接这个小孩的。
Zhème láishuō shì Xiàxiǎobái wěituō nín jiē zhè ge xiǎohái de.

通知 tōngzhī 통지하다
登记 dēngjì 등록하다
信息 xìnxī 정보
申请人 shēnqǐngrén 신청인
接机人 jiējī rén (비행기의) 접객인
委托 wěituō 위탁하다

Unit 07

저자 핵심 강의 07

예를 들면 말이죠.

예를 들어 말하는 장면에서 꼭 나오는 패턴

대화하면서 예를 드는 일은 자기 생각을 더 확실하게 뒷받침하기 위해 꼭 필요한 일이죠. 중국어도 예외는 아닙니다. 比方说, 打个比方, 例如 등 비슷한 유형의 독립된 패턴들이 오고, 그 뒤에 말하고 싶은 예들을 붙여주면 됩니다. 하지만 중국어로는 포괄적인 이야기가 먼저 나오고 예를 드는 표현이 나중에 나온다는 점은 꼭 기억해 두세요.

패턴 미리보기

068 比方说 예를 들면 / 예를 들어

069 打个比方 예를 들면

070 举例来说 예를 들어 말하면

071 例如 예를 들면

072 如… ~와 같은

068.mp3

比方说，苹果对身体很好。

예를 들면, 사과는 몸에 좋습니다.

'예를 들면~', '예를 들어~', '예컨대~'라는 뜻으로, 일반적인 말을 먼저 한 뒤에 좀 더 구체적인 사례를 들고 싶을 때 쓰는 표현입니다. '比如说…'나 '譬如说…'도 같은 패턴입니다.

1. 예를 들면, 사과는 몸에 좋습니다. 比方说，苹果对身体很好。 129
   Bǐfāng shuō, píngguǒ duì shēntǐ hěn hǎo.
2. 예를 들면, 돈 버는 일은 쉽지 않습니다. 比方说，赚钱★是不容易的。
   Bǐfāng shuō, zhuànqián shì bú róngyì de.
3. 예를 들어, 지난번에는 안 도와주셨죠. 比方说，上次没有帮助我。
   Bǐfāng shuō, shàngcì méiyǒu bāngzhù wǒ.
4. 예를 들어, 수학은 일종의 논리학이죠. 比方说，数学是一种逻辑★学。
   Bǐfāng shuō, shùxué shì yì zhǒng luójíxué.
5. 예를 들어, 그 사람이 안 간다면 어쩌지? 比方说，他不想去怎么办？ 002
   Bǐfāng shuō, tā bù xiǎng qù zěnme bàn?

학교에서 작문 숙제를 받아 온 손자가 할아버지에게 도움을 청하네요. 小爸爸

A 爷爷，老师出的作文题目是《我的爸爸》。
Yéye, lǎoshī chū de zuòwén tímù shì《wǒ de bàba》.

B 你想写什么呢？写你的爸爸不是很好写嘛？
Nǐ xiǎng xiě shénme ne? Xiě nǐ de bàba búshì hěn hǎo xiě ma?

A 你给我讲讲吧，我不知道怎么写。
Nǐ gěi wǒ jiǎngjiang ba, wǒ bù zhīdào zěnme xiě.

B 你就写你眼中的爸爸，예를 들면 아버지의 취미나 너랑 함께했던 일 등등 말이야.
Nǐ jiù xiě nǐ yǎnzhōng de bàba,

A 할아버지, 선생님이 내준 작문 제목이 '우리 아빠'예요.
B 뭘 쓰고 싶은데? 네 아버지 얘기 쓰라고 하니 쓰기 좋지 않니?
A 말씀 좀 해 주세요. 어떻게 써야 할지 모르겠어요.
B 네가 본 아버지에 대해 쓰렴. 比如说你爸爸的爱好，和你在一起的事等等。
bǐrú shuō nǐ bàba de àihào, hé nǐ zài yìqǐ de shì děngděng.

잠깐만요!

★ '赚钱'은 '이득을 남겨서 돈을 벌다'는 뜻으로, 일반적으로 '돈을 벌다'고 할 때는 '挣钱'이 더 광범위한 표현입니다.

★ '逻辑'는 '논리'라는 뜻의 영어 낱말인 'logic'의 음을 빌려와 만들었어요.

苹果 píngguǒ 사과
赚钱 zhuànqián 돈을 벌다
上次 shàngcì 지난번
数学 shùxué 수학
逻辑学 luójíxué 논리학

作文 zuòwén 작문
题目 tímù 제목
眼中 yǎnzhōng 눈, 안중
爱好 àihào 취미

069.mp3

打个比方，他每天学习到很晚。

예를 들면, 그는 매일 늦게까지 공부합니다.

'예를 들면'이란 뜻으로, '比方说…', '比如说…', '譬如说…' 등과 같은 뜻입니다. 그러나 이 표현이 좀 더 구어체다운 어감을 가지고 있습니다.

1. 예를 들면, 그는 매일 늦게까지 공부합니다.
   打个比方，他每天学习到很晚。
   Dǎ ge bǐfāng, tā měitiān xuéxí dào hěn wǎn.
2. 예를 들면, 이 교실은 농구장보다 큽니다.
   打个比方，这个教室比篮球场大。 209
   Dǎ ge bǐfāng, zhè ge jiàoshì bǐ lánqiúchǎng dà.
3. 예를 들면, 지구는 태양 주위를 돕니다.
   打个比方，地球围绕太阳转。
   Dǎ ge bǐfāng, dìqiú wéirào tàiyáng zhuàn.
4. 예를 들면, 그는 소처럼 힘이 셉니다.
   打个比方，他的力气大如牛。 072
   Dǎ ge bǐfāng, tā de lìqi dà rú niú.
5. 예를 들면, 윈난에는 소수민족이 많습니다.
   打个比方，云南有很多少数民族。*
   Dǎ ge bǐfāng, Yúnnán yǒu hěn duō shǎoshù mínzú.

잠깐만요!

* 중국에는 정부로부터 공식적으로 인정받는 '少数民族'이 모두 55개가 있고, 인구의 약 92% 이상을 차지하는 '汉族'를 더하면 모두 56개의 민족으로 이루어져 있어요.

教室 jiàoshì 교실
篮球场 lánqiúchǎng 농구장
地球 dìqiú 지구
围绕 wéirào 둘러싸다
太阳 tàiyáng 태양
转 zhuàn 돌다
力气 lìqi 힘
牛 niú 소
云南 Yúnnán 윈난
少数民族 shǎoshù mínzú 소수민족

고객들에게 새로 나온 즉석 요리 상품을 소개하고 있군요. 胜女的代价

A 来，顾客们来看看我们最新推出的简单料理产品！
Lái, gùkèmen lái kànkan wǒmen zuìxīn tuīchū de jiǎndān liàolǐ chǎnpǐn!

B 这不是那个明星代言的产品嘛。
Zhè búshì nà ge míngxīng dàiyán de chǎnpǐn ma.

A 这个产品非常方便。예를 들면, 당신의 개인 요리사보다 낫습니다.
Zhè ge chǎnpǐn fēicháng fāngbiàn.

B 真是太神奇了！
Zhēnshi tài shénqí le!

A 자, 고객님. 오셔서 저희의 최신 즉석요리 제품을 좀 보세요!
B 저거 그 스타가 광고하던 상품이잖아.
A 이 상품은 매우 편리합니다. 打个比方，它就好比你的个人厨师。
Dǎ ge bǐfāng, tā jiù hǎo bǐ nǐ de gèrén chúshī.
B 정말 신기하네!

顾客 gùkè 고객
最新 zuìxīn 최신
推出 tuīchū 발매하다
料理 liàolǐ 요리
产品 chǎnpǐn 상품
代言 dàiyán 광고하다, 대신 말하다

070.mp3

举例来说，熊在冬天冬眠。

예를 들어 말하면, 곰은 겨울에 겨울잠을 잡니다.

'예를 들어 말하면'이라는 뜻으로, 여기서 '举例'는 '예를 들다'는 의미입니다. 앞의 패턴들은 가정의 어감을 포함할 수도 있지만, 이 패턴은 구체적인 예를 들고자 할 때 쓰는 표현입니다.

Step 1

1. 예를 들어 말하면, 곰은 겨울에 겨울잠을 잡니다.
   举例来说，熊在冬天冬眠。
   Jŭlì láishuō, xióng zài dōngtiān dōngmián.

2. 예를 들어 말하면, 저는 그녀의 노래를 자주 들어요.
   举例来说，我常常听她的歌。
   Jŭlì láishuō, wǒ chángcháng tīng tā de gē.

3. 예를 들어 말하면, 혼자 사는 건 외롭습니다.
   举例来说，一个人生活很孤独。 010
   Jŭlì láishuō, yí ge rén shēnghuó hěn gūdú.

4. 예를 들어 말하면, 1년에 사계절이 있어요.
   举例来说，一年有四个季节。
   Jŭlì láishuō, yì nián yǒu sì ge jìjié.

5. 예를 들어 말하면, 공자는 위대한 인물이죠.
   举例来说，孔子*是一位伟大的人物。
   Jŭlì láishuō, Kǒngzǐ shì yí wèi wěidà de rénwù.

잠깐만요!

* 중국에서 공자의 운명은 천당과 지옥을 오갔어요. 5·4운동 때와 사회주의 중국 수립 이후에는 격렬한 비판 운동이 펼쳐지기도 했지만 요즘에는 다시 중국을 상징하는 인물로 부상하고 있어요.

熊 xióng 곰
冬眠 dōngmián 겨울잠을 자다
孤独 gūdú 외롭다
季节 jìjié 계절
孔子 Kǒngzǐ 공자
伟大 wěidà 위대하다
人物 rénwù 인물

Step 2 아이가 학교에서 작문 숙제를 읽자 선생님과 친구들이 질문을 퍼붓네요. 小爸爸

A 你说你爸爸是超人，那你爸爸做过什么好事啊?
Nǐ shuō nǐ bàba shì chāorén, nà nǐ bàba zuòguo shénme hǎoshì a?

B 我爸爸做的事情可多了，他常常去拯救地球，特别辛苦!
Wǒ bàba zuò de shìqing kě duō le, tā chángcháng qù zhěngjiù dìqiú, tèbié xīnkǔ!

A 哈哈，你是不是动画片看多了? 그럼 예를 들어서 말해 보렴.
Hāha, nǐ shì bu shì dònghuàpiàn kàn duō le?

B 嗯，啊! 我想起来了。前几天我爸爸去撒哈拉执行探险任务来的。
Èng, a! Wǒ xiǎng qǐlái le. Qián jǐ tiān wǒ bàba qù Sāhālā zhíxíng tànxiǎn rènwù lái de.

A 아빠가 슈퍼맨이라고 했는데, 그럼 네 아빠가 어떤 착한 일을 하셨니?
B 우리 아빠가 하신 일은 정말 많아요. 항상 지구를 구하시느라 너무 고생하세요!
A 하하, 너 만화를 많이 읽었구나? **那你举例来说一下吧。**
Nà nǐ jŭlì láishuō yíxià ba.
B 음, 아! 생각났어요. 며칠 전에 아빠가 사하라에 가서 탐험 임무를 하고 오셨어요.

超人 chāorén 슈퍼맨
好事 hǎoshì 착한 일
拯救 zhěngjiù 구하다
辛苦 xīnkǔ 수고스럽다
动画片 dònghuàpiàn 만화 영화, 애니메이션
撒哈拉 Sāhālā 사하라
执行 zhíxíng 집행하다
探险 tànxiǎn 탐험
任务 rènwù 임무

071.mp3

例如，春节是重要的节日。

예를 들면, 춘절은 중요한 명절입니다.

'예를 들면'이라는 뜻으로, '比方说'와 같은 말입니다. 대화에서보다는 글을 쓸 때 더 자주 쓰는 표현입니다.

1. 예를 들면, 춘절은 중요한 명절입니다.
   例如，春节是重要的节日。
   Lìrú, Chūnjié shì zhòngyào de jiérì.

2. 예를 들면, 상하이는 국제적인 도시입니다.
   例如，上海是一座国际城市。
   Lìrú, Shànghǎi shì yí zuò guójì chéngshì.

3. 예를 들면, 20세기는 과학의 시대였습니다.
   例如，20世纪是科学的时代。
   Lìrú, èrshí shìjì shì kēxué de shídài.

4. 예를 들면, 다른 사람을 비판할 때는 말을 주의해야 합니다.
   例如，★批评别人的时候要注意用词。 110
   Lìrú, pīpíng biérén de shíhou yào zhùyì yòngcí.

5. 예를 들면, 아시아라는 개념은 좀 모호합니다.
   例如，亚洲这个概念有点儿模糊。 019
   Lìrú, Yàzhōu zhè ge gàiniàn yǒudiǎnr móhu.

잠깐만요!

★ '批评'은 우리말로 '비평'이라는 뜻보다는 '꾸짖다', '비판하다'는 뜻에 더 가까워요.

春节 Chūnjié 춘절
节日 jiérì 명절
世纪 shìjì 세기
时代 shídài 시대
批评 pīpíng 꾸짖다, 비판하다
注意 zhùyì 주의하다
亚洲 Yàzhōu 아시아
概念 gàiniàn 개념
模糊 móhu 모호하다

여행사를 개업한 친구가 어떻게 하면 고객을 불러 모을까 고민하네요. 小爸爸

A 现在我们的旅行社开张了。我们怎么打开市场啊。
Xiànzài wǒmen de lǚxíngshè kāizhāng le. Wǒmen zěnme dǎkāi shìchǎng a.

B 我觉得我们可以做一些特色旅游线路，예를 들면 중노년 베이징 1일 여행 같은 거지.
Wǒ juéde wǒmen kěyǐ zuò yìxiē tèsè lǚyóu xiànlù,

A 这个主意不错，问题是我们怎么去找客源呢?
Zhè ge zhǔyi búcuò, wèntí shì wǒmen zěnme qù zhǎo kèyuán ne?

B 我们就去那个社区活动中心，那儿有很多老年人！
Wǒmen jiù qù nà ge shèqū huódòng zhōngxīn, nàr yǒu hěn duō lǎoniánrén!

A 이제 우리 여행사 개업을 했는데, 어떻게 하면 시장을 넓힐까?
B 내 생각에는 특색 있는 여행 노선을 해야 할 것 같아. 例如中老年北京一日游。
Lìrú zhōnglǎonián Běijīng yírìyóu.
A 좋은 생각인데, 문제는 우리가 어떻게 관광객을 끌어오느냐는 거지.
B 우리 저 지역활동센터에 가 보자. 거기에 노인분들이 많아!

旅行社 lǚxíngshè 여행사
开张 kāizhāng 개업하다
打开 dǎkāi 열다
市场 shìchǎng 시장
特色 tèsè 특색
线路 xiànlù 노선
一日游 yírìyóu 1일 여행
客源 kèyuán 관광객
社区 shèqū 지역사회
老年人 lǎoniánrén 노인

072.mp3

我喜欢吃水果，如香蕉等。

저는 바나나 **같은** 과일을 좋아합니다.

'~와 같은'이라는 뜻으로, 구체적인 사례를 제시하거나 나열할 때 쓰입니다. 우리말로는 'A와 같은 B'의 문형이지만 중국어로는 'B如A'의 패턴으로 쓴다는 점에 유의합니다. 간혹 '像'이나 '像…一样'의 패턴으로 쓸 수도 있습니다.

Step 1

1. 저는 바나나 같은 과일을 좋아합니다.
   我喜欢吃水果，如香蕉等。
   Wǒ xǐhuan chī shuǐguǒ, rú xiāngjiāo děng.

2. 스마트폰 같은 어떤 기기는 편리합니다.
   有些机器如智能手机很方便。 010
   Yǒuxiē jīqì rú zhìnéng shǒujī hěn fāngbiàn.

3. 시간이 정말 빨라서 10년이 하루 같아요.
   时间过得很快，十年如一天。
   Shíjiān guò de hěn kuài, shí nián rú yìtiān.

4. 모옌 같은 중국의 작가는 뛰어난 소설가입니다.
   中国的作家，如莫言是一位优秀的小说家。
   Zhōngguó de zuòjiā, rú Mòyán shì yí wèi yōuxiù de xiǎoshuōjiā.

5. 중국인은 생선회처럼 살아 있는 음식은 좋아하지 않습니다.
   中国人不太喜欢生的东西，如生鱼片。
   Zhōngguórén bútài xǐhuan shēng de dōngxi, rú shēngyúpiàn.

잠깐만요!

* 우리나라에도 한동안 '스마트' 열풍이 불었는데요. '스마트'라는 표현은 중국어로 '智能'이라고 해요.

* 중국에는 날것을 잘 먹지 않아요. 하지만 요즘에는 일본에서 시작된 생선회 문화가 전해져서 고급 요리에 종종 등장하곤 합니다.

香蕉 xiāngjiāo 바나나
机器 jīqì 기기, 기계
智能手机 zhìnéng shǒujī 스마트폰
作家 zuòjiā 작가
优秀 yōuxiù 뛰어나다
小说家 xiǎoshuōjiā 소설가
生鱼片 shēngyúpiàn 생선회

Step 2 친구들과의 모임에서 한 여자 친구를 두고 두 남자가 공세를 퍼붓고 있네요. 奋斗

A 你没有男朋友，要不咱俩好吧！
Nǐ méiyǒu nánpéngyǒu, yàobù zán liǎ hǎo ba!

B 너 같은 건달하고는 친구 안 해.

C 小杨，肉烤好了，吃点吧。
Xiǎoyáng, ròu kǎohǎo le, chī diǎn ba.

B 你们俩什么时候开始对我这么好？
Nǐmen liǎ shénme shíhou kāishǐ duì wǒ zhème hǎo?

A 너 남자 친구 없으면 우리 둘이 잘 지내보자!
B 我不跟你这样如二流子的人谈朋友。
Wǒ bù gēn nǐ zhèyàng rú èrliúzi de ren tán péngyou.
C 샤오양, 고기 익었다. 먹어 봐.
B 너희 언제부터 나한테 이렇게 잘했어?

二流子 èrliúzi 건달
肉 ròu 고기
烤 kǎo 굽다

Unit 08

저자 핵심 강의 08

다시 말하면요.

같은 표현을 바꿔 말하는 장면에서 꼭 나오는 패턴

의사소통은 언제나 오류를 동반해요. 그렇지 않으면 세상에서는 사랑이 깨질 일도, 다툼이 일어날 일도 없을 거예요. 자신이 하고 싶은 말이 원래 뜻대로 상대방에게 잘 전달됐는지 확인하고 싶을 때 쓸 수 있는 패턴이에요. "그러니까~", "다시 말하면~" 등과 같이 독립된 표현으로 이루어져 있어서 쉽게 익힐 수 있어요.

패턴 미리보기

073.mp3

我们改天，就是说明天再见。

우리 다른 날, **그러니까** 내일 다시 봐요.

'그러니까', '~라는 말이다' 등의 뜻으로, 앞의 말을 반복해서 다른 말로 설명해 줍니다. '这就是说…'나 '也就是说…'의 패턴으로 쓸 수도 있습니다. 서면어에서는 '곧', '즉'이란 뜻으로 '即'를 많이 씁니다.

Step 1

1. 우리 다른 날, 그러니까 내일 다시 봐요.
   我们改天，就是说明天再见。
   Wǒmen gǎitiān, jiùshì shuō míngtiān zài jiàn.

2. 병이 났어요. 그러니까 거기 갈 수가 없단 말씀입니다.
   我病了，这就是说不能去你那儿了。 003
   Wǒ bìng le, zhè jiùshì shuō bù néng qù nǐ nàr de le.

3. 그 사람은 성격이 안 좋아서 성깔머리가 있어요.
   他性格不好，这就是说他脾气大。 019
   Tā xìnggé bù hǎo, zhè jiùshì shuō tā píqi dà.

4. 이제 1km 남았어요. 그러니까 다 왔단 말이죠.
   现在剩下一公里，也就是说快到了。 101
   Xiànzài shèngxià yì gōnglǐ, yě jiùshì shuō kuài dào le.

5. 어젯밤에 한숨도 못 잤어요. 걱정이 너무 많았단 말이에요.
   昨晚睡得不好，也就是说我担心得太多了。 026
   Zuówǎn shuì de bù hǎo, yě jiùshì shuō wǒ dānxīn de tài duō le.

잠깐만요!

* 사람이 장소를 대신하려고 할 때 반드시 사람을 가리키는 말 뒤에 '这儿', '那儿' 등 장소사를 붙여줍니다. "선생님께 다녀왔어."라는 표현은 "我从老师那儿来的。"라고 말해요.

* '脾气'는 주로 '나쁜 성격', 즉 '성질머리'를 말해요.

改天 gǎitiān 다른 날
性格 xìnggé 성격
脾气 píqi 나쁜 사람
剩 shèng 남다
公里 gōnglǐ ㎞, 킬로미터
昨晚 zuówǎn 어젯밤
担心 dānxīn 걱정하다

Step 2 미라이는 남자 친구의 집에서 시아린의 휴대전화 소리를 듣고 놀랐나 보네요. 奋斗

A 晓芸，是我，米莱！我有种不好的预感！
Xiǎoyún, shì wǒ, Mǐlái! Wǒ yǒu zhǒng bù hǎo de yùgǎn!

B 你怎么了？在哪呢？你快说怎么了？
Nǐ zěnme le? Zài nǎ ne? Nǐ kuài shuō zěnme le?

A 在陆涛家门口听见了房间里夏琳的手机声，그러니까 시아린이 루타오 집에 있단 거지.
Zài Lùtāo jiā ménkǒu tīngjiàn le fángjiān li Xiàlín de shǒujī shēng,

B 别乱想，手机一样的很多，你听错了吧！
Bié luàn xiǎng, shǒujī yíyàng de hěn duō, nǐ tīngcuò le ba!

A 샤오윈, 나야. 미라이! 나 안 좋은 예감이 있어!
B 왜 그래? 어딘데? 빨리 말해 봐.
A 루타오 집 현관에서 방에서 나는 시아린의 휴대전화 소리를 들었어. **就是说夏琳在陆涛家。**
jiùshì shuō Xiàlín zài Lùtāo jiā.
B 함부로 생각하지 마. 같은 휴대전화는 많아. 네가 잘못 들었을 거야!

预感 yùgǎn 예감
门口 ménkǒu 현관, 입구
乱 luàn 아무렇게나, 함부로

▶ 074.mp3

换句话说，我不同意他的意见。

다시 말하면 저는 그분 의견에 동의하지 않아요.

'다시 말하면'이라는 뜻으로, 역시 앞에서 나온 말을 다른 말로 설명하려고 할 때 씁니다. '也就是说'와도 비슷한 뜻입니다. 서면어에서는 '곧', '즉'이라는 뜻으로 '即'를 많이 씁니다.

1. 다시 말하면 저는 그분 의견에 동의하지 않아요.
   换句话说，我不同意他的意见。
   Huànjùhuàshuō, wǒ bù tóngyì tā de yìjiàn.

2. 다시 말하면 내일 회의는 중요해요.
   换句话说，明天会议很重要。 010
   Huànjùhuàshuō, míngtiān huìyì hěn zhòngyào.

3. 다시 말하면 그는 사람의 도리를 아예 몰라요.
   换句话说，他根本不知道做人的道理。
   Huànjùhuàshuō, tā gēnběn bù zhīdào zuòrén de dàolǐ.

4. 다시 말하면 우리 전략이 노출됐어요.
   换句话说，我们的策略*被发现了。 167
   Huànjùhuàshuō, wǒmen de cèlüè bèi fāxiàn le.

5. 다시 말하면 중국의 국력은 날로 커지고 있어요.
   换句话说，中国的国力日益增强。
   Huànjùhuàshuō, Zhōngguó de guólì rìyì zēngqiáng.

잠깐만요!

* '전략'은 '策略'라고 자주 말해요. '战略'라는 말을 쓰기도 하는데, '策略'보다는 범위가 조금 더 좁은 느낌이에요.

意见 yìjiàn 의견
策略 cèlüè 전략
发现 fāxiàn 발견하다
国力 guólì 국력
日益 rìyì 날로, 나날이
增强 zēngqiáng 증강하다

 일주일 만에 나타난 연인과의 말다툼이 시작됐네요. 北京爱情故事

A 你都失踪一个星期了！
Nǐ dōu shīzōng yí ge xīngqī le!

B 我愿意去*哪就去哪，你不能！
Wǒ yuànyì qù nǎ jiù qù nǎ, nǐ bù néng!

A 我知道你不爱我，可是你不能干涉我自由！
Wǒ zhīdào nǐ bú ài wǒ, kěshì nǐ bù néng gānshè wǒ zìyóu!

B 自由！你的一切都是我的，다시 말하면 내가 없었다면 지금의 너는 없었어!
Zìyóu! Nǐ de yíqiè dōu shì wǒ de,

A 일주일 동안이나 사라지다니!
B 나는 가고 싶은데 가는 거야. 넌 못하지만!
A 난 네가 나 사랑하지 않는다는 거 알아. 하지만 넌 내 자유를 간섭할 수는 없어!
B 자유라고! 네 모든 것은 내 거야. 换句话说，没有我就没有现在的你！
huànjùhuàshuō, méiyǒu wǒ jiù méiyǒu xiànzài de nǐ!

잠깐만요!

* 앞뒤로 같은 의문사를 쓰면 의문을 나타내는 말이 아니라, 특정한 무엇을 가리키는 말이 됩니다. 예컨대 "你想吃什么，就吃什么！"라고 하면 "너 먹고 싶은 것 먹어!"라는 뜻입니다.

失踪 shīzōng 사라지다
干涉 gānshè 간섭하다
自由 zìyóu 자유

075.mp3

换个角度来说，他的想法也没错。

다른 시각에서 말하면 그의 생각도 틀리지 않았습니다.

'다른 시각에서 말하면', '다른 각도에서 말하면'이라는 뜻으로, 말하는 이의 시각을 달리해서 의견을 제시하는 경우에 쓰입니다. '换个' 사이에는 '一'가 생략됐다고 볼 수 있습니다.

1. 다른 시각에서 말하면 그의 생각도 틀리지 않았습니다.
   换个角度来说，**他的想法也没错。**
   Huàn ge jiǎodù láishuō, tā de xiǎngfǎ yě méicuò.

2. 다른 시각에서 말하면 우리는 모두 가족입니다.
   换个角度来说，**我们都是一家人。**
   Huàn ge jiǎodù láishuō, wǒmen dōu shì yìjiārén.

3. 다른 시각에서 말하면 이 문제는 해결하기 어렵습니다.
   换个角度来说，**这个问题很难解决。** 024
   Huàn ge jiǎodù láishuō, zhè ge wèntí hěn nán jiějué.

4. 다른 시각에서 말하면 이 책은 그다지 과학적이지 않습니다.
   换个角度来说，**这本书不太科学。**★ 014
   Huàn ge jiǎodù láishuō, zhè běn shū bútài kēxué.

5. 다른 시각에서 말하면 문화란 인류의 모든 행위를 포함합니다.
   换个角度来说，**文化包括人类的一切行为。** 160
   Huàn ge jiǎodù láishuō, wénhuà bāokuò rénlèi de yíqiè xíngwéi.

잠깐만요!

★ 명사로만 알고 있는 것 중에 형용사로 쓰이는 경우도 있어요. '科学', '理想', '自然' 등이 대표적인데, 이들은 각각 '과학', '이상', '자연' 등의 뜻도 있지만, 때로는 '과학적이다', '이상적이다', '자연스럽다'는 뜻으로도 쓰여요. 부정형도 '不科学', '不理想', '不自然'처럼 되는 것이지요.

没错 méicuò 맞다
解决 jiějué 해결하다
科学 kēxué 과학적이다
人类 rénlèi 인간, 인류
行为 xíngwéi 행위

연인과 헤어지려는 친구에게 이유를 묻고 있네요. 北京爱情故事

A 沈冰为了你来到北京，你为什么还抛弃她?
Shěnbīng wèile nǐ lái dào Běijīng, nǐ wèi shéme hái pāoqì tā?

B 我是因为爱她我才那么做的！
Wǒ shì yīnwèi ài tā wǒ cái nàme zuò de!

A 沈冰对你的爱是一直没变的啊?
Shěnbīng duì nǐ de ài shì yìzhí méi biàn de a?

B 다른 시각에서 말하면, 네가 나라도 그렇게 선택했을 거야!

A 선빙이 너를 위해서 베이징에 온 건데, 넌 왜 그녀를 버린 거야?
B 난 그녀를 사랑했기 때문에 그런 거야!
A 너에 대한 선빙의 사랑은 한 번도 변하지 않았잖아.
B **换个角度来说，如果你是我，也会这么选择的！**
Huàn ge jiǎodù láishuō, rúguǒ nǐ shì wǒ, yě huì zhème xuǎnzé de!

抛弃 pāoqì 포기하다
选择 xuǎnzé 선택하다

076.mp3

具体来说，英语的语法比较难。

구체적으로 말하면, 영어의 문법이 어려운 편입니다.

'구체적으로 말하면'이라는 뜻으로, 앞에서 말한 내용에 덧붙여서 더 구체적이고 세부적인 예시나 상황을 설명합니다.

1. 구체적으로 말하면, 영어의 문법이 어려운 편입니다.
   具体来说，英语的语法比较难。 015
   Jùtǐ láishuō, Yīngyǔ de yǔfǎ bǐjiào nán.
2. 구체적으로 말하면, 저는 다음 주 목요일에 떠날 예정입니다.
   具体来说，我打算在下星期四离开。
   Jùtǐ láishuō, wǒ dǎsuan zài xià Xīngqīsì líkāi.
3. 구체적으로 말하면, 그들 중 두 사람이 반대했습니다.
   具体来说，他们当中有两个人反对。 158
   Jùtǐ láishuō, tāmen dāngzhōng yǒu liǎng ge rén fǎnduì.
4. 구체적으로 말하면, 이 노트북은 1㎏입니다.
   具体来说，这台笔记本有一公斤重。
   Jùtǐ láishuō, zhè tái bǐjìběn yǒu yì gōngjīn zhòng.
5. 구체적으로 말하면, 저는 소고기 등의 고기류는 먹지 않아요.
   具体来说，我不吃牛肉等肉类。
   Jùtǐ láishuō, wǒ bù chī niúròu děng ròulèi.

잠깐만요!

* '笔记本'에는 '공책'이라는 뜻도 있고 '노트북'이란 뜻도 있어요. '공책'은 양사 '本'을 쓰지만, '노트북'은 '台'를 씁니다. 양사가 없을 때는 앞뒤 문맥으로 판단해야 해요.
* '有'가 숫자와 도량형 단위를 나타내는 말 앞에 올 때에는 우리말로 '~이다'로 해석하는 편이 좋아요.

语法 yǔfǎ 어법
离开 líkāi 떠나다
反对 fǎnduì 반대하다
笔记本 bǐjìběn 노트북
公斤 gōngjīn ㎏, 킬로그램
肉类 ròulèi 육류

우연히 친구의 어머니가 쓰러진 상황을 발견하고 조치를 했군요. 小爸爸

A 我妈妈怎么会晕倒呢？
Wǒ māma zěnme huì yūndǎo ne?

B 구체적으로 말하면 내가 시아티안을 데리러 갔는데，结果到你家发现你妈晕倒了。
jiéguǒ dào nǐ jiā fāxiàn nǐ mā yūndǎo le.

A 太谢谢你了！医生说什么啊？
Tài xièxie nǐ le! Yīshēng shuō shénme a?

B 放心吧，你妈这几天没吃东西，身体太虚弱了。
Fàngxīn ba, nǐ mā zhè jǐ tiān méi chī dōngxi, shēntǐ tài xūruò le.

A 어머니가 왜 쓰러지신 거예요?
B 具体来说是我去你家接夏天，너희 집에서 어머니가 쓰러지신 걸 발견했어.
Jùtǐ láishuō shì wǒ qù nǐ jiā jiē Xiàtiān,
A 고마워요! 의사는 뭐래요?
B 걱정하지 마, 너희 어머니가 요 며칠 음식을 못 드셔서 몸이 허약해지셨대.

晕倒 yūndǎo 쓰러지다
发现 fāxiàn 발견하다
医生 yīshēng 의사
放心 fàngxīn 안심하다
虚弱 xūruò 허약하다

Unit 09

거기다가 더해서요.

저자 핵심 강의 09

추가로 설명하는 장면에서 꼭 나오는 패턴

"아니, 아직 제 말 다 안 끝났다고요." 그뿐만이 아니라 더 나아간 상황이나 동작을 말하고 싶은 경우가 있겠죠? 앞의 상황이나 동작뿐 아니라 뒤의 상황이나 동작까지 말하고 싶은 경우에 써 보세요. 이 패턴들은 부사나 접속사 등을 다양하게 활용하고 있어요. 앞뒤가 절로 연결되는, 이른바 복문들도 있으니 눈여겨 보세요.

패턴 미리보기

077.mp3

另外他带来了一些吃的东西。

별도로 그가 먹을 것을 좀 가져왔어요.

'별도로', '또 달리', '이외에'라는 뜻입니다. 어떤 상황을 말하고 난 뒤, 거기에 덧붙여 무언가를 말하고자 할 때 쓰는 표현입니다. 부사이기도 하고 접속사이기도 하여 위치가 자유로운 편입니다. '还有'도 자주 따라 나오곤 합니다.

1. 별도로 그가 먹을 것을 좀 가져왔어요. 另外他带来了一些吃的东西。
   Lìngwài tā dàilái le yìxiē chī de dōngxi.
2. 별도로 저는 해야 할 일이 더 있습니다. 另外我还有一些工作要做。 158
   Lìngwài wǒ háiyǒu yìxiē gōngzuò yào zuò.
3. 저는 시간도 없는데다가 달리 거기 가고 싶지도 않아요. 我没有时间，另外我不想去那儿。 002
   Wǒ méiyǒu shíjiān, lìngwài wǒ bù xiǎng qù nàr.
4. 붉은색은 피, 사랑, 이외에 열정을 상징합니다. 红色代表血和爱情，另外也代表热情*。 182
   Hóngsè dàibiǎo xiě hé àiqíng, lìngwài yě dàibiǎo rèqíng.
5. 또 다른 이유를 알아요? 你知道另外一个原因吗? 002
   Nǐ zhīdào lìngwài yí ge yuányīn ma?

잠깐만요!

* '热情'에 '열정'이라는 뜻이 없는 것은 아니지만, 평소에는 '친절하다'는 뜻으로 더 자주 쓰여요. '亲切'는 '친밀하다'는 뜻이에요.

红色 hóngsè 빨강
代表 dàibiǎo 상징하다, 대신하다
血 xiě 피
爱情 àiqíng 사랑
热情 rèqíng 열정, 친절하다
原因 yuányīn 원인

바쁜 일상에 짬을 내어 친한 친구의 부모님을 뵈러 갔어요. 小爸爸

A 大胜啊，听小艾说你在什么房地产公司工作?
Dàshèng a, tīng Xiǎo'ài shuō nǐ zài shénme fángdìchǎn gōngsī gōngzuò?

B 对，地产业。별도로 저는 친구랑 같이 여행업도 하고 있어요.
Duì, dìchǎnyè.

A 那你一定很忙，今天还特意来看我们太谢谢了!
Nà nǐ yídìng hěn máng, jīntiān hái tèyì lái kàn wǒmen tài xièxie le!

B 叔叔阿姨，太客气了，孝敬您二老是我应该做的。
Shūshu āyí, tài kèqi le, xiàojìng nín èrlǎo shì wǒ yīnggāi zuò de.

A 다성, 샤오아이가 그러던데 무슨 부동산 회사에서 일하고 있다고?
B 예, 부동산업이에요. 另外，我现在还和朋友一起做旅游*。
Lìngwài, wǒ xiànzài hái hé péngyou yìqǐ zuò lǚyóu.
A 그럼 분명 바쁠 텐데 오늘 일부러 우릴 보러 와주다니 고맙구나!
B 아저씨 아주머니, 별말씀을요. 두 분을 잘 모시는 건 제가 마땅히 할 일이죠.

잠깐만요!

* 여기서 旅游는 문맥상 '여행업'이라는 뜻이에요.

房地产 fángdìchǎn 부동산
地产业 dìchǎnyè 부동산업
特意 tèyì 일부러
孝敬 xiàojìng 공경하다

078.mp3

他不懂汉语，再说也没做过翻译。

그는 중국어를 모르고, **게다가** 통역을 해 본 적도 없어요.

'게다가', '더구나', '그리고'라는 뜻으로, 어떤 사실이나 상황을 말하고 나서 그보다 더한 이유를 나타낼 때 자주 씁니다. '再加上'이나 '况且' 등과도 비슷한 뜻입니다.

1. 그는 중국어를 모르고, 게다가 통역을 해 본 적도 없어요.
   他不懂汉语，再说也没做过翻译★。 182
   Tā bù dǒng Hànyǔ, zàishuō yě méi zuòguo fānyì.
2. 오늘은 온도가 낮고, 게다가 바람까지 불고 있어요.
   今天温度很低，再说还有风。
   Jīntiān wēndù hěn dī, zàishuō háiyǒu fēng.
3. 제 형은 키도 크고, 게다가 인물까지 훤합니다.
   我哥个子很高，再说长得也很帅。
   Wǒ gē gèzi hěn gāo, zàishuō zhǎng de yě hěn shuài.
4. 저 영화는 재미도 없고, 게다가 길기까지 해요.
   这部电影没有意思，再说也很长。 182
   Zhè bù diànyǐng méiyǒu yìsi, zàishuō yě hěn cháng.
5. 이 요리는 색깔도 예쁘고, 게다가 향기까지 좋네요.
   这道菜色彩很美，再说味道也很好。 182
   Zhè dào cài sècǎi hěn měi, zàishuō wèidào yě hěn hǎo.

잠깐만요!

★ '翻译'는 '통역', '번역', 또는 '통역가', '번역가'라는 뜻으로, 통역과 번역을 구분하지 않고 두루 쓰입니다. 물론 '통역'을 '口译', '번역'을 '笔译'라고 구분해서 말할 수도 있어요.

翻译 fānyì 통역(가), 번역(가)
帅 shuài 멋있다
色彩 sècǎi 색깔
味道 wèidào 향기

 두 친구는 모두 한 여자에게 호감을 가지고 있군요. 北京爱情故事

A 喜欢她你就大胆去追！
Xǐhuan tā nǐ jiù dàdǎn qù zhuī!

B 我怎么追她？她那么喜欢你！
Wǒ zěnme zhuī tā? Tā nàme xǐhuan nǐ!

A 我不会介意的，게다가 나도 걔에게 상처 주진 않았어.
Wǒ bú huì jièyì de,

B 她心里满满的全是你，我怎么追啊！
Tā xīnli mǎnmǎn de quán shì nǐ, wǒ zěnme zhuī a!

A 걔 좋아하면 화끈하게 쫓아다녀!
B 내가 어떻게 쫓아다녀? 걔가 널 그렇게 좋아하는데!
A 난 상관없어. 再说我也没伤害她。
zàishuō wǒ yě méi shānghài tā.
B 걔 마음속엔 온통 너뿐인데, 내가 어떻게 구애를 해!

大胆 dàdǎn 대담하다
追 zhuī (이성을) 따라다니다, 구애하다
介意 jièyì 신경 쓰다
伤害 shānghài 상처를 내다
满满 mǎnmǎn 꽉 차다

079.mp3

他很优秀，并且为人也好。

그는 뛰어**난데다** 사람됨도 좋습니다.

'더구나', '게다가'라는 뜻으로, 앞에 말을 하고 난 뒤에 이어서 더한 사실이나 상황을 나타냅니다. 때로는 사건의 선후 관계를 나타내는 '그리고'라는 뜻으로 쓰이기도 합니다.

1. 그는 뛰어난데다 사람됨도 좋습니다.
   他很优秀，并且为人也好。 182
   Tā hěn yōuxiù, bìngqiě wéirén yě hǎo.

2. 제 딸은 애완동물을 좋아하는데다 잘 돌보기도 합니다.
   我女儿喜欢宠物*，并且管得很好。 026
   Wǒ nǚ'ér xǐhuan chǒngwù, bìngqiě guǎn de hěn hǎo.

3. 한국의 배는 큰데다 식감도 좋습니다.
   韩国的梨很大，并且口感也很好。 182
   Hánguó de lí hěn dà, bìngqiě kǒugǎn yě hěn hǎo.

4. 그는 이 일을 처리하고 나서 회사를 떠났습니다.
   他办好了此事，并且离开公司了。
   Tā bànhǎo le cǐ shì, bìngqiě líkāi gōngsī le.

5. 우리는 종일 그 문제를 토론하고 그리고 해결방안을 결정했습니다.
   我们整天讨论这个问题，并且制定了解决的方案。
   Wǒmen zhěngtiān tǎolùn zhè ge wèntí, bìngqiě zhìding le jiějué de fāng'àn.

잠깐만요!

* '宠物'는 '애완동물'을 두루 일컫는 말로, 강아지나 고양이를 따로 말하려면 '宠物狗', '宠物猫'처럼 말해요.

优秀 yōuxiù 뛰어나다
为人 wéirén 사람됨
宠物 chǒngwù 애완동물
梨 lí 배
口感 kǒugǎn 식감

아이를 돌봐주던 삼촌은 아이에게 술을 먹인 아빠한테 뭐라고 하네요. 小爸爸

A 为什么给他喝酒?
Wèi shéme gěi tā hē jiǔ?

B 他为什么不能喝酒，你喝他就能喝!
Tā wèi shéme bù néng hē jiǔ, nǐ hē tā jiù néng hē!

A 他只有六岁，더구나 당신은 그 아이 아빠예요! 喝醉了你还不管他!
Tā zhǐyǒu liù suì, Hēzuì le nǐ hái bù guǎn tā!

B 昨天我也喝多了，就忘带他走了。
Zuótiān wǒ yě hēduō le, jiù wàng dài tā zǒu le.

A 왜 애한테 술을 줬어요?
B 걔가 왜 술을 못 먹어? 자네도 마시는데 걔도 마실 수 있지!
A 여섯 살밖에 안 됐거든요. 并且你还是他爸爸! 취해서 애를 신경도 안 쓰고!
bìngqiě nǐ háishi tā bàba!
B 어젠 나도 많이 마셔서 애 데리고 가는 걸 잊었어.

喝醉 hēzuì 술에 취하다
管 guǎn 돌보다
忘 wàng 잊다
带 dài 인솔하다, 데리다

这不只是他一个人的错误。

이건 그 사람의 잘못만은 아닙니다.

'~뿐만 아니라'는 뜻으로, '只'의 부정형으로 보는 경우엔 주로 동사술어 앞에 옵니다. 그 자체로 접속사 역할을 할 수도 있는데, 접속사일 경우에는 주어 앞에 옵니다.

Step 1

1. 이건 그 사람의 잘못만은 아닙니다.
   这不只是他一个人的错误。
   Zhè bùzhǐ shì tā yí ge rén de cuòwù.

2. 인기가 있는 텔레비전 프로그램은 코미디만이 아닙니다.
   受欢迎的节目不只是喜剧。
   Shòu huānyíng de jiémù bùzhǐ shì xǐjù.

3. 그와 악수한 것은 나뿐만이 아니었습니다.
   和他握手的不只我一个。
   Hé tā wòshǒu de bùzhǐ wǒ yí ge.

4. 그는 목소리가 클 뿐 아니라 말도 많습니다.
   他不只声音★大，也很罗嗦。 182
   Tā bùzhǐ shēngyīn dà, yě hěn luōsuo.

5. 생활 환경이 좋아졌을 뿐 아니라 마음도 편안해졌습니다.
   不只生活条件好了，心里也舒服了。 182
   Bùzhǐ shēnghuó tiáojiàn hǎo le, xīnli yě shūfu le.

잠깐만요!

★'声音'은 일반적으로 '소리'라는 뜻이지만, '목소리'를 말할 때도 쓸 수 있어요.

喜剧 xǐjù 코미디
握手 wòshǒu 악수하다
声音 shēngyīn 목소리
罗嗦 luōsuo 말이 많다
条件 tiáojiàn 조건, 환경

Step 2 아빠는 학교에서 열리는 학부모회에 참석하려고 하네요. 家有儿女

A 妈，一会儿刘星的家长会我去参加吧。
Mā, yíhuìr Liúxīng de jiāzhǎnghuì wǒ qù cānjiā ba.

B 你上一天班累了，还是我去吧。
Nǐ shàng yìtiān bān lèi le, háishi wǒ qù ba.

A 내가 가는 건 학부모회뿐만은 아니고，还想认识下班主任，以后好打交道。
hái xiǎng rènshi xià bānzhǔrèn, yǐhòu hǎo dǎ jiāodào.

B 你要是这么说我就不去了。
Nǐ yàoshi zhème shuō wǒ jiù bú qù le.

A 어머니, 좀 있다 리우싱 학부모회에 내가 갈게요.
B 온종일 일하고 힘들 테니, 아무래도 내가 가는 게 좋겠어.
A 我去不只是开家长会，담임 선생님도 좀 알아두고 앞으로 잘 지내보려고요.
Wǒ qù bùzhǐ shì kāi jiāzhǎnghuì,
B 그렇게 얘기하니 그럼 난 안 갈게.

家长会 jiāzhǎnghuì 학부모회
班主任 bānzhǔrèn 담임교사
打交道 dǎ jiāodào 사귀다

▸ 081.mp3

我得做的工作不仅仅是这个。

제가 할 일이 **단지** 이것**만은 아닙니다.**

'단지 ~뿐만 아니라'는 뜻으로, '단지'가 더욱 강조되는 어감입니다. 뒤에 덧붙이는 말이 나올 때는 '也', '还' 등과 호응해서 쓰기도 합니다.

1. 제가 할 일이 단지 이것만은 아닙니다.
   我得做的工作不仅仅是这个。
   Wǒ děi zuò de gōngzuò bùjǐnjǐn shì zhè ge.

2. 여드름은 단지 피부의 문제만이 아닙니다.
   青春痘不仅仅是皮肤的问题。
   Qīngchūndòu bùjǐnjǐn shì pífū de wèntí.

3. 홍콩의 딤섬 종류는 단지 이 몇 종류만은 아닙니다.
   香港点心的种类不仅仅是这几种。
   Xiānggǎng diǎnxīn de zhǒnglèi bùjǐnjǐn shì zhè jǐ zhǒng.

4. 내가 네게 한 말이 그것만은 아니었을 텐데.
   我跟你说的话不会仅仅是这样的。
   Wǒ gēn nǐ shuō de huà bú huì jǐnjǐn shì zhèyàng de.

5. 결혼은 단지 남녀의 결합만이 아닙니다.
   结婚不仅仅是男女的结合。
   Jiéhūn bùjǐnjǐn shì nánnǚ de jiéhé.

青春痘 qīngchūndòu 여드름
皮肤 pífū 피부
点心 diǎnxīn 딤섬, 간식
种类 zhǒnglèi 종류
结合 jiéhé 결합하다

아버지는 아프면서도 회의를 주재하는데 사장인 아들은 오지 않았네요. 北京爱情故事

A 我要继续在医院进行治疗。
Wǒ yào jìxù zài yīyuàn jìnxíng zhìliáo.

B 董事长您放心，我们会处理好公司事务的。
Dǒngshìzhǎng nín fàngxīn, wǒmen huì chǔlǐ hǎo gōngsī shìwù de.

A 程峰怎么没来开会呢？ 단지 회의에 오는 것뿐만 아니라, 还要多关心一下公司的业务。
Chéngfēng zěnme méi lái kāihuì ne? Hái yào duō guānxīn yíxià gōngsī de yèwù.

B 程总*，他说要去散散心，所以…。
Chéngzǒng, tā shuō yào qù sànsànxīn, suǒyǐ….

A 난 병원에서 계속 치료를 받아야겠어요.
B 이사장님, 걱정하지 마세요. 저희가 회사 일은 잘 처리할게요.
A 청펑은 왜 회의에 안 왔나요? 他不仅仅要来开会, 회사 업무에 관심을 많이 가져야 하는데.
Tā bùjǐnjǐn yào lái kāihuì,
B 청 사장님이 기분전환 좀 하겠다고 해서…….

잠깐만요!

* '程总'은 '程总经理'의 줄임말이에요. '总经理'는 '사장', '총지배인' 등의 의미인데, 대화를 나눌 때 '~사장님'이라고 하려면 보통 성 뒤에 '总'이라는 한 글자를 붙여서 말해요.

治疗 zhìliáo 치료하다
董事长 dǒngshìzhǎng 이사장
事务 shìwù 일, 사무
散心 sànxīn 기분을 전환하다

082.mp3

他不但聪明，而且很努力。

그는 똑똑할 **뿐 아니라** 노력**도 합니다**.

'~뿐만 아니라 ~도 또한'이라는 뜻으로 '不但' 자리에는 '不仅'이 올 수도 있습니다. 때로는 '不但'이나 '不仅'을 쓰지 않고, '而且'만으로 뜻을 나타낼 수도 있습니다. 한정하는 말의 범위에 따라서 '不但'의 위치가 바뀌게 되니 유의해야 합니다.

1. 그는 똑똑할 뿐 아니라 노력도 합니다.
   他不但聪明，而且很努力。
   Tā búdàn cōngming, érqiě hěn nǔlì.

2. 오늘만 출장을 가야 하는 게 아니라 이번 주 내내 가야 합니다.
   不但今天要出差，而且本周一直要出差。
   Búdàn jīntiān yào chūchāi, érqiě běnzhōu yìzhí yào chūchāi.

3. 이 컴퓨터는 속도도 빠를 뿐 아니라 용량도 큽니다.
   这个电脑不但速度快，而且容量也大。 182
   Zhè ge diànnǎo búdàn sùdù kuài, érqiě róngliàng yě dà.

4. 태국은 날씨가 따뜻할 뿐 아니라 물가도 쌉니다.
   泰国不但天气暖和，而且物价也便宜。 182
   Tàiguó búdàn tiānqi nuǎnhuo, érqiě wùjià yě piányi.

5. 저만 모르는 게 아니라 선생님도 몰랐습니다.
   不但我不认识，而且老师也不认识。 182
   Búdàn wǒ bú rènshi, érqiě lǎoshī yě bú rènshi.

잠깐만요!

* '이번 주'라는 말을 '今周'라고 하지는 않아요.
* '컴퓨터'는 중국어로 '计算机'라고도 하는데, '계산기'라는 뜻도 있으니 문맥을 잘 봐야 해요.
* 컴퓨터의 용량을 나타내는 말로 '메가바이트'는 '兆位', '기가바이트'는 '千兆位'라고 해요.

本周 běnzhōu 이번 주
容量 róngliàng 용량
物价 wùjià 물가

동생이 오빠가 만든 피자를 칭찬하자 오빠는 으쓱해졌네요. 小爸爸

A 这比萨饼是你做的吗？看起来不错嘛。
Zhè bǐsàbǐng shì nǐ zuò de ma? Kàn qǐlái búcuò ma.

B 那是啊，보기도 좋고 맛도 좋아!
Nà shì a,

A 哎呦，看把你厉害的，都会烤比萨饼了。
Āiyōu, kàn bǎ nǐ lìhai de, dōu huì kǎo bǐsàbǐng le.

B 可别小瞧我，我是干嘛嘛行！
Kě bié xiǎoqiáo wǒ, wǒ shì gànmámá xíng!

A 이 피자 직접 만든 거예요? 괜찮아 보이네.
B 그렇지? 不但好看，而且味道也很好啊！
búdàn hǎokàn, érqiě wèidào yě hěn hǎo a!
A 와, 대단한데요. 피자도 구울 줄 알고.
B 나 무시하지 마. 나 뭐든 다 한다고!

잠깐만요!

* 뜻밖의 상황에 대해서 감탄하는 관용적인 표현이에요.
* '干嘛嘛'는 '무엇이든'이라는 뜻으로, 베이징 사투리입니다.

比萨饼 bǐsàbǐng 피자
厉害 lìhai 대단하다
烤 kǎo 굽다
小瞧 xiǎoqiáo 무시하다

083.mp3

他甚至跟我说假话。

그는 **심지어** 저한테도 거짓말을 했어요.

'심지어 ~까지도'라는 뜻으로, '甚至于'라고도 합니다. 뒷부분에는 '也'나 '都' 같은 말이 자주 오고, 앞에 '~는커녕', '~는 고사하고'라는 표현을 붙여 '别说…甚至'라고 할 수도 있습니다.

1. 그는 심지어 저한테도 거짓말을 했어요.
   他甚至跟我说假话。★ 148
   Tā shènzhì gēn wǒ shuō jiǎhuà.

2. 그는 너무 아파서 심지어 말을 하지도 못했어요.
   他疼得很，甚至不能说话。 026
   Tā téng de hěn, shènzhì bù néng shuōhuà.

3. 선생님은 심지어 채점까지도 엄격하게 했어요.
   老师甚至打分打得也很严格。 026
   Lǎoshī shènzhì dǎfēn dǎ de yě hěn yángé.

4. 그는 길치라서 심지어 집에 가는 길도 못 찾습니다.
   他是个路痴，甚至常常找不到回家的路。 196
   Tā shì ge lùchī, shènzhì chángcháng zhǎobudào huíjiā de lù.

5. 그는 친구는커녕 가족들과도 연락하지 않습니다.
   他别说朋友，甚至连家人都不联系。 198
   Tā bié shuō péngyou, shènzhì lián jiārén dōu bù liánxì.

잠깐만요!

★ '거짓말하다'는 '说谎', '撒谎'이라고도 해요.

假话 jiǎhuà 거짓말
打分 dǎfēn 채점하다
严格 yángé 엄격하다
路痴 lùchī 길치

프로젝트에 실패한 직장인이 동료에게 하소연하고 있네요. 北京爱情故事

A 这次我完了，项目失败，合同书拿不到的话…
Zhè cì wǒ wán le, xiàngmù shībài, hétongshū nábudào dehuà…

B 别担心，工作没了可以再找，房子没了也可以买啊！
Bié dānxīn, gōngzuò méi le kěyǐ zài zhǎo, fángzi méi le yě kěyǐ mǎi a!

A 你不明白，那样我就一无所有了，심지어 집 계약금도 못 챙긴다고!
Nǐ bù míngbai, nàyàng wǒ jiù yìwúsuǒyǒu le,

B 那我们再想想办法吧！你别自暴自弃啊！
Nà wǒmen zài xiǎngxiǎng bànfǎ ba! Nǐ bié zìbàozìqì a!

A 이번에 나 끝장났어. 프로젝트 실패해서 계약서 못 가져오면…
B 걱정하지 마. 직장이 없어지면 다시 구하면 되고, 집이 없으면 다시 사면 되지!
A 넌 몰라. 그렇게 한 푼도 없으면, 甚至连房子的订金也拿不到！
shènzhì lián fángzi de dìngjīn yě nábudào!
B 그럼 우리 다시 방법을 생각해 보자! 자포자기하지 마!

项目 xiàngmù 프로젝트
担心 dānxīn 걱정하다
一无所有 yìwúsuǒyǒu 아무것도 없다
订金 dìngjīn 계약금
自暴自弃 zìbàozìqì 자포자기하다

084.mp3

进一步来说，他起到了很大的作用。

더 나아가 말하면, 그가 큰 역할을 했습니다.

'더 나아가 말하면'이라는 뜻으로, 앞에 한 말에 정도를 더하여 말하려고 할 때 씁니다. 독립적인 표현이기 때문에 뒤에는 어떤 말이라도 올 수 있습니다.

1. 더 나아가 말하면, 그가 큰 역할을 했습니다.
   进一步来说，他起到了很大的作用。
   Jìn yí bù láishuō, tā qǐdào le hěn dà de zuòyòng.

2. 더 나아가 말하면, 그는 이렇게 될 줄 몰랐어요.
   进一步来说，他没想到会这样。 053
   Jìn yí bù láishuō, tā méi xiǎngdào huì zhèyàng.

3. 더 나아가 이야기하면, 환율이 도와주지 않았습니다.
   进一步来说，汇率没有帮助。
   Jìn yí bù láishuō, huìlǜ méiyǒu bāngzhù.

4. 더 나아가 이야기하면, 이 상품은 미국에서도 사랑 받습니다.
   进一步来说，这产品在美国也很受欢迎。 027
   Jìn yí bù láishuō, zhè chǎnpǐn zài Měiguó yě hěn shòu huānyíng.

5. 더 나아가 이야기하면, 당시 전쟁은 우연히 발발했습니다.
   进一步来说，当时的战争是偶然爆发的。 145
   Jìn yí bù láishuō, dāngshí de zhànzhēng shì ǒurán bàofā de.

잠깐만요!

* '~한 역할, 기능, 구실 등을 하다'고 말할 때는 '起…作用'을 써요.
* '没想到'는 '생각하지 못했다'는 뜻으로, 의미를 강조하고 싶으면 '想也想不到', '꿈에도 몰랐다'는 말은 '梦也没想到' 또는 '梦也想不到'라고 말할 수 있어요.

作用 zuòyòng 역할
汇率 huìlǜ 환율
产品 chǎnpǐn 상품
第二年 dì'èr nián 이듬해
爆发 bàofā 발발하다
战争 zhànzhēng 전쟁

남자는 헤어진 여자 친구가 찾아온 일을 생각하며 미련을 버리지 못하네요. 北京爱情故事

A 我觉得杨紫曦还是时常会想我的。
Wǒ juéde Yángzǐxī háishi shícháng huì xiǎng wǒ de.

B 不是时常，是偶尔。通常是现男友对她不好的时候，想起前男友。
Bùshì shícháng, shì ǒu'ěr. Tōngcháng shì xiàn nányǒu duì tā bùhǎo de shíhou, xiǎngqǐ qián nányǒu.

A 你打住吧，我觉得我们还有机会！
Nǐ dǎzhù ba, wǒ juéde wǒmen háiyǒu jīhuì!

B 这种机会不要也罢。Zhè zhǒng jīhuì búyào yěbà. 더 나아가 말하면, 여자들은 동시에 두 남자를 사랑하는 게 아니라 而是同时比较着两个男人。
érshì tóngshí bǐjiàozhe liǎng ge nánrén.

A 내 생각엔 양쯔시가 항상 나를 생각하는 것 같아.
B 항상은 아니고 이따금씩이야. 보통은 지금 남자친구가 잘못할 때 예전 남자친구가 생각나지.
A 그만 좀 해. 우린 아직 기회가 있는 것 같아!
B 그런 기회는 없어도 되겠다. 进一步来说，女人不是同时爱着两个男人，동시에 두 남자를 비교하는 거야.
Jìn yí bù láishuō, nǚrén búshì tóngshí àizhe liǎng ge nánrén,

时常 shícháng 늘, 항상
偶尔 ǒu'ěr 이따금
现男友 xiàn nányǒu 지금 남자친구
前男友 qián nányǒu 전 남자친구
打住 dǎzhù 그만두다
机会 jīhuì 기회
也罢 yěbà 그만이다, ~하는 것도 괜찮다

085.mp3

除了英语以外，他还会说日语。

그는 영어 **말고도** 일어도 합니다.

'~말고도, 또 ~'라는 뜻으로, '还' 자리에 '也'가 오기도 합니다. '除了…以外' 사이의 말을 기본적으로 포함하면서 '还'나 '也' 뒤에 나오는 말도 포함하는 의미입니다.

1. 그는 영어 말고도 일어도 합니다. 除了**英语**以外，**他还会说日语**。
Chúle Yīngyǔ yǐwài, tā hái huì shuō Rìyǔ.

2. 오늘 말고도 사흘이 더 있습니다. 除了**今天**以外，**还有三天**。
Chúle jīntiān yǐwài, háiyǒu sān tiān.

3. 휴대전화 말고도 태블릿 컴퓨터도 살 거예요. 除了**手机**以外，**还要买平板电脑**。 001
Chúle shǒujī yǐwài, hái yào mǎi píngbǎn diànnǎo.

4. 우체국 말고도 은행에도 다녀올 겁니다. 除了**邮局**以外，**我还要去银行**。 001
Chúle yóujú yǐwài, wǒ hái yào qù yínháng.

5. 경제 위기 말고도 환경보호도 작지 않은 문제입니다. 除了**经济危机**以外，**环保★也是不小的问题**。
Chúle jīngji wēijī yǐwài, huánbǎo yě shì bù xiǎo de wèntí.

잠깐만요!

★ '환경보호'라는 말은 보통 '**环保**'라고 줄여서 말해요.

平板电脑 píngbǎn diànnǎo 태블릿 컴퓨터
邮局 yóujú 우체국
经济 jīngjì 경제
危机 wēijī 위기
环保 huánbǎo 환경보호

직원은 사장님이 좋아하는 여자 스타의 화보를 가져다 드리네요. 胜女的代价

A 老板，把白季晴的画报放在这儿，这样就能跟您天天在一起了！
Lǎobǎn, bǎ Báijìqíng de huàbào fàng zài zhèr, zhèyàng jiù néng gēn nín tiāntiān zài yìqǐ le!

B 업무 말고도 이런 일도 할 수 있어?

A 对了，老板，从您担任超市销售顾问以来，业绩大幅增长！
Duìle, lǎobǎn, cóng nín dānrèn chāoshì xiāoshòu gùwèn yǐlái, yèjì dàfú zēngzhǎng!

B 这还不错，不要忘了把我觉得无聊的案子都推掉！
Zhè hái búcuò, búyào wàng le bǎ wǒ juéde wúliáo de ànzi dōu tuīdiào!

A 사장님, 바이지칭 화보 여기다 둘게요. 그럼 사장님하고 온종일 같이 있을 수 있잖아요!
B 除了工作之外，还会做这样的事?
Chúle gōngzuò zhīwài, hái huì zuò zhèyàng de shì?
A 참, 사장님, 사장님이 슈퍼마켓 판매 고문을 맡으신 뒤로 실적이 크게 올랐어요!
B 그래야 좋은 거지, 내가 재미없는 일은 다 미뤄둔다는 거 잊지 마!

老板 lǎobǎn 사장, 주인
画报 huàbào 화보
担任 dānrèn 담당하다
超市 chāoshì 슈퍼마켓
销售 xiāoshòu 판매
顾问 gùwèn 고문
业绩 yèjì 업적, 실적
大幅 dàfú 큰 폭
增长 zēngzhǎng 증가하다
无聊 wúliáo 지루하다
案子 ànzi 사안, 안건
推 tuī 미루다

086.mp3

除了英语以外，别的外语他都不会。

그는 영어 **말고는** 다른 외국어를 못합니다.

'~말고는 모두 ~'라는 뜻으로, '除了…以外' 사이의 말 또는 '都' 뒤에 나오는 말 중 어느 하나만을 포함하는 의미입니다. '除了…以外，还…'와는 뜻이 다르니 유의해야 합니다.

1. 그는 영어 말고는 다른 외국어를 못합니다.
   除了英语以外，别的外语他都不会。
   Chúle Yīngyǔ yǐwài, bié de wàiyǔ tā dōu bú huì.
2. 오늘 말고는 시간이 전혀 없습니다.
   除了今天以外，都没有时间。
   Chúle jīntiān yǐwài, dōu méiyǒu shíjiān.
3. 휴대전화 말고는 아무것도 지니지 마세요.
   除了手机以外，什么东西★都不要带。 095
   Chúle shǒujī yǐwài, shénme dōngxi dōu búyào dài.
4. 거기 말고는 어디라도 갈 수 있어요.
   除了那儿以外，任何地方都可以去。
   Chúle nàr yǐwài, rènhé dìfang dōu kěyǐ qù.
5. 그 잘못 말고는 문제가 없습니다.
   除了这个错误以外，都没有什么问题。
   Chúle zhè ge cuòwù yǐwài, dōu méiyǒu shénme wèntí.

잠깐만요!

★ '东西'와 '地方'의 뒷글자는 모두 경성으로 읽는데, 원래 성조인 제1성으로 읽으면 각각 '동서', '지방'이라는 뜻이 됩니다.

外语 wàiyǔ 외국어
任何 rènhé 어떠한
错误 cuòwù 잘못

주주총회를 하고 나온 사장이 친한 직원과 푸념을 하고 있네요. 北京爱情故事

A 刚才的事你也别放在心上。
Gāngcái de shì nǐ yě bié fàng zài xīnshang.

B 你刚才也在。那是股东大会！
Nǐ gāngcái yě zài. Nà shì gǔdōng dàhuì!

A 老洪就那脾气！회사에서 회장님 말고는 아무도 안중에 없다니까요.
Lǎohóng jiù nà píqi!

B 要不是您替★我说两句好话，我真能找个地缝钻进去了。
Yàobúshì nín tì wǒ shuō liǎng jù hǎohuà, wǒ zhēn néng zhǎo ge dì fèng zuān jìnqù le.

A 방금 일은 마음에 두지 마세요.
B 같이 계셨잖아요. 그게 무슨 주주총회인가요!
A 라오훙 그 사람 성질머리하고는! 公司里除了总经理之外，他谁都不会放在眼里。
Gōngsī li chúle zǒngjīnglǐ zhīwài, tā shéi dōu bú huì fàng zài yǎnlǐ.
B 저를 위해서 좋은 말씀을 안 해주셨다면 전 정말 쥐구멍에라도 들어갔을 거예요.

잠깐만요!

★ '替'는 '~을 위하여'(为), '~대신에'(代)라는 뜻으로 쓰여요. 어떤 때는 그중 한 가지 뜻이 더 자연스럽지만, 어떤 때는 두 가지 뜻 모두 가능한 경우도 있어요.

股东 gǔdōng 주주
大会 dàhuì 대회
眼里 yǎnlǐ 안중
替 tì 위하여, 대신에
好话 hǎohuà 좋은 말

087.mp3

除此之外，还发现了新的病菌。

그것 말고도 새로운 병균을 또 발견했습니다.

'그것 말고도', '그것 말고는'이라는 뜻으로, pattern085, 086과 같은 뜻입니다. '此'는 앞에서 한 말을 모두 받고 있는 것이고, 말을 덧붙여 나갈 때 습관적으로 쓰는 표현입니다.

Step 1

1. 그것 말고도 새로운 병균을 또 발견했습니다.
   除此之外，还发现了新的病菌。
   Chú cǐ zhīwài, hái fāxiàn le xīn de bìngjūn.

2. 그것 말고도 제가 의논할 문제가 더 있습니다.
   除此之外，我还有几个问题要商量。 158
   Chú cǐ zhīwài, wǒ háiyǒu jǐ ge wèntí yào shāngliang.

3. 그것 말고도 더 재미있는 프로그램이 있습니다.
   除此之外，还有一些节目更有趣。
   Chú cǐ zhīwài, háiyǒu yìxiē jiémù gèng yǒuqù.

4. 그것 말고는 경찰은 다른 증거를 찾지 못했어요.
   除此之外，警察还没找到别的证据。
   Chú cǐ zhīwài, jǐngchá hái méi zhǎodào bié de zhèngjù.

5. 그것 말고는 박물관에 아무런 전시도 없습니다.
   除此之外，博物馆里任何展览都没有。
   Chú cǐ zhīwài, bówùguǎn li rènhé zhǎnlǎn dōu méiyǒu.

잠깐만요!

* '有趣'는 '有兴趣', '有意思' 등과 같은 말로 '재미있다'는 뜻이에요.
* 중국의 '警察'는 크게 '武警'(무장경찰)와 '人民警察'(인민경찰)로 나뉩니다. '경찰'을 흔히 '公安'이라고도 하는데, 이는 주로 대민업무인 치안과 교통, 호적, 형사사건을 담당하는 '人民警察'를 가리켜요.

发现 fāxiàn 발견하다
病菌 bìngjūn 병균
商量 shāngliang 의논하다
警察 jǐngchá 경찰
证据 zhèngjù 증거
博物馆 bówùguǎn 박물관
展览 zhǎnlǎn 전시

Step 2 영업부 총책임으로 승진한 그녀는 자신만만하네요. 胜女的代价

A 今天我要宣布提升林晓洁为营销部主管。
Jīntiān wǒ yào xuānbù tíshēng Línxiǎojié wéi yíngxiāobù zhǔguǎn.

B 谢谢董事长对我的肯定。
Xièxie dǒngshìzhǎng duì wǒ de kěndìng.

A 你主要负责超市方面的营销，그것 말고도 테마 행사 등도 기획해 보세요.
Nǐ zhǔyào fùzé chāoshì fāngmiàn de yíngxiāo,

B 我知道了，我会好好配合总经理，把工作做好！
Wǒ zhīdào le, wǒ huì hǎohǎo pèihé zǒngjīnglǐ, bǎ gōngzuò zuòhǎo!

A 오늘 린샤오지에를 영업부 담당으로 승진시키도록 공표하겠습니다.
B 이사장님께서 저를 알아주시니 감사합니다.
A 주로 슈퍼마켓 영업을 담당하되, 除此之外还要策划一些主题活动等。
chú cǐ zhīwài hái yào cèhuà yìxiē zhǔtí huódòng děng.
B 알겠습니다. 회장님을 잘 모시고 열심히 일하겠습니다!

宣布 xuānbù 선포하다
提升 tíshēng 승진하다
营销部 yíngxiāobù 영업부
主管 zhǔguǎn 주관하다
肯定 kěndìng 긍정
负责 fùzé 책임지다
策划 cèhuà 기획하다

088.mp3

那时候，我越说越开心。

그때 저는 말을 **할수록** 더 즐거웠**습니다**.

'~할수록 ~하다'는 뜻으로 점차 어떤 상황이 증가, 심화한다는 표현입니다. '越来越…'도 '갈수록 ~하다'는 의미로 자주 쓰이는 표현입니다.

1. 그때 저는 말을 할수록 더 즐거웠습니다.
   那时候，我越说越开心。
   Nà shíhou, wǒ yuè shuō yuè kāixīn.

2. 어떤 물건은 꼭 클수록 좋은 것만은 아니죠.
   有些东西不一定越大越好。
   Yǒuxiē dōngxi bù yídìng yuè dà yuè hǎo.

3. 저 친구는 보면 볼수록 예쁘네요.
   那位朋友越看越觉得漂亮。
   Nà wèi péngyou yuè kàn yuè juéde piàoliang.

4. 그는 달릴수록 더 빨리 뛰었습니다.
   他跑得越来越快。 026
   Tā pǎo de yuèláiyuè kuài.

5. 그 기업은 갈수록 소비자의 신임을 얻었습니다.
   这个企业越来越得到消费者的信任。
   Zhè ge qǐyè yuèláiyuè dédào xiāofèizhě de xìnrèn.

잠깐만요!

* '那时候'는 '当时'라고 할 수도 있어요.
* '기분이 즐겁다'는 말은 여러 가지 표현이 있어요. '高兴', '愉快', '开心' 등을 모두 비슷한 뜻이에요.

开心 kāixīn 즐겁다
企业 qǐyè 기업
消费者 xiāofèizhě 소비자
信任 xìnrèn 신임

양사오윈은 결혼생활의 어려움을 친구에게 토로하네요. 奋斗

A 난 생각할수록 화가 나. 생각할수록 그 사람한테 화가 나!

B 杨晓芸，你真像一个已婚妇女，这泼妇样都出来了。
Yángxiǎoyún, nǐ zhēn xiàng yí ge yǐhūn fùnǚ, zhè pōfù yàng dōu chūlái le.

A 我还不是让生活给逼出来的呀！
Wǒ hái búshì ràng shēnghuó gěi bī chūlái de ya!

B 行了，别生气了，不是过日子嘛。
Xíng le, bié shēngqì le, búshì guò rìzi ma.

A 我越想越来气，越想就越想跟他发火！
Wǒ yuè xiǎng yuè lái qì, yuè xiǎng jiù yuè xiǎng gēn tā fāhuǒ!
B 양샤오윈, 너 정말 유부녀 같아. 기센 아줌마 같은 모습이라고.
A 삶이 나를 그렇게 만든 거라고!
B 됐어, 화내지 마. 사는 게 그런 거잖아.

잠깐만요!

* '미혼'은 '未婚'이라고 해요.
* '妇女'는 우리말로 '여성'이라고 풀이하는 편이 좋아요.
* 여기서 '让…给…'는 '被…给…'와 같은 뜻이에요. pattern167을 참고하세요.

发火 fāhuǒ 화내다
已婚 yǐhūn 기혼
妇女 fùnǚ 여성
泼妇 pōfù 드센 여자
逼 bī 억지로 ~하게 하다
过日子 guò rìzi 살아가다

Unit 10

거기 멈춰!

저자 핵심 강의 10

상대방에게 명령이나 권유하는 장면에서 꼭 나오는 패턴

상대방에게 무언가를 부탁하거나 명령할 때는 다양한 패턴을 활용할 수 있습니다. 우리말에도 듣기 거북한 거친 명령부터 매우 정중한 요청까지 모두 가능한 것처럼, 중국어에도 여기에 해당하는 여러 패턴이 있습니다. 어기조사나 동사의 중첩을 활용하는 평범한 경우부터 동사나 부사, 전치사 구조를 활용하는 경우까지 있으니 하나하나 꼼꼼히 익혀 두세요.

패턴 미리보기

089 …吧 ~합시다 / ~하세요
090 …一… 좀 ~해 보다
091 …一下 좀 ~하다 / 좀 ~해라
092 请… ~하십시오
093 麻烦你… 죄송합니다만~ / 번거롭게 해서 죄송한데요~
094 给我… ~해
095 别… ~하지 마라
096 少… ~좀 하지 마라
097 不用… ~할 필요 없다 / ~하지 않아도 된다

089.mp3

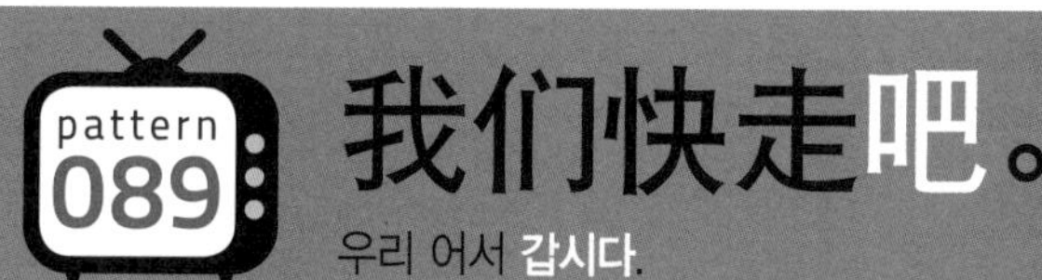

我们快走吧。

우리 어서 **갑시다**.

'~합시다', '~하세요'라는 뜻으로, '吧'는 문장 맨 끝에 쓰여서 상대방에게 무언가를 권유하거나 명령하는 어감을 나타냅니다. 물론 동의를 구하거나 추측을 나타낼 때도 자주 씁니다.

Step 1

1. 우리 어서 갑시다. 我们快走吧。 Wǒmen kuài zǒu ba.
2. 우리 수영하러 갑시다. 我们去游泳吧。 178 Wǒmen qù yóuyǒng ba.
3. 좀 싸게 해 주세요. 你便宜一点儿吧。 018 Nǐ piányi yìdiǎnr ba.
4. 훠궈를 뜨거울 때 먹어 봅시다. 火锅呢，我们趁★热吃吧。 Huǒguō ne, wǒmen chèn rè chī ba.
5. 그가 제기한 건의를 고려해 보세요. 你考虑考虑他提★出的建议吧。 090 Nǐ kǎolǜ kǎolǜ tā tíchū de jiànyì ba.

잠깐만요!

★ '趁'은 '어떤 시간이나 기회 등을 틈타서'라는 뜻이 있어요. 그래서 '뜨거울 때 먹다'는 말을 '趁热吃'라고 해요.

★ '提出'는 '제기하다'는 뜻이에요. 무언가 실물을 '제출하다'라고 할 때는 '交'라는 말을 주로 써요.

火锅 huǒguō 훠궈
趁 chèn ~한 틈을 타서
提出 tíchū 제기하다
建议 jiànyì 건의

Step 2 재혼으로 생긴 딸이 엄마의 마음을 아프게 하자 남편이 달래주네요. 家有儿女

A 不高兴了吧★？有什么委屈你都说出来。
Bù gāoxìng le ba? Yǒu shénme wěiqu nǐ dōu shuō chūlái.

B 还有什么可说的呀！我想哭。
Háiyǒu shénme kě shuō de ya! Wǒ xiǎng kū.

A 我替她向你道歉，울지 마!
Wǒ tì tā xiàng nǐ dàoqiàn,

B 还特★想哭。
Hái tè xiǎng kū.

A 기분 안 좋아졌지? 뭐 억울한 것 있으면 다 말해.
B 더 말할 게 뭐 있어요! 그냥 울고 싶어요.
A 내가 딸아이 대신 사과할게, 就不哭了吧！ jiù bù kū le ba!
B 그래도 정말 울고 싶어요.

잠깐만요!

★ 여기서 '吧'는 추측을 나타냅니다.

★ '特别'를 줄여서 이렇게 말하기도 해요.

替 tì 대신하다
道歉 dàoqiàn 사과하다

⊙ 090.mp3

我们一起去看一看。

우리 같이 가서 **봅시다.**

'좀 ~해 보다'는 뜻으로, 상대방에게 무엇을 같이 하자거나 스스로 어떤 행동을 해보겠다는 의지를 나타냅니다. 두 개의 동사술어 가운데 '一'는 때에 따라 쓰지 않을 수도 있습니다.

1. 우리 같이 가서 봅시다. 我们一起去看一看。 Wǒmen yìqǐ qù kàn yi kàn.
2. 우리 그의 음악을 들어 봅시다. 我们听一听他的音乐。 Wǒmen tīng yi tīng tā de yīnyuè.
3. 우리 우선 이 외투를 입어 봅시다. 咱俩首先试★一试这个大衣。 Zán liǎ shǒuxiān shì yi shì zhè ge dàyī.
4. 그럼 이 문제를 좀 연구해 봅시다. 那么我们研究★研究这个问题。 Nàme wǒmen yánjiū yánjiū zhè ge wèntí.
5. 여자의 심리를 중요하게 여겨보세요. 你了解了解女人的心理。 Nǐ liǎojiě liǎojiě nǚrén de xīnlǐ.

잠깐만요!

* '옷을 입다'라고 할 때는 보통 '穿'이라는 말을 쓰지만, 여기서는 '한번 입어보다'는 의미로 '试'를 썼어요.

* '研究'는 '연구하다'라는 뜻이지만, 누군가와 어떤 일을 의논하는 중에 상대방이 이런 표현을 했다면, 결과적으로 일이 잘 성사되지 않을 가능성이 높아요.

大衣 dàyī 외투
研究 yánjiū 연구하다
了解 liǎojiě 이해하다
女人 nǚrén 여자
心理 xīnlǐ 심리

아빠는 남자 친구를 집까지 데려온 딸아이와 이야기하고 싶어 하네요. 家有儿女

A 小雪，你出来！우리 이야기 좀 해야겠어!
Xiǎoxuě, nǐ chūlái!

B 可我想跟我男朋友谈谈。
Kě wǒ xiǎng gēn wǒ nánpéngyou tántan.

A 我要尽到一个父亲的责任！
Wǒ yào jìndào yí ge fùqīn de zérèn!

B 你长时间没和我在一起，你不了解我！
Nǐ cháng shíjiān méi hé wǒ zài yìqǐ, nǐ bù liǎojiě wǒ!

A 샤오쉬에, 너 나와! 咱俩必须谈一谈了！ Zán liǎ bìxū tán yi tán le!
B 하지만 저는 남자 친구하고 이야기하고 싶어요.
A 나는 아버지의 책임을 다해야겠어!
B 아빠는 오랫동안 저하고 같이 지내지 않아서 절 몰라요!

必须 bìxū 반드시
尽到 jìndào 끝까지 다하다
了解 liǎojiě 이해하다

091.mp3

你说一下刚才的情况。

방금 상황을 좀 말해 봐요.

'좀 ~하다'는 뜻입니다. 상대방에게 무언가를 권유하거나 가볍게 명령할 때, 혹은 스스로 무언가를 해 보겠다는 뜻을 가볍게 나타냅니다. '一下'는 동사술어 바로 뒤에 올 수도 있고, 문장 맨 끝에 올 수도 있습니다.

Step 1

1. 방금 상황을 좀 말해 봐요.
   你说一下刚才的情况。
   Nǐ shuō yíxià gāngcái de qíngkuàng.
2. 잠시만 기다려 보세요.
   你在这儿稍等一下。 122
   Nǐ zài zhèr shāo děng yíxià.
3. 우리 조금 더 참아 봅시다.
   我们都再忍耐一下。
   Wǒmen dōu zài rěnnài yíxià.
4. 이 문장을 다시 읽어 주세요.
   你把这个句子再读一下。 166
   Nǐ bǎ zhè ge jùzi zài dú yíxià.
5. 우리 이번 의제를 토론해 봅시다.
   我们讨论一下这次议题。
   Wǒmen tǎolùn yíxià zhè cì yìtí.

情况 qíngkuàng 상황
稍 shāo 잠깐
忍耐 rěnnài 인내하다
句子 jùzi 문장
讨论 tǎolùn 토론하다
议题 yìtí 의제

Step 2 산책하고 싶어 하는 여자 스타, 매니저와 이야기를 나누고 있네요. 胜女的代价

A 일 끝나면 산책 좀 하고 싶어.

B 那好，我去叫司机*。
Nà hǎo, wǒ qù jiào sījī.

A 不用了，我想自己去。
Bú yòng le, wǒ xiǎng zìjǐ qù.

B 好吧，但不要太晚回饭店。
Hǎo ba, dàn búyào tài wǎn huí fàndiàn.

A 工作结束我想去逛一下！
Gōngzuò jiéshù wǒ xiǎng qù guàng yíxià!
B 그럼 좋아요. 기사를 부를게요.
A 됐어. 혼자 갈래.
B 좋아요. 하지만 너무 늦게 호텔로 돌아오진 마세요.

잠깐만요!

* 기사를 가리키는 말은 '司机'이지만, 실제로 기사를 부를 때는 '师傅'라고 해요. '师傅'는 남녀 불문하고 공공 서비스를 해 주는 사람들을 부를 수 있습니다.

司机 sījī 운전기사
饭店 fàndiàn 호텔

092.mp3

请里边儿坐。

안쪽으로 앉으십시오.

'~하십시오'라는 뜻으로 우리말의 높임말에 해당합니다. 상대방에게 무언가를 정중하게 권유할 때 쓰는 표현으로, '请你(您)…'의 패턴으로 쓰기도 합니다. 이 패턴의 맨 뒤에 好不好? / 好吗? / 行不行? / 行吗? 등을 덧붙이면 더 공손한 표현이 됩니다.

Step 1

1. 안쪽으로 앉으시지요. 请里边儿坐。 Qǐng lǐbianr zuò.
2. 잘 좀 보살펴 주십시오. 请多多关照。 Qǐng duōduō guānzhào.
3. 녹차를 좀 드셔 보십시오. 请您喝绿茶。 Qǐng nín hē lǜchá.
4. 양해해 주십시오. 请您原谅一下。 Qǐng nín yuánliàng yíxià.
5. 선물을 보내니 받아 주십시오. 我送您一件礼物，请收下。 146 Wǒ sòng nín yí jiàn lǐwù, qǐng shōuxià.

잠깐만요!

* 중국은 차 문화가 매우 발달한 나라로, 주요 시설에는 가는 곳마다 차를 마실 수 있는 뜨거운 물을 준비해 놓습니다.
* '送'에는 '보내다'라는 뜻 외에 '선물하다'는 의미도 있어요.

关照 guānzhào 보살피다
绿茶 lǜchá 녹차
原谅 yuánliàng 양해하다
送 sòng 선물하다
礼物 lǐwù 선물
收 shōu 받다

Step 2

차를 중고로 팔려고 하자 그걸 사겠다는 친구가 나타났네요. 小爸爸

A 你这车真要卖啊？要不卖给我算了？
Nǐ zhè chē zhēn yào mài a? Yàobù mài gěi wǒ suàn le?

B 你能出多少钱啊？我得看看合适不合适。
Nǐ néng chū duōshao qián a? Wǒ děi kànkan héshì bù héshì.

A 你这车也就值5万块，多了我可不给！
Nǐ zhè chē yě jiù zhí wǔ wàn kuài, duō le wǒ kě bù gěi!

B 잘 생각해 보고 다시 얘기하세요! 这价格我还不卖呢！
Zhè jiàgé wǒ hái bú mài ne!

A 너 그 차 정말 팔 거야? 아니면 나한테 팔면 되겠네?
B 얼마 줄 수 있는데? 적당한지 아닌지 좀 봐야지.
A 이 차면 5만 위안 정도이고, 더 많이는 못 줘!
B 请你想清楚再说！그 값엔 못 팔지!
Qǐng nǐ xiǎng qīngchu zài shuō!

잠깐만요!

* '车'는 상황에 따라 '자전거'(自行车)를 뜻할 수도 있고, '자동차'(汽车)를 의미할 수도 있어요.

合适 héshì 알맞다
值 zhí 가치가 있다
价格 jiàgé 가격

麻烦你告诉我他的电话号码。

죄송합니다만 그분 전화번호 좀 알려주세요.

'죄송합니다만~', '번거롭게 해서 죄송한데요~'이라는 뜻으로, '麻烦'은 '귀찮다', '번거롭다'는 말입니다. 주로 상대방에게 무언가를 요청할 때 쓰는 공손하고 정중한 표현입니다.

1. 죄송합니다만 그분 전화번호 좀 알려주세요. 麻烦你告诉我他的电话号码。 146
   Máfan nǐ gàosu wǒ tā de diànhuà hàomǎ.
2. 죄송합니다만 좀 비켜 주십시오. 麻烦你请让一下。
   Máfan nǐ qǐng ràng yíxià.
3. 죄송합니다만 이 문 좀 열어 주세요. 麻烦你打开一下这个门。
   Máfan nǐ dǎkāi yíxià zhè ge mén.
4. 죄송합니다만 이 국을 다시 데워 주실래요. 麻烦你把这个汤*再热一下。 166
   Máfan nǐ bǎ zhè ge tāng zài rè yíxià.
5. 죄송합니다만 근처에 약국이 있습니까? 麻烦你请问, 这附近有药店吗?
   Máfan nǐ qǐngwèn, zhè fùjìn yǒu yàodiàn ma?

잠깐만요!

* 한국은 국물이 있는 요리가 대체로 국, 탕, 찌개, 전골 등이 있는데요, 중국은 국물 요리가 '汤'밖에 없어요. 그래서 모든 국물 요리를 '汤'이라고 표현합니다.

让 ràng 양보하다
打开 dǎkāi 열다
门 mén 문
汤 tāng 국, 탕
附近 fùjìn 근처
药店 yàodiàn 약국

주인공은 꽃가게에 예약해 놓은 꽃을 찾으러 갔네요. 胜女的代价

A 你好! 我来取我订的花, 我姓高。
Nǐ hǎo! Wǒ lái qǔ wǒ dìng de huā, wǒ xìng Gāo.

B 好, 请稍等。这是您订的花。
Hǎo, qǐng shāo děng. Zhè shì nín dìng de huā.

A 죄송하지만, 다시 좀 준비해 주시겠어요? 我要的是百合。
wǒ yào de shì bǎihé.

B 好, 请稍后, 我马上给你准备好!
Hǎo, qǐng shāo hòu, wǒ mǎshàng gěi nǐ zhǔnbèi hǎo!

A 안녕하세요! 예약한 꽃 찾으러 왔습니다. 제 성은 가오입니다.
B 네. 잠깐만 기다리세요. 이게 예약하신 꽃입니다.
A **麻烦你重新帮我准备一下**, 제가 원하는 건 백합입니다.
Máfan nǐ chóngxīn bāng wǒ zhǔnbèi yíxià,
B 네, 잠시만 기다리시면 바로 준비하겠습니다!

订 dìng 예약하다
百合 bǎihé 백합

你给我站住!

너 거기 서!

여기서 '给'는 '~을 위해서'라는 의미이고 '给我'는 '~해'라는 뜻으로, 명령을 나타냅니다. 그러나 이때 '给我'는 따로 해석하지 않는 편이 좋습니다.

1. 너 거기 서!
   你给我站住!
   Nǐ gěi wǒ zhànzhù!

2. 썩 꺼져!
   你快给我滚!★
   Nǐ kuài gěi wǒ gǔn!

3. 내 말 좀 들어 봐!
   你给我听着!★
   Nǐ gěi wǒ tīngzhe!

4. 나와서 좀 봐 주세요.
   你给我出来看看。
   Nǐ gěi wǒ chūlái kànkan.

5. 이 창문 커튼 좀 걸어 주세요.
   你给我挂一下这个窗帘。
   Nǐ gěi wǒ guà yíxià zhè ge chuānglián.

잠깐만요!

★ '滚'은 어감이 매우 좋지 않은, 욕에 가까운 말이니 일부러 쓰지는 마세요.

★ '들어 봐!'라고 명령할 때는 '听着'라는 표현을 자주 써요. '着'가 붙어서 실제로 명령, 권유의 의미를 나타내는 경우도 있어요. "你先带着这个东西。"라고 하면 "우선 이것 좀 가지고 있어."라는 말이에요. 이 표현은 pattern105의 활용입니다.

站住 zhànzhù 멈추다
滚 gǔn 꺼지다
挂 guà 걸다
窗帘 chuānglián 커튼

자살하려는 여자를 구하기 위해 소동이 일어났네요. 北京爱情故事

A 你们几个人谁上去?
Nǐmen jǐ ge rén shéi shàngqù?

B 我上去! 린시아, 너 거기 그대로 있어!
Wǒ shàngqù!

A 快点，快点，救人要紧!
Kuài diǎn, kuài diǎn, jiù rén yàojǐn!

B 小猛我上去了，你们赶快联系疯子!
Xiǎoměng wǒ shàngqù le, nǐmen gǎnkuài liánxì Fēngzǐ!

A 너희 중에 누가 올라갈 거야?
B 제가 올라갈게요! 林夏，你给我停在那儿!
Línxià, nǐ gěi wǒ tíng zài nàr!
A 빨리, 서둘러! 사람 구하는 게 중요해!
B 저 샤오멍이 올라갈 테니, 빨리 펑쯔에게 연락하세요!

救人 jiù rén 사람을 구하다
要紧 yàojǐn 중요하다

095.mp3

以后别这样做。

앞으로는 이렇게 하지 마세요.

'~하지 마라'는 뜻으로 단도직입적인 명령 표현입니다. 상대에게 명령하는 말이니만큼 '你别…'라는 표현도 많이 써요. 같은 말로는 '不要…'가 있는데 음절 수에 맞게 사용합니다.

1. 앞으로는 이렇게 하지 마세요. 以后别这样做。 Yǐhòu bié zhèyàng zuò.
2. 그런 생각 마세요. 你别这么想。 Nǐ bié zhème xiǎng.
3. 여기서 담배 피우지 마세요. 你别在这儿抽烟。 122 Nǐ bié zài zhèr chōuyān.
4. 술 좀 덜 드세요. 你别多喝酒。 Nǐ bié duō hē jiǔ.
5. 그 사람한테 이 일을 말하지 마세요. 你别跟他说这件事。 Nǐ bié gēn tā shuō zhè jiàn shì.

以后 yǐhòu 앞으로
抽烟 chōuyān 담배 피우다

남자 친구에게 푹 빠져버린 친구를 위해 충고를 하네요. 胜女的代价

A 我觉得子奇对我太好了，他真是太贴心了！
Wǒ juéde Zǐqí duì wǒ tài hǎo le, tā zhēnshi tài tiēxīn le!

B 가오쯔치가 그렇게 완벽하다고 생각하지 마. 你会后悔的！
Nǐ huì hòuhuǐ de!

A 说高子齐的坏话，你嫉妒他啊。
Shuō Gāozǐqí de huàihuà, nǐ jídù tā a.

B 对！我嫉妒他，我嫉妒他有钱，又帅。
Duì! Wǒ jídù tā, wǒ jídù tā yǒuqián, yòu shuài.

A 쯔치가 정말 나한테 잘 해주는 것 같아. 정말 나하고 마음이 잘 맞아!
B 你别把高子齐想得那么完美。나중에 후회할 거야!
Nǐ bié bǎ Gāozǐqí xiǎng de nàme wánměi.
A 가오쯔치한테 나쁜 말 하는 사람은 그 사람을 질투하는 거야.
B 맞아! 내가 그 친구를 질투한다면, 돈 많고 잘생긴 거지.

贴心 tiēxīn 마음이 맞다
完美 wánměi 완벽하다
坏话 huàihuà 나쁜 말
嫉妒 jídù 질투하다

少说废话。

헛소리 좀 그만해.

'~좀 하지 마라'는 뜻으로, '少…'는 원래 '조금만 ~하라'는 뜻인데, 뜻이 확장되어 자주 하는 행동에 대한 금지를 나타냅니다. '别…'라는 말뿐 아니라 '少…'를 활용한 금지명령 표현도 익혀 봅니다.

1. 헛소리 좀 그만해. 少说废话。 Shǎo shuō fèihuà.
2. 초콜릿 좀 그만 먹으렴. 你少吃点儿巧克力。 018 Nǐ shǎo chī diǎnr qiǎokèlì.
3. 여기서는 한국어를 쓰지 마세요. 你们少在这儿使用韩语。 Nǐmen shǎo zài zhèr shǐyòng Hányǔ.
4. 앞으로는 저한테 전화 좀 하지 마세요. 你以后少给我打电话。 147 Nǐ yǐhòu shǎo gěi wǒ dǎ diànhuà.
5. 너 그런 친구랑 사귀지 좀 마. 你少跟这样的朋友打★交道。 Nǐ shǎo gēn zhèyàng de péngyou dǎ jiāodào.

잠깐만요!

★ '打交道'는 '교류하다', '접촉하다', '관계를 맺다'는 뜻으로, 그 대상은 사람일 수도 있지만 사물이 될 수도 있어요.

废话 fèihuà 헛소리, 쓸데없는 소리
巧克力 qiǎokèlì 초콜릿
使用 shǐyòng 사용하다
打交道 dǎ jiāodào 사귀다

 리우싱이 영어로 아침 인사를 하자, 엄마는 리우싱의 중국어를 걱정하네요. 家有儿女

A 老爸，老妈，老弟，good morning！
Lǎobà, lǎomā, lǎodì, good morning!

B 앞으로는 동생한테 영어로 말하지 마, 他得练习说中文！
tā děi liànxí shuō Zhōngwén!

A 收到！不过告诉你一件事，我刚看见了一个八条腿的虫子。
Shōudào! Búguò gàosu nǐ yí jiàn shì, wǒ gāng kànjiàn le yí ge bātiáotuǐ de chóngzi.

B 嗨呀，那是早上妈妈买的活螃蟹。
Hēiya, nà shì zǎoshang māma mǎi de huó pángxiè.

A 아빠, 엄마, 동생! Good morning!
B 以后少跟你老弟说英文, 동생은 중국어 연습해야 하니까!
Yǐhòu shǎo gēn nǐ lǎodì shuō Yīngwén,
A 알겠습니다! 그런데 한 가지 알려드리면, 방금 다리 여덟 개짜리 벌레를 봤어요.
B 아이고, 그건 엄마가 아침에 사온 살아 있는 게야.

收到 hōudào 받다
腿 tuǐ 다리
虫子 chóngzi 벌레
螃蟹 pángxiè 게

◉ 097.mp3

千万不用担心。

제발 걱정**하지 마세요.**

'~할 필요 없다', '~하지 않아도 된다'는 뜻입니다. '不用'의 원래 뜻은 '~할 필요가 없다'지만, 습관적으로 '~하지 마라'는 부탁이나 권유를 나타내기도 합니다. '甭', '不必' 등도 비슷한 뜻입니다.

1. 제발 걱정하지 마세요. — 千万不用担心。★ 152
Qiānwàn búyòng dānxīn.

2. 더 말씀하지 마세요. — 你不用多说。 106
Nǐ búyòng duō shuō.

3. 여러분 사양하지 마세요. — 各位不用客气。
Gèwèi búyòng kèqi.

4. 두려워하지 않는 게 가장 좋아요. — 最好不用害怕。
Zuìhǎo búyòng hàipà.

5. 우리에게 관여하지 마세요. — 你不用管我们。
Nǐ búyòng guǎn wǒmen.

잠깐만요!

★ 명령이나 권유를 나타내는 패턴에는 '千万(제발)', '最好(~하는 편이 가장 좋다)', '尽量(가능한 한)' 등의 표현이 자주 나와요. 그 중 '最好'는 우리말 어순과는 달리 문장 맨 앞에서 쓰이므로 유의하세요.

千万 qiānwàn 제발
担心 dānxīn 걱정하다
客气 kèqi 사양하다
害怕 hàipà 두려워하다

다른 회사 사장님이 샤오지에의 기획서를 보고 칭찬하네요. 胜女的代价

A 你就是海悦百货营销公关部的林晓洁，对吧?
Nǐ jiùshì Hǎiyuè bǎihuò yíngxiāo gōngguānbù de Línxiǎojié, duì ba?

B 是的，汤总，你好!
Shì de, Tāng zǒng, nǐ hǎo!

A 긴장하지 마세요, 我都听汤俊说了你想出的策划书。
wǒ dōu tīng Tāngjùn shuō le nǐ xiǎngchū de cèhuàshū.

B 其实这个策划书是汤俊写的，我只是给了一点小小的建议。
Qíshí zhè ge cèhuàshū shì Tāngjùn xiě de, wǒ zhǐshì gěi le yìdiǎn xiǎoxiǎo de jiànyì.

A 하이위에 백화점 영업대외부의 린샤오지에 씨군요. 그렇죠?
B 네, 탕 사장님. 안녕하세요!
A 你不用紧张. 기획서를 생각해냈다는 얘기, 탕쥔한테 다 들었어요.
Nǐ búyòng jǐnzhāng,
B 사실 이 기획서는 탕쥔이 쓴 거예요. 전 단지 작은 제안을 했을 뿐이에요.

公关部 gōngguānbù 대외부
紧张 jǐnzhāng 긴장하다
策划书 cèhuàshū 기획서
建议 jiànyì 건의, 제안

Unit 11

결론은 이렇습니다.

결론을 이야기하는 장면에서 꼭 나오는 패턴

저자 핵심 강의 11

지금까지 이런저런 이야기 많이 했는데요, 이제 결론을 말하고 싶다고요? 앞에 했던 말들 다 정리해서 한 마디로 상대방에게 못을 박아주고 싶다고요? 그럴 때 쓰는 패턴들을 정리했습니다. 얼핏 봐서는 서면어에서 주로 쓰는 패턴이 아닌가 싶지만, 꼭 그렇지 않습니다. 드라마에도 자주 나오는 회화 패턴이니 마음 놓고 써 보세요.

패턴 미리보기

098 结果呢 그래서 / 결과적으로

099 总的来说 전체적으로 말하면

100 总而言之 결론적으로 말해서

098.mp3

结果呢，我们到达了目的地。

결과적으로 우리는 목적지에 도착했습니다.

'그래서', '결과적으로'라는 뜻으로, 어떤 일이 진행된 이후 마지막 결과가 어떻게 됐는지를 말할 때 쓰는 표현입니다. 어떤 일의 결과를 알고 싶을 때 상대방에게 "结果呢?"(그래서요?)하고 짧게 물을 수도 있습니다.

1. 결과적으로 우리는 목적지에 도착했습니다. — 结果呢，我们到达了目的地。
   Jiéguǒ ne, wǒmen dàodá le mùdìdì.
2. 결과적으로 그들 둘은 화해했어요. — 结果呢，他们两个人和好了。
   Jiéguǒ ne, tāmen liǎng ge rén héhǎo le.
3. 결과적으로 그가 대회의 승리를 차지했어요. — 结果呢，他取得了比赛的胜利。
   Jiéguǒ ne, tā qǔdé le bǐsài de shènglì.
4. 결과적으로 그는 마침내 이 수학 난제를 해결했습니다. — 结果呢，他终于解决了这个数学难题。
   Jiéguǒ ne, tā zhōngyú jiějué le zhè ge shùxué nántí.
5. 결과적으로 백설공주는 왕자와 행복했습니다. — 结果呢，白雪公主和王子幸福得在一起了。 025
   Jiéguǒ ne, Báixuě gōngzhǔ hé wángzǐ xìngfú de zài yìqǐ le.

잠깐만요!

* '到达'는 구체적인 장소에 '도착하다'는 뜻이고, '达到'는 추상적인 위치나 수준에 '이르다'는 말이에요.

目的地 mùdìdì 목적지
和好 héhǎo 화해하다
终于 zhōngyú 마침내
数学 shùxué 수학
难题 nántí 난제
白雪公主 Báixuěgōngzhǔ 백설공주
王子 wángzǐ 왕자

친구는 싸우기만 하면서도 남자 친구를 떠나지 못하네요. 北京爱情故事

A 昨天和安迪又吵架了，他其实一点儿也不爱我！
Zuótiān hé Āndí yòu chǎojià le, tā qíshí yìdiǎnr yě bú ài wǒ!

B 你早就应该离开他，你可以靠自己的双手生活！
Nǐ zǎojiù yīnggāi líkāi tā, nǐ kěyǐ kào zìjǐ de shuāngshǒu shēnghuó!

A 我也想那样，努力工作，买我喜爱的漂亮的鞋子。
Wǒ yě xiǎng nàyàng, nǔlì gōngzuò, mǎi wǒ xǐ'ài de piàoliang de xiézi.

B 你每次都这么说，결과적으로 여전히 자기 욕심을 이기지 못하잖아!
Nǐ měi cì dōu zhème shuō,

A 어제 안디하고 또 싸웠어. 그는 정말 날 조금도 사랑하지 않아!
B 넌 진작에 그 사람하고 헤어졌어야 해. 네 두 손으로만 살 수 있다고!
A 나도 그렇게 생각해. 열심히 일해서 내가 좋아하는 예쁜 신발도 살 거야.
B 넌 매번 그렇게 말하지만, 结果呢，还是战胜不了自己的欲望！
jiéguǒ ne, háishi zhànshèng bùliǎo zìjǐ de yùwàng!

离开 líkāi 떠나다
靠 kào 의지하다
双手 shuāngshǒu 두 손
鞋子 xiézi 신발
欲望 yùwàng 욕망, 욕심

099.mp3

总的来说，他的计划是挺好的。

전체적으로 그의 계획은 좋았습니다.

'전반적으로 말해서', '전체적으로'라는 뜻으로, 앞에서 한 말들을 정리해서 한두 마디로 결론을 맺고 싶을 때 쓰는 표현입니다.

1. 전체적으로 그의 계획은 좋았습니다. 总的来说，**他的计划是挺好的。**
Zǒngdeláishuō, tā de jìhuà shì tǐng hǎo de.

2. 전반적으로 말해서 대부분은 그에게 찬성을 표했습니다. 总的来说，**大部分都表示赞成他了。**
Zǒngdeláishuō, dàbùfen dōu biǎoshì zànchéng tā le.

3. 전반적으로 말해서 이 집 주인은 장사를 잘합니다. 总的来说，**这家店的老板生意做得很好。** 027
Zǒngdeláishuō, zhè jiā diàn de lǎobǎn shēngyi zuò de hěn hǎo.

4. 전체적으로 1/4분기 생산량은 절반 감소했습니다. 总的来说，**第一季度的产量减了一半。**★
Zǒngdeláishuō, dìyī jìdù de chǎnliàng jiǎn le yíbàn.

5. 전체적으로 중국 문화산업은 갈수록 발전하고 있습니다. 总的来说，**中国的文化产业发展得越来越好。**★ 088
Zǒngeláishuō, Zhōngguó de wénhuà chǎnyè fāzhǎn de yuèláiyuè hǎo.

잠깐만요!

★ 1/4분기가 '第一季度'이므로 2/4분기, 3/4분기, 4/4분기는 '第二季度', '第三季度', '第四季度'라고 합니다.

★ 중국은 지난 2009년 국무원(国务院)에서 「중국문화산업진흥계획」(中国文化产业振兴规划)을 발표한 이래 문화산업 발전에 박차를 가하고 있습니다.

计划 jìhuà 계획
大部分 dàbùfen 대부분
赞成 zànchéng 찬성
季度 jìdù 분기
产量 chǎnliàng 생산량
减 jiǎn 줄다
一半 yíbàn 절반

선을 본 딸이 돌아오자 부모님은 질문 공세를 퍼붓네요. 北京爱情故事

A 怎么样啊？这个人感觉应该还不错吧！
Zěnmeyàng a? Zhè ge rén gǎnjué yīnggāi hái búcuò ba!

B 还行吧，전반적으로 말해서, 계속 연락할 수는 있겠어요.
Hái xíng ba,

A 这个人是干什么工作的？有什么爱好？
Zhè ge rén shì gàn shénme gōngzuò de? Yǒu shénme àihào?

B 他是学生物科学的，还有点古代文学的修养！
Tā shì xué shēngwù kēxué de, hái yǒudiǎn gǔdài wénxué de xiūyǎng!

A 어때? 그 사람 느낌 괜찮지?
B 그런대로 괜찮아요. **总的来说是可以继续往下交往的。**
zǒngdeláishuō shì kěyǐ jìxù wǎngxià jiāowǎng de.
A 그 사람 무슨 일 하는데? 뭘 좋아해?
B 생물학 배우는 학생이에요. 고대문학에도 좀 교양이 있고요.

感觉 gǎnjué 느낌
继续 jìxù 계속
交往 jiāowǎng 교류하다
爱好 àihào 취미
生物科学 shēngwù kēxué 생물과학
古代文学 gǔdài wénxué 고대문학
修养 xiūyǎng 교양

100.mp3

总而言之，他的度量特别小。

결론적으로, 그의 도량은 매우 작습니다.

'결론적으로 (말해서)'라는 뜻으로, 앞에서 한 말을 종합해서 결론을 내릴 때 쓰는데, 줄여서 '总之'라고도 합니다. 비슷한 말로는 '总体而言', '一言以蔽之' 등이 있습니다.

1. 결론적으로, 그의 도량은 매우 작습니다.
   总而言之，他的度量特别小。 017
   Zǒng'éryánzhī, tā de dùliàng tèbié xiǎo.

2. 결론적으로, 그는 전도양양한 청년입니다.
   总而言之，他是一个很有前途的青年。
   Zǒng'éryánzhī, tā shì yí ge hěn yǒu qiántú de qīngnián.

3. 결론적으로, 우리는 새로운 회의를 개최합니다.
   总而言之，我们举办新的会议。 122
   Zǒng'éryánzhī, wǒmen jǔbàn xīn de huìyì.

4. 결론적으로, 두 파가 투쟁을 시작했습니다.
   总而言之，两派开始斗争了。 158
   Zǒng'éryánzhī, liǎng pài kāishǐ dòuzhēng le.

5. 결론적으로, 올림픽은 본래의 정신을 잃어버렸습니다.
   总而言之，奥运会失去了本来的精神。
   Zǒng'éryánzhī, àoyùnhuì shīqù le běnlái de jīngshén.

잠깐만요!

* '앞날이 밝다', '전도유망하다'는 말은 중국어로 '很有前途'라고 해요.
* 올림픽이 '奥运会'이고, 아시안게임은 '亚洲运动会', 줄여서 '亚运会'라고 해요.

度量 dùliàng 도량
前途 qiántú 전도, 앞날
举办 jǔbàn 열다
斗争 dòuzhēng 투쟁하다
失去 shīqù 잃어버리다

자식과 조카를 위해 아빠와 삼촌이 함께 축구 시합에 나갔네요. 小爸爸

A 今天辛苦你了！没想到你球踢得那么好！
Jīntiān xīnkǔ nǐ le! Méi xiǎngdào nǐ qiú tī de nàme hǎo!

B 多谢多谢，过奖了，我也好长时间没踢了。
Duōxiè duōxiè, guòjiǎng le, wǒ yě hǎo cháng shíjiān méi tī le.

A 결론적으로 말해서 기술이 정말 괜찮던데，跟我比就差了点。
gēn wǒ bǐ jiù chà le diǎn.

B 我想今天夏天一定很高兴！
Wǒ xiǎng jīntiān Xiàtiān yídìng hěn gāoxìng!

A 오늘 고생했네! 축구를 그렇게 잘하는지 몰랐는데!
B 감사합니다, 과찬이세요. 저도 오랫동안 안 했던 걸요.
A 总体而言，你的球技还真是不错，나보단 조금 못하지만.
Zǒngtǐ'éryán, nǐ de qiújì hái zhēnshi búcuò,
B 오늘은 시아티안이 틀림없이 좋아할 거예요!

잠깐만요!

* 대체로 공을 가지고 하는 운동은 동사로 '打'를 쓰지만, 축구처럼 발로 차는 운동은 '踢'를 써요.

辛苦 xīnkǔ 수고하다
踢 tī (공을) 차다
过奖 guòjiǎng 과찬이다
球技 qiújì 공을 다루는 기술

pattern 101 — 145

Part 02

'중드'를 속속들이 훑어줄 시간과 영역 말하기 패턴

이제 우리는 한 걸음 더 나아가 어떤 상황이나 행동을 표현하려고 할 때, 자주 쓰게 되는 시간과 영역 말하기 패턴을 살펴보게 됩니다. 이 패턴들을 잘 익히면 어떤 일이 언제 일어났는지, 언제 일어날 것인지, 현재 일어나고 있는지, 일어난 적이 있는지 등에 대해서 말할 수 있게 될 거예요. 이렇게 말하고 나면, 영어의 '시제'를 떠올리고 혹시 지레 겁을 먹는 분이 계실지도 모르겠는데요, 그렇지 않습니다. 중국어에는 '시제' 개념이 없어서 이런 표현들이 과거, 현재, 미래에 모두 적용될 수 있어요. 다만 이런 개념을 어법적으로 묶어주기 위해서 '임박태', '진행태', '지속태', '경험태'라는 용어를 씁니다. 이와 달리 시간과 기간, 장소, 영역 등을 말할 때 자주 쓰는 전치사 구조, 부사 구조, 접속사 구조도 이번 패턴을 통해 익히게 됩니다.

Unit 12

곧 그렇게 될 거예요.

저자 핵심 강의 12

일이 일어나는 시점을 말하는 장면에서 꼭 나오는 패턴

어떤 일이 곧 일어날 것이라는 표현을 위한 '임박태', 어떤 일이 한창 진행 중임을 나타내기 위한 '진행태', 어떤 상태가 계속되고 있음을 말하려는 '지속태'를 모았습니다. 이 패턴들에서는 了, 着 등과 같은 동태조사와 呢 같은 어기조사의 쓰임이 중요합니다. 자, 이제 곧 여러분 앞에 어떤 일이 펼쳐질 것 같나요? 기대하세요!

패턴 미리보기

101 快要…了 곧 ~할 것이다 / 다 ~했다

102 就要…了 곧 ~할 것이다

103 该…了 마땅히 ~해야 한다 / ~할 때가 되었다

104 正在…呢 ~하고 있는 중이다

105 …着 ~하고 있다 / ~하고 있는 중이다

101.mp3

飞机快要起飞了。

비행기가 곧 이륙합니다.

'곧 ~할 것이다', '다 ~했다'는 뜻으로, 이제 곧 닥칠 상황이나 사실을 표현할 때 쓰입니다. 때때로 '快…了'의 패턴으로 쓰기도 합니다. 이 표현은 구체적인 시간을 나타내는 말과 함께 쓸 수는 없습니다.

1. 비행기가 곧 이륙합니다.
   ★飞机快要起飞了。
   Fēijī kuàiyào qǐfēi le.

2. 저는 곧 대학을 졸업할 겁니다.
   我大学快要毕业了。
   Wǒ dàxué kuàiyào bìyè le.

3. 이 건전지는 다 닳았어요.
   这个电池快要用完了。
   Zhè ge diànchí kuàiyào yòngwán le.

4. 조금만 기다려, 나 다 왔어.
   你稍等，我快到了。
   Nǐ shāo děng, wǒ kuài dào le.

5. 사람이 다 죽게 생겼어요.
   人都快死了。
   Rén dōu kuài sǐ le.

잠깐만요!

★ 공항에 가시면 "您乘坐的航班快要起飞了。"와 같은 말을 자주 들을 수 있습니다. 잘 알아두면 비행기를 놓치는 일은 없겠죠?

飞机 fēijī 비행기
起飞 qǐfēi 이륙하다
毕业 bìyè 졸업하다
电池 diànchí 건전지
死 sǐ 죽다

Step 2 사장님은 광고를 수주받으려는데 연락이 없자 마음이 급하네요. 北京爱情故事

A 小猛，이제 다들 퇴근해야 하는데，那边怎么还没有回应啊?
Xiǎoměng, nàbiān zěnme hái méiyǒu huíyìng a?

B 你放心，程峰肯定会尽快说服他爸爸的。
Nǐ fàngxīn, Chéngfēng kěndìng huì jǐnkuài shuōfú tā bàba de.

A 我知道。小猛啊，我当然相信你了！
Wǒ zhīdào. Xiǎoměng a, wǒ dāngrán xiāngxìn nǐ le!

B 我再催催他们！
Wǒ zài cuīcuī tāmen!

A 샤오멍, 这都快要下班了, 저쪽에선 왜 반응이 없는 거야?
zhè dōu kuàiyào xiàbān le,
B 걱정하지 마세요, 청펑이 틀림없이 아버지를 설득할 거예요.
A 알겠어. 샤오멍, 난 물론 널 믿는다!
B 제가 다시 독촉해 볼게요!

回应 huíyìng 반응
说服 shuōfú 설득하다
催 cuī 조르다

102.mp3

飞机两点就要起飞了。

비행기는 2시에 **곧** 이륙**합니다.**

'곧 ~할 것이다'는 뜻으로, 임박한 상황이나 사실을 나타냅니다. 구체적인 시간과 함께 임박한 상황을 말할 때 사용하며, '就…了'의 패턴으로 쓰기도 합니다.

1. 비행기는 2시에 곧 이륙합니다.
   飞机两点就要起飞了。
   Fēijī liǎng diǎn jiù yào qǐfēi le.

2. 다음 달에 저는 대학을 졸업해요.
   下个月我大学就要毕业了。
   Xià ge yuè wǒ dàxué jiù yào bìyè le.

3. 조금만 기다려. 나 5분 안에 도착해.
   你稍等，我五分钟就到了。
   Nǐ shāo děng, wǒ wǔ fēnzhōng jiù dào le.

4. 이 건전지는 다 닳았어요.
   这个电池就要用完了。
   Zhè ge diànchí jiù yào yòngwán le.

5. 제 여자 친구가 곧 귀국합니다.
   我女朋友就要回国了。
   Wǒ nǚpéngyou jiù yào huíguó le.

잠깐만요!

* '2시'는 '二点'이 아니라 '两点'인 것은 잘 알고 계시지요?
* '快要…了'든, '就要…了'든 모두 '要…了'가 기본형이지만 시간을 나타내는 말이 오면 반드시 '要…了'나 '就要…了'를 써야 해요.

下个月 xià ge yuè 다음 달
分钟 fēnzhōng 분
回国 huíguó 귀국하다

재혼 가정의 아빠와 엄마가 시청자에게 가족을 소개하는 첫 장면이에요. 家有儿女

A 我是爸爸，这是我在美国出生的儿子，夏雨。
Wǒ shì bàba, zhè shì wǒ zài Měiguó chūshēng de érzi, Xiàyǔ.

B 大家好！我是妈妈，这是我的淘气儿子刘星。
Dàjiā hǎo! Wǒ shì māma, zhè shì wǒ de táoqì érzi, Liúxīng.

A 你们虽然没有共同的爷爷，但是有共同的爸爸！
Nǐmen suīrán méiyǒu gòngtóng de yéye, dànshì yǒu gòngtóng de bàba!

B 共同的妈妈！我们是一个重组家庭，행복한 생활이 곧 시작됩니다!
Gòngtóng de māma! Wǒmen shì yí ge chóngzǔ jiātíng,

A 저는 아빠예요. 이 아인 제가 미국에서 낳은 아들, 샤오위이고요.
B 안녕하세요! 저는 엄마예요. 이 아이는 제 개구쟁이 아들 리우싱이에요.
A 너희에겐 비록 같은 할아버지는 아니지만, 같은 아빠가 있어!
B 같은 엄마도! 저희는 재혼 가정이에요. 幸福生活就要开始了!
xìngfú shēnghuó jiù yào kāishǐ le!

淘气 táoqì 장난이 심하다, 개구쟁이이다
共同 gòngtóng 공통의
重组家庭 chóngzǔ jiātíng 재혼 가정

103.mp3

十二点了，该吃午饭了!

12시가 됐어요. 점심 먹을 때가 됐네요.

'마땅히 ~해야 한다', '~할 때가 되었다'는 뜻입니다. '应该'나 '得'처럼 어떤 일을 꼭 해야 한다는 뜻이지만, 내용적으로는 시간을 나타내는 표현과 어울립니다.

1. 12시가 됐어요. 점심 먹을 때가 됐네요. 十二点了，该吃午饭了!
   Shí'èr diǎn le, gāi chī wǔfàn le!
2. 곧 성탄절인데, 선물을 준비해야겠네요. 快圣诞节*了，该准备礼物了。
   Kuài Shèngdànjié le, gāi zhǔnbèi lǐwù le.
3. 텔레비전 보지 말고 숙제해야지. 别看电视了，你该写作业了。 095
   Bié kàn diànshì le, nǐ gāi xiě zuòyè le.
4. 그녀는 결혼해야 할 나이가 됐어요. 她到了该结婚的年纪了。
   Tā dào le gāi jiéhūn de niánjì le.
5. 몸조리 잘하세요. 你该好好调理身体了。
   Nǐ gāi hǎohǎo tiáolǐ shēntǐ le.

잠깐만요!

* 사회주의 국가인 중국은 기독교 문화인 성탄절을 그렇게 중요하게 여기지 않았어요. 하지만 요즘에는 젊은이들을 중심으로 조금씩 즐기는 분위기로 변하고 있습니다.

午饭 wǔfàn 점심
圣诞节 Shèngdànjié 성탄절
调理 tiáolǐ 조리하다

아빠의 재혼 가정에 함께 살기 위해 찾아온 딸, 분위기가 냉랭하네요. 家有儿女

A 밥 먹을 때가 됐네. 这是洗手间，洗手吧。
Zhè shì xǐshǒujiān, xǐshǒu ba.

B 让他们先吃吧。
Ràng tāmen xiān chī ba.

A 瞧瞧你姐姐多懂事儿啊!
Qiáoqiáo nǐ jiějie duō dǒngshìr a!

B 我习惯用这个—消毒湿纸巾。
Wǒ xíguàn yòng zhè ge – xiāodú shīzhǐjīn.

A 该吃饭了。여기가 화장실이야. 손 씻으렴.
Gāi chīfàn le.
B 쟤네 먼저 먹으라 하세요.
A 봐라, 누나가 얼마나 아량이 넓은지!
B 저는 이거, 소독된 물수건을 쓰는 게 익숙해요.

习惯 xíguàn ~에 버릇이 되다
消毒 xiāodú 소독
湿纸巾 shīzhǐjīn 물수건

104.mp3

我正在吃饭呢。

저는 밥을 먹고 있는 중입니다.

'~하고 있는 중이다'라는 뜻으로, 지금 한창 진행 중임을 나타내는 표현입니다. 가장 확장된 패턴은 '正在…呢'이지만, '…呢', '正…呢', '在…呢', '正在…', '正…', '在…' 등의 패턴도 모두 가능합니다. 즉 진행을 나타내는 요소가 어느 하나라도 있다면, 그 뜻이 됩니다.

1. 저는 밥을 먹고 있는 중입니다.
   我正在吃饭呢。
   Wǒ zhèngzài chīfàn ne.
2. 우리는 시험을 준비하고 있습니다.
   我们在准备考试呢。
   Wǒmen zài zhǔnbèi kǎoshì ne.
3. 그는 영화를 보고 있는 중입니다.
   他正在看电影呢。
   Tā zhèngzài kàn diànyǐng ne.
4. 제가 도착했을 때, 그는 요리하고 있었습니다.
   我到的时候，他在做菜。 110
   Wǒ dào de shíhou, tā zài zuòcài.
5. 그는 연설은 듣지 않고 만화를 보고 있는 중입니다.
   他没★听演讲，看漫画呢。
   Tā méi tīng yǎnjiǎng, kàn mànhuà ne.

잠깐만요!

★ 진행을 나타내는 말을 부정할 때는 '没'를 써야 합니다. 아직 끝나지 않은 일을 부정하기 때문이에요.

准备 zhǔnbèi 준비하다
考试 kǎoshì 시험
做菜 zuòcài 요리하다
漫画 mànhuà 만화

탕 비서는 자선파티에서 스타와 춤을 추기를 바라고 있네요. 胜女的代价

A 我邀请白小姐跳舞，希望白小姐赏脸！
Wǒ yāoqǐng Bái xiǎojie tiàowǔ, xīwàng Bái xiǎojie shǎngliǎn!

B 汤助理，谢谢你的邀请。我想和这位高先生跳一支。
Tāng zhùlǐ, xièxie nǐ de yāoqǐng. Wǒ xiǎng hé zhè wèi Gāo xiānsheng tiào yì zhī.

A 白小姐，是我先邀请的，那就跟我跳吧。다들 보고 있어요.
Bái xiǎojie, shì wǒ xiān yāoqǐng de, nà jiù gēn wǒ tiào ba.

B 汤助理，这么大手笔支持慈善晚会，真是太感谢了！
Tāng zhùlǐ, zhème dàshǒubǐ zhīchí císhàn wǎnhuì, zhēnshi tài gǎnxiè le!

A 미스 바이에게 춤을 요청하겠습니다. 제 체면을 봐서 승낙해 주세요!
B 탕 비서님, 요청에 감사드립니다. 저는 가오 씨와 춤을 추고 싶네요.
A 미스 바이, 제가 먼저 요청했으니 저와 추시죠. 大家都在看着呢。
Dàjiā dōu zài kànzhe ne.
B 탕 비서님, 이렇게 대작을 가지고 자선회를 지지해 주셔서 정말로 감사드려요!

邀请 yāoqǐng 초청하다
赏脸 shǎngliǎn 체면을 봐서 허락해 주십시오
助理 zhùlǐ 비서
大手笔 dàshǒubǐ 대작, 걸작
支持 zhīchí 지원하다
慈善晚会 císhàn wǎnhuì 자선 파티

105.mp3

他听着广播呢。

그는 라디오 방송을 듣고 있는 중입니다.

'~하고 있다', '~하고 있는 중이다'라는 뜻으로, 어떤 상태나 상황, 동작이 지속하고 있음을 나타냅니다.

1. 그는 라디오 방송을 듣고 있는 중입니다. 他听着广播呢。
   Tā tīngzhe guǎngbō ne.
2. 웬일인지 문이 열려 있네요. 不知什么原因，门开着。
   Bù zhī shénme yuányīn, mén kāizhe.
3. 하늘에 별이 빛나고 있습니다. 天空中星星亮着。
   Tiānkōng zhōng xīngxing liàngzhe.
4. 모래사장 위로 갈매기들이 날고 있습니다. 沙滩上面海鸥飞着。
   Shātān shàngmian hǎi'ōu fēizhe.
5. 프린터가 계속 일을 하고 있습니다. 打印机一直工★作着。
   Dǎyìnjī yìzhí gōngzuòzhe.

엄마와 아빠는 늦게까지 공부하는 딸아이 때문에 걱정이네요. 家有儿女

A ★夏东海，샤오쉐네 방에 아직도 불이 켜져 있네요，真用功！
Xiàdōnghǎi, zhēn yònggōng!

B 小雪学习上我们不★操心，可是她这么学别累着。
Xiǎoxué xuéxí shàng wǒmen bù cāoxīn, kěshì tā zhème xué bié lèizhe.

A 我去看看她，让她早点睡觉。
Wǒ qù kànkan tā, ràng tā zǎodiǎn shuìjiào.

B 没事，这两天快考试了，等考试后好好休息。
Méishì, zhè liǎngtiān kuài kǎoshì le, děng kǎoshì hòu hǎohǎo xiūxi.

A 여보, 小雪房间的灯还亮着, 공부 열심히 하네요!
Xiǎoxuě fángjiān de dēng hái liàngzhe,
B 샤오쉐에가 우리 걱정 안 하게 공부를 하네, 하지만 그렇게 공부하다간 힘들 텐데.
A 제가 가서 볼게요, 좀 일찍 자라고 해야겠어요.
B 괜찮아, 이삼일이면 시험이니까 시험 보고 나서 잘 쉬라고 하지.

잠깐만요!

★ '프린터가 일을 한다'는 표현이 재미있지요? '工作'는 이렇게 사물이나 기계에도 쓸 수 있는 말이에요.

广播 guǎngbō 라디오 방송
原因 yuányīn 원인
天空 tiānkōng 하늘
星星 xīngxing 별
沙滩 shātān 모래사장
海鸥 hǎi'ōu 갈매기
打印机 dǎyìnjī 프린터

잠깐만요!

★ 중국에서는 부부 사이에도 서로 이름을 부르는 일이 흔합니다.

★ '操心'은 우리말로 '마음을 쓰다, 걱정하다, 애를 태우다'는 뜻이에요. '조심하다'는 말은 '小心', '当心'이라고 합니다.

用功 yònggōng 노력하다, 열심히 공부하다
操心 cāoxīn 마음을 쓰다

Unit 13

저도 해 본 적이 있어요.

저자 핵심 강의 13

일의 경험과 빈도를 말하는 장면에서 꼭 나오는 패턴

우선 익히게 될 패턴은 어떤 일을 해 본 적이 있다는 '경험태'입니다. 过라는 동태조사를 잘 활용해 보세요. 하지만 '경험태'는 우리말로 그냥 '~했다'라는 뜻으로 과거에 일어난 일을 나타내기도 합니다. 해보긴 했는데 몇 번 했는지를 나타내는 동량보어 패턴도 활용빈도가 높은 편이니 잘 익혀 주세요.

패턴 미리보기

106 …过 ~해 본 적이 있다

107 从来没有…过 이제껏 ~해 본 적이 없다

108 …(동량사) (몇) 번, (몇) 차례

109 差点儿 하마터면, 가까스로

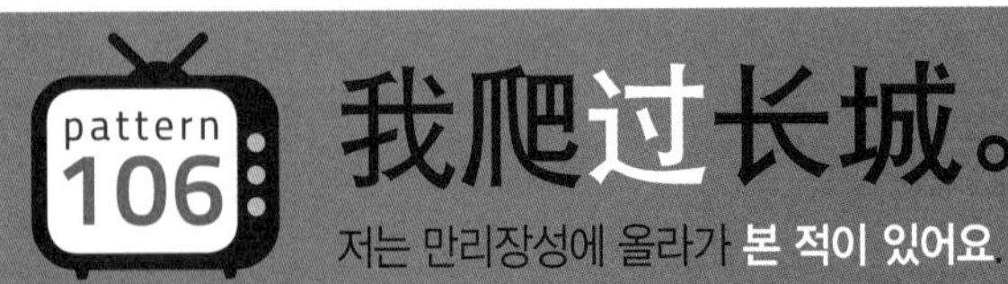

我爬过长城。

저는 만리장성에 올라가 본 적이 있어요.

'~해 본 적이 있다'는 뜻으로, 경험을 나타내는 말입니다. 부정은 '没(有)…过'라고 씁니다.

Step 1

1. 저는 만리장성에 올라가 본 적이 있어요. 我爬过长城。★
   Wǒ páguo Chángchéng.
2. 저는 제주도에 두어 번 가 봤어요. 我去过济州岛两次。 110
   Wǒ qùguo Jìzhōudǎo liǎng cì.
3. 저는 그 이름을 들어본 적이 있어요. 我听说过这个名字。
   Wǒ tīngshuōguo zhè ge míngzi.
4. 그들도 여기를 이용해 본 적이 있어요. 他们也用过这儿。
   Tāmen yě yòngguo zhèr.
5. 한국은 외국의 지원을 받아본 적이 있습니다. 韩国接受过外国的资助。
   Hánguó jiēshòuguo wàiguó de zīzhù.

잠깐만요!
★ 중국의 명소 중 하나인 만리장성은 보통 '长城'이라고 말해요.

爬 pá 오르다
长城 Chángchéng 만리장성
资助 zīzhù 보조, 지원

Step 2 조카를 데려가려는 외삼촌과 아들을 남겨두려는 아빠가 얘기하네요. 小爸爸

A 我知道我不是好爸爸，但是我会努力的，别带走夏天。
Wǒ zhīdào wǒ búshì hǎo bàba, dànshì wǒ huì nǔlì de, bié dài zǒu Xiàtiān.

B 这些日子，我看到夏天很喜欢跟你在一起，我很高兴。
Zhèxiē rìzi, wǒ kàndào Xiàtiān hěn xǐhuan gēn nǐ zài yìqǐ, wǒ hěn gāoxìng.

A 我从来没有见过我父亲这么开心过，他有孙子了！
Wǒ cónglái méiyǒu jiànguo wǒ fùqīn zhème kāixīnguo, tā yǒu sūnzi le!

B 시아티안을 데려가려고 생각했는데, 但是现在我的想法改变了。
dànshì xiànzài wǒ de xiǎngfǎ gǎibiàn le.

A 내가 좋은 아빠가 아니란 것 알아. 하지만 노력할테니, 시아티안 데려가지 마.
B 요즘 시아티안이 당신하고 같이 있는 걸 좋아해서 기분이 좋아요.
A 난 우리 아버지가 이렇게 즐거워하시는 걸 본 적이 없어. 손자가 생겼잖아!
B 我想过带有夏天, 지금은 제 생각이 바뀌었어요.
Wǒ xiǎngguo dài yǒu Xiàtiān,

日子 rìzi 날, 기간
孙子 sūnzi 손자
想法 xiǎngfǎ 생각
改变 gǎibiàn 바뀌다

107.mp3

他这个傻瓜从来没有接过吻。

저 바보 같은 놈은 **이제껏** 키스도 **못 해 봤어요**.

'이제껏 ~해 본 적이 없다'는 뜻으로, '从来'는 '여태', '이제껏'이라는 의미로 '没有…过'와 함께 자주 쓰입니다. 물론 '从来不…'의 패턴으로 쓰여 '절대 ~하지 않다'는 뜻을 나타내기도 합니다.

1. 저 바보 같은 놈은 이제껏 키스도 못 해 봤어요.
   他这个傻瓜从来没有接★过吻。
   Tā zhè ge shǎguā cónglái méiyǒu jiēguo wěn.
2. 저는 와인을 마셔 본 적이 없습니다.
   我从来没有**喝过红酒**。
   Wǒ cónglái méiyǒu hēguo hóngjiǔ.
3. 저는 그런 논리를 들어 본 적이 없습니다.
   我从来没有**听说过这样的逻辑**。
   Wǒ cónglái méiyǒu tīngshuōguo zhèyàng de luójí.
4. 우리 아버지는 저에게 화를 내신 적이 없습니다.
   我爸从来没有**跟我生过气**。 148
   Wǒ bà cónglái méiyǒu gēn wǒ shēngguo qì.
5. 한국은 다른 나라를 침략해 본 적이 없습니다.
   韩国从来没有**侵略过别的国家**。
   Hánguó cónglái méiyǒu qīnlüèguo bié de guójiā.

잠깐만요!

★ '接吻'은 '키스하다'는 뜻으로, '가볍게 입을 맞추다', '뽀뽀하다'는 말은 '亲', '亲嘴'라고 해요.

傻瓜 shǎguā 바보
接吻 jiēwěn 키스하다
侵略 qīnlüè 침략하다

아빠는 남자 친구를 사귄다는 딸에게 화가 났네요. 家有儿女

A 你怎么说话呢！真生气了！
Nǐ zěnme shuōhuà ne! Zhēn shēngqì le!

B 你干吗那么凶啊？ 여태껏 저한테 관심 가진 적 없잖아요.
Nǐ gànmá nàme xiōng a?

A 好好。我是说你，你不应该交男朋友！
Hǎo hǎo. Wǒ shì shuō nǐ, nǐ bù yìnggāi jiāo nánpéngyou!

B 我不用你管！你可以再婚，我交男朋友不行啊？
Wǒ búyòng nǐ guǎn! Nǐ kěyǐ zàihūn, wǒ jiāo nánpéngyou bù xíng a?

A 너 말을 어떻게 그렇게 해! 정말 화나네!
B 저한테 왜 그렇게 사납게 그러세요? 你从来没有关心过我。
Nǐ cónglái méiyǒu guānxīnguo wǒ.
A 좋아, 좋아. 내 말은 너, 남자 친구 사귀면 안 된다고!
B 저 신경 안 쓰셔도 돼요! 아빠는 재혼해도 되고, 저는 남자 친구 사귀면 안 돼요?

凶 xiōng 사납다
再婚 zàihūn 재혼하다

108.mp3

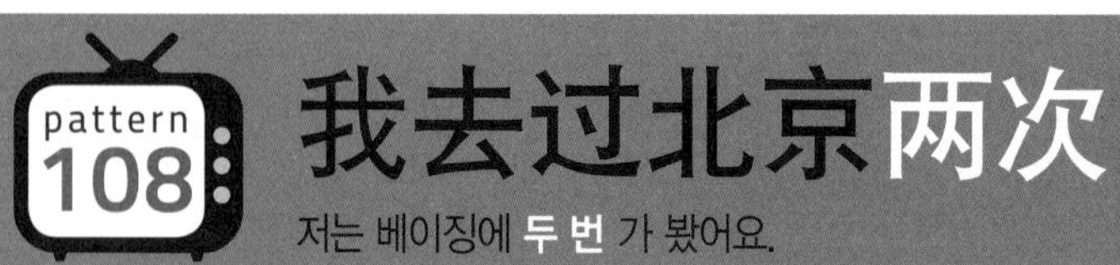

我去过北京两次。

저는 베이징에 **두 번** 가 봤어요.

'(몇) 번', '(몇) 차례' 라는 뜻으로, 어떤 일이나 동작을 몇 차례 해 봤다는 표현입니다. '…次'는 숫자 뒤에서 '몇 번'이라는 뜻으로 씁니다.

1. 저는 베이징에 두 번 가 봤어요. — ★我去过北京两次。 106
   Wǒ qùguo Běijīng liǎng cì.
2. 다시 한 번만 말씀해 주세요. — 请再说一遍。 092
   Qǐng zài shuō yí biàn.
3. 네가 할아버지에게 한 번 다녀오너라. — 你去一趟爷爷那儿。
   Nǐ qù yí tàng yéye nàr.
4. 방금 괘종시계가 열두 번 울렸습니다. — 刚刚钟响了十二下。
   Gānggāng zhōng xiǎng le shí'èr xià.
5. 우리는 같이 밥을 한 번 먹은 적이 있습니다. — 我们一起吃过一顿饭。 106
   Wǒmen yìqǐ chīguo yí dùn fàn.

잠깐만요!

★ '~을 몇 번 해 보다'는 표현 중에 '~을'에 해당하는 말이 사물이면 '몇 번'이라는 말 뒤에 오고, '~을'이 대체사이면 반드시 '몇 번'이라는 말 앞에 와야 해요. '~을'이 지명이나 인명을 나타내면 '몇 번' 앞뒤로 다 쓸 수 있습니다.

钟 zhōng 괘종시계
响 xiǎng 울리다

부모님에게 어깃장을 놓는 누나에게 두 동생이 한마디씩 하네요. 家有儿女

A 你不听爸爸妈妈的话！
Nǐ bù tīng bàba māma de huà!

B 你一进门就批评我！
Nǐ yí jìnmén jiù pīpíng wǒ!

A 而且你还交男朋友！
Érqiě nǐ hái jiāo nánpéngyou!

B 맞아! 게다가 남자 친구를 두 번이나 집에 데려오고!

A 아빠 엄마 말도 안 듣고!
B 들어오자마자 나한테 뭐라고 하고!
A 게다가 남자 친구까지 사귀고!
B 对！还把男朋友带回家里两次！
Duì! Hái bǎ nánpéngyou dài huíjiā li liǎng cì!

进门 jìnmén 문을 들어서다
批评 pīpíng 나무라다, 비판하다

109.mp3

我差点儿没考上。

저는 **하마터면** 시험에 떨어질 뻔했어요.

'하마터면' 또는 '가까스로'라는 뜻으로, 말하는 사람이 바라는 일인지 그렇지 않은지에 따라 뜻이 달라집니다. 뒤에 긍정 표현이 올 수도 있고 부정 표현이 올 수도 있습니다.

1. 저는 하마터면 시험에 떨어질 뻔했어요. 我差点儿没考上。 Wǒ chàdiǎnr méi kǎoshàng.
2. 그는 하마터면 늦을 뻔했어요. 他差点儿迟到了。 Tā chàdiǎnr chídào le.
3. 그들은 하마터면 붙잡힐 뻔했어요. 他们差点儿被抓住了。 167 Tāmen chàdiǎnr bèi zhuāzhù le.
4. 우리는 가까스로 이길 수 있었는데요. 我们差点儿赢了。 Wǒmen chàdiǎnr yíng le.
5. 저는 가까스로 기차를 놓치지 않았어요. 我差点儿没错过*火车。 Wǒ chàdiǎnr méi cuòguò huǒchē.

잠깐만요!

* '错过'는 '어떤 실물을 놓치다'는 뜻 외에, '기회를 놓치다'라는 뜻도 있어요. '기회를 놓치다'는 '错过机会'라고 하면 되겠죠? 살면서 좋은 기회가 오면 절대 놓치지 마세요! "绝对不要错过好的机会!"

考上 kǎoshàng 합격하다
抓住 zhuāzhù 붙잡히다
错过 cuòguò 놓치다

 사장님은 불교신자들에게 저녁식사로 해물 요리를 초대했네요. 北京爱情故事

A 今天我们设宴招待赵处长，那我就点了一桌全蟹宴。
Jīntiān wǒmen shèyàn zhāodài Zhào chùzhǎng, nà wǒ jiù diǎn le yì zhuō quánxièyàn.

B 汤总，我们信佛的人初一、十五要吃素啊。
Tāngzǒng, wǒmen xìnfó de rén chūyī、shíwǔ yào chīsù a.

A 하마터면 소홀할 뻔했군요. 可菜都点好了，你们就赏光吃点吧。
Kě cài dōu diǎnhǎo le, nǐmen jiù shǎngguāng chī diǎn ba.

B 对不起了，汤总！
Duìbùqǐ le, Tāngzǒng!

A 오늘 자오 처장님을 초대해서 대접할 생각이라 해물 요리를 주문했어요.
B 탕 사장님, 저희 불교 신자들은 초하루하고 열닷새엔 채식만 해요.
A 我差点儿疏忽了。 그래도 주문을 다 했으니 체면을 봐서라도 와서 드시지요.
Wǒ chàdiǎnr shūhu le.
B 죄송합니다, 탕 사장님!

设宴 shèyàn 연회를 마련하다
招待 zhāodài 초대하다
全蟹宴 quánxièyàn 해물 요리 연회
信佛 xìnfó 불교를 믿다
初一 chūyī 초하루
吃素 chīsù 채식을 하다
疏忽 shūhu 소홀하다
赏光 shǎngguāng 체면을 봐서 왕림해 주세요

Unit 14

그땐 그랬지.

저자 핵심 강의 14

일이 일어난 시간과 기간을 말하는 장면에서 꼭 나오는 패턴

어떤 일이 일어난 시간이나 기간 등을 말하고 싶을 때 자주 활용하는 전치사 在와 从 구조를 중심으로 모은 패턴입니다. 在와 从 구조만 장악한다면 중국어로 시점과 기간을 이야기하는 건 큰 문제 없습니다. 거기서 조금 더 확장된 부사 패턴도 익힐 수 있고, 어떤 일이 얼마 동안 이루어졌는지를 말하는 시간보어 패턴도 곁들였습니다.

패턴 미리보기

110 …的时候 ~할 때 / ~하고 있을 때

111 在…的时候 ~할 때

112 当…的时候 ~할 때

113 在…里 ~(하는) 동안 / ~안에

114 在…期间 ~하는 동안

115 在…之前 ~이전에

116 在…之后 ~이후에 / ~뒤에

117 从…起 ~부터

118 从…以来 ~이래로

119 从…到… ~부터 ~까지

120 一会儿…一会儿… (때로는) ~하다가 (때로는) ~하다

121 …(七个小时) (~동안) ~하다

110.mp3

工作的时候我经常听音乐。

일할 때 저는 자주 음악을 들어요.

'~할 때', '~하고 있을 때'라는 뜻으로, 어떤 일이 일어나고 있는 시점을 나타냅니다. 사람에 해당하는 말은 문장 맨 앞으로 나올 수도 있고, '…的时候' 뒤에 올 수도 있습니다.

Step 1

1. 일할 때 저는 자주 음악을 들어요.
   工作的时候我经常听音乐。
   Gōngzuò de shíhou wǒ jīngcháng tīng yīnyuè.

2. 제가 잘 때 옆에 아무도 없었어요.
   我睡觉的时候旁边没有人。
   Wǒ shuìjiào de shíhou pángbiān méiyǒu rén.

3. 세상 물정을 모를 때 사람들은 잘못을 저지를 수 있어요.
   ★不懂事的时候人会犯错误的。 103
   Bù dǒngshì de shíhou rén huì fàn cuòwù de.

4. 그들이 토론하고 있을 때 전화가 걸려왔습니다.
   他们讨论的时候，来了一个电话。
   Tāmen tǎolùn de shíhou, lái le yí ge diànhuà.

5. 우리가 주저하고 있을 때 그 사람이 결정을 내렸습니다.
   我们犹豫的时候，他下了决定。
   Wǒmen yóuyù de shíhou, tā xià le juédìng.

잠깐만요!

★'不懂事'는 '일을 이해하지 못하다'는 뜻이지만, 흔히 '세상 물정을 모르다'는 뜻으로 쓰여요. '懂事'는 물론 '물정을 알다'라는 뜻이에요.

经常 jīngcháng 항상
不懂事 bù dǒngshì 철없다, 세상 물정을 모르다
犯 fàn 저지르다
犹豫 yóuyù 주저하다
决定 juédìng 결정

Step 2 시아린은 친구에게 같이 소풍을 가자고 하네요. 奋斗

A 下个周末郊游去吧?
Xià ge zhōumò jiāoyóu qù ba?

B 你们成双成对，我当★电灯泡。没门儿，不去!
Nǐmen chéngshuāng chéngduì, wǒ dāng diàndēngpào. Méi ménr, bú qù!

A 소풍 갈 때 남자 친구 하나 소개해 줄게.

B 真的? 帅吗?
Zhēn de? Shuài ma?

A 다음 주말에 우리 소풍 가자!
B 너희는 다 쌍쌍인데, 내가 눈치 없이 끼기 싫어. 방법이 없어, 안 갈래!
A 郊游的时候给你介绍一个男朋友吧。
Jiāoyóu de shíhou gěi nǐ jièshào yí ge nánpéngyou ba.
B 정말? 잘생겼어?

잠깐만요!

★'电灯泡'는 원래 '백열전구'라는 뜻이지만, 연인 사이에 눈치 없이 끼어들어 훼방을 놓는 사람이라는 뜻으로도 자주 쓰여요.

周末 zhōumò 주말
郊游 jiāoyóu 소풍가다
成双成对 chéngshuāng chéngduì 둘씩 짝을 이루다
电灯泡 diàndēngpào 훼방꾼
没门儿 méi ménr 방법이 없다, 가망이 없다

111.mp3

在我小的时候，祖父就去世了。

제가 어렸을 때 할아버지께서 돌아가셨습니다.

'~할 때'라는 뜻으로, 어떤 특정한 시점을 나타냅니다. 그 시점은 과거일 수도 있고, 현재나 미래일 수도 있습니다. '在' 바로 뒤에 어떤 동작이나 행위를 나타내는 말이 오면, 주어는 '在' 앞에 옵니다. 줄여서 '在…时'이라고 쓸 수도 있습니다.

1. 제가 어렸을 때, 할아버지께서 돌아가셨습니다.
   在我小的时候，祖父就去*世了。
   Zài wǒ xiǎo de shíhou, zǔfù jiù qùshì le.
2. 제가 달리고 있을 때, 그는 일부러 넘어졌습니다.
   我在跑的时候，他故意摔倒了。
   Wǒ zài pǎo de shíhou, tā gùyì shuāidǎo le.
3. 저는 대학생 때 그의 책을 읽어 보았습니다.
   我在读大学的时候，读过他的书。 106
   Wǒ zài dú dàxué de shíhou, dúguo tā de shū.
4. 그녀가 어려웠을 때, 저는 그녀를 도왔습니다.
   在她困难的时候，我帮助了她。
   Zài tā kùnnan de shíhou, wǒ bāngzhù le tā.
5. 이 문제를 처리할 때, 반드시 주의해야 해.
   在处理这个问题的时候，你一定要注意。
   Zài chǔlǐ zhè ge wèntí de shíhou, nǐ yídìng yào zhùyì.

잠깐만요!

* 우리말도 그렇지만 중국어도 죽음을 나타내는 표현이 여러 가지 있어요. '돌아가시다'라는 표현에는 '去世', '逝世', '过世' 등이 있어요.

祖父 zǔfù 할아버지
故意 gùyì 일부러
摔倒 shuāidǎo 넘어지다

린시아는 친구와 함께 남자 친구 어머니의 무덤을 찾아왔네요. 北京爱情故事

A 林夏，这是谁的墓地啊？
Línxià, zhè shì shéi de mùdì a?

B 这是疯子妈妈的墓地。평쯔가 어렸을 때 어머니가 떠나가셨거든.
Zhè shì Fēngzǐ māma de mùdì.

A 你对疯子太好了！这些疯子都知道吗？
Nǐ duì Fēngzǐ tài hǎo le! Zhèxiē Fēngzǐ dōu zhīdào ma?

B 疯子不知道我来这儿。
Fēngzǐ bù zhīdào wǒ lái zhèr.

A 린시아, 여기가 누구 무덤이야?
B 평쯔 어머니 무덤이야. 在疯子很小的时候，她妈妈就离开了他。
Zài Fēngzǐ hěn xiǎo de shíhou, tā māma jiù líkāi le tā.
A 평쯔한테 정말 잘하는구나! 평쯔도 다 알고 있니?
B 평쯔는 내가 여기 오는지 몰라.

墓地 mùdì 묘지
离开 líkāi 떠나다

112.mp3

当他说话的时候，看了我一眼。

그가 말을 **할 때** 나를 한번 봤어요.

'~할 때'라는 뜻으로, 어떤 특정한 시점을 나타냅니다. 그 시점은 과거일 수도 있고, 현재나 미래일 수도 있습니다. '当…时'라고 쓰기도 하지만 이때는 주어가 '当' 앞으로 올 수 없습니다.

1. 그가 말을 할 때 나를 한번 봤어요.
   当他说话的时候，看了我一眼。 108
   Dāng tā shuōhuà de shíhou, kàn le wǒ yìyǎn.

2. 그녀가 젊었을 때는 지금보다 더 아름다웠습니다.
   当她年轻的时候，比现在更美丽。 209
   Dāng tā niánqīng de shíhou, bǐ xiànzài gèng měilì.

3. 제가 문을 나섰을 때 비가 내리고 있었습니다.
   当我出门的时候，正在下雨。 104
   Dāng wǒ chūmén de shíhou, zhèngzài xiàyǔ.

4. 제가 일부러 기침할 때 자리에서 일어나세요.
   当我故意干咳的时候，从座位上站起来。
   Dāng wǒ gùyì gānké de shíhou, cóng zuòwèi shàng zhàn qǐlái.

5. 스마트폰이 등장했을 때 사람들은 혁명이라고 생각했어요.
   当智能手机问世的时候，人们认为是个革命。 032
   Dāng zhìnéng shǒujī wènshì de shíhou, rénmen rènwéi shì ge gémìng.

年轻 niánqīng 젊다
出门 chūmén 문을 나서다
干咳 gānké 헛기침
座位 zuòwèi 자리
智能手机 zhìnéng shǒujī 스마트폰
问世 wènshì 세상에 등장하다
革命 gémìng 혁명

오랜만에 다시 만난 연인, 묘하게 긴장된 분위기가 연출되네요. 胜女的代价

A 子奇，好久不见！我很想念你！
Zǐqí, hǎojiǔ bú jiàn! Wǒ hěn xiǎngniàn nǐ!

B 好久不见！看你做宣传很忙的样子！
Hǎojiǔ bú jiàn! Kàn nǐ zuò xuānchuán hěn máng de yàngzi!

A 我很忙，하지만 너랑 린샤오지에가 같이 있는 걸 볼 때 정말 힘들어!
Wǒ hěn máng,

B 我们只是工作上的伙伴，你多心了！
Wǒmen zhǐshì gōngzuò shàng de huǒbàn, nǐ duōxīn le!

A 쯔치, 오랜만이야. 보고 싶었어.
B 오랜만이야! 넌 홍보하느라 바쁜 것 같던데?
A 바쁘지. 可是当我看到你和林晓洁在一起的时候，我很难过！
kěshì dāng wǒ kàndào nǐ hé Línxiǎojié zài yìqǐ de shíhou, wǒ hěn nánguò!
B 우린 그냥 업무 파트너일 뿐이야. 괜한 마음 쓰지 마!

想念 xiǎngniàn 그리워하다
宣传 xuānchuán 선전, 홍보
难过 nánguò 괴롭다, 슬프다
伙伴 huǒbàn 동료
多心 duōxīn 공연히 걱정하다

113.mp3

在十年里，我写了三本书。

10년 **동안** 저는 책 세 권을 썼어요.

'~(하는) 동안', '~안에'라는 뜻으로, 시간의 범위를 말하는 표현입니다. 물론 '在…里' 사이에 장소나 범위를 나타내는 말이 올 때도 있습니다. 시간을 나타내는 '在…以内(之内)'라는 패턴과도 비슷합니다.

1. 10년 동안 저는 책 세 권을 썼어요.
   在十年里，我写了三本书。
   Zài shí nián li, wǒ xiě le sān běn shū.

2. 이틀 안에 우리 다시 모입시다.
   在两天里，我们再聚聚。
   Zài liǎng tiān li, wǒmen zài jùjù.

3. 오랜 시간 동안 그들은 연락하지 않았어요.
   在很长时间里，他们都没联系。
   Zài hěn cháng shíjiān li, tāmen dōu méi liánxì.

4. 순식간에 무언가가 지나갔어요.
   在瞬间里，不知什么东西过去了。
   Zài shùnjiān li, bù zhī shénme dōngxi guòqù le.

5. 일주일 안에 회신을 주십시오.
   在一个星期*里，你给我回复一下。 147
   Zài yí ge xīngqī li, nǐ gěi wǒ huífù yíxià.

잠깐만요!

* '주'라는 말은 흔히 '星期'라고 쓰지만, '周'라고 쓸 수도 있어요. '이번 주'는 '本周', '다음 주'는 '下周', '지난주'는 '上周'라고 할 수 있어요.

聚 jù 모이다
联系 liánxì 연락하다
瞬间 shùnjiān 순간
回复 huífù 회신하다

아들을 혼자 집에 두고 출근해야 하는 아빠가 아이에게 당부하네요. 小爸爸

A 从今天开始，我去上班，你就得自己在家呆着，知道吗？
Cóng jīntiān kāishǐ, wǒ qù shàngbān, nǐ jiù děi zìjǐ zài jiā dāizhe, zhīdào ma?

B 我不能跟你去上班。那我饿了怎么办呢？
Wǒ bù néng gēn nǐ qù shàngbān. Nà wǒ è le zěnme bàn ne?

A 饿了，有什么吃什么！방 안에서는 어떤 물건도 건드리면 안 돼!
È le, yǒu shénme chī shénme!

B 明白了！
Míngbai le!

A 오늘부터 아빠는 출근해야 하니까, 너 혼자 집에 있어야 해. 알겠지?
B 아빠 따라서 출근 못 하는 거죠. 그럼 배고프면 어떻게 해요?
A 배고프면 뭐든 있는 것 먹어! 在这个屋子里*，任何东西不许*碰！
Zài zhè ge wūzi li, rènhé dōngxi bùxǔ pèng!
B 알겠어요!

잠깐만요!

* 여기서는 '在…里'가 장소를 나타내요.

* 금지의 뜻을 나타내고, '不能'이나 '不准' 등과 비슷해요.

呆 dāi 머무르다
不许 bùxǔ ~해서는 안 된다
碰 pèng 건드리다

114.mp3

在比赛期间，他一句话都没说。

경기하는 동안 그는 한마디도 하지 않았어요.

'~하는 동안'이라는 뜻으로, 어떤 일이 일어났던 기간을 나타냅니다. '在…期间' 사이에는 '누가 어떤 행위를 하는 동안'이라는 말이 올 수도 있습니다.

1. 경기하는 동안 그는 한마디도 하지 않았어요.
   在比赛期间，他一句话都没说。 198
   Zài bǐsài qījiān, tā yí jù huà dōu méi shuō.

2. 회의하는 동안 저는 내내 이리저리 생각했어요.
   在会议期间，我一直想来想去。 188
   Zài huìyì qījiān, wǒ yìzhí xiǎng lái xiǎng qù.

3. 그 기간에 그는 새로운 계획을 승인했어요.
   在这期间，他就批准了新的计划。
   Zài zhè qījiān, tā jiù pīzhǔn le xīn de jìhuà.

4. 전시회 동안 대략 2천 명이 관람했어요.
   在展览期间，大概有两千人参观。 060 158
   Zài zhǎnlǎn qījiān, dàgài yǒu liǎng qiān rén cānguān.

5. 대학에서 공부하는 동안 저는 외국어의 중요성을 몰랐어요.
   在大学学习期间，我不知道外语的重要性。
   Zài dàxué xuéxí qījiān, wǒ bù zhīdào wàiyǔ de zhòngyàoxìng.

比赛 bǐsài 대회, 경기
批准 pīzhǔn 승인하다
展览 zhǎnlǎn 전시회
重要性 zhòngyàoxìng 중요성

영국에서 만난 친구들이 하고 싶은 일들을 이야기하네요. 胜女的代价

A 你有什么地方想去的吗?
Nǐ yǒu shénme dìfang xiǎng qù de ma?

B 有啊。영국에 있는 동안 난 디자인 대학들에 가 보고 싶어.
Yǒu a.

A 为什么要看设计学院?
Wèi shénme yào kàn shèjì xuéyuàn?

B 因为我想成为设计师。
Yīnwèi wǒ xiǎng chéngwéi shèjìshī.

A 너 가 보고 싶은 곳 있어?
B 있어. 在英国期间，我想去看一些设计学院*。
Zài Yīngguó qījiān, wǒ xiǎng qù kàn yìxiē shèjì xuéyuàn.
A 디자인 대학에는 왜?
B 난 디자이너가 되고 싶으니까.

잠깐만요!

* '学院'은 우리말로 단과대학에 해당해요. '학원'은 '补习班'이라고 하니 유의하세요!

设计 shèjì 디자인
学院 xuéyuàn 단과대학
设计师 shèjìshī 디자이너

115.mp3

在二十岁之前，不准喝酒。

스무 살 **전에는** 술을 마시지 못합니다.

'~이전에'라는 뜻으로, 어떤 특정한 시점 이전을 나타내는 표현입니다. '在…以前'도 같은 패턴이고, '在'를 쓰지 않기도 합니다.

Step 1

1. 스무 살 전에는 술을 마시지 못합니다.
   在二十岁之前，不准喝酒。
   Zài èrshí suì zhīqián, bù zhǔn hē jiǔ.
2. 며칠 전에 저는 중국에 다녀왔습니다.
   在几天之前，我去过一趟中国。 106 108
   Zài jǐ tiān zhīqián, wǒ qùguo yí tàng Zhōngguó.
3. 수업이 끝나기 전에 오늘의 요점을 정리하겠습니다.
   在下课之前，我要整理好今天的要点。 001
   Zài xiàkè zhīqián, wǒ yào zhěnglǐ hǎo jīntiān de yàodiǎn.
4. 지하철 문이 닫히기 전에 나는 간신히 올라탔습니다.
   在地铁关门之前，我好不容易上车了。
   Zài dìtiě guānmén zhīqián, wǒ hǎoburóngyì shàngchē le.
5. 서명하기 전에 이 계약서를 다시 자세히 읽어 보세요.
   你在签名之前，再仔细地读一下这个合同。 091
   Nǐ zài qiānmíng zhīqián, zài zǐxìde dú yíxià zhè ge hétong.

잠깐만요!

* '不准'은 '~해서는 안 된다'는 뜻으로 금지를 나타내는 표현이에요. '不能', '不可以', '不许' 등도 비슷한 뜻이에요.
* '好不容易'는 '겨우'라는 뜻으로, 부정을 나타내는 '不'를 없앤 '好容易'도 같은 뜻이에요.

准 zhǔn 허락하다
整理 zhěnglǐ 정리하다
要点 yàodiǎn 요점
地铁 dìtiě 지하철
好不容易 hǎoburóngyì 겨우
签名 qiānmíng 서명하다
仔细 zǐxì 자세하다

Step 2 영국으로 건너온 친구에게 앞으로의 계획을 묻고 있네요. 胜女的代价

A 你呆在英国做什么？
Nǐ dāi zài Yīngguó zuò shénme?

B 我很忙的，没事抓抓劫匪，无聊时去海德公园喂喂鸽子。
Wǒ hěn máng de, méi shì zhuāzhua jiéfěi, wúliáo shí qù Hǎidé gōngyuán wèiwei gēzi.

A 哈，原来你是无业游民啊。
Hā, yuánlái nǐ shì wúyè yóumín a.

B 你不觉得，뭘 할지 결정하기 전에는 아무것도 안 하는 게 의미가 있다고.
Nǐ bù juéde,

A 영국에서 뭐 할 거야?
B 나 바빠. 일 없으면 도둑도 잡고, 심심할 땐 하이드파크에 가서 비둘기 모이도 주고.
A 아하, 알고 보니 너 백수였구나.
B 넌 몰라. 在没决定做什么之前，什么都不做比较有意义。
zài méi juédìng zuò shénme zhīqián, shénme dōu bú zuò bǐjiào yǒu yìyì.

잠깐만요!

* '原来'는 '원래'라는 뜻이지만, 대화 속에서는 '알고 보니'라고 풀이하는 것이 자연스러워요.

抓 zhuā 잡다
劫匪 jiéfěi 도둑, 강도
无聊 wúliáo 심심하다
海德公园 Hǎidégōngyuán 하이드파크
喂 wèi 기르다, 먹이를 주다
鸽子 gēzi 비둘기
原来 yuánlái 알고 보니
无业游民 wúyè yóumín 백수
意义 yìyì 의미

116.mp3

在结束之后，我们再谈吧。

끝난 **뒤에** 우리 다시 이야기합시다.

'~이후에', '~뒤에'라는 뜻으로, 어떤 특정한 시점 이후의 상황을 말하려고 할 때 씁니다. '在…以后'도 같은 표현이고, '在'를 쓰지 않아도 되는 경우가 많습니다.

1. 끝난 뒤에 우리 다시 이야기합시다. 在结束之后，我们再谈吧。 089
   Zài jiéshù zhīhòu, wǒmen zài tán ba.
2. 도착한 뒤에 제게 연락 주세요. 在到达之后，你跟我联系。 148
   Zài dàodá zhīhòu, nǐ gēn wǒ liánxì.
3. 날이 밝은 뒤에 다시 찾아보러 갑시다. 在天亮之后，我们再去找吧。 089 178
   Zài tiān liàng zhīhòu, wǒmen zài qù zhǎo ba.
4. 돈을 낸 뒤에 잘못됐다는 걸 알았어요. 在交钱之后，我才发现了有错误。
   Zài jiāo qián zhīhòu, wǒ cái fāxiàn le yǒu cuòwù.
5. 그는 늘 말을 한 뒤에 후회합니다. 他老在说话之后吃后悔药★。
   Tā lǎo zài shuōhuà zhīhòu chī hòuhuǐyào.

잠깐만요!

★ '吃后悔药'는 관용적인 표현으로 '후회하다'는 뜻이에요.

结束 jiéshù 끝나다
到达 dàodá 도착하다
天亮 tiānliàng 날이 밝다
交钱 jiāo qián 돈을 내다
老 lǎo 항상

Step 2 남자는 여자 친구가 임신했다는 소식을 듣고 달려왔네요. 胜女的代价

A 퇴원한 뒤에 우리 집으로 와서 지내!

B 嗯嗯，好好！我真是太感动了！
Èng èng, hǎo hǎo! Wǒ zhēnshi tài gǎndòng le!

A 我要回去打扫了！这样好照顾你！
Wǒ yào huíqù dǎsǎo le! Zhèyàng hǎo zhàogù nǐ!

B 你还要给爸爸妈妈打电话，告诉他们好消息！
Nǐ hái yào gěi bàba māma dǎ diànhuà, gàosu tāmen hǎo xiāoxi!

A 在出院之后，你搬到我家住！
Zài chūyuàn zhīhòu, nǐ bāndào wǒ jiā zhù!
B 응, 응. 그래! 나 정말 감동했어!
A 청소 좀 하러 갈게! 그래야 널 잘 돌볼 수 있을 테니까!
B 아버지 어머니께 전화해서 좋은 소식 알려드려!

出院 chūyuàn 퇴원하다
搬 bān 이사하다
感动 gǎndòng 감동하다
打扫 dǎsǎo 청소하다
照顾 zhàogù 돌보다

117.mp3

从周一起，门票贵了十元。

월요일**부터** 입장료가 10위안 비싸졌습니다.

'(언제)부터'라는 뜻으로, 어떤 일이 일어나기 시작한 기점을 나타냅니다. 그 기점은 과거 또는 미래가 모두 가능하고, '从…开始'나 '从…以后'도 비슷한 패턴입니다.

1. 월요일부터 입장료가 10위안 비싸졌습니다. 从周一起，门票贵了十元。 025
   Cóng zhōuyī qǐ, ménpiào guì le shí yuán.

2. 오늘부터 내 말 잘 들어. 从今天起，你好好儿听一下我的话。 091
   Cóng jīntiān qǐ, nǐ hǎohāor tīng yíxià wǒ de huà.

3. 그때부터 우리는 서로 만나고 싶었습니다. 从那时候起，我们很想见面。 002
   Cóng nà shíhou qǐ, wǒmen hěn xiǎng jiànmiàn.

4. 그는 재작년부터 미국에서 살았습니다. 他从前年起在美国生活。 122
   Tā cóng qiánnián qǐ zài Měiguó shēnghuó.

5. 올해부터는 많은 정책이 바뀌었습니다. 从今年起，有很多政策变化了。 025 158
   Cóng jīnnián qǐ, yǒu hěn duō zhèngcè biànhuà le.

잠깐만요!

* 혹시 '门票经济'라는 말 들어보셨나요? 중국의 관광지가 활성화되면서 각종 명소마다 입장권을 판매해서 얻는 수익이 만만치 않은 데서 생겨난 말이에요.

* '那时候'는 '当时'라고 할 수도 있어요.

门票 ménpiào 입장권
贵 guì 비싸다
政策 zhèngcè 정책
变化 biànhuà 변화

바람둥이 남자를 좋아하는 친구에게 충고하고 있네요. 北京爱情故事

A 你还不知道疯子是什么人嘛?
Nǐ hái bù zhīdào Fēngzǐ shì shénme rén ma?

B 他就是那样我也喜欢她!
Tā jiùshì nàyàng wǒ yě xǐhuan tā!

A 그 애는 대학 1학년 때부터 옆에 여자가 없던 적이 없어!

B 吴狄，可是我还是放不下他。
Wúdí, kěshì wǒ háishi fàngbuxià tā.

A 넌 아직도 펑쯔가 어떤 사람인지 몰라?
B 그 사람 그대로가 난 좋아!
A **他从大学一年级开始身边就没缺过女孩!**
Tā cóng dàxué yì niánjí kāishǐ shēnbiān jiù méi quēguo nǚhái!
B 우디, 하지만 난 여전히 그 사람 놓을 수가 없어.

大学 dàxué 대학
年级 niánjí 학년
缺 quē 모자라다
放 fàng 놓다

118.mp3

从二十世纪以来，地球越来越小。

20세기 **이래로** 지구는 갈수록 좁아졌습니다.

'~이래로'라는 뜻으로, 어떤 일이 일어나기 시작한 시점부터 그 다음까지 계속해서 말하고 싶을 때 쓰는 표현입니다. '自从…以来'도 비슷한 패턴이지만, '从…以来' 앞에는 주어를 나타내는 말이 올 수 있는 반면, '自从…以来'는 그럴 수 없습니다.

1. 20세기 이래로 지구는 갈수록 좁아졌습니다.
   从二十世纪以来，地球越来越小。 088
   Cóng èrshí shìjì yǐlái, dìqiú yuèláiyuè xiǎo.
2. 한 왕조 이래로 유교가 부흥했습니다.
   从汉朝以来，儒家复兴了。
   Cóng Hàncháo yǐlái, rújiā fùxīng le.
3. 구석기시대 이래로 인간은 돌을 사용했습니다.
   从旧石器时代以来，人类开始使用石头。
   Cóng jiùshíqì shídài yǐlái, rénlèi kāishǐ shǐyòng shítou.
4. 1950년대 이래로 현대 미술이 시작됐습니다.
   从二十世纪五十年代以来，当代美术开始了。
   Cóng èrshí shìjì wǔshí niándài yǐlái, dāngdài měishù kāishǐ le.
5. 전쟁이 끝나고 난 이래로 세계평화는 영원한 주제가 됐습니다.
   从战争结束以来，世界和平成为永远的主题。
   Cóng zhànzhēng jiéshù yǐlái, shìjiè hépíng chéngwéi yǒngyuǎn de zhǔtí.

잠깐만요!

* '1950년대'라는 말은 이렇게 '二十世纪五十年代', 또는 '上世纪五十年代'라고 표현해요. '1950年代'라는 말은 잘 쓰지 않아요. 물론 구체적인 연도, 예컨대 '1953년'을 나타낼 때는 '1953年'이라고 합니다.
* '现代'는 의미상 우리말의 '근대', '当代'는 '현대'를 나타내니 유의하세요.

二十世纪 èrshí shìjì 20세기
地球 dìqiú 지구
儒家 rújiā 유가, 유교
复兴 fùxīng 부흥하다
旧石器 jiùshíqì 구석기
当代 dāngdài 현대
美术 měishù 미술
永远 yǒngyuǎn 영원하다

Step 2 새엄마와 함께 살게 된 남자의 하루가 시작되네요. 北京爱情故事

A 干妈，起来了？大清早就开始收拾房间！
Gānmā, qǐlái le? Dàqīngzǎo jiù kāishǐ shōushi fángjiān!

B 疯子啊，还叫我干妈啊？以后就叫妈！睡好了吗？
Fēngzǐ a, hái jiào wǒ gānmā a? Yǐhòu jiù jiào mā! Shuìhǎo le ma?

A 挺好的，你睡得怎么样？看您的脸色很好啊。
Tǐng hǎo de, nǐ shuì de zěnmeyàng? Kàn nín de liǎnsè hěn hǎo a.

B 可不是，네가 우리 집에 온 뒤로부터 내 기분이 갈수록 좋아지는구나.
Kěbushì,

A 새엄마, 일어나셨어요? 아침 일찍부터 방 정리하시네요!
B 펑쯔, 아직도 새엄마가 뭐니? 앞으로는 엄마라고 불러! 잘 잤니?
A 잘 잤어요, 잘 주무셨어요? 안색이 좋아 보이시네요.
B 그러게 말이야. 自从你到我们家以来，我的心情就越来越好啊！
zìcóng nǐ dào wǒmen jiā yǐlái, wǒ de xīnqíng jiù yuèláiyuè hǎo a!

잠깐만요!

* 중국은 친부모님 말고 다른 분을 양부모님으로 모시는 경우가 많아요. 양부모님처럼 새로 맺은 가족을 칭할 때 '의형제'에서 '의~'에 해당하는 말이 '干…'입니다.
* 시간을 나타내는 말 앞에 '大'를 붙이면, '한창 ~하는 때'라는 말이 돼요. 예를 들면, '大早的'라고 하면 '아침 일찍부터'라는 뜻이에요. 뒤에 '的'를 붙여서 '大…的'로 자주 써요.

干妈 gānmā 양어머니
大清早 dàqīngzǎo 이른 아침
收拾 shōushi 정리하다
心情 xīnqíng 기분

119.mp3

从一点到三点，电梯会停运的。

1시부터 3시까지 엘리베이터가 운행을 멈출 것입니다.

'~부터 ~까지'라는 뜻으로, 어떤 일이 일어난 때부터 끝나는 때까지를 나타냅니다. 그 시작과 끝을 나타내는 시간은 과거일 수도 있고 미래일 수도 있습니다.

1. 1시부터 3시까지 엘리베이터는 운행을 멈출 것입니다.
   从一点到三点，电梯*会停运的。 103
   Cóng yì diǎn dào sān diǎn, diàntī huì tíngyùn de.
2. 월요일부터 금요일까지 매일 출근해야 합니다.
   从星期一到星期五，每天要上班。
   Cóng Xīngqīyī dào Xīngqīwǔ, měitiān yào shàngbān.
3. 5분부터 7분까지 영화 화면이 계속 멈춰 있습니다.
   从五分到七分，电影画面一直在停着。 110
   Cóng wǔ fēn dào qī fēn, diànyǐng huàmiàn yìzhí zài tíngzhe.
4. 입춘부터 곡우까지가 봄이라 할 수 있습니다.
   从立春到谷雨，可以说是春天。
   Cóng lìchūn dào gǔyǔ, kěyǐ shuō shì chūntiān.
5. 고려부터 조선까지의 역사는 중세 시기에 속합니다.
   从高丽到朝鲜，这段历史属于中世时期。
   Cóng Gāolí dào Cháoxiān, zhè duàn lìshǐ shǔyú zhōngshì shíqī.

잠깐만요!

* 에스컬레이터는 '自动电梯', '自动扶梯'라고 해요.

电梯 diàntī 엘리베이터
停运 tíngyùn 운행을 멈추다
上班 shàngbān 출근하다
画面 huàmiàn 화면
立春 lìchūn 입춘
谷雨 gǔyǔ 곡우
属于 shǔyú ~에 속하다
中世 zhōngshì 중세

친구는 자신이 받아야 할 돈을 정확히 기억하고 있네요. 北京爱情故事

A 你记这么多什么时候还?
Nǐ jì zhème duō shénme shíhou huán?

B 대학 1학년 때부터 지금까지 식권 한 장, 1전 한 푼도 다 똑똑히 기억하고 있어.

A 你记它干嘛?
Nǐ jì tā gànmá?

B 这不是钱的问题，这叫情分。
Zhè búshì qián de wèntí, zhè jiào qíngfèn.

A 그렇게 많은 걸 언제 갚았는지 다 기억한다고?
B 从大*一到现在每张饭票，每分钱我都记得清清楚楚的。
Cóng dàyī dào xiànzài měi zhāng fànpiào, měi fēn qián wǒ dōu jìde qīngqīngchǔchǔ de.
A 그걸 기억해서 뭐해?
B 그건 돈 문제가 아니라 정 문제야.

잠깐만요!

* 대학 1학년을 줄여서 이렇게 말해요. 2학년, 3학년, 4학년은 차례대로 '大二', '大三', '大四'라고 합니다.

记 jì 기억하다, 기록하다
还 huán 돌려주다
饭票 fànpiào 식권
清清楚楚 qīngqīngchǔchǔ 분명하다
情分 qíngfèn 정

雨一会儿下一会儿停。

비가 왔다가 그쳤다 하네요.

'(때로는) ~하다가 (때로는) ~하다'는 뜻으로, 어떤 일이나 상황이 시시때때로 반복해서 변함을 나타냅니다. '时而… 时而…'이라는 표현도 비슷한 뜻입니다.

1. 비가 왔다가 그쳤다 하네요. 雨一会儿下一会儿停。 Yǔ yíhuìr xià yíhuìr tíng.
2. 전등이 켜졌다 꺼졌다 합니다. 电灯一会儿开一会儿关。 Diàndēng yíhuìr kāi yíhuìr guān.
3. 아이가 때로는 웃다 때로는 울다 하네요. 小孩子一会儿笑一会儿哭。 Xiǎo háizi yíhuìr xiào yíhuìr kū.
4. 그는 이렇게 말했다 저렇게 말했다 합니다. 他一会儿说这样一会儿说那样。 Tā yíhuìr shuō zhèyàng yíhuìr shuō nàyàng.
5. 조울증은 기분이 좋았다 나빴다 합니다. 躁郁症一会儿高兴一会儿忧伤。 Zàoyùzhèng yíhuìr gāoxìng yíhuìr yōushāng.

잠깐만요!

* '一会儿'의 발음은 'yíhuìr'과 'yìhuǐr'이 모두 가능합니다.

电灯 diàndēng 전등
笑 xiào 웃다
哭 kū 울다
躁郁症 zàoyùzhèng 조울증
忧伤 yōushāng 우울하다

남자는 떠나간 여자 친구 때문에 기가 죽어 있네요. 奋斗

A 陆涛，夏琳不在了 너 기분이 좋았다 풀이 죽었다 하네!
Lùtāo, Xiàlín bú zài le

B 没有夏琳我真是觉得生活太没有意思了。
Méiyǒu Xiàlín wǒ zhēnshi juéde shēnghuó tài méiyǒu yìsi le.

A 夏琳不在，我要把你变回以前那个了不起的陆涛。
Xiàlín bú zài, wǒ yào bǎ nǐ biàn huí yǐqián nà ge liǎobuqǐ de Lùtāo.

B 算了吧，我还是盼着夏琳早点回来吧！
Suàn le ba, wǒ háishi pànzhe Xiàlín zǎodiǎn huílái ba!

A 루타오, 시아린이 없으니 你就一会儿高兴，一会儿垂头丧气的！
nǐ jiù yíhuìr gāoxìng, yíhuìr chuítóusàngqì de!
B 시아린이 없으니 난 정말 사는 게 재미없어졌어.
A 시아린 없을 때 내가 널 예전에 잘나가던 루타오로 만들어 줄게.
B 됐어, 난 아직도 시아린이 빨리 돌아오길 바란다고!

垂头丧气 chuítóusàngqì 풀이 죽다, 의기소침하다
了不起 liǎobuqǐ 대단하다
盼 pàn 고대하다

121.mp3

我平时睡七个小时。

저는 평소에 **일곱 시간을** 잡니다.

동사술어 뒤에 시간을 나타내는 말이 오면 '~동안 ~하다'는 뜻으로, 어떤 일을 어느 만큼의 시간 동안 하는지를 나타낼 때 쓰입니다.

Step 1

1. 저는 평소에 일곱 시간을 잡니다.
   我平时睡七个小时。
   Wǒ píngshí shuì qī ge xiǎoshí.
2. 그는 중국에서 4년을 살았습니다.
   ★他在中国住了四年。 122
   Tā zài Zhōngguó zhù le sì nián.
3. 이 아이는 태어난 지 두 달 되었습니다.
   这孩子出生两个月了。
   Zhè háizi chūshēng liǎng ge yuè le.
4. 저는 오랫동안 그녀를 쫓아다녔습니다.
   我追她很长时间了。
   Wǒ zhuī tā hěn cháng shíjiān le.
5. 그는 중국어를 10년 넘게 배웠습니다.
   他学汉语学了超过十年了。
   Tā xué Hànyǔ xué le chāoguò shí nián le.

잠깐만요!

★ 이 문장의 맨 끝에 다시 '了'를 붙이면, '4년을 살았고, 지금도 살고 있다', 즉 '4년째 살고 있다'는 뜻이에요.

平时 píngshí 평소
出生 chūshēng 태어나다
超过 chāoguò 초과하다

Step 2 컴퓨터만 하는 아들에게 화가 난 엄마가 한마디 하네요. 家有儿女

A 刘星，你回家以后，세 시간 동안 컴퓨터 하고 있어. 不写作业了吗?
Liúxīng, nǐ huíjiā yǐhòu, Bù xiě zuòyè le ma?

B 老妈，研究电脑也是学习，作业我都写完了!
Lǎomā, yánjiū diànnǎo yě shì xuéxí, zuòyè wǒ dōu xiěwán le!

A 你现在不努力，考不上大学怎么办?
Nǐ xiànzài bù nǔlì, kǎobushàng dàxué zěnme bàn?

B 我不和您说了，我去朋友家了!
Wǒ bù hé nín shuō le, wǒ qù péngyou jiā le!

A 리우싱, 너 집에 온 후로 弄电脑弄三个小时了。 숙제는 안 하니?
nòng diànnǎo nòng sān ge xiǎoshí le.
B 엄마, 컴퓨터를 연구하는 것도 공부예요. 숙제는 다 했어요!
A 너 지금 노력 안 해서 대학 못 가면 어쩔래?
B 엄마랑 얘기 안 할래요, 저 친구 집에 갈래요!

学习 xuéxí 공부하다
考不上 kǎobushàng 합격하지 못하다

Unit 15

저자 핵심 강의 15

그 중에서도 말이죠.

장소와 영역을 말하는 장면에서 꼭 나오는 패턴

어떤 일이 일어난 장소나 영역 등을 말하고 싶을 때 자주 활용하는 전치사 在와 对 구조를 중심으로 모은 패턴입니다. 在는 앞서 살펴본 것처럼 시간을 나타낼 때도 자주 쓰지만, 장소나 영역을 나타낼 때도 자주 쓰는 전천후 전치사예요. 对도 그에 못지않지만, 그래도 在보다는 단순해서 여기 제시된 몇 가지 패턴만 익혀도 잘 활용할 수 있을 거예요.

패턴 미리보기

122.mp3

他在食堂里等你。

그 사람이 식당**에서** 널 기다리고 있어.

'~에서'라는 뜻으로, 어떤 일이 일어나는 장소를 나타냅니다. 이때 '在+장소'는 대부분 동작이나 행위를 나타내는 동사술어 앞에 와야 합니다.

1. 그 사람이 식당에서 널 기다리고 있어. 他在食堂里等你。
   Tā zài shítáng li děng nǐ.
2. 펭귄은 남극에서 살아갑니다. 企鹅在南极上生活。 105
   Qǐ'é zài nánjí shàng shēnghuó.
3. 우리 늘 보던 거기서 만납시다. 我们在老地方见面。
   Wǒmen zài lǎodìfang jiànmiàn.
4. 주인공이 무대에서 인사를 합니다. 主角在舞台上打招呼。
   Zhǔjué zài wǔtái shàng dǎzhāohu.
5. 선수는 운동장에서 자신의 역량을 발휘합니다. 选手在运动场上发挥自己的力量。
   Xuǎnshǒu zài yùndòngchǎng shàng fāhuī zìjǐ de lìliàng.

잠깐만요!

* '食堂'은 엄밀히 말하면 우리말의 '구내식당'이라는 뜻이에요. 대체로 외식을 할 수 있는 식당은 '餐厅'이나 '饭馆'이라고 말해요.

企鹅 qǐ'é 펭귄
南极 nánjí 남극
老地方 lǎodìfang 늘 만나던 곳
主角 zhǔjué 주인공
打招呼 dǎzhāohu 인사하다
力量 lìliàng 힘, 역량

학부모회에 다녀온 아빠는 아들의 학교생활을 알게 됐네요. 家有儿女

A 刘星，너희 반에서 무슨 일을 한 거야? 把纸片撒教室里?
Liúxīng, Bǎ zhǐpiàn sǎ jiàoshì li?

B 嗯，不过我全都给扫干净了。
Èng, búguò wǒ quán dōu gěi sǎo gānjìng le.

A 那你把同学鼻子打得哗哗流血，是怎么回事?
Nà nǐ bǎ tóngxué bízi dǎ de huāhuā liúxiě, shì zěnme huíshì?

B 我还把那同学送医务室去了呢!
Wǒ hái bǎ nà tóngxué sòng yīwùshì qù le ne!

A 리우싱, **你在你们班里搞什么啦?** 종잇조각을 교실에 뿌렸어?
nǐ zài nǐmen bān li gǎo shénme la?
B 네, 하지만 다 깨끗이 청소했다고요.
A 그럼 친구 코를 때려서 피나게 한 건 어떻게 된 거야?
B 제가 그 친구를 의무실로 데려다 줬는데요!

잠깐만요!

* '怎么回事'는 "어떻게 된 거야?"라는 표현이에요.

纸片 zhǐpiàn 종잇조각
撒 sǎ 뿌리다
教室 jiàoshì 교실
鼻子 bízi 코
医务室 yīwùshì 의무실

123.mp3

你要坐在我旁边。

넌 내 옆에 앉아야 해.

'~에'라는 뜻으로, 어떤 일의 결과가 이루어지는 장소를 나타냅니다. 그래서 이 패턴은 '把…+동사+在+장소(~을 ~에 ~하다)'라는 말을 할 때 자주 씁니다.

1. 넌 내 옆에 앉아야 해.
   你要坐在我旁边。
   Nǐ yào zuò zài wǒ pángbiān.
2. 이 책들을 우선 상자에 담으세요.
   这些书先装在箱子里。
   Zhèxiē shū xiān zhuāng zài xiāngzi li.
3. 이 간장은 국에 넣어야 합니다.
   这个酱油得*放在汤里。
   Zhè ge jiàngyóu děi fàng zài tāng li.
4. 이름을 여기에 써 주십시오.
   请把您的名字写在这儿。 092 166
   Qǐng bǎ nín de míngzi xiě zài zhèr.
5. 제 모자를 커피숍에 두고 왔어요.
   我把我的帽子忘在咖啡厅里了。 166
   Wǒ bǎ wǒ de màozi wàng zài kāfēitīng li le.

잠깐만요!

* 이때 '得'는 '~해야 한다'는 뜻으로 'děi'라고 읽어요. '要'나 '应该'도 비슷한 뜻이에요.

旁边 pángbiān 옆
装 zhuāng 담다
箱子 xiāngzi 상자
酱油 jiàngyóu 간장
帽子 màozi 모자
忘 wàng 잊다
咖啡厅 kāfēitīng 커피숍

기자들 앞에서 실수한 회사 대변인은 상사에게 한소리 듣고 있네요. 胜女的代价

A 林晓洁，你怎么这么不小心，面对媒体说话要小心啊！
Línxiǎojié, nǐ zěnme zhème bù xiǎoxīn, miànduì méitǐ shuōhuà yào xiǎoxīn a!

B 对不起，기자들 앞에서는 앞으로 조심하겠습니다.
Duìbuqǐ,

A 在发言人的位置上，你要处处谨慎！
Zài fāyánrén de wèizhi shàng, nǐ yào chùchù jǐnshèn!

B 那要不要发个声明说是一个误会呢？
Nà yào bu yào fā ge shēngmíng shuō shì yí ge wùhuì ne?

A 린샤오지에, 왜 그렇게 조심성이 없어? 미디어 앞에서 말할 땐 조심해야 해!
B 죄송합니다. 我在记者们面前，以后要小心。
wǒ zài jìzhěmen miànqián, yǐhòu yào xiǎoxīn.
A 대변인의 위치에서는 가는 곳마다 신중해야 해!
B 그럼 성명 발표해서 오해였다고 할까요?

小心 xiǎoxīn 조심하다
面对 miànduì 마주 대하다
媒体 méitǐ 매체, 미디어
记者 jìzhě 기자
发言人 fāyánrén 대변인
位置 wèizhi 위치
处处 chùchù 곳곳
谨慎 jǐnshèn 신중하다
声明 shēngmíng 성명
误会 wùhuì 오해

124.mp3

在公交车上，我看见了一个朋友。

버스**에서** 저는 친구를 만났어요.

'~에서'라는 뜻으로, 어떤 일이 일어난 장소나 범위를 나타냅니다. '在…里/内/方面/地方'도 비슷한 뜻이고, 때로는 '在' 앞에 주어가 올 수도 있습니다.

1. 버스에서 저는 친구를 만났어요. 在公交车上，我看见了一个朋友。
Zài gōngjiāochē shàng , wǒ kànjiàn le yí ge péngyou.
2. 제 동생은 항상 소파에서 책을 봅니다. 我弟弟常在沙发★上看书。
Wǒ dìdi cháng zài shāfā shàng kànshū.
3. 이 범위에서 골라 보세요. 在这个范围内，你选一下。 091
Zài zhè ge fànwéi nèi, nǐ xuǎn yíxià.
4. 슈퍼마켓에서 과일을 좀 샀습니다. 我在超级市场里买了一些水果。
Wǒ zài chāojí shìchǎng li mǎi le yìxiē shuǐguǒ.
5. 역사상 그것은 비참한 사건이었습니다. 在历史上，那是一个悲惨的事件。
Zài lìshǐ shàng, nà shì yí ge bēicǎn de shìjiàn.

잠깐만요!

★ 이때 '沙发'는 그 자체가 장소가 아니므로 반드시 '上'을 붙여서 장소 표현으로 만들어 주어야 해요.

公交车 gōngjiāochē 공공버스
沙发 shāfā 소파
范围 fànwéi 범위
选 xuǎn 고르다
超级市场 chāojí shìchǎng 슈퍼마켓
悲惨 bēicǎn 비참하다

딸과 계속 대치 중인 엄마 앞에 아빠가 나타났네요. 家有儿女

A 샤오쉬에 문제에서는 난 자기 편이야. 一会我去跟小雪好好谈谈。
yíhuì wǒ qù gēn Xiǎoxuě hǎohāo tántan.

B 怎么谈呀？你别再谈出麻烦来。
Zěnme tán ya? Nǐ bié zài tánchū máfan lái.

A 我就不信了，咱家权威出面，她敢不听？
Wǒ jiù bú xìn le, zán jiā quánwēi chūmiàn, tā gǎn bù tīng?

B 别太厉害啊！要不然她该以为你是我派去的。
Bié tài lìhai a! Yàobùrán tā gāi yǐwéi nǐ shì wǒ pàiqù de.

A 在小雪的问题上，我支持你，좀 있다 샤오쉬에랑 잘 이야기할게.
Zài Xiǎoxuě de wèntí shàng, wǒ zhīchí nǐ,
B 뭐하러 얘기해요? 더 복잡해질 테니 말하지 마세요.
A 난 못 믿겠어. 집안에 권위 있는 사람이 나타나는데 감히 안 듣겠어?
B 너무 심하게 하지 마! 안 그러면 내가 보낸 줄 알 거예요.

麻烦 máfan 번거롭다
权威 quánwēi 권위
厉害 lìhai 대단하다
派 pài 보내다, 파견하다

125.mp3

在暑假中，我要去香港旅游。

여름방학**에** 저는 홍콩 여행 갈 거예요.

'~중에', '~가운데'라는 뜻으로, 어떤 일의 범위를 한정해서 말합니다. '在…当中'도 비슷한 표현인데, 다만 '在…当中'은 비슷한 부류가 여럿인 범위를 나타낼 때 자주 쓰입니다.

1. 여름방학에 저는 홍콩 여행 갈 거예요. 在暑假中，我要去香港旅游。 001
   Zài shǔjià zhōng, wǒ yào qù Xiānggǎng lǚyóu.
2. 제 급우 중에 바로 그 친구가 멋있습니다. 在我同学中，就他长得帅。
   Zài wǒ tóngxué zhōng, jiù tā zhǎng de shuài.
3. 경쟁 가운데 몇 사람들은 도태됐습니다. 在竞争中，有些人被淘汰了。 167
   Zài jìngzhēng zhōng, yǒuxiē rén bèi táotài le.
4. 생방송 중에 그는 여러 차례 말실수를 했습니다. 他在现场直播中失言了好几次。 108
   Tā zài xiànchǎng zhíbō zhōng shīyán le hǎo jǐ cì.
5. 이것들 중 가장 싼 것은 어느 것인가요? 在这些当中，最便宜的是哪一个?
   Zài zhèxiē dāngzhōng, zuì piányi de shì nǎ yí ge?

잠깐만요!

* '暑假'에는 '여름방학'이란 뜻도 있고, '여름휴가'라는 뜻도 있어요.

旅游 lǚyóu 여행하다
激烈 jīliè 격렬하다
竞争 jìngzhēng 경쟁
淘汰 táotài 도태되다
现场直播 xiànchǎng zhíbō 생방송
失言 shīyán 말실수

회사 임원들이 직원에 대해서 평가를 하고 있네요. 胜女的代价

A 这次发生的事也许是一个新的机会。
Zhè cì fāshēng de shì yěxǔ shì yí ge xīn de jīhuì.

B 没想到你还让林晓洁继续工作。
Méi xiǎngdào nǐ hái ràng Línxiǎojié jìxù gōngzuò.

A 회사 업무 중에서 그녀는 판매 분야의 인재예요.

B 原来是这样。
Yuánlái shì zhèyàng.

A 이번에 일어난 일은 아마도 새로운 기회일 겁니다.
B 린샤오지에를 계속 일하게 하실 줄은 생각 못했습니다.
A 在公司的工作中，她是一个行销方面的人才。
Zài gōngsī de gōngzuò zhōng, tā shì yí ge xíngxiāo fāngmiàn de réncái.
B 그렇군요.

机会 jīhuì 기회
行销 xíngxiāo 판매
人才 réncái 인재

126.mp3

在这个条件下，我们要做决定。

이 조건**에서** 우리는 결정해야 합니다.

'~에서', '~ 아래서', '~로 인해'라는 뜻으로, 어떤 일이 일어나는 조건이나 환경, 상황 등을 한정해서 나타냅니다. 때로는 구체적인 장소를 나타낼 수도 있습니다.

1. 이 조건에서 우리는 결정해야 합니다. 在这个条件下，我们要做决定。
Zài zhè ge tiáojiàn xià, wǒmen yào zuò juédìng.

2. 네 도움으로 이 일을 마쳤어. 在你的帮助下，我做完本项工作。
Zài nǐ de bāngzhù xià, wǒ zuòwán běn xiàng gōngzuò.

3. 그녀의 질투로 공주는 쫓겨났습니다. 在她的嫉妒下，公主被赶走了。 167
Zài tā de jídù xià, gōngzhǔ bèi gǎnzǒu le.

4. 그 다리 아래서 교통사고가 일어났습니다. 在那座*桥下，车祸发生了。
Zài nà zuò qiáo xià, chēhuò fāshēng le.

5. 경제 위기 아래서 우리 생활은 힘들었습니다. 在经济危机下，我们的生活很艰难。 010
Zài jīngjì wēijī xià, wǒmen de shēnghuó hěn jiānnán.

잠깐만요!

* '座'는 다리나 집, 산 등과 같이 자리를 차지하고 들어선 고정된 것을 셀 때 쓰는 양사예요.

条件 tiáojiàn 조건
赶走 gǎnzǒu 쫓아내다
座 zuò 채(다리, 집, 산 등의 양사)
桥 qiáo 다리
车祸 chēhuò 교통사고

함께 살게 될 딸을 맞으러 가는 아빠와 엄마는 기대가 크네요. 家有儿女

A 샤오쉐에는 리우싱이 당장 보기에 모범이 될 수 있을 거예요.

B 希望如此，我要去接小雪了！
Xīwàng rúcǐ, wǒ yào qù jiē Xiǎoxuě le!

A 我特高兴她来，快出发吧！
Wǒ tè gāoxìng tā lái, kuài chūfā ba!

B 那是，你有三个孩子跟中头奖差不多。
Nà shì, nǐ yǒu sān ge háizi gēn zhòng tóujiǎng chàbuduō.

A 小雪能在刘星的眼皮底下 给刘星树立一个榜样。
Xiǎoxuě néng zài Liúxīng de yǎnpí dǐ xià, gěi Liúxīng shùlì yí ge bǎngyàng.

B 그러길 바라야지, 난 샤오쉐에 데리러 갈게!

A 샤오쉐에가 온다니 정말 기뻐요, 얼른 가세요!

B 그럼, 당신은 세 아이가 생겼으니 이제 우등상 받은 거나 다름없어.

眼皮 yǎnpí 눈꺼풀
树立 shùlì 세우다
榜样 bǎngyàng 모범
出发 chūfā 출발하다
中 zhòng 맞히다
头奖 tóujiǎng 우등상

127.mp3

从他的信中，我看出了几个秘密。

그의 편지**에서** 저는 몇 가지 비밀을 알아냈습니다.

'~속에서', '~로부터'라는 뜻으로, 어떤 일이 일어난 기원이나 그렇게 판단하게 된 근거가 되는 영역을 나타냅니다. '从…上', '从…里'도 거의 비슷한 표현입니다.

1. 그의 편지에서 저는 몇 가지 비밀을 알아냈습니다.
   从他的信中，我看出了几个秘密。
   Cóng tā de xìn zhōng, wǒ kànchū le jǐ ge mìmì.

2. 언어 습관에서 그가 베이징 사람임을 알 수 있습니다.
   从语言习惯★中，我们可以知道他是北京人。
   Cóng yǔyán xíguàn zhōng, wǒmen kěyǐ zhīdào tā shì Běijīng rén.

3. 역사의 경험 속에서 우리는 미래의 방향을 발견할 것입니다.
   从历史的经验中，我们会发现未来的方向。 053
   Cóng lìshǐ de jīngyàn zhōng, wǒmen huì fāxiàn wèilái de fāngxiàng.

4. 그는 막 악몽으로부터 깨어났습니다.
   他刚从噩梦中醒过来。 193
   Tā gāng cóng èmèng zhōng xǐng guòlái.

5. 우리는 이 몇 가지 문서에서 적지 않은 증거를 찾았습니다.
   我们从这几个文件中找到了不少的证据。
   Wǒmen cóng zhè jǐ ge wénjiàn zhōng zhǎodào le bùshǎo de zhèngjù.

잠깐만요!

★ '习惯'은 우리말의 '습관' 즉, '개인적인 버릇'이라는 뜻도 있고, '(집단적인) 관습'이라는 뜻도 있어서 문맥에 따라 잘 구별해서 써야 해요.

秘密 mìmì 비밀
语言 yǔyán 언어
噩梦 èmèng 악몽
醒 xǐng 깨어나다
文件 wénjiàn 문서
证据 zhèngjù 증거

동생이 누나에게 작문 공부를 도와달라고 부탁하고 있네요. 家有儿女

A 小雪，明天作文考试，你能帮帮我吗？
Xiǎoxuě, míngtiān zuòwén kǎoshì, nǐ néng bāngbang wǒ ma?

B 我怎么帮你啊？我不能替你去考试！
Wǒ zěnme bāng nǐ a? Wǒ bù néng tì nǐ qù kǎoshì!

A 那你能教教我吗？怎么写好作文？
Nà nǐ néng jiāojiao wǒ ma? Zěnme xiě hǎo zuòwén?

B 생활 속에서 소재를 잘 찾아야 해, 仔细观察生活。
zǐxì guānchá shēnghuó.

A 샤오쉐, 내일 작문 시험 있는데 좀 도와줄래?
B 내가 어떻게 도와줘? 대신 가서 시험 볼 수도 없고!
A 그럼 좀 가르쳐 줄 수 있어? 어떻게 해야 작문을 잘하는데?
B 你要善于从生活中提取素材, 생활을 자세히 관찰해 봐.
Nǐ yào shànyú cóng shēnghuó zhōng tíqǔ sùcái,

替 tì 대신하다
善于 shànyú ~을 잘하다
提取 tíqǔ 취하다
素材 sùcái 소재
仔细 zǐxì 자세하다
观察 guānchá 관찰하다

128.mp3

我表示对他的同意。

저는 그에 대한 동의를 표했습니다.

'~에 대한'이라는 뜻으로, 어떤 대상을 명확하게 한정해서 말하려고 할 때 쓰는 표현입니다. 문장에 '对'가 나오면 뒤쪽에 '的'가 있는지를 확인한 후, 만일 '的'가 있고 '~에 대한'이라는 의미가 어색하지 않다면 이 패턴에 해당합니다.

1. 저는 그에 대한 동의를 표했습니다. 我表示对他的同意。
   Wǒ biǎoshì duì tā de tóngyì.
2. 저에 대한 선생님의 보살핌에 감사드립니다. 我很感谢老师对我的照顾。
   Wǒ hěn gǎnxiè lǎoshī duì wǒ de zhàogù.
3. 아버지는 고향에 대한 그리움을 늘 말씀하십니다. 爸爸常说对老家的怀念。
   Bàba cháng shuō duì lǎojiā de huáiniàn.
4. 그는 물리학에 대한 새로운 발견을 발표했습니다. 他发表了对物理学的新发现。
   Tā fābiǎo le duì wùlǐxué de xīn fāxiàn.
5. 백인은 종종 흑인에 대한 편견을 나타냅니다. 白人总是对黑人有偏见。
   Báirén zǒngshì duì hēirén yǒu piānjiàn.

잠깐만요!

* '对' 뒤쪽에 '的'가 없으면 어떤 뜻이 될까요? pattern129를 확인해 보세요!

照顾 zhàogù 돌보다
怀念 huáiniàn 그리움
白人 báirén 백인
黑人 hēirén 흑인
偏见 piānjiàn 편견

두 남동생은 함께 살기로 한 누나를 맞이하기 위해 환영식을 준비했네요. 家有儿女

A 老妈，我和小雨呢，샤오쉐에에 대한 환영을 나타내려고 프로그램을 준비했어요.
Lǎomā, wǒ hé Xiǎoyǔ ne,

B 行啊，你俩，来快表演表演！
Xíng a, nǐ liǎ, lái kuài biǎoyǎn biǎoyǎn!

A 小雪小雪小雪，欢迎欢迎欢迎！
Xiǎoxuě Xiǎoxuě Xiǎoxuě, huānyíng huānyíng huānyíng!

B 停！停！你们俩这样会吓着小雪的！
Tíng! Tíng! Nǐmen liǎ zhèyàng huì xiàzhe Xiǎoxuě de!

A 엄마, 저하고 샤오위는요, 要表示对小雪的欢迎，还准备了节目。
yào biǎoshì duì Xiǎoxuě de huānyíng, hái zhǔnbèi le jiémù.

B 좋아, 둘이서 공연을 해 보렴!

A 샤오쉐에, 샤오쉐에, 샤오쉐에, 어서 와요, 어서 와요, 어서 와요!

B 그만! 그만! 너희 둘이 그러면 샤오쉐에가 놀라겠다!

欢迎 huānyíng 환영하다
节目 jiémù 프로그램
表演 biǎoyǎn 공연
吓 xià 놀라다

129.mp3

我们对这个问题商量过。

우리는 그 문제**에 대해** 의논해 봤습니다.

'~에 대하여'라는 뜻으로, 어떤 일에 관련된 상황이나 사건 등을 명확하게 설명합니다. '对'가 '~에 대하여'라는 뜻이면, 뒤쪽에 나오는 '的'와는 관계가 없어 서로 호응하는 풀이가 불가능합니다.

1. 우리는 그 문제에 대해 의논해 봤습니다.
   我们对这个问题商量过。 106
   Wǒmen duì zhè ge wèntí shāngliang guo.

2. 그들은 회의 결과에 대해 만족해했습니다.
   他们对会议的结果表示很满意。 010
   Tāmen duì huìyì de jiéguǒ biǎoshì hěn mǎnyì.

3. 사람마다 그의 글에 대해 평론을 합니다.
   人人都对他的文章进行评论。
   Rénrén dōu duì tā de wénzhāng jìnxíng pínglùn.

4. 그의 의견에 대해 보충하고 싶습니다.
   我想对他的意见补充一下。 091
   Wǒ xiǎng duì tā de yìjiàn bǔchōng yíxià.

5. 국가는 국민의 안전에 대해 진지하게 책임을 져야 합니다.
   国家要对*人民的安全认真负责。
   Guójiā yào duì rénmín de ānquán rènzhēn fùzé.

잠깐만요!

* '对'는 우리말의 '~을'로 풀어주는 편이 훨씬 좋을 때도 있어요. 문맥을 잘 살펴서 '对'의 자연스러운 의미를 선택해 보세요.

商量 shāngliang 상의하다, 논의하다
满意 mǎnyì 만족하다
补充 bǔchōng 보충하다
安全 ānquán 안전
负责 fùzé 책임지다

재혼으로 세 아이의 엄마가 된 리우메이는 걱정이 많네요. 家有儿女

A 夏东海，当三个孩子的妈，我特害怕。
Xiàdōnghǎi, dāng sān ge háizi de mā, wǒ tè hàipà.

B 난 당신을 믿어.

A 照顾孩子比照顾病人的任务都艰巨。
Zhàogù háizi bǐ zhàogù bìngrén de rènwù dōu jiānjù.

B 这个比喻可一点儿想象力都没有啊。
Zhè ge bǐyù kě yìdiǎnr xiǎngxiànglì dōu méiyǒu a.

A 시아둥하이, 세 아이의 엄마가 된다니 난 정말 두려워요.
B 我对你有信心。
Wǒ duì nǐ yǒu xìnxīn.
A 아이들 돌보는 건 환자들 돌보는 임무보다 더 힘들어요.
B 그 비유는 상상력이라곤 조금도 없는 말인데.

害怕 hàipà 무섭다
信心 xìnxīn 믿음
艰巨 jiānjù 어렵고 힘들다
比喻 bǐyù 비유(하다)
想象力 xiǎngxiànglì 상상력

130.mp3

我对足球感兴趣。

저는 축구에 흥미가 있어요.

'~에 흥미가 있다'는 뜻으로, 흥미가 있는 대상을 '对…感兴趣' 사이에 넣어 말합니다. '对…很感兴趣' 같은 표현도 쓸 수 있고, '흥미가 없다'고 하려면 '对…不感兴趣'라고 하면 됩니다.

Step 1

1. 저는 축구에 흥미가 있어요.
   我对足球感兴趣。
   Wǒ duì zúqiú gǎnxìngqù.

2. 그는 애니메이션에 흥미가 있어요.
   他对动画片*感兴趣。
   Tā duì dònghuàpiàn gǎnxìngqù.

3. 그는 아무 일에도 흥미가 없어요.
   他对任何事情都不感兴趣。
   Tā duì rènhé shìqing dōu bù gǎnxìngqù.

4. 저는 지리에 흥미가 없어요.
   我对地理不感兴趣。
   Wǒ duì dìlǐ bù gǎnxìngqù.

5. 저는 스포츠 경기에 흥미가 있어요.
   我对体育比赛很感兴趣。
   Wǒ duì tǐyù bǐsài hěn gǎnxìngqù.

잠깐만요!

* 영화의 장르를 말할 때는 보통 이렇게 '…片'이라는 표현을 써요. 멜로는 '爱情片', 공포는 '恐怖片', 다큐멘터리는 '纪录片'이라고 말해요.

足球 zúqiú 축구
动画片 dònghuàpiàn 애니메이션
地理 dìlǐ 지리
体育 tǐyù 스포츠

Step 2 오락실에 가고 싶은 막내 샤오위가 누나를 찔러 보네요. 家有儿女

A 姐，你听说那个嘉年华游乐场了吗?
Jiě, nǐ tīngshuō nà ge Jiāniánhuá yóulèchǎng le ma?

B 没听说，난 그런 것에 관심 없어.
Méi tīngshuō,

A 算了，我等刘星回来问他。
Suàn le, wǒ děng Liúxīng huílái wèn tā.

B 他在房间里呢，你去问问他吧。
Tā zài fángjiān li ne, nǐ qù wènwen tā ba.

A 누나, 그 지아니엔화 오락실 들어 봤어?
B 아니, 我对那些不感兴趣。
wǒ duì nàxiē bù gǎnxìngqù.
A 됐어, 리우싱 오면 물어봐야지.
B 리우싱은 방에 있던데, 가서 물어봐.

游乐场 yóulèchǎng 오락실

131.mp3

他对她的发言有意见。

그는 그녀의 발언**에 대해** 의견**이 있습니다.**

'~에 (대해) ~이 있다'는 뜻으로, '有' 뒤에는 의견, 책임, 질문, 의무, 견해 등 여러 가지 표현이 올 수 있습니다. '~에 (대해) ~이 없다'고 하려면 '对…没有…'라고 하면 됩니다.

Step 1

1. 그는 그녀의 발언에 대해 의견이 있습니다.
   他对她的发言有意见。
   Tā duì tā de fāyán yǒu yìjiàn.
2. 회사는 이 일에 대해 책임이 있습니다.
   公司对这个事故有责任。
   Gōngsī duì zhè ge shìgù yǒu zérèn.
3. 모두 이 결정에 의문을 가지고 있습니다.
   大家对这个决定有疑问。
   Dàjiā duì zhè ge juédìng yǒu yíwèn.
4. 시민은 문화재를 보호할 의무가 있습니다.
   ★公民对文化遗产有保护的义务。
   Gōngmín duì wénhuàyíchǎn yǒu bǎohù de yìwù.
5. 부모는 아이 교육 문제에 대해 다른 견해를 가지고 있습니다.
   父母对孩子的教育问题有不同看法。
   Fùmǔ duì háizi de jiàoyù wèntí yǒu bùtóng kànfǎ.

잠깐만요!

★'公民'은 중국의 독특한 개념으로, '법적 자격을 갖춘 인민'이라는 의미입니다.

发言 fāyán 발언
事故 shìgù 사고
疑问 yíwèn 의문
公民 gōngmín 공민, 시민
文化遗产 wénhuà yíchǎn 문화재
保护 bǎohù 보호하다
义务 yìwù 의무

Step 2 엄마와 아빠는 반항하는 딸아이에 대해 이야기하네요. 家有儿女

A 梅梅啊，난 당신이 샤오쉐에게 정말 참을성이 있단 걸 알았어!
Méimei a,

B 爱心、耐心、宽大为怀，你急，我都不急！
Àixīn、nàixīn、kuāndàwéihuái, nǐ jí, wǒ dōu bù jí!

A 我怎么可能急呢！慢慢来！
Wǒ zěnme kěnéng jí ne! Mànmàn lái!

B 这就对了，咱们大人可不能急啊！
Zhè jiù duì le, zánmen dàrén kě bùnéng jí a!

A 여보, **我发现你对小雪真有耐心！**
wǒ fāxiàn nǐ duì Xiǎoxuě zhēn yǒu nàixīn!
B 사랑과 인내, 너그러운 마음으로 대해야죠. 당신은 조급해도 난 안 조급해요!
A 내가 왜 급하겠어! 천천히 해야지!
B 그게 맞아요. 우리 어른들이 조급해하면 안 돼요!

耐心 nàixīn 인내심
爱心 àixīn 사랑하는 마음
宽大为怀 kuāndàwéihuái 너그럽게 대하다
急 jí 급하다

Unit 16

이거 아니면 저거죠.

선택을 이야기하는 장면에서 꼭 나오는 패턴

저자 핵심 강의 16

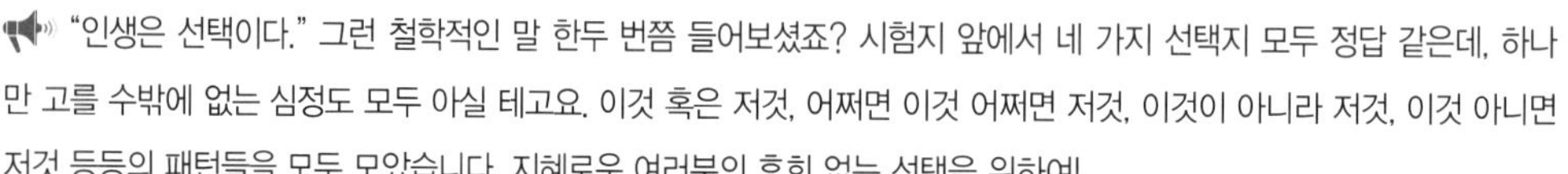

"인생은 선택이다." 그런 철학적인 말 한두 번쯤 들어보셨죠? 시험지 앞에서 네 가지 선택지 모두 정답 같은데, 하나만 고를 수밖에 없는 심정도 모두 아실 테고요. 이것 혹은 저것, 어쩌면 이것 어쩌면 저것, 이것이 아니라 저것, 이것 아니면 저것 등등의 패턴들을 모두 모았습니다. 지혜로운 여러분의 후회 없는 선택을 위하여!

패턴 미리보기

132 或者… 혹은 / ~이나

133 或者…，或者… ~하든지, ~하든지

134 也许…，也许… ~인지, ~인지 / ~일 수도 있고, ~일 수도 있고

135 有的…，有的… 어떤 것은~, 어떤 것은~ / ~도 있고, ~도 있고

136 不是…，而是… ~이 아니라, ~이다

137 不是…，就是… ~이 아니면, ~이다

138 还是 아니면 / 또는

139 什么都… 무엇이라도

140 与其…，不如… ~하느니 (차라리) ~하다

132.mp3

他今天或者明天到这儿。

그는 오늘**이나** 내일 여기 도착할 거예요.

'혹은', '또는', '~이나'라는 뜻으로, 두 가지 이상의 대상 중에서 하나를 선택할 때 씁니다. '或'나 '或是'의 패턴으로 쓰이기도 합니다.

1. 그는 오늘이나 내일 여기 도착할 거예요.
   他今天或者明天到这儿。
   Tā jīntiān huòzhě míngtiān dào zhèr.

2. 너 또는 그 사람 중에서는 반드시 거기 가야 한다.
   你或者他一定要去那儿。
   Nǐ huòzhě tā yídìng yào qù nàr.

3. 너는 돌아가서 목욕을 하든지 잠을 자든지 하렴.
   你回去要洗澡或者睡觉。
   Nǐ huíqù yào xǐzǎo huòzhě shuìjiào.

4. 저항인지 복종인지, 하나를 선택해라.
   反抗★或者服从，你来选一个吧。 162
   Fǎnkàng huòzhě fúcóng, nǐ lái xuǎn yí ge ba.

5. 이 영화는 자막이나 더빙을 제공해야 합니다.
   这部电影得提供字幕或者配音。
   Zhè bù diànyǐng děi tígōng zìmù huòzhě pèiyīn.

잠깐만요!

★ '反抗'은 우리말로 '반항'이라고 하기보다는 '저항'이라고 하는 편이 더 잘 어울려요.

洗澡 xǐzǎo 목욕하다
反抗 fǎnkàng 저항하다
服从 fúcóng 복종하다
提供 tígòng 제공하다
字幕 zìmù 자막
配音 pèiyīn 더빙

비서는 사장이 시킨 일을 깜빡했나 보네요. 胜女的代价

A 老板，我忘记为情人节订的那瓶红酒了。怎么办？
Lǎobǎn, wǒ wàngjì wèi qíngrénjié dìng de nà píng hóngjiǔ le. Zěnme bàn?

B 你怎么总是忘东忘西的？
Nǐ zěnme zǒngshi wàngdōngwàngxī de?

A 那我马上去订，아니면 직접 가서 고르시겠어요?
Nà wǒ mǎshàng qù dìng,

B 行了，我看我还是自己去吧。
Xíng le, wǒ kàn wǒ háishi zìjǐ qù ba.

A 사장님, 밸런타인데이를 위해서 예약한 그 포도주를 깜빡했어요. 어쩌죠?
B 자넨 왜 맨날 잊어버리는 게 그리 많나?
A 그럼 제가 가서 주문할게요, **或者你可以亲自去挑选。**
huòzhě nǐ kěyǐ qīnzì qù tiāoxuǎn.
B 됐네, 아무래도 내가 가야겠어.

情人节 qíngrénjié 밸런타인데이
红酒 hóngjiǔ 포도주
忘东忘西 wàngdōngwàngxī 걸핏하면 잊어버리다
挑选 tiāoxuǎn 고르다

133.mp3

或者今天去，或者明天去，都可以。

오늘 가든 내일 가든 다 괜찮아요.

'~하든지, ~하든지'라는 뜻으로, 두 가지 이상의 선택지 중에서 둘 다 모두 괜찮은 경우를 나타냅니다. 어떤 것을 선택하더라도 결과는 마찬가지라는 것을 나타내고, 같은 표현으로 '要么…, 要么…'가 있습니다.

1. 오늘 가든 내일 가든 다 괜찮아요. 或者今天去，或者明天去，都可以。
   Huòzhě jīntiān qù, huòzhě míngtiān qù, dōu kěyǐ.

2. 내가 가든 네가 오든 다 한 시간이 걸리네. 或者我去，或者你来，都得一个小时。 121
   Huòzhě wǒ qù, huòzhě nǐ lái, dōu děi yí ge xiǎoshí.

3. 비행기를 타든지 기차를 타든지 전 괜찮아요. 或者坐飞机，或者坐火车，我都无所谓。★
   Huòzhě zuò fēijī, huòzhě zuò huǒchē, wǒ dōu wúsuǒwèi.

4. 동의를 하든 반대를 하든 반드시 의견을 표현해야 합니다. 或者同意，或者反对，你一定要表示意见。
   Huòzhě tóngyì, huòzhě fǎnduì, nǐ yídìng yào biǎoshì yìjiàn.

5. 바람을 쐬러 가든 영화를 보러 가든 그는 좋아하지 않았어요. 或者去逛街，或者去看电影，他都不高兴。
   Huòzhě qù guàngjiē, huòzhě qù kàn diànyǐng, tā dōu bù gāoxìng.

잠깐만요!

★ '无所谓'는 '没关系', '没事'와 같은 뜻이에요.

无所谓 wúsuǒwèi 괜찮다
逛街 guàngjiē 바람 쐬다

쯔치는 엘리베이터에서 기획안에 대해 이야기하네요. 胜女的代价

A 你不觉得这些企划案很无聊吗?
Nǐ bù juéde zhèxiē qǐhuà'àn hěn wúliáo ma?

B 可是我怎么办，情人节档期很短，又没有预算只能这样了。
Kěshì wǒ zěnme bàn, qíngrénjié dàngqī hěn duǎn, yòu méiyǒu yùsuàn zhǐnéng zhèyàng le.

A 我觉得可以尝试试一下，능력을 증명하든지, 입을 닫든지 하는 거지.
Wǒ juéde kěyǐ cháng shìshi yíxià,

B 对，没有试图奋斗过失败，是没有借口的名分。
Duì, méiyǒu shìtú fèndòuguo shībài, shì méiyǒu jièkǒu de míngfèn.

A 이 기획안 좀 지루하지 않아?
B 하지만 어떡해? 밸런타인데이 기간은 짧고 예산도 없으니 이럴 수밖에.
A 나는 시도해볼 만한 것 같아. 要么就证明一下自己的能力，要么就闭嘴。
yàome jiù zhèngmíng yíxià zìjǐ de nénglì, yàome jiù bìzuǐ.
B 맞아, 노력도 안 해 보고 실패하면 변명할 명분도 없잖아.

档期 dàngqī (상품 등의 출하) 기간
预算 yùsuàn 예산
闭嘴 bìzuǐ 입을 닫다
试图 shìtú 시도하다
奋斗 fèndòu 분투하다
借口 jièkǒu 변명
名分 míngfèn 명분

134.mp3

也许是昨天，也许是前天，他来过一趟。

어제**였는지** 그제**였는지** 그분이 다녀가셨어요.

'~인지, ~인지', '~일 수도 있고, ~일 수도 있고'라는 뜻으로, 두 가지 이상의 선택지 중에서 둘 다 선택하기가 분명하지 않은 경우를 말합니다. 그리고 기억이나 사실이 정확하지 않은 상황을 나타냅니다.

Step 1

1. 어제였는지 그제였는지 그분이 다녀가셨어요.
   也许是昨天，也许是前天，他来过一趟。 106
   Yěxǔ shì zuótiān, yěxǔ shì qiántiān, tā láiguo yí tàng.

2. 사랑이었는지 미움이었는지 저도 잘 모르겠어요.
   也许是爱情，也许是讨厌★，我也不知道。
   Yěxǔ shì àiqíng, yěxǔ shì tǎoyàn, wǒ yě bù zhīdào.

3. 여기였는지 다른 곳이었는지 기억을 잘 못하겠어요.
   也许在这儿，也许在别的地方，我都记不清楚了。 196
   Yěxǔ zài zhèr, yěxǔ zài bié de dìfang, wǒ dōu jì bù qīngchu le.

4. 마음이 안 좋았는지 다른 이유인지 그는 진작에 돌아갔어요.
   也许心情不好，也许有别的原因，他早就回去了。
   Yěxǔ xīnqíng bù hǎo, yěxǔ yǒu bié de yuányīn, tā zǎojiù huíqù le.

5. 하루든 이틀이든 우리는 이 일을 끝내야 합니다.
   也许一天，也许两天，我们要做完这项工作。
   Yěxǔ yìtiān, yěxǔ liǎngtiān, wǒmen yào zuòwán zhè xiàng gōngzuò.

잠깐만요!

★ '讨厌'에는 '미움'이라는 뜻도 있고, '미워하다', '싫어하다'는 뜻도 있어요.

讨厌 tǎoyàn 미움
心情 xīnqíng 마음
原因 yuányīn 원인, 이유

Step 2 학교가 끝났는데도 아들이 돌아오지 않자 엄마가 동생에게 묻네요. 家有儿女

A 放学了，刘星去哪儿了？还没回来呢？小雨小雨？
Fàngxué le, Liúxīng qù nǎr le? Hái méi huílái ne? Xiǎoyǔ Xiǎoyǔ?

B 我在这儿呢，妈！怎么啦？
Wǒ zài zhèr ne, mā! Zěnme la?

A 你看到刘星了吗？知道他去哪儿了吗？
Nǐ kàndào Liúxīng le ma? Zhīdào tā qù nǎr le ma?

B 아니요, 아마 친구 집에 갔든지 집에 오는 중이겠죠.

A 수업 끝났는데 리우싱은 어디 간 거야? 아직 안 왔네? 샤오위, 샤오위?
B 저 여기 있어요, 엄마! 왜요?
A 리우싱 봤니? 어디 간 줄 알아?
B 没，他也许去朋友家了，也许在回家的路上。
Méi, tā yěxǔ qù péngyou jiā le, yěxǔ zài huíjiā de lùshang.

放学 fàngxué 수업이 끝나다
路上 lùshang 길 가는 중

135.mp3

有的消息好，有的消息不好。

좋은 소식도 있고 나쁜 소식도 있습니다.

'어떤 것은~, 어떤 것은~', '~도 있고, ~도 있다'라는 뜻으로, 두 가지 이상의 상황이나 사실이 서로 다름을 나타냅니다. '有些…, 有些…'는 말하려는 대상이 복수인 경우입니다.

Step 1

1. 좋은 소식도 있고 나쁜 소식도 있습니다.
   有的消息好，有的消息不好。
   Yǒu de xiāoxi hǎo, yǒu de xiāoxi bù hǎo.

2. 온 사람도 있고 안 온 사람도 있어요.
   有的人来，有的人没来。
   Yǒu de rén lái, yǒu de rén méi lái.

3. 어떤 때는 이렇게 말했다 어떤 때는 저렇게 말했다 합니다.
   有的时候这样说，有的时候那样说。
   Yǒu de shíhou zhèyàng shuō, yǒu de shíhou nàyàng shuō.

4. 해결된 문제도 있고 아직 해결해야 할 문제도 있어요.
   有的问题解决了，有的问题还等待解决。
   Yǒu de wèntí jiějué le, yǒu de wèntí hái děngdài jiějué.

5. 비싼 것도 있고 싼 것도 있어서 한마디로 말 못하겠어요.
   有的贵，有的贱*，不能一概而论。 003
   Yǒu de guì, yǒu de jiàn, bù néng yígài'érlùn.

잠깐만요!

* '贵'의 반대말, 즉 '싸다'라는 말은 '便宜'도 있지만, 다소 예스러운 말투로 '贱'이라고도 해요. "贵的不贵，贱的不贱"이란 말은 "비싸다고 비싼 게 아니고, 싸다고 싼 게 아니다", 즉 '싼 게 비지떡'이란 말입니다.

消息 xiāoxi 소식
等待 děngdài 기다리다
一概而论 yígài'érlùn 한마디로 말하다

Step 2 리우싱의 친아빠가 아이들을 데리고 나간 사실을 엄마가 알게 됐네요. 家有儿女

A 哎，小雨，刘星和小雪呢？
Āi, Xiǎoyǔ, Liúxīng hé Xiǎoxuě ne?

B 他们三个人出去了。누구는 사진 확대하러 갔고, 누구는 고무 사러 갔어요.
Tāmen sān ge rén chūqù le.

A 三个人？还有谁呀？
Sān ge rén? Háiyǒu shéi ya?

B 刘星、小雪，还有刘星的亲爸爸。
Liúxīng、Xiǎoxuě, háiyǒu Liúxīng de qīnbàba.

A 어, 샤오위. 리우싱하고 샤오쉐에는?
B 세 사람 나갔어요. 有的去放大照片，有的去买胶条了。
Yǒu de qù fàngdà zhàopiàn, yǒu de qù mǎi jiāotiáo le.
A 세 사람? 또 누구랑?
B 리우싱, 샤오쉐에, 그리고 리우싱 친아빠요.

放大 fàngdà 확대하다
照片 zhàopiàn 사진
胶条 jiāotiáo (긴) 고무

136.mp3

他不是女的，而是男的。

그 사람은 여자**가 아니라** 남자**입니다.**

'~가 아니라, ~이다'라는 뜻으로, 앞의 내용을 부정하고 뒤의 내용을 긍정할 때 쓰는 표현입니다. 같은 뜻으로 '是…, 不是…'의 패턴도 자주 쓰입니다.

1. 그 사람은 여자가 아니라 남자입니다.
   他不是女的，而是男的。
   Tā búshì nǚ de, érshì nán de.

2. 이건 고의가 아니라 실수였어요.
   这不是故意的，而是失误。
   Zhè búshì gùyì de, érshì shīwù.

3. 제가 가져온 게 책이 아니라 사전이었어요.
   我带来的不是书，而是词典。
   Wǒ dàilái de búshì shū, érshì cídiǎn.

4. 그의 말은 충고가 아니라 비판입니다.
   他的话不是劝告★，而是批评。
   Tā de huà búshì quàngào, érshì pīpíng.

5. 그들이 선택한 건 평화가 아니라 전쟁이었습니다.
   他们选择的不是和平★，而是战争。
   Tāmen xuǎnzé de búshì hépíng, érshì zhànzhēng.

잠깐만요!

★ '충고'라는 말은 '劝告'라고 할 수도 있고, '忠告'라고 할 수도 있어요.

★ 중국어에는 '和平'처럼 우리말과 글자 순서가 거꾸로 된 낱말들이 종종 있어요. '阶段'(단계), '买卖'(매매), '语言'(언어) 등이 그런 경우입니다.

失误 shīwù 실수
词典 cídiǎn 사전
劝告 quàngào 충고
和平 hépíng 평화

친구와 함께 모임에 참석했다가 집에 가며 이야기하네요. 爱情是从告白开始的

A 今天我出现是不是破坏气氛了？
Jīntiān wǒ chūxiàn shì bu shì pòhuài qìfēn le?

B 没有啊。
Méiyǒu a.

A 大家都想撮合你和早早。
Dàjiā dōu xiǎng cuōhe nǐ hé Zǎozǎo.

B 네가 생각하는 그런 게 아니라, 걔들이 놀리던데.

A 오늘 내가 나타나서 분위기 깬 것 아니야?
B 아니야.
A 다들 너랑 짜오짜오가 잘 지낸다고 하던데.
B 不是你想这样，而是他们在起哄。
Búshì nǐ xiǎng zhèyàng, érshì tāmen zài qǐhòng.

破坏 pòhuài 파괴하다
气氛 qìfēn 분위기
撮合 cuōhe 관계를 맺어주다
起哄 qǐhòng 희롱하다

137.mp3

不是你做的，就是他做的。

너 아니면 그 사람이 한 거야.

'~이 아니면, ~이다'라는 뜻으로, 앞과 뒤의 내용 가운데 하나는 긍정일 수밖에 없음을 나타냅니다. '~가 아니라 바로 ~이다'라고 풀이하지 않도록 유의합니다. '除了…就是…'도 같은 뜻으로 쓰입니다.

1. 너 아니면 그 사람이 한 거야.
   不是你做的，就是他做的。
   Búshì nǐ zuò de, jiùshì tā zuò de.

2. 우리가 뽑히든지 그들이 뽑히든지 할 것입니다.
   不是我们被选，就是他们被选。 167
   Búshì wǒmen bèi xuǎn, jiùshì tāmen bèi xuǎn.

3. 그는 항상 욕을 하든지 사람을 때리든지 합니다.
   他经常不是骂人，就是打人。
   Tā jīngcháng búshì mà rén, jiùshì dǎ rén.

4. 제 옷은 검은색 아니면 흰색이에요.
   我的衣服不是黑色，就是白色的。
   Wǒ de yīfu búshì hēisè, jiùshì báisè de.

5. 그는 사무실에서 일을 하든지 숙소에서 잠을 잡니다.
   他不是在办公室里工作，就是在*宿舍里睡觉。 122
   Tā búshì zài bàngōngshì li gōngzuò, jiùshì zài sùshè li shuìjiào.

잠깐만요!

* 휴가도 즐기지 않고 일에만 몰두하는 사람을 '워커홀릭'이라고 하죠. 중국어로는 '工作狂'이라고 해요.

骂 mà 욕하다
打 dǎ 때리다
办公室 bàngōngshì 사무실
宿舍 sùshè 숙소

직원들은 쇼윈도를 새로 꾸미는 작업을 하고 있네요. 胜女的代价

A 你是为什么要用童话作为橱窗设计的主题？
Nǐ shì wèi shéme yào yòng tónghuà zuòwéi chúchuāng shèjì de zhǔtí?

B 因为每个女孩都幻想成为童话里的公主。
Yīnwèi měi ge nǚhái dōu huànxiǎng chéngwéi tónghuà li de gōngzhǔ.

A 那公主为什么总遇到麻烦？ 마녀의 저주 아니면 계모의 함정에 빠지잖아요.
Nà gōngzhǔ wèi shénme zǒng yùdào máfan?

B 这样才能让王子英雄救美啊。
Zhèyàng cáinéng ràng wángzǐ yīngxióng jiùměi a.

A 왜 동화를 주제로 쇼윈도를 디자인하려고 해요?
B 모든 여자아이들은 동화 속 공주가 되려는 환상을 가지고 있으니까요.
A 그럼 공주는 왜 맨날 어려움을 겪어요? 不是被巫婆诅咒就是被后母陷害。
Búshì bèi wūpó zǔzhòu jiùshì bèi hòumǔ xiànhài.
B 그래야 왕자나 영웅이 나타나 미녀를 구하니까요.

童话 tónghuà 동화
橱窗 chúchuāng 쇼윈도우
巫婆 wūpó 마녀
诅咒 zǔzhòu 저주하다
后母 hòumǔ 계모
陷害 xiànhài 위험에 빠뜨리다
英雄救美 yīngxióng jiùměi 영웅이 미녀를 구하다

138.mp3

你要喝茶，还是要喝咖啡?

차 마실래요, **아니면** 커피 마실래요?

'아니면', '또는'이라는 뜻으로, '还是'는 의문문에 쓰일 때만 선택의 뜻을 갖게 됩니다. '是…, 还是…'의 패턴으로 쓸 수도 있습니다.

Step 1

1. 차 마실래요, 아니면 커피 마실래요?
   你要喝茶, 还是要喝咖啡?
   Nǐ yào hē chá, háishi yào hē kāfēi?

2. 엄마 좋아해, 아니면 아빠 좋아해?
   你喜欢妈妈还是爸爸?
   Nǐ xǐhuan māma háishi bàba?

3. 여기서 드시나요, 아니면 가져가시나요?
   你在这儿吃, 还是带走? 122
   Nǐ zài zhèr chī, háishi dài zǒu?

4. 그가 전화를 받았나요, 아니면 다른 사람이 받았나요?
   是他接了电话, 还是别人接了?
   Shì tā jiē le diànhuà, háishi biérén jiē le?

5. 유엔이 결정한 건가요, 아니면 유럽연합이 결정한 건가요?
   是联合国决定的, 还是欧盟★决定的?
   Shì Liánhéguó juédìng de, háishi Ōuméng juédìng de?

잠깐만요!

★ 유럽연합 즉 EU는 '欧洲联盟'을 줄여서 '欧盟'이라고 해요.

茶 chá 차
咖啡 kāfēi 커피
带走 dàizǒu 가져가다
接 jiē 받다
欧盟 Ōuméng 유럽연합(EU)

Step 2 자살하겠다는 친구 걱정에 옛 남자 친구에게 전화하네요. 北京爱情故事

A 林夏要跳楼了，会死人的。
Línxià yào tiàolóu le, huì sǐrén de.

B 没事啊！
Méishì a!

A 她这次可是来真的！
Tā zhè cì kěshì lái zhēn de!

B 什么真的呀！ 네가 걔를 알아, 아니면 내가 걔를 알아?
Shénme zhēn de ya!

A 린시아가 뛰어내리려고 해, 사람 죽겠어.
B 괜찮아!
A 이번엔 정말 정말이라니깐!
B 뭐가 정말이야! 你了解她还是我了解她呀！
Nǐ liǎojiě tā háishi wǒ liǎojiě tā ya!

跳楼 tiàolóu 건물에서 뛰어내리다
了解 liǎojiě 알다, 이해하다

▶ 139.mp3

我什么都不想吃。

저는 **아무것도** 먹고 싶지 않아요.

'무엇이라도'라는 뜻으로, '의문사+都'의 패턴은 '무엇이라도', '누구라도', '어디라도', '어떻게 해도' 등의 의미입니다. 이때 자주 결합하는 의문사는 '什么', '谁', '哪儿', '怎么', '什么时候' 등이 있습니다.

1. 저는 아무것도 먹고 싶지 않아요. — 我什么都不想吃。 002
   Wǒ shénme dōu bù xiǎng chī.
2. 이 임무는 누구라도 감당 못 합니다. — 这个任务，谁都不敢当。★
   Zhè ge rènwù, shéi dōu bù gǎndāng.
3. 요즘 그는 어디 있더라도 불편합니다. — 最近他在哪儿都不舒服。
   Zuìjìn tā zài nǎr dōu bù shūfu.
4. 언제 떠나더라도 저는 괜찮습니다. — 什么时候离开，我都没事。
   Shénme shíhou líkāi, wǒ dōu méishì.
5. 그녀의 질문은 어떻게 대답해도 상관없어요. — 她的提问怎么回答都没问题。
   Tā de tíwèn zěnme huídá dōu méi wèntí.

잠깐만요!

★ '不敢当'은 누군가가 칭찬을 했을 때, "무슨 말씀을요"라는 겸양의 표현으로도 쓸 수 있어요.

任务 rènwù 임무
敢当 gǎndāng 감당하다
舒服 shūfu 편안하다
离开 líkāi 떠나다
提问 tíwèn 질문

친구는 남자 친구를 위해서라면 무슨 일이라도 할 수 있을 것 같네요. 奋斗

A 你现在在哪工作啊?
Nǐ xiànzài zài nǎ gōngzuò a?

B 在俱乐部走秀赚点零花钱。
Zài jùlèbù zǒuxiù zhuàn diǎn línghuāqián.

A 그 사람을 위해서라면 넌 뭐든 할 수 있구나.

B 为了我自己，我在找工作。
Wèile wǒ zìjǐ, wǒ zài zhǎo gōngzuò.

A 요즘 어디서 일해?
B 클럽에서 쇼하면서 푼돈이나 좀 벌고 있어.
A 为了他你可真是什么都能干出来。
Wèile tā nǐ kě zhēnshi shénme dōu néng gàn chūlái.
B 나는 나 자신을 위해서 일을 찾고 있어.

俱乐部 jùlèbù 클럽
走秀 zǒuxiù 쇼를 하다
赚 zhuàn (돈을) 벌다
零花钱 línghuāqián 용돈, 푼돈

140.mp3

与其坐高铁，不如坐飞机。

고속철도를 타느니 비행기를 타겠어요.

'~하느니 (차라리) ~하다'라는 뜻으로, 앞에 있는 것보다는 못하지만 뒤에 있는 것을 선택하는 편이 차라리 낫다는 뜻입니다. '与其'가 없어도 비슷한 뜻이지만, 그럴 땐 가운데 쉼표를 쓰지 않습니다.

1. 고속철도를 타느니 비행기를 타겠어요.
   与其坐高铁，不如坐飞机。
   Yǔqí zuò gāotiě, bùrú zuò fēijī.

2. 그의 말을 듣느니 차라리 죽어버리겠어요.
   与其听从他，不如干脆去死。
   Yǔqí tīngcóng tā, bùrú gāncuì qù sǐ.

3. 멍하니 앉아 있느니 나가서 방법을 찾아볼래요.
   与其呆坐着，不如出去找办法。 105 152
   Yǔqí dāi zuòzhe, bùrú chūqù zhǎo bànfǎ.

4. 그와 헤어지느니 평생 혼자 살겠어요.
   与其跟他分手*，不如终生一个人生活。
   Yǔqí gēn tā fēnshǒu, bùrú zhōngshēng yí ge rén shēnghuó.

5. 헛되이 시간만 낭비하느니 그와 협상을 시작하겠습니다.
   与其白白浪费时间，不如开始跟他谈判。
   Yǔqí báibái làngfèi shíjiān, bùrú kāishǐ gēn tā tánpàn.

잠깐만요!

* '分手'에는 '사귀던 애인이 헤어지다'는 뜻도 있고, 그냥 '만났다가 헤어지다'는 뜻도 있어요.

高铁 gāotiě 고속철도
听从 tīngcóng (말을) 따르다
干脆 gāncuì 아예, 차라리
呆 dāi 멍하다
终生 zhōngshēng 평생
白白 báibái 헛되이
浪费 làngfèi 낭비하다
谈判 tánpàn 협상

남자는 두 여자 사이에서 삼각관계에 빠져 괴로워하네요. 胜女的代价

A 晓洁是无辜的，季晴也是无辜，到底要我怎么做?
Xiǎojié shì wúgū de, Jìqíng yěshì wúgū, dàodǐ yào wǒ zěnme zuò?

B 你没事吧。当然我也知道你有你的苦衷。
Nǐ méishì ba. Dāngrán wǒ yě zhīdào nǐ yǒu nǐ de kǔzhōng.

A 我只是需要一段时间好好处理一下。
Wǒ zhǐshì xūyào yíduàn shíjiān hǎohǎo chǔlǐ yíxià.

B 我觉得你应该速战速决。천천히 고통을 받으면서 죽느니 단칼에 자르는 게 좋죠!
Wǒ juéde nǐ yīnggāi sùzhàn sùjué.

A 샤오지에도 잘못이 없고, 지칭도 잘못이 없으니 도대체 나한테 어쩌라는 거야?
B 괜찮으시죠? 고충이 있으리란 것도 물론 압니다.
A 그냥 어느 정도 시간 안에 잘 처리해야겠어.
B 속전속결 하셔야 해요. 与其被慢慢凌迟而死，不如给个痛快！
Yǔqí bèi mànmàn língchí ér sǐ, bùrú gěi ge tòngkuài!

无辜 wúgū 잘못이 없다
苦衷 kǔzhōng 고충
速战速决 sùzhànsùjué 속전속결하다
凌迟 língchí 능지처참
痛快 tòngkuài 통쾌하다

Unit 17

이걸 그거라고 보자니까요.

저자 핵심 강의 17

둘 사이의 관계를 말하는 장면에서 꼭 나오는 패턴

두 가지 대상 사이의 관계를 나타내며, 把나 跟 같은 전치사나 동사를 활용한 대표적인 패턴들이에요. 둘 사이는 아무 관계가 없을 수도 있고 밀접한 관계가 있을 수도 있고, 둘이 비슷한 무엇일 수도 있겠죠? 이 패턴들을 익히시고, 완전히 자기 것으로 만드신다면 여러분은 중국어의 새로운 세계로 들어서게 될 거예요.

패턴 미리보기

141 把…看做… ~을 ~로 보다 / ~을 ~로 삼다

142 把…看成… ~을 ~로 보다 / ~을 ~로 삼다

143 代表… ~을 상징하다 / ~을 대표하다

144 相当于… ~에 해당하다

145 …跟…无关 ~은 ~와 관계가 없다

141.mp3

我们把他看作伟人。

우리는 그를 위인으로 간주합니다.

'~을 ~로 보다/삼다/여기다/간주하다'는 뜻으로, '把…当做…'도 같은 의미입니다. 서면어에서는 '以…为…'로 자주 쓰입니다.

1. 우리는 그를 위인으로 간주합니다.
   我们把他看作伟人。
   Wǒmen bǎ tā kànzuò wěirén.

2. 그 사람 동생 삼고 싶네요.
   我想把他看作一个弟弟。 002
   Wǒ xiǎng bǎ tā kànzuò yí ge dìdi.

3. 우리는 그것을 핵심적인 문제로 봤습니다.
   我们把它看作关键的问题。
   Wǒmen bǎ tā kànzuò guānjiàn de wèntí.

4. 그는 이 현상을 새로운 위험으로 보았습니다.
   他把这个现象看作新的危险。
   Tā bǎ zhè ge xiànxiàng kànzuò xīn de wēixiǎn.

5. 어떤 사람들은 먹을거리를 약으로 간주합니다.
   有些人把食物看作药物。★
   Yǒuxiē rén bǎ shíwù kànzuò yàowù.

잠깐만요!

★ '药食同源'이라는 말이 있지요. 약과 먹을거리는 한 뿌리에서 나왔다는 말로, 중국 전통의학서인 「皇帝内经」에서부터 그런 사상이 엿보인답니다.

伟人 wěirén 위인
关键 guānjiàn 관건, 핵심
现象 xiànxiàng 현상
危险 wēixiǎn 위험
食物 shíwù 먹을거리
药物 yàowù 약물

Step 2 친한 친구끼리 한 여자를 두고 오해가 일어났네요. 北京爱情故事

A 疯子，你是不是喜欢沈冰？你这么做就是为了得到她？
Fēngzǐ, nǐ shì bu shì xǐhuan Shěnbīng? Nǐ zhème zuò jiùshì wèile dédào tā?

B 小猛你错了，我是喜欢沈冰，从见到她的第一眼起。
Xiǎoměng nǐ cuò le, wǒ shì xǐhuan Shěnbīng, cóng jiàndào tā de dìyīyǎn qǐ.

A 난 너를 가장 친한 사람이라고 생각했는데，可是你怎么能这么做呢？
kěshì nǐ zěnme néng zhème zuò ne?

B 我帮你是因为我们是朋友，我没有别的企图和意思啊！
Wǒ bāng nǐ shì yīnwèi wǒmen shì péngyou, wǒ méiyǒu bié de qǐtú hé yìsi a!

A 펑쯔, 너 선빙 좋아하는 거지? 너 이러는 거 그녀를 얻기 위해서야?
B 샤오멍, 틀렸어. 내가 선빙을 좋아했던 건 처음 봤을 때부터였어.
A 我一直把你看作我最亲的人, 어떻게 그럴 수 있어?
Wǒ yìzhí bǎ nǐ kànzuò wǒ zuì qīn de rén,
B 내가 널 도와준 건 우리가 친구였기 때문이야. 나는 다른 의도나 뜻은 없었어!

得到 dédào 얻다
第一眼 dìyīyǎn 첫눈
亲 qīn 친하다
企图 qǐtú 의도

○ 142.mp3

我把今天看成星期天了。

저는 오늘을 일요일로 봤어요.

'~을 ~로 보다/삼다/여기다/간주하다'는 뜻으로, '把…看做…'와 같은 의미입니다. 그러나 이 표현은 '~을 ~로 잘못 보다', '~을 ~로 착각하다'는 표현까지도 아우를 수 있고, '把…当成…'도 같은 뜻입니다.

Step 1

1. 저는 오늘을 일요일로 봤어요.
   我把今天看成星期天了。
   Wǒ bǎ jīntiān kànchéng Xīngqītiān le.

2. 저는 이 글자를 영어 알파벳으로 봤어요.
   我把这个字看成英文字母了。
   Wǒ bǎ zhè ge zì kànchéng Yīngwén zìmǔ le.

3. 저는 이 차를 택시로 봤어요.
   我把这辆车看成出租汽车了。
   Wǒ bǎ zhè liàng chē kànchéng chūzū qìchē le.

4. 우리는 그를 착한 사람으로 봅니다.
   我们把他看成好人。
   Wǒmen bǎ tā kànchéng hǎorén.

5. 그들은 그것을 지진이라고 착각했습니다.
   他们把它看成地震了。
   Tāmen bǎ tā kànchéng dìzhèn le.

잠깐만요!

* '出租汽车'는 '택시'라는 말인데, 타이완에서는 '计程车', 홍콩에서는 '的士'라고 해요. 중국어도 지역마다 표현들이 다르기도 합니다.

字母 zìmǔ 알파벳
辆 liàng 대(차를 세는 양사)
出租汽车 chūzū qìchē 택시
地震 dìzhèn 지진

Step 2 쇼윈도를 꾸미다 살짝 잠이 들었는데, 연인이 찾아왔네요. 胜女的代价

A 我睡着了，可是你什么时候来这儿的?
Wǒ shuìzháo le, kěshì nǐ shénme shíhou lái zhèr de?

B 现在别说这些了，我们就扮演王子和公主吧。
Xiànzài bié shuō zhèxiē le, wǒmen jiù bànyǎn wángzǐ hé gōngzhǔ ba.

A 我在布置橱窗啊，你看他们还在拍照!
Wǒ zài bùzhì chúchuāng a, nǐ kàn tāmen hái zài pāizhào!

B 여기를 공주의 방이라고 생각해요, 而你就是公主。
ér nǐ jiùshì gōngzhǔ.

A 저 잠들었네요. 그런데 언제 오셨어요?
B 지금은 그런 이야기하지 마세요. 우리 왕자와 공주 놀이해요.
A 지금 쇼윈도 꾸미고 있는데. 봐요, 사람들 아직도 사진 찍고 있네요!
B 你就把这儿当成公主的房间, 그리고 당신은 공주이고.
Nǐ jiù bǎ zhèr dàngchéng gōngzhǔ de fángjiān,

扮演 bànyǎn 분장해서 연기하다
布置 bùzhì 배치하다
拍照 pāizhào 사진찍다

143.mp3

红玫瑰代表五月。

붉은 장미는 5월을 상징합니다.

'~을 상징하다', '~을 대표하다'는 뜻으로, '象征'과도 같은 뜻입니다. '代表着…'나 '象征着…'의 패턴으로도 종종 쓰입니다.

1. 붉은 장미는 5월을 상징합니다.
   红玫瑰代表★五月。
   Hóngméiguī dàibiǎo Wǔyuè.
2. 이 동물 형상은 우리 학교를 상징합니다.
   这个动物形象代表我们学校。
   Zhè ge dòngwù xíngxiàng dàibiǎo wǒmen xuéxiào.
3. 첫눈은 우리의 사랑을 상징합니다.
   初雪代表我们的爱情。
   Chūxuě dàibiǎo wǒmen de àiqíng.
4. 그의 금메달 획득은 우리 모두의 승리를 상징합니다.
   他得到金牌代表我们所有人的胜利。
   Tā dédào jīnpái dàibiǎo wǒmen suǒyǒu rén de shènglì.
5. 그의 죽음은 인도주의의 좌절을 상징합니다.
   他的死代表人道主义的挫折。
   Tā de sǐ dàibiǎo réndàozhǔyì de cuòzhé.

잠깐만요!

★ '代表'는 물론 어떤 조직이나 모임의 '대표'라는 뜻이고, '대표적인'이라는 뜻은 습관적으로 '具有代表性的'라고 해요. 때로는 '대신하여'라는 뜻으로도 쓰입니다.

红玫瑰 hóngméiguī 붉은 장미
动物 dòngwù 동물
初雪 chūxuě 첫눈
金牌 jīnpái 금메달
所有 suǒyǒu 모든
人道主义 réndàozhǔyì 인도주의
挫折 cuòzhé 좌절

엄마는 형에게 태권도에 대해 설명해 주라고 하네요. 家有儿女

A 小雨，来哥哥给你讲讲跆拳道的级别！
Xiǎoyǔ, lái gēge gěi nǐ jiǎngjiang táiquándào de jíbié!

B 太好了！我正想知道呢，快说说！
Tài hǎo le! Wǒ zhèng xiǎng zhīdào ne, kuài shuōshuo!

C 태권도 띠 색깔은 수련자의 수준을 상징해.

B 哦，那你这个红色的腰带是几级呢？
Ò, nà nǐ zhè ge hóngsè de yāodài shì jǐ jí ne?

A 샤오위, 형한테 와서 태권도 급수 좀 이야기해 달라고 해!
B 좋아요! 마침 알고 싶었는데, 빨리 말해 줘!
C 跆拳道腰带的颜色代表着练习者的水平。
Táiquándào yāodài de yánsè dàibiǎozhe liànxízhě de shuǐpíng.
B 아, 그럼 이 빨간색 띠는 몇 급인데?

跆拳道 táiquándào 태권도
级别 jíbié 등급
腰带 yāodài 허리띠
颜色 yánsè 색깔
练习者 liànxízhě 수련자
水平 shuǐpíng 수준

▶ 144.mp3

中国的北京相当于韩国的首尔。

중국의 베이징은 한국의 서울**에 해당합니다.**

'~은 ~에 해당하다', '~은 ~에 상응하다'는 뜻으로, 비슷한 두 가지 대상의 공통점을 찾아내어 설명하기 좋은 표현입니다.

Step 1

1. 중국의 베이징은 한국의 서울에 해당합니다.
   中国的北京相当于韩国的首尔。
   Zhōngguó de Běijīng xiāngdāng yú Hánguó de Shǒu'ěr.

2. 섭씨 1도는 화씨 33.8도에 해당합니다.
   摄氏1度相当于华氏33.8度。
   Shèshì yī dù xiāngdāngyú huáshì sānshísān diǎn bā dù.

3. 그의 강아지는 보통사람의 눈에 해당합니다.
   他的小狗相当于普通人的眼睛。
   Tā de xiǎogǒu xiāngdāngyú pǔtōng rén de yǎnjing.

4. 올해 음력 1월 1일은 양력 2월 3일에 해당합니다.
   今年农历*一月一号相当于阳历二月三号。
   Jīnnián nónglì Yīyuè yī hào xiāngdāngyú yánglì Èryuè sān hào.

5. 자동차의 엔진은 사람의 심장에 해당합니다.
   汽车的引擎相当于人的心脏。
   Qìchē de yǐnqíng xiāngdāngyú rén de xīnzàng.

잠깐만요!

* '农历'는 '음력'이라는 뜻으로, '阴历'라고도 해요.

摄氏 shèshì 섭씨
华氏 huáshì 화씨
普通 pǔtōng 보통
眼睛 yǎnjing 눈
农历 nónglì 음력
阳历 yánglì 양력
引擎 yǐnqíng 엔진
心脏 xīnzàng 심장

Step 2

사장님은 계약을 성사시킨 직원에게 침이 마르게 칭찬하네요. 北京爱情故事

A 这么一份合同程总能签字，你功劳很大啊！
Zhème yí fèn hétong Chéng zǒng néng qiānzi, nǐ gōngláo hěn dà a!

B 我也以为很难拿下这个合同。
Wǒ yě yǐwéi hěn nán náxià zhè ge hétong.

A 你又给了一个大的惊喜啊！
Nǐ yòu gěi le yí ge dà de jīngxǐ a!

B 这次啊，我本着咱们公司利益最大化的原则，위험 제로를 감당하겠다는 겁니다.
Zhè cì a, wǒ běnzhe zánmen gōngsī lìyì zuìdàhuà de yuánzé,

A 이 계약서를 청 사장이 사인하다니, 자네 공로가 커!
B 저도 이 계약을 가져오기 어렵겠다고 생각했었습니다.
A 또 하나 좋은 소식이 있잖아!
B 이번에 저는 우리 회사 이익의 최대화 원칙을 따른 것은, 相当于我们承当零风险。
xiāngdāngyú wǒmen chéngdāng língfēngxiǎn.

功劳 gōngláo 공로
惊喜 jīngxǐ 깜짝 놀랄 기쁨
本着 běnzhe ~에 의거하다
利益 lìyì 이익
原则 yuánzé 원칙
承当 chéngdāng 맡다, 책임지다, 감당하다
零风险 língfēngxiǎn 위험 제로

145.mp3

那件事情跟我们无关。

그 일은 우리와 관계없어요.

'~은 ~와 관계가 없다'는 뜻으로, '跟' 앞뒤에 오는 대상의 관계를 말할 때 쓰는 표현입니다. '~은 ~와 관계 있다'는 '…跟…有关'이라고 합니다. '…跟…没有关系'의 패턴으로 풀어 말할 수도 있습니다.

1. 그 일은 우리와 관계없어요.
   那件事情跟我们无关。
   Nà jiàn shìqing gēn wǒmen wúguān.

2. 그들의 집안일은 너와 관계없으니 끼어들지 마.
   他们的家事你别参与，跟你无关。
   Tāmen de jiāshì nǐ bié cānyù, gēn nǐ wúguān.

3. 차의 맛은 수질과 관계가 있습니다.
   茶水的味道跟水质有关。
   Cháshuǐ de wèidào gēn shuǐzhì yǒuguān.

4. 집값의 높고 낮음은 정부의 조정과 관계있습니다.
   房价的高低跟政府调控有关。
   Fángjià de gāodī gēn zhèngfǔ tiáokòng yǒuguān.

5. 법률의 제정은 백성의 삶과 관계있습니다.
   法律的制定跟老百姓的生活是有关的。
   Fǎlǜ de zhìdìng gēn lǎobǎixìng de shēnghuó shì yǒuguān de.

参与 cānyù 참여하다
茶水 cháshuǐ 차
水质 shuǐzhì 수질
房价 fángjià 집값
高低 gāodī 고저
政府 zhèngfǔ 정부
调控 tiáokòng 통제
法律 fǎlǜ 법률
制定 zhìdìng 제정하다
老百姓 lǎobǎixìng 서민

딸아이가 옛날 사진들을 꺼내와 아빠한테 친엄마 이야기를 하네요. 家有儿女

A 您一定是不想看到我亲妈，是后妈让您来的。
Nín yídìng shì bù xiǎng kàndào wǒ qīnmā, shì hòumā ràng nín lái de.

B 绝对不是，그건 새엄마하고 관계없어.
Juéduì búshì,

A 那就是您喜新厌旧。★
Nà jiùshì nín xǐxīnyànjiù.

B 真够冤枉的我。
Zhēn gòu yuānwang de wǒ.

A 아빠는 친엄마를 분명 보고 싶어하지 않다는데, 새엄마가 그러는 거죠?
B 절대 아니야, 这事跟你后妈无关。
zhè shì gēn nǐ hòumā wúguān.
A 새로운 것이 옛날 것보단 좋겠죠.
B 난 정말 억울해.

잠깐만요!

★ '喜新厌旧'는 주로 사랑이 변해서 예전 같지 않다는 말을 하고 싶을 때 써요.

亲妈 qīnmā 친엄마
绝对 juéduì 절대
喜新厌旧 xǐxīnyànjiù 새로운 것을 좋아하고 낡은 것을 싫어하다
冤枉 yuānwang 억울하다

알고 나면 '중드'가 더 재밌어지는 이어 말하기 패턴

중국어의 가장 큰 특징 중 하나는 문장을 끊지 않고 계속 이어갈 수 있다는 점이에요. 우리말은 서술어가 문장의 맨 뒤에 나오기 때문에 언젠가는 반드시 끊어줘야 다음 말로 넘어갈 수 있지만, 중국어는 서술어가 우리말보다는 앞쪽에 나오기 때문에 그렇다고 할 수 있어요. 또 한 문장을 말하고 나서도 다양한 방식으로 뒷 문장을 이어서 말하는 습관이 있기도 해요. Part03에서는 다양한 방식으로 말을 이어 가는 패턴들을 익히게 될 거예요. 그럼 조금 더 길게 자신이 하고 싶은 말들을 이어 붙이면서 말할 수 있는 방법을 터득하게 되겠지요. 여기서 살펴보게 될 패턴들을 잘 활용할 수 있다면, 여러분의 중국어는 한 차원 더 높은 수준으로 도약하게 될 것입니다.

자, 여기서 끊지 말고 이어서 계속하시죠!

Unit 18

누군가에게 무엇을 해 줘요.

저자 핵심 강의 18

대상을 지칭해서 말하는 장면에서 꼭 나오는 패턴

'~에게 ~을 하다/해주다'라는 표현을 중국어로 말할 경우가 많은데, 이런 패턴은 최소한 네 가지가 있어요. 때에 따라 어떤 패턴을 써야 하는지는 동사술어로 결정됩니다. 어떤 동사들은 간접목적어(~에게)와 직접목적어(~을)가 바로 나오고, 어떤 동사들은 전치사 구조(给, 跟, 向 등)가 만든 부사어구를 활용하고, 어떤 동사들은 결과보어(동사+给)의 형태를 써요. 물론 이 중 두 가지 또는 세 가지를 다 쓸 수 있는 동사들도 있어요. 让 패턴은 보통 '사역문'이라고 말하지만 우리말에서 자주 '~에게/한테/더러'로 풀이되기 때문에 이 패턴으로 함께 묶었어요.

패턴 미리보기

张老师教我们汉语。

장 선생님은 우리에게 중국어를 가르치십니다.

'~에게 ~을 하다/해주다'는 뜻으로, '~에게'와 '~을'에 해당하는 말이 동사술어 뒤에 바로 이어 나옵니다. 이런 동사에는 '给', '问', '叫', '找' '送', '告诉', '建议' 등이 있습니다.

1. 장 선생님은 우리에게 중국어를 가르치십니다.
   ★张老师教我们汉语。
   Zhāng lǎoshī jiāo wǒmen Hànyǔ.

2. 여자 친구가 제게 초콜릿을 주었습니다.
   女朋友给了我巧克力。
   Nǚpéngyou gěi le wǒ qiǎokèlì.

3. 그는 제게 곤란한 질문을 했어요.
   他问我一个尴尬的问题。
   Tā wèn wǒ yí ge gāngà de wèntí.

4. 내가 놀랄만한 뉴스를 알려줄게.
   我告诉你一个可怕的★新闻。
   Wǒ gàosu nǐ yí ge kěpà de xīnwén.

5. 주인이 방금 내게 30위안을 거슬러 주었어요.
   老板刚刚找我三十块。
   Lǎobǎn gānggāng zhǎo wǒ sānshí kuài.

잠깐만요!

★ 이런 문장에서는 당연히 '~에게'나 '~을'에 해당하는 말 중 하나가 쓰이지 않을 수도 있어요.

★ '新闻'은 우리말로 '뉴스'라는 뜻이고, '신문'은 '报'라고 해요.

尴尬 gāngà 곤란하다
可怕 kěpà 놀랄만하다
新闻 xīnwén 뉴스
找 zhǎo 거슬러주다

아빠는 아들에게 축구를 가르치다 사고를 치게 됐네요. 小爸爸

A 爸，你这是怎么教夏天踢球的啊？孩子的牙怎么都踢掉了？
Bà, nǐ zhè shì zěnme jiāo Xiàtiān tīqiú de a? Háizi de yá zěnme dōu tīdiào le?

B 我就让他跑跑步，走走平衡木★什么的。
Wǒ jiù ràng tā pǎopǎobù, zǒuzou pínghéngmù shénme de.

A 您是不是又拿小时候教我们那套来教夏天啊！
Nín shì bu shì yòu ná xiǎo shíhou jiāo wǒmen nà tào lái jiāo Xiàtiān a!

B 너희 가르친 것보단 정말 훨씬 단순하게 했어!

A 아버지, 어떻게 시아티안에게 축구를 가르친 거예요? 어쩌다 애 이를 찬 거예요?
B 달리기랑 평균대 걷기 같은 것들 좀 하게 했지.
A 또 어렸을 때 우리 가르치던 것처럼 시아티안 가르치신 거예요?
B 我教他可比教你们的简单多了！
Wǒ jiāo tā kě bǐ jiāo nǐmen de jiǎndān duō le!

잠깐만요!

★ '什么的'는 여러 가지 내용을 나열한 뒤에 마지막에 붙여서 '~같은 것들', '~등'이라는 뜻으로 쓰입니다.

牙 yá 이
平衡木 pínghéngmù 평균대
简单 jiǎndān 단순하다

147.mp3

他给我打电话了。

그 사람이 제게 전화를 했습니다.

'~에게 ~을 하다'는 뜻으로, '~에게'는 '给…'로 표현합니다. '给…'는 동사술어 앞에 오는데, 대체로 많은 동사가 이런 패턴을 사용합니다.

1. 그 사람이 제게 전화를 했습니다.
   他给我打电话了。
   Tā gěi wǒ dǎ diànhuà le.
2. 제가 폐를 끼쳤습니다.
   我给您添麻烦了。
   Wǒ gěi nín tiān máfan le.
3. 내가 새 친구를 데려갈게.
   我给你带去一位新朋友。
   Wǒ gěi nǐ dài qù yí wèi xīn péngyou.
4. 회장님이 우리에게 선물을 보내셨습니다.
   总★经理给我们送★了一件礼物。
   Zǒngjīnglǐ gěi wǒmen sòng le yí jiàn lǐwù.
5. 그 사람은 걸핏하면 나에게 문자를 보냅니다.
   他动不动就给我发短★信。
   Tā dòngbudòng jiù gěi wǒ fā duǎnxìn.

잠깐만요!

★ '总经理' 또는 '经理'는 우리말의 '사장'이나 '회장'에 해당해요.

★ 동사 '送'은 특이하게도 pattern146~147, 150의 형태로 두루 쓰일 수 있어요.

★ 휴대전화로 보내는 '문자 메시지'를 '短信'이라고 해요. 신문의 '단신' 기사는 '简讯'이라고 해요.

添 tiān 더하다
总经理 zǒngjīnglǐ 회장
动不动 dòngbudòng 걸핏하면
短信 duǎnxìn 문자 메시지

기차에서 우연히 만난 젊은이들, 노래 대결을 하려고 하네요. 北京爱情故事

A 哥★们儿，刚才那歌我听了真不错，你敢不敢跟我比一比?
Gēmenr, gāngcái nà gē wǒ tīng le zhēn búcuò, nǐ gǎn bu gǎn gēn wǒ bǐ yi bǐ?

B 那是，谢谢啊！怎么比，你说吧！
Nà shì, xièxie a! Zěnme bǐ, nǐ shuō ba!

A 이 형님이 우리에게 제목을 하나 주면, 咱俩即兴创作，怎么样?
zán liǎ jíxìng chuàngzuò, zěnmeyàng?

B 比就比，谁怕谁！
Bǐ jiù bǐ, shéi pà shéi!

A 저기요., 방금 그 노래 정말 괜찮은데 저하고 내기 한번 할래요?
B 그러면, 고맙습니다! 내기를 어떻게? 말씀해 보세요!
A 让这大哥给咱们出一个题目, 우리 둘이 즉흥창작 어때요?
Ràng zhè dàgē gěi zánmen chū yí ge tímù,
B 합시다, 무서울 것 없어요!

잠깐만요!

★ '형제', '친구'처럼 친한 사이에 부르는 호칭이지만, 모르는 사이에도 친근한 느낌을 담아서 쓸 수 있어요.

哥们儿 gēmenr 친구, 형제
大哥 dàgē 형님
题目 tímù 제목
即兴 jíxìng 즉흥
创作 chuàngzuò 창작

148.mp3

我跟他说好了。

제가 그에게 잘 이야기했습니다.

'~에게 ~을 하다'는 뜻으로, 동사가 '말하다'와 관련된 경우 '~에게'는 '跟…'이나 '和…'를 자주 씁니다. 이런 동사에는 '说', '讲', '说明', '解释' 등이 있습니다. 때로는 '对…'로 쓸 수도 있습니다.

1. 제가 그에게 잘 이야기했습니다. 我跟他说好了。
   Wǒ gēn tā shuōhǎo le.
2. 내가 너에게 이 상황을 말해 줄게. 我跟你讲*一下这个情况。 091
   Wǒ gēn nǐ jiǎng yíxià zhè ge qíngkuàng.
3. 그는 제게 사고의 원리를 설명했습니다. 他跟我说明了思考的原理。
   Tā gēn wǒ shuōmíng le sīkǎo de yuánlǐ.
4. 오랜만에 본 동창이 그에게 농담했어요. 很久没见的校友和他开了个玩笑。
   Hěn jiǔ méi jiàn de xiàoyǒu hé tā kāi le ge wánxiào.
5. 엄마는 항상 제게 운동하라고 말씀하십니다. 妈妈常对*我说要运动*。
   Māma cháng duì wǒ shuō yào yùndòng.

잠깐만요!

* 중국 남부 지역에서는 '말하다'는 표현으로 '讲'을 많이 써요.
* '对…说'라는 표현이 '~에 대하여 말하다'는 뜻이 아니라는 점에 유의하세요.
* '运动'은 그 자체로 '운동하다'는 뜻이에요. '做运动'은 옳은 표현이 아니에요.

讲 jiǎng 말하다
情况 qíngkuàng 상황
思考 sīkǎo 사고
原理 yuánlǐ 원리
校友 xiàoyǒu 동창
运动 yùndòng 운동하다

자신이 차버린 여자에게 다른 남자가 구애한다는 말을 듣네요. 北京爱情故事

A 펑쯔가 나한테 말하기로는 네가 먼저 선빙을 찼다며?

B 没错，是我放弃沈冰的。
Méicuò, shì wǒ fàngqì Shěnbīng de.

A 我就再确认一次，你不介意疯子追求沈冰?
Wǒ jiù zài quèrèn yí cì, nǐ bú jièyì Fēngzǐ zhuīqiú Shěnbīng?

B 那不是介意不介意的事!
Nà búshì jièyì bú jièyì de shì!

A 疯子跟我说是你主动放弃沈冰的?
Fēngzǐ gēn wǒ shuō shì nǐ zhǔdòng fàngqì Shěnbīng de?
B 그래, 내가 선빙을 찼어.
A 그럼 다시 확인 좀 하자. 넌 펑쯔가 선빙 쫓아다니는 것은 상관 안 하지?
B 그건 상관하고 말고 할 일이 아니야!

主动 zhǔdòng 적극적으로
放弃 fàngqì 포기하다
确认 quèrèn 확인하다
介意 jièyì 간섭하다
追求 zhuīqiú 이성을 쫓아다니다

149.mp3

他向我挥手了。

그는 나에게 손을 흔들었습니다.

'~을 향해서', '~에게'라는 뜻으로, pattern146~148, 150의 동사들 중 대부분을 이렇게 바꾸어 쓸 수 있습니다. '~에게'라는 표현을 하고 싶은데 마땅한 말이 생각나지 않을 때 활용하세요.

1. 그가 나에게 손을 흔들었습니다.
   他向我挥手了。
   Tā xiàng wǒ huīshǒu le.

2. 제가 그에게 인사했어요.
   我向他打招呼了。
   Wǒ xiàng tā dǎzhāohu le.

3. 제가 선생님께 질문을 하나 했습니다.
   我向老师问了一个问题。
   Wǒ xiàng lǎoshī wèn le yí ge wèntí.

4. 그가 할아버지에게 인사를 했습니다.
   他向爷爷鞠了一个躬。
   Tā xiàng yéye jū le yí ge gōng.

5. 제 친구가 지나가는 사람에게 시비를 걸었어요.
   我朋友向路上的人挑是非。
   Wǒ péngyou xiàng lùshang de rén tiǎo shìfēi.

잠깐만요!

* '시비'라는 말은 '是非'라고 하고 '시시비비'는 '是是非非'라고 해요. '시시비비를 가리다'는 '分清是是非非'라고 표현합니다.

挥手 huīshǒu 손을 흔들다
鞠躬 jūgōng 머리 숙여 인사하다
挑 tiǎo 일으키다, 부추기다
是非 shìfēi 시비

축하 행사에서 옛 연인이 우연히 만났네요. 胜女的代价

A 你怎么会在这里?
Nǐ zěnme huì zài zhèli?

B 你不要这么问我, 황하이의 축하 행사에서 내게 초청장을 보내왔어, 我来当嘉宾。
Nǐ búyào zhème wèn wǒ, wǒ lái dāng jiābīn.

A 我和晓洁要结婚了, 请你不要妨碍我们! 我们已经结束了。
Wǒ hé Xiǎojié yào jiéhūn le, qǐng nǐ búyào fáng'ài wǒmen! Wǒmen yǐjīng jiéshù le.

B 我会再一次让你爱上我!
Wǒ huì zài yí cì ràng nǐ àishàng wǒ!

A 여긴 어떻게 왔어?
B 그렇게 묻지 마. 黄海的庆典向我发出了邀请, 하객으로 왔다고.
Huánghǎi de qìngdiǎn xiàng wǒ fāchū le yāoqǐng,
A 나 샤오지에하고 곧 결혼해. 우리 방해하지 말아줘! 우린 이미 끝났어.
B 난 네가 다시 나를 사랑하게 할 거야!

잠깐만요!

* '庆典'은 기쁜 일을 축하하는 '의식'이라는 뜻도 있고, '축제'라는 말로도 자주 쓰여요.

庆典 qìngdiǎn 축하 행사
发出 fāchū 보내다
邀请 yāoqǐng 초청(장)
嘉宾 jiābīn 내빈
妨碍 fáng'ài 방해하다

150.mp3

老师发给我们讲义了。

선생님이 우리에게 강의안을 나눠주셨어요.

'给' 앞에 동사가 오면 '~에게 ~을 하다/해주다'는 뜻입니다. 이런 패턴으로 써야 하는 동사로는 '交给(~에게 제출하다)', '借给(~에게 빌려주다)', '递给(~에게 건네주다)', '传给'(~에게 전해주다), '献给(~에게 바치다)', '嫁给(~에게 시집가다)' 등이 있습니다.

1. 선생님이 우리에게 강의안을 나눠주셨어요.
   老师发给我们讲义了。
   Lǎoshī fāgěi wǒmen jiǎngyì le.
2. 제가 보고서를 곧 그에게 드릴게요.
   我马上要把报告交给他。 166
   Wǒ mǎshàng yào bǎ bàogào jiāogěi tā.
3. 그 식초 좀 저에게 건네주세요.
   你把那瓶醋递给我一下。 091 166
   Nǐ bǎ nà píng cù dìgěi wǒ yíxià.
4. 죄송하지만 이 편지 좀 그녀에게 전해주세요.
   麻烦你把这封信传给她。 093
   Máfan nǐ bǎ zhè fēng xìn chuángěi tā.
5. 그녀는 돈이 많은 남자에게 시집갔어요.
   她嫁给了一位很有钱的男子。
   Tā jiàgěi le yí wèi hěn yǒuqián de nánzǐ.

잠깐만요!

* '讲义'는 '강의'가 아니라 '강의안', '강의용 유인물'이라는 뜻이에요. '강의'는 주로 '讲课'라고 해요.
* 이 패턴의 경우 문장구조의 특성 때문에 '~을'에 해당하는 말을 이렇게 '把…'의 형식으로 쓰는 경우가 많아요.

讲义 jiǎngyì 강의안
报告 bàogào 보고서
醋 cù 식초

삼각관계에 놓인 두 남자가 여자의 고향에서 방을 구하고 있네요. 北京爱情故事

A 你们是从哪儿来的啊?
Nǐmen shì cóng nǎr lái de a?

B 我们是从北京来的，我俩来这是寻找灵感，来搞创作的。
Wǒmen shì cóng Běijīng lái de, wǒ liǎ lái zhè shì xúnzhǎo línggǎn, lái gǎo chuàngzuò de.

A 就一间房子，还不带卫生间，你们俩能住吗?
Jiù yì jiān fángzi, hái bú dài wèishēngjiān, nǐmen liǎ néng zhù ma?

B 没问题。라오우, 어서 아주머니께 신분증 보여드려.
Méi wèntí.

A 어디서 왔어요?
B 베이징에서 왔어요. 저희 둘 여기 온 건 영감을 얻고 창작하러 왔어요.
A 방은 하나뿐이고, 화장실도 없는데. 지낼 수 있겠어요?
B 괜찮아요. 老吴，快把身份证交给阿姨看看。
Lǎowú, kuài bǎ shēnfènzhèng jiāogěi āyí kànkan.

寻找 xúnzhǎo 찾다
灵感 línggǎn 영감
卫生间 wèishēngjiān 화장실
身份证 shēnfènzhèng 신분증

151.mp3

妈妈让我去买些东西。

엄마가 저**에게** 물건을 좀 사오라고 **하셨어요.**

'~에게 ~을 하게 하다'는 뜻으로, '어떤 일을 누군가에게 시키다'는 말을 하려고 할 때 쓰는 표현입니다. 이때 '让'은 '~에게', '~한테', '~더러'라는 뜻과 잘 어울리고, 물론 '~을'에 해당하는 경우도 있습니다.

1. 엄마가 저에게 물건을 좀 사오라고 하셨어요.
   妈妈让我去买些东西。
   Māma ràng wǒ qù mǎi xiē dōngxi.
2. 그 사람이 우리를 못 들어가게 했어요.
   他不让我们进去。
   Tā bú ràng wǒmen jìnqù.
3. 가서 그 사람더러 전화하라고 해.
   你去让他打电话。 147
   Nǐ qù ràng tā dǎ diànhuà.
4. 저는 동생에게 텔레비전을 좀 켜라고 했어요.
   我让我弟弟打开电视。
   Wǒ ràng wǒ dìdi dǎkāi diànshì.
5. 우리는 종업원에게 물 한 병을 가져다 달라고 했어요.
   我们让服务员★拿来一瓶水。
   Wǒmen ràng fúwùyuán nálái yì píng shuǐ.

잠깐만요!

★ 중국에서는 공공서비스를 하는 사람들을 대체로 '服务员'이라고 불러요. 예를 들어 식당에 가서 음식을 주문할 때도 '服务员!'이라고 부르면 됩니다.

打开 dǎkāi (스위치 등을) 켜다
服务员 fúwùyuán 종업원
拿来 nálái 가져오다

병원에 입원한 동생을 보러 온 형은 심사가 불편하네요. 奋斗

A 你知道我的时间有多宝贵吗?
Nǐ zhīdào wǒ de shíjiān yǒu duō bǎoguì ma?

B 내가 오라고 안 했어. 再说我也没事儿。
Zàishuō wǒ yě méi shìr.

A 你看看你现在的样子!
Nǐ kànkan nǐ xiànzài de yàngzi!

B 我的事不用你管。
Wǒ de shì búyòng nǐ guǎn.

A 너는 내 시간이 얼마나 귀한 줄 알아?
B 我又没让你来。 나도 상관없고.
Wǒ yòu méi ràng nǐ lái.
A 너 지금 꼴 좀 봐!
B 내 일에 상관 마.

宝贵 bǎoguì 귀하다
样子 yàngzi 모양, 꼴

Unit 19

저자 핵심 강의 19

그리고 사건이 일어났어요.

연속적인 사건을 말하는 장면에서 꼭 나오는 패턴

중국어의 또 다른 큰 원칙 가운데 하나는 여러 동작이나 행위가 일어난 상황을 설명하려면, 그 동작이나 행위가 일어난 시간 순서에 따라 동사술어를 배열해야 한다는 점이에요. 먼저 일어난 동작이나 행위를 먼저 쓰고, 나중에 일어난 동작이나 행위를 나중에 써야 합니다. 그런 표현을 위한 패턴 중 연동문 패턴과 부사 활용 패턴, 접속사 활용 패턴을 함께 익혀 보세요.

패턴 미리보기

152.mp3

我去图书馆看书。

저는 도서관에 가서 책을 봅니다.

'~하고 나서 ~하다', '~해서 ~하다'는 뜻으로, 두 가지 이상의 동작이나 행위가 연이어 나옵니다. 먼저 일어나는 동작이 먼저 나온다는 점이 중요합니다. 순서를 바꾸면 뜻이 어색해지거나 거꾸로 되니 유의하세요.

1. 저는 도서관에 가서 책을 봅니다. — ★我去图书馆看书。 175
   Wǒ qù túshūguǎn kàn shū.
2. 그는 비행기를 타고 런던에 갑니다. — 他坐飞机去伦敦。
   Tā zuò fēijī qù Lúndūn.
3. 그는 박물관에 가서 전시회를 봅니다. — 他去博物馆看展览。
   Tā qù bówùguǎn kàn zhǎnlǎn.
4. 우리는 밥을 먹고 영화를 봤어요. — 我们吃了饭看了电影。
   Wǒmen chī le fàn kàn le diànyǐng.
5. 저는 양복을 사서 축제에 참가해요. — 我买了件西装参加庆典。
   Wǒ mǎi le jiàn xīzhuāng cānjiā qìngdiǎn.

잠깐만요!

★ 이 패턴은 "저는 공부하러 도서관에 갑니다."라고 풀이할 수도 있는데 어순에 유의하세요. pattern178를 참고하세요.

图书馆 túshūguǎn 도서관
伦敦 Lúndūn 런던
西装 xīzhuāng 양복
庆典 qìngdiǎn 축제

엄마는 친구 집에 간다는 딸아이에게 당부를 잊지 않네요. 家有儿女

A 엄마, 나 친구네 집에 가서 책 볼게요.

B 好，晚上吃饭时回来。
Hǎo, wǎnshang chī fàn shí huílái.

A 嗯，妈晚饭我想吃西红柿鸡蛋汤。
Èng, mā wǎnfàn wǒ xiǎng chī xīhóngshì jīdàntāng.

B 好嘞！没问题！
Hǎo lei! Méi wèntí!

A 妈，我去同学家看书了。
Mā, wǒ qù tóngxué jiā kàn shū le.
B 그래, 저녁 식사할 때 들어오렴.
A 네. 엄마, 나 저녁에 토마토 계란국 먹고 싶어요.
B 그래, 그러자!

西红柿 xīhóngshì 토마토
鸡蛋 jīdàn 계란

153.mp3

你听听我的话，然后说吧。

제 말을 들어 보고 나서 말씀하세요.

'~하고 나서', '그 다음에~'라는 뜻으로, 앞부분에 먼저 일어난 일을 말하고 그 다음 나중에 일어나는 일을 말합니다. 말을 이어갈 때 습관적으로도 쓰는 표현이기도 합니다.

1. 내 말을 들어 보고 나서 말씀하세요.
   你听听我的话，然后说吧。 089
   Nǐ tīngting wǒ de huà, ránhòu shuō ba.

2. 전등이 깜빡이더니 꺼져버렸어요.
   电灯闪烁，然后灭★了。 025
   Diàndēng shǎnshuò, ránhòu miè le.

3. 우리 선생님에게 물어보고 결정합시다.
   我们问问老师，然后决定吧。 089
   Wǒmen wènwen lǎoshī, ránhòu juédìng ba.

4. 잘 생각해 보고 반성문을 쓰세요.
   你好好儿想一下，然后写检讨书。 091
   Nǐ hǎohāor xiǎng yíxià, ránhòu xiě jiǎntǎoshū.

5. 그는 한동안 앉아 있더니 천천히 일어섰다.
   他坐了一会儿，然后慢慢地站起来了。 194
   Tā zuò le yíhuìr, ránhòu mànmànde zhàn qǐlái le.

잠깐만요!

★ 전등이나 타오르는 불이 '꺼지다'라고 할 때 '灭'라는 말을 쓸 수 있어요. 그래서 소화기는 '灭火器'라고 해요.

电灯 diàndēng 전등
闪烁 shǎnshuò 깜빡이다
灭 miè 꺼지다
检讨书 jiǎntǎoshū 반성문

대변인이 되어 첫 기자회견을 하는 부하 직원에게 요령을 일러주네요. 胜女的代价

A 总监，我想当好发言人，可是这次我真的很紧张！
Zǒngjiān, wǒ xiǎng dāng hǎo fāyánrén, kěshì zhè cì wǒ zhēnde hěn jǐnzhāng!

B 别紧张，我会先让人写好一份稿子，그 다음에 그대로 읽으면 되겠죠?
Bié jǐnzhāng, wǒ huì xiān ràng rén xiěhǎo yí fèn gǎozi,

A 太好了，我会尽力做好的！
Tài hǎo le, wǒ huì jìnlì zuòhǎo de!

B 不是尽力，是一定要完成好！
Búshì jìnlì, shì yídìng yào wánchéng hǎo!

A 감독님, 전 좋은 대변인이 되고 싶어요. 그런데 이번에는 긴장되네요!
B 긴장하지 마요. 내가 다른 사람에게 원고를 쓰라고 할 테니, 然后你照着念行了吧?
ránhòu nǐ zhàozhe niàn xíng le ba?
A 좋아요. 있는 힘껏 해 볼게요!
B 있는 힘껏 할 필요는 없고, 끝내기만 하면 돼요!

总监 zǒngjiān 총감독
紧张 jǐnzhāng 긴장하다
稿子 gǎozi 원고
照着 zhàozhe ~에 따라서
念 niàn 소리 내어 읽다
尽力 jìnlì 있는 힘껏

154.mp3

我先去北京，再去上海。

저는 베이징에 갔**다가** 상하이로 갈 **거예요**.

'먼저 ~하고 나서 나중에 ~할 것이다'라는 뜻으로, 먼저 일어날 일과 나중에 일어날 일의 순서를 분명하게 구분해서 말합니다. '再'는 앞으로 일어날 일을 말할 때만 쓸 수 있습니다.

1. 저는 베이징에 갔다가 상하이로 갈 거예요. 我先去北京，再去上海。
   Wǒ xiān qù Běijīng, zài qù Shànghǎi.
2. 찬물 좀 마시고 나서 똑똑히 얘기해 봐. 你先喝一口凉水，再说清楚吧。 089
   Nǐ xiān hē yì kǒu liángshuǐ, zài shuō qīngchu ba.
3. 우리는 발음을 배우고 나서 문법을 배웁니다. 我们先学发音，再学语法。 110
   Wǒmen xiān xué fāyīn, zài xué yǔfǎ.
4. 집을 청소하고 나서 손님 맞을 준비를 하세요. 你先打扫房子，再准备接客人。
   Nǐ xiān dǎsǎo fángzi, zài zhǔnbèi jiē kèrén.
5. 에어컨을 켜고 나서 앉아서 쉽시다. 我们先开个空调*，再坐下休息休息。 090
   Wǒmen xiān kāi ge kōngtiáo, zài zuòxià xiūxi xiūxi.

잠깐만요!

* '空调'는 말 그대로 '에어컨'이에요. 난방기만을 따로 말할 때는 '暖器'라고 해요.

凉水 liángshuǐ 찬물
语法 yǔfǎ 문법
房子 fángzi 집
客人 kèrén 손님
空调 kōngtiáo 에어컨

직장에서 동료들끼리 새로운 요리 상품을 개발하고 있네요. 胜女的约会

A 去我家研究一下研发超市的新产品吧。
Qù wǒ jiā yánjiū yíxià yánfā chāoshì de xīn chǎnpǐn ba.

B 그럼 우리 먼저 근처 슈퍼마켓에 가서 돌아다니면서 느낌을 좀 얻은 다음에 가죠.

A 你会做菜？
Nǐ huì zuò cài?

B 当然会的，虽然没有专业厨师那么厉害。
Dāngrán huì de, suīrán méiyǒu zhuānyè chúshī nàme lìhai.

A 우리 집에 가서 새 상품 연구하고 개발해요.
B 那我们先去附近的超市逛逛找找灵感再去你家吧。
Nà wǒmen xiān qù fùjìn de chāoshì guàngguang zhǎozhao línggǎn zài qù nǐ jiā ba.
A 요리 할 줄 알아요?
B 물론 할 줄 알죠, 비록 전문 요리사만큼 잘하진 못하지만.

研发 yánfā 연구 개발하다
产品 chǎnpǐn 상품
专业 zhuānyè 전문, 전공
厨师 chúshī 요리사

155.mp3

我先去北京，又去了上海。

저는 베이징에 갔**다가** 상하이에 갔**어요**.

'먼저 ~하고 나서 또 ~했다'는 뜻으로, 먼저 일어날 일과 나중에 일어날 일의 순서를 분명하게 구분해서 말합니다. '又'는 이미 일어난 일을 말할 때만 쓸 수 있습니다.

1. 저는 베이징에 갔다가 상하이에 갔어요.
   我先去了北京，又去了上海。
   Wǒ xiān qù le Běijīng, yòu qù le Shànghǎi.
2. 우리는 점심을 먹고 나서 또 간식을 먹었어요.
   我们先吃了中饭，又吃了点心。
   Wǒmen xiān chī le zhōngfàn, yòu chī le diǎnxīn.
3. 그는 지도자에게 보고하고 돌아와서 저에게 말했어요.
   他先向领导*做报告，又回来跟我说了。 148 149
   Tā xiān xiàng lǐngdǎo zuò bàogào, yòu huílái gēn wǒ shuō le.
4. 저는 그의 자료를 보고 나서 몇 가지 질문을 했어요.
   我先看了他的资料，又问了他几个问题。 146
   Wǒ xiān kàn le tā de zīliào, yòu wèn le tā jǐ ge wèntí.
5. 군대는 우리 고향을 공격한 뒤에 또 여기로 쳐들어왔어요.
   军队先袭击我的故乡，又打进这儿来了。 190
   Jūnduì xiān xíjī wǒ de gùxiāng, yòu dǎjìn zhèr lái le.

잠깐만요!

* 중국의 독특한 문화 중 하나는 어느 조직에나 '领导', 즉 '지도자'가 있다는 것이에요. '领导'는 특정 수준 이상의 직위를 가진 '리더'라는 어감입니다.

领导 lǐngdǎo 지도자
资料 zīliào 자료
军队 jūnduì 군대
袭击 xíjī 공격하다
故乡 gùxiāng 고향
打进 dǎjìn 진격하다

샤오위에가 집으로 돌아오는데 누군가 쫓아왔나 보네요. 家有儿女

A 怎么气喘吁吁的？怎么啦？
Zěnme qìchuǎnxūxū de? Zěnme la?

B 刚才有人跟着我，제가 멈춰서 고개를 숙이고 신발 끈을 묶으니까 바로 지나갔어요.
Gāngcái yǒurén gēnzhe wǒ,

A 哎哟，那以后得小心点啊。
Āiyōu, nà yǐhòu děi xiǎoxīn diǎn a.

B 是啊，刚才把我吓死了！以后妈妈出来接我吧。
Shì a, gāngcái bǎ wǒ xiàsǐ le! Yǐhòu māma chūlái jiē wǒ ba.

A 왜 그렇게 헐떡거려? 왜 그래?
B 방금 누군가 절 따라왔어요. **我就先停下来，又低头系*鞋带，他就过去了。**
wǒ jiù xiān tíng xiàlai, yòu dītóu jì xiédài, tā jiù guòqù le.
A 아이고, 그럼 앞으로는 조심해야겠다.
B 네, 방금은 놀라 죽을 뻔했어요! 앞으론 엄마가 데리러 나와 주세요.

잠깐만요!

* '묶다, 매다'라는 뜻일 때는 '系'를 'jì'로 읽어요.

气喘吁吁 qìchuǎnxūxū 헐떡거리다
低头 dītóu 고개를 숙이다
系 jì 묶다, 매다
鞋带 xiédài 신발 끈

等星期天再去主题公园。

일요일이 **되면** 테마파크에 가**요**.

'~하고 나서 ~하다', '~을 기다렸다가 ~하다', '~가 되면 ~하다'는 뜻입니다. 어떤 시점까지 기다렸다가 그 시점이 되면 다른 일을 하자고 말할 때 쓰는데, '等'을 생략할 수도 있습니다.

1. 일요일이 되면 테마파크에 가요. 等星期天再去主题公园。 Děng Xīngqītiān zài qù zhǔtí gōngyuán.
2. 엄마가 퇴근하시면 할머니네 집에 갑니다. 等妈妈下班再去奶奶家。 Děng māma xiàbān zài qù nǎinai jiā.
3. 3시가 되면 전화를 하세요. 等三点以后，你再打电话。 Děng sān diǎn yǐhòu, nǐ zài dǎ diànhuà.
4. 방학하고 나면 우리 다시 만나요. 等放假以后，我们再见面。 Děng fàngjià yǐhòu, wǒmen zài jiànmiàn.
5. 숙제 다 하고 나면 텔레비전을 보아라. 等写完作业★以后，再看电视。 Děng xiěwán zuòyè yǐhòu, zài kàn diànshì.

잠깐만요!

★ '숙제하다'는 '**做作业**'라고 할 수도 있어요.

主题公园 zhǔtí gōngyuán 테마파크
下班 xiàbān 퇴근하다
放假 fàngjià 방학하다
作业 zuòyè 숙제

막 운전을 배우기 시작한 여자가 남자를 데려다 주려 하네요. 胜女的代价

A 你安全带系了吗?
Nǐ ānquándài jì le ma?

B 好了，你到底会不会开车啊?
Hǎo le, nǐ dàodǐ huì bu huì kāichē a?

A 연습을 잘 한 다음에 널 태워야겠다.

B 不要紧张，放轻松，这样才可以开车。
Búyào jǐnzhāng, fàng qīngsōng, zhèyàng cái kěyǐ kāichē.

A 안전띠 맸지?
B 응. 그런데 도대체 운전은 할 줄 알아?
A 我是想等我练习好了，再来载你的。
Wǒ shì xiǎng děng wǒ liànxí hǎo le, zàilái zǎi nǐ de.
B 긴장하지 말고 편하게 해. 이러면서 운전하게 되는 거야.

安全带 ānquándài 안전띠
练习 liànxí 연습하다
载 zǎi 싣다
轻松 qīngsōng 가볍다, 수월하다

我一上课就想睡觉。

저는 수업만 들으면 자고 싶어요.

'~하기만 하면 ~하다', '~하자마자 ~하다'는 뜻으로, 어떤 일이 반복적으로 일어나거나 곧바로 연이어서 일어날 때 쓰는 표현입니다.

1. 저는 수업만 들으면 자고 싶어요.
   我一上课就想睡觉。 002
   Wǒ yí shàngkè jiù xiǎng shuìjiào.

2. 그는 집에만 오면 컴퓨터를 해요.
   他一回家就玩★电脑。
   Tā yì huíjiā jiù wán diànnǎo.

3. 저는 일어나자마자 아침을 먹어요.
   我一起床就吃早饭。
   Wǒ yì qǐchuáng jiù chī zǎofàn.

4. 그들은 방학하자마자 미국으로 돌아갔어요.
   他们一放假就回美国。
   Tāmen yí fàngjià jiù huí Měiguó.

5. 여동생은 음악을 듣기만 하면 춤을 춰요.
   妹妹一听音乐就跳舞。
   Mèimei yì tīng yīnyuè jiù tiàowǔ.

잠깐만요!

★ '컴퓨터를 한다'고 말할 때는 동사 '玩'을 써서 말하는 것이 자연스러워요.

睡觉 shuìjiào 자다
玩 wán 놀다
起床 qǐchuáng 일어나다
早饭 zǎofàn 아침밥
音乐 yīnyuè 음악
跳舞 tiàowǔ 춤추다

아들은 아버지 회사를 마다하고 부동산 회사에 들어가겠다고 하네요. 奋斗

A 我是想进房地产公司，졸업하자마자 갈게요.
Wǒ shì xiǎng jìn fángdìchǎn gōngsī,

B 你不想来我这公司?
Nǐ bù xiǎng lái wǒ zhè gōngsī?

A 我想自己创业。
Wǒ xiǎng zìjǐ chuàngyè.

B 不管怎么说，今天晚上我很高兴。
Bùguǎn zěnme shuō, jīntiān wǎnshang wǒ hěn gāoxìng.

A 전 부동산 회사에 들어갈래요. 我一毕业就去了。
wǒ yí bìyè jiù qù le.

B 너 우리 회사에 안 들어올 거니?

A 저는 창업하고 싶어요.

B 어쨌든 오늘 저녁은 즐겁구나.

房地产 fángdìchǎn 부동산
创业 chuàngyè 창업하다

Unit 20

저자 핵심 강의 20

그거 할 시간 없다니까요.

소유와 포함 관계를 말하는 장면에서 꼭 나오는 패턴

중국어의 큰 특징 하나를 더 말씀드릴까요? 일반적인 내용과 구체적인 내용, 큰 범주와 작은 범주가 함께 나오면 일반적인 내용이나 큰 범주를 먼저 말하고, 구체적인 내용이나 작은 범주는 나중에 설명한다는 점입니다. 이런 특징들을 보여주는 패턴 중에서도 有没有 패턴과 包括…在内 패턴은 매우 중요하니 대표 문장을 꼭 외워두세요.

패턴 미리보기

158 没有…(동사술어)… ~할 ~이 없다

159 有的是… 있는 것이라고는 ~뿐이다 / 널린 게 ~이다

160 包括…在内 ~을 포함하는 / ~을 비롯한

161 不管…，都… ~이 어떻든 (상관없이) ~하다

158.mp3

我没有时间看电影。

저는 영화 **볼 시간이 없어요.**

'~할 ~이 없다'는 뜻으로, 순서대로 '~이 없어서 ~한다'고 생각할 수 있지만, 우리말로는 어색해질 수 있습니다. 뒤에 나오는 동작이나 행위가 앞으로 와서 '~할'이라는 뜻으로 쓰인다는 점에 유의하세요.

1. 저는 영화 볼 시간이 없어요.
   ★我没有时间看电影。
   Wǒ méiyǒu shíjiān kàn diànyǐng.

2. 저는 라오왕이라는 친구가 있어요.
   我有一个朋友叫老王。
   Wǒ yǒu yí ge péngyou jiào Lǎo Wáng.

3. 그는 이 책을 살 돈이 없어요.
   他没有钱买这本书。
   Tā méiyǒu qián mǎi zhè běn shū.

4. 최근에는 재미있는 드라마가 없어요.
   最近没有好看的电视剧看。
   Zuìjìn méiyǒu hǎokàn de diànshìjù kàn.

5. 아프리카의 아이들은 먹을 식량이 없어요.
   非洲的孩子没有粮食吃。
   Fēizhōu de háizi méiyǒu liángshi chī.

잠깐만요!

★ "저는 영화 볼 시간이 없어요."라는 말을 "我没有看电影的时间。"이라고 말하면 알아듣기는 하겠지만 어색한 표현이 돼요.

好看 hǎokàn 재미있다
电视剧 diànshìjù 텔레비전 드라마
非洲 Fēizhōu 아프리카
粮食 liángshi 양식

남자는 연인에게 모르는 사람처럼 인터넷 채팅을 하네요. 胜女的代价

A 不好意思啊，这几天工作忙，이야기할 시간이 없었네요.
Bùhǎoyìsi a, zhè jǐ tiān gōngzuò máng,

B 我还以为你把我★封锁了呢。
Wǒ hái yǐwéi nǐ bǎ wǒ fēngsuǒ le ne.

A 当然不是啊，最近过得怎么样？
Dāngrán búshì a, zuìjìn guò de zěnmeyàng?

B 还可以。
Hái kěyi.

A 미안해요, 요 며칠 일이 바빠서요. 没有时间跟你聊天。
méiyǒu shíjiān gēn nǐ liáotiān.
B 저를 당신이 접속을 끊은 줄 알았어요.
A 물론 아니죠, 요즘 어떻게 지내요?
B 그런대로 괜찮아요.

잠깐만요!

★ '封锁'는 '폐쇄하다'라는 뜻이지만 인터넷 용어로는 채팅 상대와 '(접속을) 끊다'는 말로도 쓰여요.

封锁 fēngsuǒ 폐쇄하다

159.mp3

世界上有的是好人。

세상에 좋은 사람은 **많습니다.**

'있는 것이라고는 ~뿐이다', '널린 게 ~이다'는 뜻으로, 어떤 대상이 매우 많음을 강조하는 표현입니다. 많은 대상이 주로 '有的是' 뒤에 오지만 때로는 앞에 올 수도 있습니다.

1. 세상에 좋은 사람은 많습니다.
世界上有的是好人。
Shìjiè shàng yǒudeshì hǎorén.

2. 우리에게 있는 것이라곤 시간뿐입니다.
我们有的是时间。
Wǒmen yǒudeshì shíjiān.

3. 여기에 있는 것이라곤 광산 자원입니다.
这儿有的是矿产资源。
Zhèr yǒudeshì kuàngchǎn zīyuán.

4. 오늘은 바쁘지만 내일은 있는 게 시간이에요.
今天我很忙，明天有的是时间。 010
Jīntiān wǒ hěn máng, míngtiān yǒudeshì shíjiān.

5. 그는 직업은 없지만 가진 것이라곤 지식뿐입니다.
他没有工作，但是知识有的是。 216
Tā méiyǒu gōngzuò, dànshì zhīshi yǒudeshì.

世界 shìjiè 세상
矿产 kuàngchǎn 광산
资源 zīyuán 자원
知识 zhīshi 지식

엄마는 이혼한 남편에게서 아이를 데려와 미국으로 가려 하네요. 小爸爸

A 你要带夏天回美国啦？夏天想回去吗？
Nǐ yào dài Xiàtiān huí Měiguó la? Xiàtiān xiǎng huíqù ma?

B 他爸已经在放弃抚养权的合约上签字了。
Tā bà yǐjīng zài fàngqì fǔyǎngquán de héyuē shàng qiānzì le.

A 什么？他放弃了抚养权，那夏天知道吗？
Shénme? Tā fàngqì le fǔyǎngquán, nà Xiàtiān zhīdào ma?

B 夏天还不知道，제 생각엔 제가 함께 지낼 시간이 충분하니 他慢慢会习惯的。
Xiàtiān hái bù zhīdào, tā mànmàn huì xíguàn de.

A 시아티안 데리고 미국에 가려고? 시아티안도 가고 싶대?
B 애 아빠가 벌써 양육권 포기 계약에 서명했어요.
A 뭐라고? 애 아빠가 양육권을 포기한 걸 시아티안도 알아?
B 시아티안은 아직 몰라요. 我想我有的是时间跟他相处，점차 습관이 되겠죠.
wǒ xiǎng wǒ yǒudeshì shíjiān gēn tā xiāngchǔ,

抚养权 fǔyǎngquán 양육권
合约 héyuē 계약
相处 xiāngchǔ 함께 살다

160.mp3

一些资料包括我写的在内都消失了。

제가 쓴 것을 **포함한** 일부 자료가 소실됐습니다.

'~을 포함하는', '~을 비롯한'이라는 뜻입니다. A<B의 포함관계를 나타낼 때 우리말로는 'A를 비롯한 B'라는 표현이 자연스럽지만, 중국어로는 'B包括A在内'와 같이 어순이 다르니 유의하세요.

1. 제가 쓴 것을 포함한 일부 자료가 소실됐습니다.
   一些资料包括我写的在内都消失了。
   Yìxiē zīliào bāokuò wǒ xiě de zàinèi dōu xiāoshī le.

2. 그를 비롯해서 모두 세 명이 상을 탔습니다.
   共有三个人包括他在内得奖了。
   Gòngyǒu sān ge rén bāokuò tā zàinèi déjiǎng le.

3. 언어 교육은 듣기, 말하기, 읽기, 쓰기 네 항목을 포함합니다.
   语言教学★包括听★说读写四项在内。
   Yǔyán jiàoxué bāokuò tīng shuō dú xiě sì xiàng zàinèi.

4. 아시아는 동아시아, 서아시아, 동남아시아 등을 포함합니다.
   亚洲包括东亚、西亚、东南亚等在内。
   Yàzhōu bāokuò dōngyà、xīyà、dōngnányà děng zàinèi.

5. 회의가 시작될 때 라오장을 비롯해서 모두 왔습니다.
   开会时包括老张，大家都来了。 110
   Kāihuì shí bāokuò Lǎo Zhāng, dàjiā dōu lái le.

잠깐만요!

* '教学'는 '교육'이라고 해석하는 편이 자연스러울 때가 많아요.
* 중국어를 잘하려면 어떻게 해야 할까요? 왕도는 없어요. 많이 듣고(多听), 많이 읽고(多读), 많이 말하고(多说), 많이 쓰면(多写) 된답니다.

资料 zīliào 자료
消失 xiāoshī 소실되다
得奖 déjiǎng 수상하다
语言 yǔyán 언어
教学 jiàoxué 교육
亚洲 Yàzhōu 아시아

엄마는 아이들에게 사진을 놓을 곳을 알려주네요. 家有儿女

A 孩子们，这是咱家新的摆照片的地方。
Háizimen, zhè shì zánjiā xīn de bǎi zhàopiàn de dìfang.

B 那我们可以自己摆吗？摆什么都行吗？
Nà wǒmen kěyǐ zìjǐ bǎi ma? Bǎi shénme dōu xíng ma?

A 当然了，摆你每个时期的，친구나 가족이랑 찍은 것들 포함해서 진열해 봐.
Dāngrán le, bǎi nǐ měi ge shíqī de,

B 哇塞！太棒了！我这就去找些照片。
Wāsài! Tài bàng le! Wǒ zhè jiù qù zhǎo xiē zhàopiàn.

A 얘들아, 여기가 우리 집 새로 사진 놓을 곳이야.
B 그럼 우리가 직접 놔둬도 돼요? 뭐든 괜찮아요?
A 물론이지, 언제 찍은 것이든 **包括你们跟朋友家人的照片。**
bāokuò nǐmen gēn péngyou jiārén de zhàopiàn.
B 와! 신 난다! 사진 좀 찾아봐야겠다.

摆 bǎi 놓다, 배치하다
家人 jiārén 가족, 식구

161.mp3

不管天气好不好，我都要去爬山。

날씨가 좋든 안 좋든 나는 등산하러 갈 거예요.

'~이 어떻든 (상관없이) ~하다'는 뜻으로, '都' 자리에는 '也'가 올 수도 있습니다. '不管' 뒤에는 '긍정+부정' 또는 의문사 표현이 따라옵니다. '无论…都(也)…'도 같은 패턴입니다.

1. 날씨가 좋든 안 좋든 나는 등산하러 갈 거예요.
   不管天气好不好，我都要去爬山。
   Bùguǎn tiānqì hǎo bu hǎo, wǒ dōu yào qù páshān.
2. 네가 동의하든 안 하든 나는 그렇게 할 거야.
   不管你同意不同意，我都要这么办。
   Bùguǎn nǐ tóngyì bu tóngyì, wǒ dōu yào zhème bàn.
3. 내일이 무슨 요일이든 나는 공부하러 학교 갈 거야.
   不管明天是星期几，我也要去学校学习。
   Bùguǎn míngtiān shì xīngqī jǐ, wǒ yě yào qù xuéxiào xuéxí.
4. 극장에 사람이 얼마건 난 영화를 볼 거예요.
   不管电影院人有多少，我也要看电影。
   Bùguǎn diànyǐngyuàn rén yǒu duōshao, wǒ yě yào kàn diànyǐng.
5. 네가 얼마나 바쁘던 이 회의에는 참석해.
   不管你多忙，都要来参加这个会议。
   Bùguǎn nǐ duō máng, dōu yào lái cānjiā zhè ge huìyì.

잠깐만요!

* 우리나라는 등산을 취미로 하는 분들이 꽤 많죠? 중국은 등산 인구가 거의 없었습니다만, 몇 해 전부터 유행하기 시작했어요. 등산도 경제 발전과 관계가 있는 걸까요?

爬山 páshān 등산하다
电影院 diànyǐngyuàn 극장
参加 cānjiā 참석하다
会议 huìyì 회의

엄마는 직장을 구하고 있는 아들을 격려하고 있네요. 奋斗

A 工作找得怎么样了?
Gōngzuò zhǎo de zěnmeyàng le?

B 我想自己创业。
Wǒ xiǎng zìjǐ chuàngyè.

A 네가 무슨 결정을 하든 엄마는 널 지지한다.

B 谢谢老妈，我一定努力!
Xièxie lǎomā, wǒ yídìng nǔlì!

A 일자리 구하는 건 어떠니?
B 전 창업할 생각이에요.
A 不管你做什么决定，妈妈都支持你!
Bùguǎn nǐ zuò shénme juédìng, māma dōu zhīchí nǐ!
B 고마워요, 엄마. 반드시 노력할게요!

잠깐만요!

* '엄마'나 '아빠'를 부를 때 '老妈', '老爸'라는 표현도 자주 써요.

创业 chuàngyè 창업하다
支持 zhīchí 지지하다

Unit 21

누가 그런 거예요?

저자 핵심 강의 21

일을 벌인 주체를 말하는 장면에서 꼭 나오는 패턴

어떤 일이 일어나고, 도대체 누가 그런 일을 했는지 물어보는 경우가 있는데, 그럴 때 쓰는 패턴들을 묶었습니다. 보통 우리가 '사역문'이라고 말하는 使, 让, 叫, 令을 활용한 패턴이 모두 그렇고 把, 被 패턴도 넓은 의미로 그렇게 볼 수 있어요. 来와 由 패턴도 습관적으로 자주 쓴답니다.

패턴 미리보기

162 来… ~이(가)

163 由… ~이(가)

164 使… ~을 ~하게 하다

165 叫… ~을 ~하게 하다

166 把… ~을 ~하다

167 被… ~에 의해서, ~이(가)

162.mp3

你来谈谈你的看法。

자네가 생각을 이야기해 보게.

'~이(가)'라는 뜻으로, 어떤 동작이나 행위를 하는 주체를 강조합니다. 앞으로 일어날 일을 말할 때 자주 쓰고, '来'가 없더라도 의미는 같지만 어감은 약해집니다.

1. 자네가 생각을 이야기해 보게.
   你来谈谈你的看法。 090
   Nǐ lái tántan nǐ de kànfǎ.

2. 우리는 총장이 연설하도록 초청했어요.
   我们请校长★来讲话。
   Wǒmen qǐng xiàozhǎng lái jiǎnghuà.

3. 샤오왕, 이 일은 당신이 하시지요.
   小王，这件事请你来办吧。 089
   Xiǎo Wáng, zhè jiàn shì qǐng nǐ lái bàn ba.

4. 우리가 공원의 아름다운 풍경을 그려 보자.
   我们来画一下公园的美景。 091
   Wǒmen lái huà yíxià gōngyuán de měijǐng.

5. 모두 이 시를 읽어 보세요.
   大家来读读这首诗。 090
   Dàjiā lái dúdu zhè shǒu shī.

잠깐만요!

★ 우리말로 대학의 장은 '총장'이라고 하고, 초 · 중 · 고등학교는 '교장'이라고 하지만, 중국어로는 모두 '校长'이라고 말해요.

看法 kànfǎ 견해
校长 xiàozhǎng 학교장
讲话 jiǎnghuà 연설
画 huà 그리다
公园 gōngyuán 공원
美景 měijǐng 아름다운 풍경
诗 shī 시

아이들의 다툼을 말려보려는 엄마와 아빠, 방법이 서로 다르네요. 家有儿女

A 孩子们别争了，爸爸怎么说，咱们就怎么做！
Háizimen bié zhēng le, bàba zěnme shuō, zánmen jiù zěnme zuò!

B 내 생각엔 이 일은 너희 셋이 알아서 해 보아라.

A 干嘛呀？让他们自己办？
Gànmá ya? Ràng tāmen zìjǐ bàn?

B 咱们先出去一趟，你跟我出来下。
Zánmen xiān chūqù yí tàng, nǐ gēn wǒ chūlái xià.

A 얘들아, 싸우지 마. 아빠가 하라는 대로 그대로 하렴!
B 我觉得这件事你们三个来看着办吧。
Wǒ juéde zhè jiàn shì nǐmen sān ge lái kànzhe bàn ba.
A 왜요? 아이들한테 스스로 하라고요?
B 우린 먼저 나갔다 옵시다. 나를 따라 나와요.

争 zhēng 싸우다

163.mp3

这个计划由他负责执行。

이 계획은 그가 책임지고 집행합니다.

'~이(가)'라는 뜻으로, 어떤 동작이나 행위를 누가 하느냐는 것을 정확하게 표현합니다. 일이 일어나는 시점과는 관계없이 쓸 수 있습니다.

1. 이 계획은 그가 책임지고 집행합니다.
   这个计划由他负责执行。 152
   Zhè ge jìhuà yóu tā fùzé zhíxíng.

2. 반장은 학우들이 투표로 선출합니다.
   班长由同学们投票选出。 152
   Bānzhǎng yóu tóngxuémen tóupiào xuǎnchū.

3. 아이를 매일 외할머니가 등하교시킵니다.
   孩子每天由姥姥★接送上下学。
   Háizi měitiān yóu lǎolao jiēsòng shàngxiàxué.

4. 이 선생님께서 우리에게 학교 상황을 소개해 주세요.
   由这位老师给我们介绍一下学校情况。 147
   Yóu zhè wèi lǎoshī gěi wǒmen jièshào yíxià xuéxiào qíngkuàng.

5. 고독한 노인은 정부가 부양합니다.
   孤寡★老人由政府扶养。
   Gūguǎ lǎorén yóu zhèngfǔ fúyǎng.

잠깐만요!

★ '외할머니'는 '姥姥', '외할아버지'는 '姥爷'라고 말해요.

★ 여기서 孤寡는 뒤에 '老人'이라는 말이 왔기 때문에 '고독한'이라는 의미예요. 그리고 '고아와 과부'라는 말로도 쓰일 수 있어요.

负责 fùzé 책임지다
执行 zhíxíng 집행하다
班长 bānzhǎng 반장
投票 tóupiào 투표하다
选出 xuǎnchū 선출하다
姥姥 lǎolao 외할머니
孤寡 gūguǎ 고독하다
政府 zhèngfǔ 정부
扶养 fúyǎng 부양하다

집안 대청소 하는 날, 엄마가 아이들에게 임무를 나눠 주네요. 家有儿女

A 大扫除啦！都出来，给你们分配任务。
Dàsǎochú la! Dōu chūlái, gěi nǐmen fēnpèi rènwù.

B 来啦来啦！老妈我干什么？
Lái la lái la! Lǎomā wǒ gàn shénme?

A 今天刘星真积极。바닥을 네가 닦는 게 어때?
Jīntiān Liúxīng zhēn jījí.

B 这么多！好吧，听从老妈指示。
Zhème duō! Hǎo ba, tīngcóng lǎomā zhǐshì.

A 대청소야! 모두 나와, 내가 임무를 나눠줄게.
B 왔어요, 왔어요! 엄마 난 뭐 할까요?
A 오늘 리우싱이 정말 적극적이네. 地板由你来擦怎么样?
Dìbǎn yóu nǐ lái cā zěnmeyàng?
B 그렇게 많이요! 좋아요, 엄마 지시를 따를게요.

大扫除 dàsǎochú 대청소
分配 fēnpèi 나눠주다
地板 dìbǎn 바닥
擦 cā 닦다
指示 zhǐshì 지시

164.mp3

他的演讲使我们很感动。

그의 연설은 우리를 감동하게 했습니다.

'~을 ~하게 하다'는 뜻으로, 어떤 일이 누군가의 상태나 상황을 바꾸어 놓았음을 나타냅니다. 여기서 그 누군가가 주체가 되는 것입니다. '使'와 '令'은 거의 같은 패턴으로 쓰입니다.

1. 그의 연설은 우리를 감동하게 했습니다.
   他的演讲使我们很感动。 010
   Tā de yǎnjiǎng shǐ wǒmen hěn gǎndòng.
2. 할머니의 별세는 그녀를 슬프게 했어요.
   姥姥的去世使她很难过。 010
   Lǎolao de qùshì shǐ tā hěn nánguò.
3. 그는 나의 인생관을 바꾸어 놓았어요.
   他使我的人生观改变了。 025
   Tā shǐ wǒ de rénshēngguān gǎibiàn le.
4. 구기 종목의 승리는 팬들을 기쁘게 하였습니다.
   球赛的胜利令球迷非常高兴。 016
   Qiúsài de shènglì lìng qiúmí fēicháng gāoxìng.
5. 시험 성적은 그를 매우 낙담케 했습니다.
   考试成绩令他十分沮丧。
   Kǎoshì chéngjì lìng tā shífēn jǔsàng.

잠깐만요!

* '使'는 한국인들이 어려워하는 패턴 중의 하나인데요, 기본적으로 변화를 일으킨 원인이 주어가 되는데, 주로 사람이 아닌 어떤 현상이나 사물이라는 것을 기억해 두세요.

演讲 yǎnjiǎng 연설
感动 gǎndòng 감동하다
人生观 rénshēngguān 인생관
球赛 qiúsài 구기 시합
球迷 qiúmí 구기 팬
沮丧 jǔsàng 낙담하다

아빠와 엄마는 아이들끼리 다툼을 해결하라고 집을 나왔네요. 家有儿女

A 咱们俩都不在，万一他们打起来怎么办?
Zánmen liǎ dōu bú zài, wànyī tāmen dǎ qǐlái zěnme bàn?

B 咱们这一走，애들이 그 문제를 더 잘 해결할 거야.
Zánmen zhè yì zǒu,

A 你为什么这么说?
Nǐ wèi shénme zhème shuō?

B 你忘了，我是儿童剧院的编导。
Nǐ wàng le, wǒ shì értóng jùyuàn de biāndǎo.

A 우리 둘 다 없는데 만일 애들이 싸우면 어떻게 해요?
B 우리가 이렇게 나오면, 只能使他们把这问题解决得更好。
zhǐnéng shǐ tāmen bǎ zhè wèntí jiějué de gèng hǎo.
A 그렇게 말하는 이유는요?
B 내가 어린이극장 감독인 것 잊었어?

잠깐만요!

* '编导'는 '编剧(시나리오 작가)'와 '导演(감독)'을 겸하는 사람을 일컫는 말이에요.

万一 wànyī 만일
编导 biāndǎo 작가 겸 감독

这件事叫他很为难。

이 일이 그를 곤란하게 했어요.

'~을 ~하게 하다'는 뜻으로, 누군가에게 어떤 일을 시키거나 그 상황을 변하게 했을 때 쓰는 표현입니다. '让'으로 바꾸어 쓸 수 있습니다. pattern151을 참고해 주세요.

1. 이 일이 그를 곤란하게 했어요.
   这件事叫他很为难。 010
   Zhè jiàn shì jiào tā hěn wéinán.

2. 할아버지는 저에게 수업이 끝나고 집에 오라 하셨어요.
   爷爷叫我下课以后去他家。
   Yéye jiào wǒ xiàkè yǐhòu qù tā jiā.

3. 선생님은 우리에게 시험을 잘 준비하게 했어요.
   老师叫我们要好★好准备考试。
   Lǎoshī jiào wǒmen yào hǎohāo zhǔnbèi kǎoshì.

4. 더운 날씨는 사람을 불안하게 합니다.
   炎热的天气叫人们烦躁。
   Yánrè de tiānqì jiào rénmen fánzào.

5. 현장의 분위기는 그를 곤경에 빠뜨렸어요.
   现场的气氛叫他陷入了困境。
   Xiàngchǎng de qìfēn jiào tā xiànrù le kùnjìng.

잠깐만요!

★ 한 글자 형용사가 중첩되면 보통 '好好儿'이 되고 두 번째 글자는 제1성으로 바뀌어요. 그러나 '儿'을 붙이지 않으면 굳이 성조를 바꾸지 않고 가볍게 경성으로 읽어도 돼요.

为难 wéinán 곤란하다
准备 zhǔnbèi 준비하다
炎热 yánrè 찌는 듯 덥다
烦躁 fánzào 초조하다, 불안하다
气氛 qìfēn 분위기
陷入 xiànrù 빠뜨리다
困境 kùnjìng 곤경

남편은 감춰둔 아들의 잘못을 아내에게 들키고 말았네요. 家有儿女

A 你现在老老实实地，把刘星隐瞒的事实给我解释清楚。
Nǐ xiànzài lǎolǎoshíshíde, bǎ Liúxīng yǐnmán de shìshí gěi wǒ jiěshì qīngchu.

B 就是小雨说的是真的，그런데 나한테 모든 말을 하게 하네. 我有苦衷！
Jiùshi Xiǎoyǔ shuō de shì zhēn de, Wǒ yǒu kǔzhōng.

A 你少跟我提'苦衷'二字。你个两面派！
Nǐ shǎo gēn wǒ tí 'kǔzhōng' èr zì. Nǐ ge liǎngmiànpài!

B 我真有苦衷，我冤死了！
Wǒ zhēn yǒu kǔzhōng, wǒ yuān sǐ le!

A 이제 솔직하게 리우싱이 감춘 일을 저한테 똑바로 해명해 보세요.
B 샤오위가 말한 대로야. 但你叫我把话说完。 나도 고충이 있다고!
dàn nǐ jiào wǒ bǎ huà shuōwán.
A '고충'이라는 두 글자를 꺼내지 마세요. 당신, 기회주의자예요!
B 나 정말 고충이 있다고, 억울해 죽겠네!

老老实实 lǎolǎoshíshí 성실하다
隐瞒 yǐnmán 감추다
解释 jiěshì 해명하다
两面派 liǎngmiànpài 기회주의자
冤 yuān 억울하다

我把作业写完了。

저는 숙제를 다 했어요.

'~을 ~하다'는 뜻으로, 대상을 나타내는 말은 동사술어 뒤에 오는 경우가 많지만, 동사술어 뒤에 또 다른 말을 써야 할 때는 이렇게 '把'를 쓸 수 있습니다. 이 패턴은 '把'가 데리고 오는 대상을 주어가 어떻게 했는가를 나타냅니다.

Step 1

1. 저는 숙제를 다 했어요. ★我把作业写完了。 Wǒ bǎ zuòyè xiěwán le.
2. 창문을 좀 열어 주세요. 请把窗户打开一下。 091 Qǐng bǎ chuānghu dǎkāi yíxià.
3. 책가방을 여기 두지 마세요. 别把书包放在这儿。 Bié bǎ shūbāo fàng zài zhèr.
4. 엄마는 사온 수박을 냉장고에 넣어 둡니다. 妈妈把买来的西瓜放在冰箱里。 123 Māma bǎ mǎilái de xīguā fàng zài bīngxiāng li.
5. 수업이 끝나고 그는 컴퓨터를 껐다. 下课以后，他把电脑关了。 Xiàkè yǐhòu, tā bǎ diànnǎo guān le.

잠깐만요!

★ 이 패턴에서 유의할 점 : (1) 동사술어 뒤에는 반드시 다른 요소가 와야 해요. (2) 말하는 사람과 '~을'에 해당하는 대상이 모두 구체적이어야 해요. (3) 가능보어와 함께 쓸 수 없어요.

窗户 chuānghu 창문
打开 dǎkāi 열다
书包 shūbāo 책가방
西瓜 xīguā 수박
冰箱 bīngxiāng 냉장고

Step 2

집에 돌아온 엄마, 아들 둘이 누나의 방에서 놀고 있는 모습을 봤네요. 家有儿女

A 哎哎，干嘛呢你们俩？ 누나 침대를 어지럽히고 있네.
Āiāi, gànmá ne nǐmen liǎ?

B 哎呀，不会！不会的！
Āiya, bú huì! Bú huì de!

A 什么不会的？我对你们两个一点都不信任。
Shénme bú huì de? Wǒ duì nǐmen liǎng ge yìdiǎn dōu bú xìnrèn.

B 小雨，那我们出去玩儿吧。
Xiǎoyǔ, nà wǒmen chūqù wánr ba.

A 어, 어? 왜 너희 둘이야? 把姐姐的床弄乱了。
Bǎ jiějie de chuáng nòngluàn le.
B 아이고, 아니에요! 아니에요!
A 뭐가 아니야? 난 너희 둘 하나도 못 믿겠어.
B 샤오위, 그럼 우리 나가서 놀자.

床 chuáng 침대
弄乱 nòngluàn 어지럽히다
信任 xìnrèn 믿다

167.mp3

可乐被他喝完了。

콜라는 그가 다 마셨어요.

'~에 의해서', '~이(가)'라는 뜻으로, 어떤 대상이 누군가에 의해서 어떻게 되었음을 나타냅니다. 굳이 누가 그랬는지 밝히지 않아도 될 경우에는 '被' 뒤에 주체가 나오지 않을 수도 있습니다. 간혹 동사술어 앞에 '给'를 함께 쓰기도 합니다.

1. 콜라는 그가 다 마셨어요. 可乐被他喝完了。 Kělè bèi tā hēwán le.
2. 자동차는 어제 수리를 끝냈어요. 汽车昨天被修好了。 Qìchē zuótiān bèi xiūhǎo le.
3. 황색 팀이 남색 팀에게 졌어요. 黄队被蓝队打败了。 Huángduì bèi lánduì dǎbài le.
4. 그 책은 방금 다른 사람이 빌려갔어요. 这本书刚刚被别人借了。 Zhè běn shū gānggāng bèi biérén jiè le.
5. 우리는 그의 이야기에 감동 받았어요. 我们被他的故事*感动了。 Wǒmen bèi tā de gùshi gǎndòng le.

잠깐만요!

* '故事'는 우리말에서 '옛이야기'라는 뜻으로 '고사'라고 할 수도 있어요. 하지만 대체로 '이야기'라고 많이 쓰여요.

可乐 kělè 콜라
汽车 qìchē 자동차
修 xiū 수리하다
打败 dǎbài 물리치다
故事 gùshi 이야기

벌레에 물려 투덜대는 막내를 엄마가 달래주네요. 家有儿女

A 엄마, 손에 벌레 물렸어요.

B 怎么回事？妈给挠挠，可怜了。
Zěnme huíshì? Mā gěi náonao, kělián le.

A 为什么虫子只咬我，不咬刘星？
Wèi shénme chóngzi zhǐ yǎo wǒ, bù yǎo Liúxīng?

B 因为你的血是甜的，刘星的是臭的。
Yīnwèi nǐ de xiě shì tián de, Liúxīng de shì chòu de.

A 妈，我的手被虫子咬了。
Mā, wǒ de shǒu bèi chóngzi yǎo le.
B 어떻게 된 거야? 엄마가 긁어 줄게. 불쌍해라.
A 벌레가 왜 리우싱은 안 물고 나만 물어?
B 그건 네 피는 단데, 리우싱 피는 냄새 나서 그래.

虫子 chóngzi 벌레
咬 yǎo 물다
挠 náo 긁다
可怜 kělián 불쌍하다
血 xiě 피
甜 tián 달다
臭 chòu (냄새가) 고약하다

Unit 22

저자 핵심 강의 22

왜 그런 일이 일어난 거야?

원인과 근거를 이야기하는 장면에서 꼭 나오는 패턴

어떤 일이 일어난 이유나 원인, 어떤 일을 해야 할 때 기대야 할 근거 등을 말할 때 쓰는 패턴들이에요. 주로 접속사 패턴으로 복문으로 이루어지는 경우가 많아요. 우리말로 하면 비슷한 뜻도 있는데, 기본 문장들을 유심히 살펴보면 그 쓰임이 다르다는 점을 알 수 있습니다. 특히 복문의 접속사들이 없어도 뜻이 통하는 경우에는 과감하게 쓰지 않아도 됩니다.

패턴 미리보기

168 因为…，所以… ~해서 (그래서) ~하다
169 因此… 그래서~ / 이 때문에~
170 由于… ~로 인해
171 为什么 왜, 어째서
172 …什么 왜 ~하니? / 뭐 때문에 ~하니?
173 凭什么? 왜~? / 어떻게~?
174 之所以… ~하는 이유는~
175 按照… ~에 따라, ~에 의해
176 依据… ~에 의거하여, ~에 의하면
177 依靠… ~에 의지하여, ~에 기대어

168.mp3

因为明天是周六，所以不上课。

내일은 토요일이라 수업이 없어요.

'~해서 (그래서) ~하다'는 뜻으로, 앞의 말이 원인이 되어 뒤의 결과가 일어났음을 나타냅니다. 앞뒤의 인과관계가 분명할 때는 '因为'나 '所以'를 쓰지 않아도 괜찮습니다.

Step 1

1. 내일은 토요일이라 수업이 없어요. 因为明天是周六，所以不上课。
   Yīnwèi míngtiān shì zhōuliù, suǒyǐ bú shàngkè.
2. 지하철이 고장 나서 우리는 늦게 갔어요. 因为地铁出故障，所以我们去晚了。
   Yīnwèi dìtiě chū gùzhàng, suǒyǐ wǒmen qùwǎn le.
3. 그 사람 어제 밤을 새서 오늘 정신이 없네요. 他因为昨天熬夜了★，所以今天没精神。
   Tā yīnwèi zuótiān áoyè le, suǒyǐ jīntiān méi jīngshen.
4. 다음 주에 시험을 봐야 해서 저는 열심히 공부해야 해요. 因为下星期要考试，所以我要努力学习。
   Yīnwèi xià xīngqī yào kǎoshì, suǒyǐ wǒ yào nǔlì xuéxí.
5. 그는 매일 운동을 하러 가서 몸이 좋아요. 他因为天天去运动，所以身体很好。 152
   Tā yīnwèi tiāntiān qù yùndòng, suǒyǐ shēntǐ hěn hǎo.

잠깐만요!

★ '밤을 새우다'라는 말로, '开夜车'라고 말할 수도 있어요. 하지만 '熬夜'라는 어감이 좀더 가벼워서 젊은이들이 자주 쓰는 편이에요.

周六 zhōuliù 토요일
地铁 dìtiě 지하철
故障 gùzhàng 고장
熬夜 áoyè 밤을 새우다
没精神 méi jīngshen 정신이 없다

Step 2

한 친구의 성격을 두고 다른 두 친구가 가벼운 실랑이를 하네요. 北京爱情故事

A 我们不能遇到什么事情都找程峰啊！
Wǒmen bù néng yùdào shénme shìqíng dōu zhǎo Chéngfēng a!

B 为什么啊？他性格太张扬了，你不喜欢，是吗？
Wèi shéme a? Tā xìnggé tài zhāngyáng le, nǐ bù xǐhuan, shì ma?

A 不是不是，我就是觉得他有点儿…。
Búshì búshì, wǒ jiùshì juéde tā yǒudiǎnr….

B 걔 집안 조건이 좋기 때문에 성격이 좀 나대기는 하지만 그래도 사람은 좋아!

A 우리 무슨 일만 생겼다 하면 청펑을 찾을 수는 없어!
B 왜? 성격이 너무 나대서 너 안 좋아하는구나, 그래?
A 아니, 아니야. 난 그냥 걔가 좀…….
B 因为他家庭条件太好了，所以性格有点张扬，但人还是很好的！
Yīnwèi tā jiātíng tiáojiàn tài hǎo le, suǒyǐ xìnggé yǒudiǎn zhāngyáng, dàn rén háishi hěn hǎo de!

性格 xìnggé 성격
张扬 zhāngyáng 떠벌리다, 나대다
家庭 jiātíng 집안

169.mp3

他病得很严重，因此没来上班。

그는 병이 심해요. **그래서** 출근하지 않았어요.

'그래서', '이 때문에'라는 뜻으로, 어떤 상황이나 동작 혹은 행위가 일어났고 그 결과로 다음 일이 일어남을 나타냅니다. 인과관계가 분명할 때는 쓰지 않아도 괜찮습니다.

Step 1

1. 그는 병이 심해요. 그래서 출근하지 않았어요.
   他病得很严重，因此没来上班。 027
   Tā bìng de hěn yánzhòng, yīncǐ méi lái shàngbān.

2. 그녀는 열심히 공부해서 이번 시험에 통과했어요.
   她努力学习，因此通过了这次考试。
   Tā nǔlì xuéxí, yīncǐ tōngguò le zhè cì kǎoshì.

3. 세금이 감면되니 원성도 줄어들었어요.
   税减少了，因此怨声也少了。 025
   Shuì jiǎnshǎo le, yīncǐ yuànshēng yě shǎo le.

4. 그의 말에 모두 웃어서 분위기가 누그러졌어요.
   他的话使大家笑了，因此气氛轻松了。
   Tā de huà shǐ dàjiā xiào le, yīncǐ qìfēn qīngsōng le.

5. 중국이 개혁개방을 시행해서 경제가 갈수록 좋아졌어요.
   中国实行了改革开放，因此经济越来越好。 088
   Zhōngguó shíxíng le gǎigé kāifàng, yīncǐ jīngjì yuèláiyuè hǎo.

잠깐만요!

★ 중국이 개혁개방정책을 시행한 건 1978년 12월부터예요. 덩샤오핑(邓小平)의 결단으로 좀더 개방된 사회주의 중국이 시작됐어요.

严重 yánzhòng 심각하다
通过 tōngguò 통과하다
税 shuì 세금
减少 jiǎnshǎo 감소하다
怨声 yuànshēng 원성
轻松 qīngsōng 수월하다
实行 shíxíng 시행하다
改革 gǎigé 개혁
开放 kāifàng 개방

Step 2

백화점 직원들이 판매 촉진 방안에 관해 이야기를 나누고 있네요. 胜女的代价

A 我看过一份调查，说未来的消费主体是女性跟丁克族。
Wǒ kànguo yí fèn diàochá, shuō wèilái de xiāofèi zhǔtǐ shì nǚxìng gēn dīngkèzú.

B 我们海悦的消费群大部分也是上班族、粉领族跟年轻贵妇。
Wǒmen Hǎiyuè de xiāofèiqún dàbùfen yě shì shàngbānzú, fěnlǐngzú gēn niánqīng guìfù.

A 그래서 그들을 위해서 몸에 꼭 맞는 알맞은 상품을 만들어야 해요!

B 对啦对啦！我就是这个意思啦！
Duì la duì la! Wǒ jiùshì zhè ge yìsi la!

A 내가 어떤 조사를 봤더니 미래 소비주체는 여성과 딩크족이래.
B 우리 하이위에 백화점의 소비 집단 대부분도 샐러리맨 족이나 여비서 족, 젊은 귀부인들이에요.
A 因此要为他们量身打造适合的商品！
Yīncǐ yào wèi tāmen liángshēn dǎzào shìhé de shāngpǐn!
B 맞아요, 맞아요! 제 말이 바로 그 말이에요!

잠깐만요!

★ 현대인의 생활을 가리키는 여러 말이 있죠. 그 중 '白领族'(화이트칼라), '蓝领族'(블루칼라)를 빗대서 '분홍칼라를 입은 사람'이란 뜻으로 '여비서'를 지칭하는 말이 '粉领'이에요.

主体 zhǔtǐ 주체
丁克族 dīngkèzú 딩크족
消费群 xiāofèiqún 소비 집단
上班族 shàngbānzú 샐러리맨 족
粉领族 fěnlǐngzú 여비서 족
贵妇 guìfù 귀부인
量身 liángshēn 몸에 맞추다
打造 dǎzào 만들다

170.mp3

由于他的失误，他们错失了金牌。

그의 실수로 인해 그들은 금메달을 잃었습니다.

'~로 인해'라는 뜻으로, 앞에 나오는 원인을 분명히 말하려고 할 때 씁니다. 때로는 '是由于' 같은 패턴도 가능합니다. 인과관계가 분명할 때는 쓰지 않아도 괜찮습니다.

1. 그의 실수로 인해 그들은 금메달을 잃었습니다.
   由于他的失误，他们错失了金牌。
   Yóuyú tā de shīwù, tāmen cuòshī le jīnpái.

2. 선생님의 도움으로 그의 성적이 향상됐어요.
   由于老师的帮助，他的成绩提高了。 025
   Yóuyú lǎoshī de bāngzhù, tā de chéngjì tígāo le.

3. 사고는 그의 부당한 조작으로 생겼습니다.
   事故是由于他的不当操*作造成的。 197
   Shìgù shì yóuyú tā de búdàng cāozuò zàochéng de.

4. 안개 낀 날씨로 인해 비행기가 정상 착륙하지 못했습니다.
   由于雾霾天气，飞机不能正常降落。 003
   Yóuyú wùmái tiānqì, fēijī bùnéng zhèngcháng jiàngluò.

5. 온실효과는 환경오염으로 생겨났습니다.
   温室效应是由于环境污染而产生的。 197
   Wēnshì xiàoyìng shì yóuyú huánjìng wūrǎn ér chǎnshēng de.

잠깐만요!

* '操作'라는 말은 '기계 등을 조작하다'는 말은 되지만, 어떤 일을 거짓으로 꾸민다는 말은 없어요. 거짓으로 꾸민다고 할 때는 '捏造'(사실)나 '伪造'(증거)를 쓰면 돼요.

失误 shīwù 실수
错失 cuòshī 놓치다
不当 búdàng 부당하다
操作 cāozuò (기계 등을) 조작하다
雾霾 wùmái 연무, 안개
降落 jiàngluò 착륙하다
温室效应 wēnshì xiàoyìng 온실효과
污染 wūrǎn 오염

남자 친구 집에 찾아온 여자는 남자 친구의 옛 연인과 만났네요. 胜女的代价

A 你怎么在这儿？子奇呢？他不在家吗？
Nǐ zěnme zài zhèr? Zǐqí ne? Tā bú zài jiā ma?

B 子奇在睡觉呢，你看到我在这儿，还不明白怎么回事吗？
Zǐqí zài shuìjiào ne, nǐ kàndào wǒ zài zhèr, hái bù míngbai zěnme huíshì ma?

A 你们一直没有分开？还有那天超市活动？
Nǐmen yìzhí méiyǒu fēnkāi? Háiyǒu nà tiān chāoshì huódòng?

B 是的，내가 그날 슈퍼마켓 행사 참석한 건 다 쯔치 씨가 있어서예요. 我去为他捧场。
Shì de, Wǒ qù wèi tā pěngchǎng.

A 왜 여기 있어요? 쯔치 씨는요? 집에 없어요?
B 쯔치 씨는 자고 있어요. 내가 여기 있는 걸 보고도 아직 어떻게 된 일인지 모르겠어요?
A 둘이 아직 안 헤어졌어요? 그날 슈퍼마켓 행사도?
B 맞아요. 我参加那天超市活动都是由于子奇在。 저는 그 사람 기 살려주러 간 거예요.
wǒ cānjiā nà tiān chāoshì huódòng dōu shì yóuyú Zǐqí zài.

分开 fēnkāi 헤어지다
捧场 pěngchǎng 격려하다

171.mp3

你今天为什么迟到了?

너 오늘 **왜** 늦었어?

'왜', '어째서'라는 뜻으로, 어떤 일이 일어난 이유나 까닭을 물을 때 쓰는 표현입니다. 묻는 말이지만 자체로 의문의 뜻을 갖기 때문에 다른 의문조사는 쓸 수 없습니다.

1. 너 오늘 왜 늦었어? — 你今天为什么迟到了?
   Nǐ jīntiān wèi shénme chídào le?
2. 왜 운동하러 안 와? — 你为什么不来运动?
   Nǐ wèi shénme bù lái yùndòng?
3. 그는 왜 아들을 혼내는 걸까? — 他为什么说*他儿子呢?
   Tā wèi shénme shuō tā érzi ne?
4. 그는 왜 저 옷이 예쁘다고 하는 거야? — 他为什么说那件衣服好看?
   Tā wèi shénme shuō nà jiàn yīfu hǎokàn?
5. 왜 낮과 밤이 있는 걸까? — 为什么会有白天和黑夜?
   Wèi shénme huì yǒu báitiān hé hēiyè?

잠깐만요!

* '说'라는 말 뒤에 사람을 나타내는 말이 바로 오면 '혼내다', '야단치다'는 뜻으로, '批评'과 뜻이 같아요.

说 shuō 혼내다
儿子 érzi 아들
白天 báitiān 낮
黑夜 hēiyè 밤

잘 아는 여자 친구가 나이트클럽에서 일하자 다그치네요. 奋斗

A 夏琳，你对自己没信心，是不是?
Xiàlín, nǐ duì zìjǐ méi xìnxīn, shì bu shì?

B 我有！我对自己有信心。
Wǒ yǒu! Wǒ duì zìjǐ yǒu xìnxīn.

A 그런데 왜 돈 많은 놈만 따라다녀? 왜?

B 我喜欢！就这么简单！
Wǒ xǐhuan! Jiù zhème jiǎndān!

A 시아린, 넌 자신에 대해서 믿음이 없지?
B 있어! 난 스스로 믿음이 있어.
A 那你为什么傍款? 为什么?
Nà nǐ wèi shéme bàngkuǎn? Wèi shéme?
B 좋아하니까! 이렇게 간단한 거야!

信心 xìnxīn 자신, 믿음
傍款 bàngkuǎn 돈 많은 사람을 따라다니다

172.mp3

你最近忙什么呢?

너 요새 **뭐가 바빠**?

'왜 ~하니?', '뭐 때문에 ~하니?'라는 뜻으로, 특정한 형용사나 동사 뒤에 '什么'를 붙여서 그렇게 하는 이유를 묻는 표현입니다.

Step 1

1. 너 요새 뭐가 바빠? 你最近忙什么呢?
   Nǐ zuìjìn máng shénme ne?
2. 뭐가 급해? 你急什么呢?
   Nǐ jí shénme ne?
3. 너는 왜 웃어? 你笑什么呢?
   Nǐ xiào shénme ne?
4. 울긴 왜 울어? 哭什么哭?
   Kū shénme kū?
5. 왜 울어? 무슨 일 있어? 你哭什么? 有什么事吗?
   Nǐ kū shénme? Yǒu shénme shì ma?

急 jí 급하다
笑 xiào 웃다

Step 2 재혼한 남편의 딸을 맞이하는 새엄마는 긴장했네요. 家有儿女

A 哈哈，我看小雪来了，你很紧张哦！
Hāha, wǒ kàn Xiǎoxuě lái le, nǐ hěn jǐnzhāng o!

B 내가 뭘 긴장해요? 就是有点心跳加快。
Jiùshì yǒudiǎn xīntiào jiākuài.

A 没事儿！小雪很懂事的！
Méishìr! Xiǎoxuě hěn dǒngshì de!

B 真的！我从来没想过给一大闺女当妈。
Zhēnde! Wǒ cónglái méi xiǎngguo gěi yí dà guīnü dāng mā.

A 하하. 샤오쉐에가 온다니까 당신 긴장했는데!
B 我紧张什么呀? 그냥 좀 가슴이 빨리 뛰는 것 뿐이에요.
Wǒ jǐnzhāng shénme ya?
A 괜찮아! 샤오쉐에는 어른스러우니까!
B 정말요! 난 내가 이렇게 큰 아가씨 엄마가 될 줄은 생각도 못 했어요.

心跳 xīntiào 가슴이 뛰다
加快 jiākuài 속도를 높이다
闺女 guīnü 처녀, 아가씨

他凭什么当了主席?

그는 **어떻게** 회장이 됐대요?

'왜~?', '어떻게~?', '무슨 근거로~?' 등의 뜻으로, 이유나 원인을 묻는다는 점에서 '为什么'와 비슷하지만 근거를 제시하라는 어감이 있습니다. 습관적으로 자주 쓰는 말이니 술술 나오도록 익혀두세요.

Step 1

1. 그 사람 어떻게 회장이 됐대요? 他凭什么当了主席?
Tā píng shénme dāng le zhǔxí?

2. 넌 왜 그 사람을 혼내는 거야? 你凭什么说他呢?
Nǐ píng shénme shuō tā ne?

3. 그는 어떻게 우승을 차지했나요? 他凭什么夺得了冠军?
Tā píng shénme duódé le guànjūn?

4. 왜 그녀가 우리 팀장이 된 거죠? 凭什么她做我们的小组长?★
Píng shénme tā zuò wǒmen de xiǎozǔzhǎng?

5. 파리는 어떻게 예술의 도시가 됐나요? 巴黎凭什么成为艺术之都?
Bālí píng shénme chéngwéi yìshùzhīdū?

잠깐만요!

★ 회사 등에서 말하는 '팀'은 '小组'라고 쓰고, 스포츠 경기에서는 '팀'을 '队'라고 합니다.

主席 zhǔxí 회장, 의장
夺得 duódé 차지하다
冠军 guànjūn 우승
小组 xiǎozǔ 팀
艺术 yìshù 예술

Step 2 이혼 후 아들을 맡은 아빠는 아이의 학교 끝나는 시간을 깜빡했네요. 小爸爸

A 雨果，你干嘛呢？你儿子不要了啊？你怎么当爸爸的？
Yǔguǒ, nǐ gànmá ne? Nǐ érzi búyào le a? Nǐ zěnme dāng bàba de?

B 아, 왜 그렇게 나한테 큰소리를 질러?

A 要不是我帮你接儿子，你儿子就一直在学校呢。
Yàobushì wǒ bāng nǐ jiē érzi, nǐ érzi jiù yìzhí zài xuéxiào ne.

B 哎呀，我给忘了。不用你教我怎么当家长！
Āiyā, wǒ gěi wàng le. Búyòng nǐ jiāo wǒ zěnme dāng jiāzhǎng!

A 위궈, 당신 뭐하는 거야? 아들 필요 없어? 어떻게 아빠가 됐어?
B 哎，你凭什么对我大吼大叫啊?
Āi, nǐ píng shénme duì wǒ dàhǒudàjiào a?
A 아니면 내가 아들 데리러 가는 것 도와줄까? 당신 아들 아직도 학교에 있다고.
B 아이고, 내가 깜빡했네. 나한테 학부모 노릇 하는 것 안 가르쳐줘도 돼!

大吼大叫 dàhǒudàjiào 고함을 지르다
家长 jiāzhǎng 학부모

174.mp3

之所以问你，我觉得你懂得比较多。

네게 묻는 까닭은 네가 많은 걸 알고 있다고 생각해서야.

'~하는 이유는/까닭은'이라는 뜻으로, '~하는'에 해당하는 말이 '之所以' 뒤에 나온다는 점에 유의합니다. 주로 동사술어가 이끄는 말이 따라 나옵니다.

1. 네게 묻는 까닭은 네가 많은 걸 알고 있다고 생각해서야.
   之所以问你，我觉得你懂得比较多。 015 026
   Zhīsuǒyǐ wèn nǐ, wǒ juéde nǐ dǒng de bǐjiào duō.
2. 오시라고 한 이유는 생각을 좀 들어보기 위해섭니다.
   之所以请你来，是想听听你的看法。
   Zhīsuǒyǐ qǐng nǐ lái, shì xiǎng tīngting nǐ de kànfǎ.
3. 그가 수상한 까닭은 훈련을 정말 힘들게 했기 때문이에요.
   他之所以能获奖，因为他训练十分刻苦。
   Tā zhīsuǒyǐ néng huòjiǎng, yīnwèi tā xùnliàn shífēn kèkǔ.
4. 선생님이 그렇게 말하는 까닭은 그게 다 경험 이야기이기 때문입니다.
   老师之所以这么说，这都是他的经验之谈。
   Lǎoshī zhīsuǒyǐ zhème shuō, zhè dōu shì tā de jīngyàn zhītán.
5. 이 요리를 시킨 까닭은 고향의 특산품 중 하나이기 때문입니다.
   之所以点这道菜*，因为这是家乡的特色之一。
   Zhīsuǒyǐ diǎn zhè dào cài, yīnwèi zhè shì jiāxiāng de tèsè zhīyī.

잠깐만요!

* 땅이 넓은 중국은 지역마다 특산물이 달라 요리도 천차만별이에요. 중국은 시고, 달고, 쓰고, 매운 갖가지 요리가 가득한 '酸甜苦辣'의 나라예요.

训练 xùnliàn 훈련하다
十分 shífēn 매우
刻苦 kèkǔ 매우 애를 쓰다
经验 jīngyàn 경험
特色 tèsè 특색

주주총회에서 주주들이 사장의 아들에게 질문하네요. 北京爱情故事

A 청 사장님이 병이 나신 이유가 还不是因为他这个宝贝儿子程峰?
hái búshì yīnwèi tā zhè ge bǎobèi érzi Chéngfēng?

B 那天的确是我不对，我不该和程总吵架。
Nà tiān díquè shì wǒ bú duì, wǒ bù gāi hé Chéng zǒng chǎojià.

A 仅仅是吵架吗？你背着程总修改了合同才把他气病的！
Jǐnjǐn shì chǎojià ma? Nǐ bèizhe Chéng zǒng xiūgǎi le hétong cái bǎ tā qìbìng de!

B 我其实想帮公司注入新鲜血液。
Wǒ qíshí xiǎng bāng gōngsī zhùrù xīnxiān xuèyè.

A 程总之所以发病，저 귀한 아들 청펑 때문은 아니죠?
Chéng zǒng zhīsuǒyǐ fābìng,
B 그 날은 확실히 제가 잘못했어요. 사장님과 싸우면 안 됐는데.
A 싸우기만 했나요? 당신이 청 사장님을 등지고 계약서를 고쳐서 화병이 나신 거죠!
B 전 사실 회사에 새로운 피를 수혈하고 싶었어요.

发病 fābìng 병이 나다
宝贝儿子 bǎobèi érzi 천금 같은 아들
的确 díquè 확실히
背 bèi 등지다
修改 xiūgǎi 고치다
气病 qìbìng 화병
注入 zhùrù 주입하다
新鲜 xīnxiān 신선하다
血液 xuèyè 혈액

175.mp3

请按照问题的要求回答。

질문의 요구**에 따라서** 대답하세요.

'~에 따라', '~에 의해', '~에 따르면', '~에 의하면'이라는 뜻으로, 어떤 근거가 되는 기준이나 조건 등을 제시할 때 쓰입니다.

1. 질문의 요구에 따라서 대답하세요. 请按照问题的要求回答。 Qǐng ànzhào wèntí de yāoqiú huídá.

2. 우리는 규정에 따라서 일해야 합니다. 我们要按照规定办事。 Wǒmen yào ànzhào guīdìng bànshì.

3. 그의 말대로 따르니 금방 찾았습니다. 按照他说的，我很快找到了。 Ànzhào tā shuō de, wǒ hěn kuài zhǎodào le.

4. 과거의 의견으로는 그렇게 하는 게 좋지 않아요. 按照过去的说法*，这么做不太好。 014 Ànzhào guòqù de shuōfǎ, zhème zuò bútài hǎo.

5. 그는 낡은 방법으로 연구하는 것을 좋아하지 않아요. 他不喜欢按照旧有的方法研究。 Tā bù xǐhuan ànzhào jiùyǒu de fāngfǎ yánjiū.

엄마가 원하는 결혼상대는 집을 나간 딸을 찾고 있네요. 北京爱情故事

A 阿姨，沈冰不在家吗？怎么一天没看到她了？
Āyí, Shěnbīng bú zài jiā ma? Zěnme yìtiān méi kàndào tā le?

B 是呢，这孩子去哪了，他不在房间啊？
Shì ne, zhè háizi qù nǎ le, tā bú zài fángjiān a?

A 房间里没有，外面我也看了，都没找到她，他去哪儿了呢？
Fángjiān li méiyǒu, wàimiàn wǒ yě kàn le, dōu méi zhǎodào tā, tā qù nǎr le ne?

B 别着急。내가 선빙에 대해 잘 아는데，我让她跟你结婚，她一时接受不了。
Bié zháojí. wǒ ràng tā gēn nǐ jiéhūn, tā yìshí jiēshòu bùliǎo.

A 아주머니, 선빙 집에 없어요? 왜 온종일 안 보이죠?
B 그러게, 얘가 어딜 갔나? 방에 없는가?
A 방에 없어요, 밖에도 봤는데 못 찾겠어요. 어딜 간 거지?
B 조급해하지 마. **按照我对沈冰的了解**，내가 자네하고 결혼하라니까 잠시 받아들이기 어려워하는 것이야.
Ànzhào wǒ duì Shěnbīng de liǎojiě,

잠깐만요!

* '说法', '想法', '看法' 등은 모두 비슷한 '견해', '의견'이라는 뜻이에요. 이렇게 한 글자 동사 뒤에 '法'를 붙이면, '~하는 법'이라는 말이에요. '做法'는 '어떤 일을 하는 방법'이란 뜻입니다.

要求 yāoqiú 요구
回答 huídá 대답하다
规定 guīdìng 규정
办事 bànshì 일을 하다
过去 guòqù 과거
旧有 jiùyǒu 낡다

阿姨 āyí 아주머니
一时 yìshí 잠깐
接受 jiēshòu 받아들이다

176.mp3

依据观测，今年夏天会很热。

관측에 의하면 올해 여름은 덥겠습니다.

'~에 의거하여', '~에 의하면'이라는 뜻으로, 어떤 근거에 의해 일이 이루어짐을 나타냅니다. 반드시 지킬 수밖에 없는 기준이나 규범, 명령, 법률 등을 제시할 때 주로 쓰는 표현입니다.

1. 관측에 의하면 올해 여름은 덥겠습니다.
   依据观测，今年夏天会很热。
   Yījù guāncè, jīnnián xiàtiān huì hěn rè.

2. 어떠한 일을 하더라도 일정한 방법을 따라야 합니다.
   做任何事情都要依据一定的方法。
   Zuò rènhé shìqíng dōu yào yījù yídìng de fāngfǎ.

3. 이런 현상은 모두 자연의 법칙으로 일어난 것입니다.
   这些现象都是依据自然规律*而形成的。
   Zhèxiē xiànxiàng dōu shì yījù zìrán guīlǜ ér xíngchéng de.

4. 우리는 이런 작은 일로 판단해서는 안 됩니다.
   我们不能依据这一点点事实做出判断。 003
   Wǒmen bùnéng yījù zhè yìdiǎndiǎn shìshí zuòchū pànduàn.

5. 회사의 규정에 의해 저녁 7시에나 퇴근합니다.
   依据公司的规定，晚上七点才下班。
   Yījù gōngsī de guīdìng, wǎnshang qī diǎn cái xiàbān.

잠깐만요!

* '规律'는 '법칙'이라고 하고, 우리말의 '규율'은 '纪律'라고 해요.

任何 rènhé 어떠한
现象 xiànxiàng 현상
规律 guīlǜ 법칙
形成 xíngchéng 형성하다
判断 pànduàn 판단
规定 guīdìng 규정

주식투자에 몰두한 주인공은 적수의 그 수를 꿰뚫지 못하네요. 北京爱情故事

A 규정에 따르면, 他还能向我挑战！
tā hái néng xiàng wǒ tiǎozhàn!

B 没错，可他为什么不还手呢？
Méicuò, kě tā wèi shéme bù huánshǒu ne?

A 他是自己不想跟我们玩了。
Tā shì zìjǐ bù xiǎng gēn wǒmen wán le.

B 你也可以认为他是认输。
Nǐ yě kěyǐ rènwéi tā shì rènshū.

A 依据规定，그 사람이 나한테 도전할 수도 있을 텐데!
Yījù guīdìng,
B 맞아요. 하지만 그 사람 왜 반격을 안 하죠?
A 그 사람, 우리하고 놀고 싶지 않은 모양입니다.
B 자네도 그 사람이 패배를 인정했다는 걸 알게 될 거야.

挑战 tiǎozhàn 도전
还手 huánshǒu 반격하다
认输 rènshū 패배를 인정하다

177.mp3

依靠直觉他做出了选择。

그는 직감**에 의지해서** 선택했어요.

'~에 의지하여', '~에 의존하여', '~에 기대어'라는 뜻으로, 의존해야 하는 수단이나 방법을 제시할 때 주로 쓰입니다.

1. 그는 직감에 의지해서 선택했어요. 依靠直觉他做出了选择。
Yīkào zhíjué tā zuòchū le xuǎnzé.

2. 좋은 정책에 의지하여 농민들은 부를 이뤘습니다. 依靠好的政策，农民们致富了。
Yīkào hǎo de zhèngcè, nóngmínmen zhìfù le.

3. 권력에 의지해서 그는 과감하게 개혁을 수행했습니다. 依靠权力，他果敢地进行了改革。
Yīkào quánlì, tā guǒgǎnde jìnxíng le gǎigé.

4. 그의 힘으로는 이 임무를 완성할 수 없어요. 依靠他的力量完成不了这个任务。 196
Yīkào tā de lìliàng wánchéng bùliǎo zhè ge rènwù.

5. 이 증거에 의지해서는 그가 죄가 있다고 말할 수 없습니다. 依靠这点证据不能说明他有罪。
Yīkào zhè diǎn zhèngjù bù néng shuōmíng tā yǒuzuì.

잠깐만요!

* '직감'이라는 말은 '直觉'라고 해요. '直感'이라는 말은 잘 쓰지 않아요.
* '进行'은 '진행하다'는 뜻도 있지만, '수행하다', '~을 하다'는 의미로도 기억해 두세요.

直觉 zhíjué 직감
选择 xuǎnzé 선택하다
致富 zhìfù 부를 이루다
力量 lìliàng 힘
果敢 guǒgǎn 과감하다
有罪 yǒuzuì 죄가 있다

아빠는 딸아이가 1등 상을 받은 작문에 문제가 있음을 알게 됐네요. 家有儿女

A 我找到了，获得一等奖的作文是抄袭的。
Wǒ zhǎodào le, huòdé yīděngjiǎng de zuòwén shì chāoxí de.

B 听过假猪肉，没想到作文一等奖还是抄袭的！
Tīngguo jiǎ zhūròu, méi xiǎngdào zuòwén yīděngjiǎng háishi chāoxí de!

A 개인 실력에 의지한 게 아니라, 而是靠抄袭！
érshì kào chāoxí!

B 就算骗过了评委，也会受到良心的谴责。
Jiù suàn piànguo le píngwěi, yě huì shòudào liángxīn de qiǎnzé.

A 찾았어요. 1등 상 받은 작문이 베낀 거예요.
B 가짜 돼지고기는 들어봤어도 작문 1등 상이 베낀 거라곤 생각도 못 했네!
A 他依靠的不是个人的实力，베낀 거라고요!
Tā yīkào de búshì gèrén de shílì,
B 심사위원을 속인 셈이니, 양심의 가책도 받겠네.

一等奖 yīděngjiǎng 1등 상
抄袭 chāoxí 베끼다
假 jiǎ 가짜
猪肉 zhūròu 돼지고기
个人 gèrén 개인
实力 shílì 실력
骗 piàn 속이다
评委 píngwěi 심사위원
良心 liángxīn 양심
谴责 qiǎnzé 가책

Unit 23

저자 핵심 강의 23

우리의 꿈을 위해서 그러는 거야.

목적을 이야기하는 장면에서 꼭 나오는 패턴

어떤 일을 위한 목적을 나타내는 패턴들을 묶었습니다. 특히 pattern178은 pattern152와 대표 문장이 같은데, 우리말로는 두 가지 뜻으로 풀이되기 때문에 따로 제시했습니다. 한국인들은 pattern178의 풀이에 덜 익숙하므로 잘 익혀 주세요. 以便, 免得 패턴은 우리말과 어순이 완전히 반대이기 때문에 조심하시고요!

패턴 미리보기

178.mp3

我去图书馆看书。

저는 책을 보러 도서관에 갑니다.

'~하러 ~하다'는 뜻으로, 두 개의 동사술어가 연이어 나오는 구조이지만 뒤 동사술어는 목적을 나타냅니다. pattern152와 문장구조는 똑같지만 우리말로 바꿀 때 목적을 나타낸다는 사실이 다릅니다. 우리말과는 어순이 다르므로 유의하세요.

1. 저는 책을 보러 도서관에 갑니다. — ★我去图书馆看书。 152
   Wǒ qù túshūguǎn kàn shū.

2. 여기 뭐 하러 왔어요? — 你来这儿干嘛呢?
   Nǐ lái zhèr gànmá ne?

3. 그는 방금 밥 먹으러 집에 갔어요. — 他刚刚回家吃饭。
   Tā gānggāng húijiā chī fàn.

4. 그는 모레 회의하러 상하이에 가요. — 他后天去上海开会。
   Tā hòutiān qù Shànghǎi kāihuì.

5. 그는 중국어를 배우러 베이징에 머물렀어요. — 他★呆在北京学习汉语。 123
   Tā dāi zài Běijīng xuéxí Hànyǔ.

잠깐만요!

★ 이 패턴의 어떤 문장들은 pattern152처럼 풀이할 수도 있어요. 두 가지 풀이가 모두 가능한 경우인데, 문맥에 따라서 더 알맞은 것을 고르면 돼요.

★ '머무르다'는 뜻의 '呆'는 '待'로 바꿔 쓸 수 있어요.

后天 hòutiān 모레
开会 kāihuì 회의를 열다
呆 dāi 머무르다

Step 2 여름방학을 앞둔 아빠와 엄마는 아이들과 함께할 계획을 세우네요. 家有儿女

A 여보, 방학에 아이들 데리고 휴가 보내러 베이다이허에 가기로 했어.

B 好啊！趁着暑假前几天放松一下。
Hǎo a! Chènzhe shǔjià qián jǐ tiān fàngsōng yíxià.

A 我的计划不错吧?
Wǒ de jìhuà búcuò ba?

B 非常好，回来以后再给他们报名补课班。
Fēicháng hǎo, huílái yǐhòu zài gěi tāmen bàomíng bǔkèbān.

A 梅梅，我决定假期带孩子们去北戴河度假。
Méimei, wǒ juédìng jiàqī dài háizimen qù Běidàihé dùjià.
B 그래요! 여름 방학 며칠 전에라도 긴장 좀 푸세요.
A 내 계획 괜찮지?
B 아주 좋아요. 돌아오면 다시 애들 학원 등록해요.

度假 dùjià 휴가를 보내다
放松 fàngsōng 긴장을 풀다
计划 jìhuà 계획

179.mp3

为了身体健康，你要多多锻炼。

건강을 **위해서** 운동을 많이 하세요.

'~하기 위하여'라는 뜻으로, 어떤 일이나 상태에 이르기 위한 목적이나 동기를 나타냅니다.

1. 건강을 위해서 운동을 많이 하세요. 为了身体健康，你要多多锻炼★。
Wèile shēntǐ jiànkāng, nǐ yào duōduō duànliàn.

2. 그는 집안을 돌보기 위하여 열심히 일하지 않을 수 없어요. 他为了养家，不得不努力工作。
Tā wèile yǎngjiā, bùdebù nǔlì gōngzuò.

3. 가난한 학생들을 돕기 위해서 그는 먹고 쓰는 걸 아꼈어요. 为了帮助穷困学生，他省吃俭用。
Wèile bāngzhù qióngkùn xuésheng, tā shěngchījiǎnyòng.

4. 고등학생들은 대학에 합격하기 위하여 힘든 생활을 견딥니다. 高中生为了考上大学，忍耐辛苦的生活。
Gāozhōngshēng wèile kǎoshàng dàxué, rěnnài xīnkǔ de shēnghuó.

5. 두 나라는 공동의 이익을 위하여 동맹을 맺었습니다. 两国为了共同的利益而结成盟★国。
Liǎngguó wèile gòngtóng de lìyì ér jiéchéng méngguó.

잠깐만요!

★'锻炼'은 '단련하다'는 뜻이지만, 건강과 관련될 때는 '운동하다'는 뜻이에요.

★'동맹국'은 '同盟国'이라고 할 수도 있어요.

养家 yǎngjiā 집안을 돌보다
穷困 qióngkùn 가난하다
省吃俭用 shěngchījiǎnyòng 아껴 먹고 아껴 쓰다
忍耐 rěnnài 참다
辛苦 xīnkǔ 수고스럽다
共同 gòngtóng 공동의
利益 lìyì 이익
结 jié 맺다
盟国 méngguó 동맹국

친구들은 샤오멍의 여자 친구를 환영하기 위해 모임을 마련했어요. 北京爱情故事

A 샤오멍의 여자 친구를 환영하며, 我提议干一杯！
wǒ tíyì gān yì bēi!

B 来，欢迎欢迎，热烈欢迎！
Lái, huānyíng huānyíng, rèliè huānyíng!

C 下面我给大家唱一首歌。
Xiàmiàn wǒ gěi dàjiā chàng yì shǒu gē.

A 好！掌声响起！
Hǎo! Zhǎngshēng xiǎngqǐ!

A 为了欢迎小猛女朋友到来，건배를 제의합니다!
Wèile huānyíng Xiǎoměng nǚpéngyou dàolái,
B 자, 환영합니다. 뜨겁게 환영합니다!
C 다음으로는 제가 여러분께 노래를 한 곡 하겠습니다.
A 네! 박수로 맞아 주세요!

到来 dàolái 도착
提议 tíyì 제의하다
干杯 gānbēi 건배하다
热烈 rèliè 열렬하다
掌声 zhǎngshēng 박수 소리
响起 xiǎngqǐ (소리가) 터져 나오다

180.mp3

请写下说明，以便他人理解。

다른 사람이 이해**하도록** 설명을 써 놓으세요.

'~하기 편하도록', '~하도록'의 뜻입니다. '以便'이 목적을 나타내는 말을 이끄는데, 이 부분은 문장 뒤쪽에 와야 합니다. 우리말과는 어순이 다르니 앞뒤를 잘 살펴봐야 합니다.

1. 다른 사람이 이해하도록 설명을 써 놓으세요.
   请写下说明，以便他人理解。
   Qǐng xiěxià shuōmíng, yǐbiàn tārén lǐjiě.
2. 쉴 수 있도록 음악 소리를 좀 줄여 주세요.
   音乐声小点儿，以便休息。 018
   Yīnyuèshēng xiǎodiǎnr, yǐbiàn xiūxi.
3. 알아듣도록 좀 분명히 이야기해 봐.
   你把话说清楚些，以便听懂。 166
   Nǐ bǎ huà shuō qīngchu xiē, yǐbiàn tīngdǒng.
4. 청소년 문제를 해결하도록 이 법률을 제정했습니다.
   制定这个法律以便解决青少年问题。
   Zhìdìng zhè ge fǎlǜ yǐbiàn jiějué qīngshàonián wèntí.
5. 주민의 생활 여가에 편리하도록 공원을 수리합니다.
   公园的修建★以便居民的生活休闲。
   Gōngyuán de xiūjiàn yǐbiàn jūmín de shēnghuó xiūxián.

잠깐만요!

★ 이렇게 어떤 건축물 등을 수리할 때는 주로 '修建'을 써요. 물건을 수리할 때는 '维修'나 '修理'를 주로 써요. 재미있게도 '修理'는 사람에게도 쓸 수 있는데, 그럴 땐 '손 좀 보다'는 뜻이에요.

他人 tārén 다른 사람
制定 zhìdìng 제정하다
法律 fǎlǜ 법률
青少年 qīngshàonián 청소년
修建 xiūjiàn 수리하다
居民 jūmín 주민
休闲 xiūxián 여가

기차에서 여자 친구와 따로 앉게 되자 자리를 바꿔 달라고 하네요. 北京爱情故事

A 咱俩能不能换个座啊？做你旁边那是我女朋友。
Zán liǎ néng bu néng huàn ge zuò a? Zuò nǐ pángbiān nà shì wǒ nǚpéngyou.

B 别以为我不知道你这种人想干什么！
Bié yǐwéi wǒ bù zhīdào nǐ zhè zhǒng rén xiǎng gàn shénme!

A 她是我女朋友，제가 친구를 좀 챙기게 우리 자리 바꾸죠.
Tā shì wǒ nǚpéngyǒu,

B 我看那姑娘不爱理你！是你女朋友你买票不买一起啊？
Wǒ kàn nà gūniang bú ài lǐ nǐ! Shì nǐ nǚpéngyǒu nǐ mǎi piào bù mǎi yìqǐ a?

A 저희 자리 좀 바꿀 수 있을까요? 옆에 앉은 사람이 제 여자 친구라서요.
B 당신 같은 사람이 무슨 짓을 하려는지 모르리라고 생각하지 마세요!
A 여자 친구라니까요. 我们换个座，这样以便我照顾她嘛。
wǒmen huàn ge zuò, zhèyàng yǐbiàn wǒ zhàogù tā ma.
B 내가 보기엔 저 아가씨는 당신 거들떠보지도 않는데! 여자 친구라면 왜 표를 같이 안 샀어요?

座 zuò 자리
姑娘 gūniang 아가씨
理 lǐ 거들떠보다

181.mp3

你多穿点儿, 免得感冒了。

감기 걸리**지 않도록** 두둑하게 입으세요.

'~하지 않도록'이라는 뜻으로, '免得'가 이끄는 뒷부분에는 바라지 않는 내용이 옵니다. '以免'도 같은 뜻입니다. 우리말과는 어순이 다르니 앞뒤를 잘 살펴서 말해야 합니다.

1. 감기 걸리지 않도록 두둑하게 입으세요.
   你多穿点儿, 免得感冒了。 018 025
   Nǐ duō chuān diǎnr, miǎnde gǎnmào le.
2. 길을 잘못 들지 않도록 자세히 물어보아라.
   仔细问问, 免得走错路。 090
   Zǐxì wènwen, miǎnde zǒucuò lù.
3. 후회하지 않도록 말하기 전에 잘 생각하세요.
   说话前要想好, 免得后悔。
   Shuōhuà qián yào xiǎnghǎo, miǎnde hòuhuǐ.
4. 또 늦지 않게 어서 수업에 들어가렴.
   你快去上课吧, 免得又迟到了。 152 178
   Nǐ kuài qù shàngkè ba, miǎnde yòu chídào le.
5. 아침에 못 일어나지 않도록 일찍 자라.
   你要早点睡, 免得早上起不来。 196
   Nǐ yào zǎodiǎn shuì, miǎnde zǎoshang qǐbulái.

感冒 gǎnmào 감기 걸리다
仔细 zǐxì 자세하다
后悔 hòuhuǐ 후회하다

쇼윈도 행사가 반향을 일으키자 언론매체가 주목하기 시작했어요. 胜女的代价

A 这次橱窗活动的效果如何?
Zhè cì chúchuāng huódòng de xiàoguǒ rúhé?

B 根据目前的统计, 网络评价非常好, 网民纷纷转载照片。
Gēnjù mùqián de tǒngjì, wǎngluò píngjià fēicháng hǎo, wǎngmín fēnfēn zhuǎnzǎi zhàopiàn.

A 好的, 子奇你以后要注意个人形象, 불필요한 오해 생기지 않도록.
Hǎo de, Zǐqí nǐ yǐhòu yào zhùyì gèrén xíngxiàng,

B 我会注意的★! 不给公司抹黑!
Wǒ huì zhùyì de! Bù gěi gōngsī mǒhēi!

A 이번 쇼윈도 행사 효과 어때요?
B 현재까지 통계를 보면 인터넷 평가가 아주 좋아요. 네티즌들이 계속해서 사진도 퍼 나르고 있고요.
A 좋아요, 쯔치 씨도 앞으로 개인 이미지 조심하세요. 免得产生不必要的误会。
miǎnde chǎnshēng bú bìyào de wùhuì.
B 주의하겠습니다! 회사에 먹칠하지 않을게요!

잠깐만요!

★ '注意'는 '주의하다'는 뜻도 있지만, '관심이 있다'는 뜻도 있어요. "요즘 뭐에 관심이 있어?"라고 말하려면, "你最近注意什么呢?"라고 물을 수 있어요. "(거기까지는) 관심을 못 가졌네."라고 하려면 "我没注意到。"라고 말할 수 있어요.

如何 rúhé 어떠한가
统计 tǒngjì 통계
网络 wǎngluò 인터넷
评价 píngjià 평가
网民 wǎngmín 네티즌
纷纷 fēnfēn 계속해서, 잇달아
转载 zhuǎnzǎi 옮겨 싣다
误会 wùhuì 오해
抹黑 mǒhēi 먹칠하다

Unit 24

이것도 좋고 저것도 좋아요.

저자 핵심 강의 24

병렬해서 이야기하는 장면에서 꼭 나오는 패턴

어떤 일이 동시에 일어난다거나, 동시에 두 가지 상태를 다 가지고 있음을 나타낼 때 쓰는 패턴들을 함께 묶었습니다. 본문에서 설명하는 몇 가지 포인트들만 잘 기억하시면 활용하는데 큰 어려움은 없을 거예요. 다만, 也 패턴은 우리말과 쓰임이 약간 다른 부분이 있으니 잘 기억해 주세요.

패턴 미리보기

182 也… ~(이기)도 하고, ~(이기)도 하다

183 同时… 동시에~ / ~하는 한편

184 一方面…，另一方面… 한편으로는~, 다른 한편으로는~

185 一边…，一边… ~하면서 ~하다

186 …着 ~하면서 / ~한 채로

182.mp3

他是美国人，也是韩国人。

그는 미국인이기도 하고 한국인**이기도 합니다.**

'~도 ~이고(하고), ~도 ~이다(한다)'라는 뜻으로 앞뒤를 모두 긍정하는데, 중국어는 뒷부분에만 '也'를 붙인다는 점에 유의하세요.

1. 그는 미국인이기도 하고, 한국인이기도 합니다.
   他是美国人，也是韩国人。
   Tā shì Měiguórén, yě shì Hánguórén.

2. 그녀는 노래 부르기도 좋아하고, 춤추기도 좋아합니다.
   她喜欢唱歌，也喜欢跳舞。
   Tā xǐhuan chànggē, yě xǐhuan tiàowǔ.

3. 이 옷은 색깔도 예쁘고, 디자인도 보기 좋네요.
   这件衣服颜色漂亮，设计也好看。
   Zhè jiàn yīfu yánsè piàoliang, shèjì yě hǎokàn.

4. 그는 중국어 말하기도 잘하고, 듣기도 잘합니다.
   他的汉语说得很好，听得也很好。 027
   Tā de Hànyǔ shuō de hěn hǎo, tīng de yě hěn hǎo.

5. 이 컴퓨터는 가격도 싸고, 성능도 좋습니다.
   这台电脑价格便宜，性能也好。
   Zhè tái diànnǎo jiàgé piányi, xìngnéng yě hǎo.

跳舞 tiàowǔ 춤추다
颜色 yánsè 색깔
设计 shèjì 디자인
性能 xìngnéng 성능

두 회사의 사장이 만나 저녁을 먹으며 화기애애한 분위기를 연출하네요. 北京爱情故事

A 今天真是太高兴了！ 사장님의 차는 갈증도 해소되고, 해장도 되네요!
Jīntiān zhēnshi tài gāoxìng le!

B 谢谢，那就欢迎您明天到我办公室来，我继续给您泡！
Xièxie, nà jiù huānyíng nín míngtiān dào wǒ bàngōngshì lái, wǒ jìxù gěi nín pào!

A 好！一言为定！明天见！
Hǎo! Yìyánwéidìng! Míngtiān jiàn!

B 感谢您今天赏光我们的晚宴！
Gǎnxiè nín jīntiān shǎngguāng wǒmen de wǎnyàn!

A 오늘 정말 즐겁습니다! **你的茶解渴，也解酒啊！**
Nǐ de chá jiěkě, yě jiějiǔ a!
B 감사합니다. 그럼 내일 제 사무실에 오시면 더 끓여 드리지요!
A 좋습니다! 약속하신 겁니다! 내일 뵙지요!
B 오늘 이렇게 만찬에 왕림해 주셔서 감사합니다!

解渴 jiěkě 갈증을 해소하다
解酒 jiějiǔ 해장하다
泡 pào (차를) 끓이다
一言为定 yìyánwéidìng 한 마디로 정하다
赏光 shǎngguāng 왕림하다

183.mp3

去北京旅行，同时去看望朋友。

베이징에 여행을 가는 한편 친구도 보려고요.

'동시에~', '~하는 한편'이라는 뜻으로, 앞의 말에 이어서 동시에 또 어떤 상황이나 동작을 설명하려고 할 때 쓰입니다. 뒷부분에는 '也', '还', '又' 등이 올 수도 있습니다.

1. 베이징에 여행을 가는 한편 친구도 보려고요.
   去北京旅行，同时去看望朋友。 152
   Qù Běijīng lǚxíng, tóngshí qù kànwàng péngyou.

2. 졸업식에 참가하는 동시에 졸업증도 받아요.
   参加毕业典礼*，同时领取毕业证书。
   Cānjiā bìyè diǎnlǐ, tóngshí lǐngqǔ bìyè zhèngshū.

3. 그는 우리 반장이기도 하고 학생회장이기도 합니다.
   他是我们的班长，同时也是学生会主席。 182
   Tā shì wǒmen de bānzhǎng, tóngshí yě shì xuéshēnghuì zhǔxí.

4. 우리는 시간을 약속하지 않았지만 동시에 역에 도착했어요.
   我们没约时间，却同时到了车站。
   Wǒmen méi yuē shíjiān, què tóngshí dào le chēzhàn.

5. 그는 대학입학 성적이 좋아 동시에 두 학교에 합격했어요.
   他高考*成绩很好，同时被两个学校录取了。 167
   Tā gāokǎo chéngjì hěn hǎo, tóngshí bèi liǎng ge xuéxiào lùqǔ le.

잠깐만요!

* '입학식'은 '入学典礼', '결혼식'은 '结婚典礼'라고 말합니다.
* '高考'는 중국의 대학입학시험을 가리키는 말로, '普通高等学校招生全国统一考试'(일반대학교 학생모집 전국 통일시험)의 줄임말이에요. 이때 '高等学校'는 '고등학교'가 아니라 '고등교육기관', 즉 '대학'이라는 말이에요. 중국의 대학입시는 매년 6월에 사흘 동안 치르는데 우리만큼 경쟁이 치열합니다.

看望 kànwàng 방문하다
毕业典礼 bìyè diǎnlǐ 졸업식
领取 lǐngqǔ 받다
毕业证书 bìyè zhèngshū 졸업증
车站 chēzhàn 역
录取 lùqǔ 뽑다, 합격시키다

삼촌과 동생은 조카를 데리고 놀러 나가려고 하네요. 小爸爸

A 三妹，我想邀请你去八达岭。
Sānmèi, wǒ xiǎng yāoqǐng nǐ qù Bādálǐng.

B 好啊，要不我们带上夏天一起怎么样？
Hǎo a, yàobù wǒmen dàishang Xiàtiān yìqǐ zěnmeyàng?

A 太好了，가는 김에 베이징 풍경도 좀 보자고.
Tài hǎo le,

B 好啊，我也好久没出去玩儿了！
Hǎo a, wǒ yě hǎojiǔ méi chūqù wánr le!

A 싼메이, 바다링에 가자고 청하고 싶은데?
B 좋아요. 아니면 우리 시아티안도 함께 가면 어때요?
A 아주 좋지. 同时*也看看北京的风景。
tóngshí yě kànkan Běijīng de fēngjǐng.
B 좋아요. 나도 오랫동안 놀러 못 나갔어요!

잠깐만요!

* '同时'는 '顺便(~하는 김에)'이라는 말과도 뜻이 통해요.

八达岭 Bādálǐng 바다링(만리장성의 한 지점)
风景 fēngjǐng 풍경

184.mp3

一方面休息，另一方面运动。

한편으로는 쉬고 다른 한편으로는 운동도 할 겁니다.

'한편으로는~, 다른 한편으로는~'이라는 뜻으로, 두 가지 상황이나 동작을 동시에 설명하려고 할 때 쓰는 표현입니다. 앞의 말과 뒤의 말은 주로 상반되는 표현을 나타내고, 앞의 '一方面'은 쓰지 않을 수도 있습니다.

1. 한편으로는 쉬고 다른 한편으로는 운동도 할 겁니다. 一方面休息，另一方面运动。
   Yìfāngmiàn xiūxi, lìngyìfāngmiàn yùndòng.
2. 중국어를 공부하는 한편 문화도 배웁니다. 一方面学汉语，另一方面学文化。
   Yìfāngmiàn xué Hànyǔ, lìngyìfāngmiàn xué wénhuà.
3. 급여도 많지 않은 한편, 지루합니다. 一方面工资不高，另一方面很无聊。
   Yìfāngmiàn gōngzī bù gāo, lìngyìfāngmiàn hěn wúliáo.
4. 한편으로는 경제를 잡고, 다른 한편으로는 사상도 잡아야 합니다. 一方面抓★经济，另一方面要抓思想。
   Yìfāngmiàn zhuā jīngjì, lìngyìfāngmiàn yào zhuā sīxiǎng.
5. 업무를 협의하는 한편 옛 친구를 만납니다. 一方面洽谈业务，另一方面看望老朋友。
   Yìfāngmiàn qiàtán yèwù, lìngyìfāngmiàn kànwàng lǎopéngyou.

잠깐만요!

★ '抓'라는 말은 '잡다'는 뜻이지만 이렇게 약간의 비유적인 표현으로 자주 쓰여요.

工资 gōngzī 급여
无聊 wúliáo 지루하다
抓 zhuā 장악하다
洽谈 qiàtán 협의하다
业务 yèwù 업무

Step 2 집을 나갔던 딸이 돌아온 것을 환영하는 모임이 만들어졌네요. 北京爱情故事

A 今天这个局是我和丫头攒的，正好大家也在一起聚聚！
Jīntiān zhè ge jú shì wǒ hé yātou cuán de, zhènghǎo dàjiā yě zài yìqǐ jùju!

B 难得小猛这么高兴，咱们可得多喝点！
Nándé Xiǎoměng zhème gāoxìng, zánmen kě děi duō hē diǎn!

A 我先敬★大家一杯！ Wǒ xiān jìng dàjiā yì bēi!
한편으로는 우리 딸이 베이징으로 돌아온 걸 축하하고, 다른 한편으로는 여러분 모두 이렇게 와 주셔서 저에 대한 관심과 애정을 보여주신 점 감사드립니다.

B 欢迎沈冰的到来！我们一起干一杯！
Huānyíng Shěnbīng de dàolái! Wǒmen yìqǐ gān yì bēi!

잠깐만요!

★ 상대방에게 술잔을 들어 술을 권할 때 자주 쓰는 표현이에요.

A 오늘 이 모임은 우리 딸아이가 만든 겁니다. 마침 다들 모이셨네요!
B 샤오멍이 이렇게 기쁘기도 어려우니, 우리 많이 마십시다!
A 제가 먼저 여러분께 건배하겠습니다!
一方面是庆祝我们家丫头来北京了，另一方面感谢大家这么多年来对我的关心爱护。
Yìfāngmiàn shì qìngzhù wǒmen jiā yātou lái Běijīng le, lìng yìfāngmiàn gǎnxiè dàjiā zhème duōnián lái duì wǒ de guānxīn àihù.
B 선빙이 온 걸 환영합니다! 우리 함께 건배!

局 jú 모임
丫头 yātou 계집아이
攒 cuán 모으다
难得 nándé ~하기 어렵다
敬 jìng (술 등을) 공손히 올리다
庆祝 qìngzhù 축하하다
爱护 àihù 사랑하고 아끼다

185.mp3

爷爷一边喝茶，一边下棋。

할아버지는 차를 드시**면서** 장기를 두**십니다**.

'~하면서 ~하다'는 뜻으로, 두 가지 동작이나 행위가 동시에 이루어지고 있음을 나타냅니다. 때로는 pattern186과 같이 바꾸어 쓸 수도 있습니다.

1. 할아버지는 차를 드시면서 장기를 두십니다.
   爷爷一边喝茶，一边下棋。★
   Yéye yìbiān hē chá, yìbiān xiàqí.

2. 그는 담배 피우면서 이야기 나눕니다.
   他一边抽烟，一边聊天。
   Tā yìbiān chōuyān, yìbiān liáotiān.

3. 밥 먹으면서 신문 보지 말아라.
   你不要一边吃饭，一边看报纸。 095
   Nǐ búyào yìbiān chī fàn, yìbiān kàn bàozhǐ.

4. 그는 늘 수업을 들으면서 게임을 합니다.
   他总是一边听课，一边打游戏。
   Tā zǒngshi yìbiān tīng kè, yìbiān dǎ yóuxì.

5. 운전하면서 전화 받는 건 안 좋은 버릇이에요.
   一边开车，一边接电话是一种不好的习惯。
   Yìbiān kāichē, yìbiān jiē diànhuà shì yì zhǒng bù hǎo de xíguàn.

잠깐만요!

★ 중국어는 '바둑을 두다'와 '장기를 두다'라는 말을 잘 구분하지 않고 둘 다 '下棋'라고 말해요. 물론 '바둑'은 '围棋', '장기'는 '象棋'라고 따로 말할 수 있어요.

下棋 xiàqí (장기나 바둑을) 두다
报纸 bàozhǐ 신문
总是 zǒngshi 늘, 언제나
开车 kāichē 운전하다
习惯 xíguàn 습관, 버릇

판매가 부진한 백화점을 위해 두 직원이 아이디어를 짜고 있네요. 胜女的代价

A 我们公司的嘉年华真没有意思？就是摆啤酒塔！
Wǒmen gōngsī de Jiāniánhuá zhēn méiyǒu yìsi? Jiùshì bǎi píjiǔ tǎ!

B 那你说说做什么才有意思啊？
Nà nǐ shuōshuo zuò shénme cái yǒuyìsi a?

A 活动很多啊，거기에 광대를 세워서 술을 마시면서 어린이들이랑 놀게도 하고요.
Huódòng hěn duō a,

B 听起来很有趣，那还有什么好玩儿的呢？
Tīng qǐlái hěn yǒuqù, nà háiyǒu shénme hǎowánr de ne?

A 우리 회사 지아니엔화 백화점이 정말 재미없는데? 그렇게 맥주 탑을 세웠어도 말이에요!
B 그럼 뭘 하면 재미있을지 좀 말해 봐요!
A 행사는 많죠, 可以在那儿放一个小丑★，小丑一边喝酒，一边跟小朋友玩。
kěyǐ zài nàr fàng yí ge xiǎochǒu, xiǎochǒu yìbiān hē jiǔ, yìbiān gēn xiǎopéngyou wán.
B 듣자하니 재밌겠는데, 그럼 또 뭐 재밌는 게 있을까?

잠깐만요!

★ '小丑'는 원래 중국 전통극에서 우스꽝스러운 역할을 맡던 배우를 일컫는 말이에요.

啤酒 píjiǔ 맥주
塔 tǎ 탑
小丑 xiǎochǒu 광대, 피에로
好玩儿 hǎowánr 재미있다

186.mp3

他挥着手跑过来。

그는 손을 흔들**며** 뛰어왔습니다.

'~하면서', '~한 채로'라는 뜻으로, 두 가지 동작이나 행위가 동시에 이루어지고 있음을 나타냅니다. 때로는 pattern185와 같이 바꾸어 쓸 수도 있습니다.

1. 그는 손을 흔들며 뛰어왔습니다.
   他挥着手跑过来。 193
   Tā huīzhe shǒu pǎo guòlái.
2. 그는 줄곧 제게 웃으면서 말했습니다.
   他一直笑着对我说话。 149
   Tā yìzhí xiàozhe duì wǒ shuō huà.
3. 아버지는 누워서 텔레비전 보기를 좋아하십니다.
   ★我爸喜欢躺着看电视。
   Wǒ bà xǐhuan tǎngzhe kàn diànshì.
4. 어떤 때는 왕 선생님은 앉아서 수업하십니다.
   有时候，王老师坐着上课。
   Yǒu shíhou, Wáng lǎoshī zuòzhe shàngkè.
5. 몸에 안 좋으니 서서 밥 먹지 말아라.
   别站着吃饭，对身体不好。 129
   Bié zhànzhe chī fàn, duì shēntǐ bù hǎo.

잠깐만요!

★ pattern185는 대부분 이렇게 바꿀 수 있지만, 이 패턴을 pattern185로 바꿀 때는 조금 어색해지기도 해요. 이 패턴의 앞 동사가 상태를 나타내는 경우에 그럴 수 있으니 유의하세요. 예를 들면 "**我爸喜欢躺着看电视。**"는 아버지가 누워 있는 상태에서 텔레비전을 보고 있기 때문에 pattern185로 바꾸기 어려워요.

挥 huī 흔들다
躺 tǎng 눕다

 집에 돌아온 막내아들이 소파에서 멍하니 누워 있네요. 家有儿女

A 小雨啊，怎么一回家就躺在沙发上?
Xiǎoyǔ a, zěnme yì huíjiā jiù tǎng zài shāfā shàng?

B 누워서 문제를 생각하는 중이에요.

A 有什么心事跟妈妈说说。
Yǒu shénme xīnshì gēn māma shuōshuo.

B 我还是自己想想再说吧。
Wǒ háishi zìjǐ xiǎngxiang zài shuō ba.

A 샤오위, 왜 집에 오자마자 소파에 누워 있어?
B 我躺着思考问题呢。
Wǒ tǎngzhe sīkǎo wèntí ne.
A 무슨 걱정거리 있으면 엄마한테 말해 봐.
B 그래도 제가 먼저 생각해 보고 말할게요.

沙发 shāfā 소파
思考 sīkǎo 생각하다
心事 xīnshì 걱정거리

pattern 187–233

Part 04

'중드' 고수로 도약하기 위한 따져 보고 말하기 패턴

'중드'로 익히는 중국어 패턴, 이제 마지막 파트까지 왔네요. Part04에는 한국인들이 중국어를 배우면서 자주 헷갈리고, 그래서 활용도가 조금은 떨어지는 패턴들이 많습니다. 어법적으로 말하면 '방향보어'와 '가능보어'가 중점적으로 익혀야 할 내용이고, '비교문'과 '역접/양보'를 나타내는 복문, '가정/조건'을 나타내는 복문들도 꼭 익혀야 할 내용이에요. 이제 곧 이런 패턴을 장악하시게 될 여러분은 머지않아 중국어의 고수가 될 게 틀림없어요. 이것저것 잘 따져 보면서 드라마 대화를 통해 중국인들이 말하는 방식을 반복해서 연습해 보세요. 물론 제시된 설명도 곁들여 가면서요. 여러분도 모르는 사이에 어느새 중국어 수준이 높아지고 있다는 사실을 알게 될 겁니다!
자, 꼼꼼히 따져 보러 출발해 봅시다!

Unit 25

사건은 그런 방향으로 흘러갔어요.

저자 핵심 강의 25

방향을 이야기하는 장면에서 꼭 나오는 패턴

'방향보어'는 보통 단순방향보어 2개(来, 去)와 복합방향보어 13개(上来, 上去, 下来, 下去, 出来, 出去, 进来, 进去, 过来, 过去, 回来, 回去, 起来)가 있는데, '동사+보어'의 형태로 쓰입니다. 주의할 점은 목적어가 오는 경우인데, 단순/복합을 막론하고 어떤 목적어든 来나 去 바로 앞에 쓰면 틀리지는 않아요. 더 구체적인 내용은 본문에서 봅시다!

패턴 미리보기

187 …去 ~가다 / ~오다

188 …来…去 이리저리 ~하다

189 …下来 ~내려오다 / ~내려가다

190 …进来 ~들어오다 / ~들어가다

191 …出来 ~나오다 / ~나가다

192 …回来 ~돌아오다 / ~돌아가다

193 …过来 ~건너오다 / ~건너가다

194 …起来 ~하기에 / ~을 하자니

187.mp3

我明天要到釜山开会去。

저는 내일 부산에 회의하러 **갑니다.**

'~가다' 또는 '~오다'는 뜻으로, 어떤 동작이나 행위를 나타내는 말입니다. '가다', '오다'라는 동작을 나타내기보다는 말하려는 동작이 말하는 사람에게서 멀어지거나(去), 말하는 사람 쪽으로 가까워지는(来) 방향을 나타내는 단순방향보어입니다.

1. 저는 내일 부산에 회의하러 갑니다.
   我明天要到釜山开会去。
   Wǒ míngtiān yào dào Fǔshān kāihuì qù.

2. 책을 가져와서 좀 보여 주세요.
   你把书拿来，给我看一下。 166
   Nǐ bǎ shū nálái, gěi wǒ kàn yíxià.

3. 동생도 데려가서 함께 놀아라.
   把弟弟带去，你们一起玩儿吧。 089
   Bǎ dìdi dàiqù, nǐmen yìqǐ wánr ba.

4. 그건 방금 도쿄로 간 비행기입니다.
   那是刚刚飞去东京的飞机。
   Nà shì gānggāng fēiqù Dōngjīng de fēijī.

5. 강아지 한 마리가 내 쪽으로 뛰어왔어요.
   一只★小狗向我这儿跑来了。 149
   Yì zhī xiǎogǒu xiàng wǒ zhèr pǎolái le.

잠깐만요!
★ '강아지'는 '小狗', '병아리'는 '小鸡'라고 해요.

东京 Dōngjīng 도쿄
飞机 fēijī 비행기
小狗 xiǎogǒu 강아지

개구쟁이 아들 두 녀석이 집안을 뛰어다니면서 놀고 있네요. 家有儿女

A 너희 둘 여기서 뛰어오고 뛰어가면서 뭐하는 거야?

B 我和刘星玩游戏呢，谁被抓住就输啦！
Wǒ hé Liúxīng wán yóuxì ne, shéi bèi zhuāzhù jiù shū la!

A 你们这样跑，楼下一会上来找你们。
Nǐmen zhèyàng pǎo, lóuxià yíhuì shànglái zhǎo nǐmen.

B 哎，刘星咱们别玩了，妈妈不让玩！
Āi, Liúxīng zánmen bié wán le, māma bú ràng wán!

A 你们俩在这儿跑来跑去的干什么呢?
Nǐmen liǎ zài zhèr pǎolái pǎoqù de gàn shénme ne?
B 리우싱이랑 놀이하는 거예요. 잡히는 사람이 지는 거예요!
A 그렇게 뛰면 좀 있다 아래층에서 너희를 찾으러 올 거야.
B 아이고, 리우싱, 우리 그만하자. 엄마가 못 놀게 해!

游戏 yóuxì 놀이, 게임
输 shū 지다
楼下 lóuxià 아래층

188.mp3

我整天跑来跑去，没法见他。

저는 종일 뛰어**다녔지만** 그를 볼 수 없었어요.

'이리저리 ~하다'는 뜻으로, 같은 동작 '…来…去' 사이에 넣어서 그 동작을 반복하면서 결과를 만들어내려고 했음을 나타냅니다.

1. 저는 종일 뛰어다녔지만 그를 볼 수 없었어요.
   我整天跑来跑去，没法见他。 158
   Wǒ zhěngtiān pǎolái pǎoqù, méifǎ jiàn tā.

2. 그는 이런저런 이야기를 하더니 끝내 별 이야기를 하지 않았어요.
   他说来说去，也没说出一二。★ 218
   Tā shuōlái shuōqù, yě méi shuōchū yī èr.

3. 나는 이리저리 생각해 봤지만 좋은 생각을 내지 못했어요.
   我想来想去也没想出好的主意。
   Wǒ xiǎnglái xiǎngqù yě méi xiǎngchū hǎo de zhǔyi.

4. 그는 이리저리 봤지만 어디가 다른지 알아볼 수 없었어요.
   他看来看去也没看出哪儿不一样。 196
   Tā kànlái kànqù yě méi kànchū nǎr bù yíyàng.

5. 그는 이리저리 찾아봤는데, 사무실이 어디에 있는지 찾지 못했습니다.
   他找来找去都没找到办公室在哪儿。 197
   Tā zhǎolái zhǎoqù dōu méi zhǎodào bàngōngshì zài nǎr.

잠깐만요!

★ '说一二'은 '요점을 말하다'는 뜻으로, 어떤 의견이나 견해를 말한다고 할 때도 쓸 수 있어요. 그러나 이 표현은 다른 사람에 대해서만 쓰고 자기 스스로에게는 쓰지 않아요.

整天 zhěngtiān 종일
主意 zhǔyi 생각, 아이디어
办公室 bàngōngshì 사무실

집에서 물 절약 시합을 하게 되어 친구에게 좋은 방법을 묻고 있네요. 家有儿女

A 我们家进行节约用水比赛，你有什么好办法吗?
Wǒmen jiā jìnxíng jiéyuē yòngshuǐ bǐsài, nǐ yǒu shénme hǎo bànfǎ ma?

B 我，我脑子不好使，你聪明，没想出什么好办法?
Wǒ, wǒ nǎozi bùhǎo shǐ, nǐ cōngming, méi xiǎngchū shénme hǎo bànfǎ?

A 이리저리 생각해 봐도 좋은 생각이 안 떠올라.

B 咱俩先出去玩，一边玩一边想呗。
Zán liǎ xiān chūqù wán, yìbiān wán yìbiān xiǎng bei.

A 우리 집에서 물 아끼기 시합을 하는데, 너 뭐 좋은 방법 없니?
B 나, 나는 머리가 잘 안 돌아가서. 너 똑똑하니까 뭐 좋은 방법 없어?
A 我想来想去也没有好的主意。
Wǒ xiǎnglái xiǎngqù yě méiyǒu hǎo de zhǔyi.
B 그럼 우리 나가 놀면서 생각해 보자.

节约 jiéyuē 절약하다
用水 yòngshuǐ 용수
脑子 nǎozi 머리, 두뇌

189.mp3

人们希望房价快降下来。

사람들은 집값이 **내려가길** 바랍니다.

'~내려오다(下来)', '~내려가다(下去)', '~올라오다(上来)', '~올라가다(上去)' 등은 복합방향보어입니다. 이 말들이 구체적인 동작을 나타내는 동사와 결합하면 '跑下去(뛰어 내려가다)'처럼 의미가 정확하게 표현되지만, 추상적인 상태나 동작을 나타낼 때에는 우리말로 반드시 표현되지 않는 경우도 있습니다.

1. 사람들은 집값이 내려가길 바랍니다. 人们希望房价快降下来。★ 007
   Rénmen xīwàng fángjià kuài jiàng xiàlái.

2. 겨울 하늘은 진작 어두워졌습니다. 冬天天色很早就暗下来了。 025
   Dōngtiān tiānsè hěn zǎojiù àn xiàlái le.

3. 빨리 내려가 봐. 누가 싸우고 있는 것 같아. 快跑下去看看吧，好像有人在吵架。 089 104
   Kuài pǎo xiàqù kànkan ba, hǎoxiàng yǒurén zài chǎojià.

4. 골치 아플 때는 조용히 생각하면 좋아집니다. 烦躁的时候静下来想想就会好些。 090 110
   Fánzào de shíhou jìng xiàlái xiǎngxiang jiù huì hǎo xiē.

5. 생산량이 계속 오르지 않아서 정말 걱정입니다. 产量一直提高不上去，真是愁人。 196
   Chǎnliàng yìzhí tígāo bú shàngqù, zhēnshi chóurén.

잠깐만요!

★ '下来'가 확장된 뜻으로 쓰이면 주로 불안정한 상태에서 안정된 상태로 변함을 나타내고, '下去'는 어떤 일을 계속해 나감을 나타냅니다.

房价 fángjià 집값
降 jiàng 내리다
天色 tiānsè 하늘색
暗 àn 어둡다
烦躁 fánzào 골치 아프다
产量 chǎnliàng 생산량
提高 tígāo 향상하다
愁人 chóurén 걱정하게 하다

Step 2 업무 관련 회사에서 초대를 받은 직원들이 기뻐하고 있네요. 北京爱情故事

A 今天晚上银行回请咱们，还是你跟我去。
Jīntiān wǎnshang yínháng huíqǐng zánmen, háishi nǐ gēn wǒ qù.

B 这么快就回请了，那说明合同的事有戏啊！
Zhème kuài jiù huíqǐng le, nà shuōmíng hétong de shì yǒuxì a!

A 别高兴的太早，另一家公司的汤总也不是容易对付的对手。
Bié gāoxìng de tài zǎo, lìng yì jiā gōngsī de Tāng zǒng yě búshì róngyì duìfù de duìshǒu.

B 晚上我主喝啊。넌 그렇게 마셔대다간 몸 다 망가져!
Wǎnshang wǒ zhǔ hē a.

A 오늘 저녁에 은행에서 우리를 답례로 초대했네. 아무래도 나하고 같이 가야겠어.
B 이렇게 빨리 다시 초대했어? 그건 계약 건이 잘 된다는 말이네!
A 좋아하기엔 아직 일러. 다른 회사의 탕 사장도 다루기 쉬운 상대는 아니야.
B 저녁엔 내가 주로 마실게. 你再这么喝下去，身体就垮了！
Nǐ zài zhème hē xiàqù, shēntǐ jiù kuǎ le!

回请 huíqǐng 답례로 초대하다
有戏 yǒuxì 희망이 있다
对付 duìfù 다루다
对手 duìshǒu 상대, 적수
垮 kuǎ 무너지다

190.mp3

别说话了，老师走进来了。

선생님께서 **들어오시니** 떠들지 마세요.

'~들어오다(进来)', '~들어가다(进去)'는 뜻으로, 구체적인 동작이나 추상적인 상태와 동작을 나타내는 복합방향보어입니다.

1. 선생님께서 들어오시니 떠들지 마. 别说话了，老师走进来了。 095
   Bié shuōhuà le, lǎoshī zǒu jìnlái le.
2. 끓인 물이 뜨거우니 손을 뻗지 마세요. 开水很烫*，别把手伸进去。 095
   Kāishuǐ hěn tàng, bié bǎ shǒu shēn jìnqù.
3. 오늘 너무 많이 먹어서 술은 조금도 마시지 못하겠어요. 今天吃太多了，酒一点儿也喝不进去了。 013
   Jīntiān chī tài duō le, jiǔ yìdiǎnr yě hē bu jìnqù le.
4. 그 사람 지금 기분이 안 좋아서 다른 사람 말이 들리지도 않아요. 他现在心情不好，听不进去别人说话。
   Tā xiànzài xīnqíng bù hǎo, tīng bu jìnqù biérén shuōhuà.
5. 투자 유치란 곧 자금의 유입을 말합니다. 招商引资就是要把资金吸引进来。 166
   Zhāoshāng yǐnzī jiùshì yào bǎ zījīn xīyǐn jìnlái.

잠깐만요!

* 'tang'이라는 발음으로 제1·2·3·4성의 대표 글자는 '汤(국)', '糖(설탕)', '躺(눕다)', '烫(뜨겁다)'이라 할 수 있는데요, 이 네 가지는 다이어트의 4대 방해물이라고 할 수도 있겠네요.

开水 kāishuǐ 끓인 물
烫 tàng 뜨겁다
伸 shēn 뻗다
招商引资 zhāoshāng yǐnzī 투자유치
资金 zījīn 자금
吸引 xīyǐn 끌어들이다

아들은 전화 소리도 못 듣고 음악에 열중하고 있었네요. 家有儿女

A 리우싱, 방금 전화 누구한테 온 거야?

B 不知道啊，我没听见啊！
Bù zhīdào a, wǒ méi tīngjiàn a!

A 响了好长时间了，你都没听见？
Xiǎng le hǎocháng shíjiān le, nǐ dōu méi tīngjiàn?

B 我在房间里听音乐呢！
Wǒ zài fángjiān li tīng yīnyuè ne!

A 刘星，刚才的电话是谁打进来的？
Liúxīng, gāngcái de diànhuà shì shéi dǎ jìnlái de?
B 몰라요, 못 들었는데요!
A 한참 동안 울렸는데, 못 들었다고?
B 전 방에서 음악 듣고 있었어요!

响 xiǎng 울리다
房间 fángjiān 방

191.mp3

话说出来就不能收回去了。

말은 입 밖에 **나오면** 거둬들일 수가 없어요.

'~나오다(出来)', '~나가다(出去)'는 뜻으로, 구체적인 동작이나 추상적인 상태와 동작을 나타내는 복합방향보어입니다. 복합방향보어로 쓰인 동사술어가 목적어를 데려올 때, 그 목적어가 무엇이든 그 사이에 놓으면 됩니다.

1. 말은 입 밖에 나오면 거둬들일 수가 없어요.
   话说出★来就不能收回去了。 003
   Huà shuō chūlái jiù bùnéng shōu huíqù le.
2. 이 문제를 어떻게 할지 저는 생각해냈어요.
   这道题怎么做我想出来了。
   Zhè dào tí zěnme zuò wǒ xiǎng chūlái le.
3. 우리는 모두 잘못의 원인을 알아냈습니다.
   我们都看出来错误的原因了。
   Wǒmen dōu kàn chūlái cuòwù de yuányīn le.
4. 그는 무슨 일이 있는 듯 부리나케 뛰어나갔습니다.
   他急匆匆地跑出去了，好像有什么事情。 055
   Tā jícōngcōngde pǎo chūqù le, hǎoxiàng yǒu shénme shìqíng.
5. 선생님이 교실을 나가시자마자 학생들은 큰 소리로 떠듭니다.
   老师一走出教室去，同学们就大声说话。 157
   Lǎoshī yì zǒuchū jiàoshì qù, tóngxuémen jiù dàshēng shuōhuà.

잠깐만요!

★ '出来'나 '出去'의 확장된 의미는 무언가가 안쪽에 있다가 밖으로 나오는 것을 표현해요.

原因 yuányīn 원인
急匆匆地 jícōngcōngde 부리나케
大声 dàshēng 큰소리

아이들에게 치아의 중요성을 알려주기 위해 엄마가 열심히 설명하네요. 家有儿女

A 今天是"爱★牙日"，大家平时可要好好保护牙齿啊！
Jīntiān shì "àiyárì", dàjiā píngshí kě yào hǎohǎo bǎohù yáchǐ a!

B 老婆，因为剧本，我的牙一直疼，怎么办啊？
Lǎopo, yīnwèi jùběn, wǒ de yá yìzhí téng, zěnme bàn a?

A 还不快去医院！你们不要学爸爸，平时好好保护牙齿！
Hái bú kuài qù yīyuàn! Nǐmen búyào xué bàba, píngshí hǎohǎo bǎohù yáchǐ!

C 对，妈妈说的对，好好刷牙，이렇게 충치가 자라지 못해요!
Duì, māma shuō de duì, hǎohǎo shuāyá,

A 오늘은 '치아 사랑의 날'이에요. 모두 평소에 이를 잘 관리해요!
B 여보, 난 대본 때문에 늘 이가 아픈데 어쩌지?
A 빨리 병원에 가요! 너희는 아빠 배우지 말고 평소에 이를 잘 관리하렴!
C 맞아, 엄마 말이 맞아. 이를 잘 닦으면, **这样虫牙就长不出来了！**
zhèyàng chóngyá jiù zhǎng bu chūlái le!

잠깐만요!

★ 중국의 '爱牙日'은 매년 9월 20일이에요.

保护 bǎohù 보호하다
牙齿 yáchǐ 이
剧本 jùběn 대본
刷牙 shuāyá 이를 닦다
虫牙 chóngyá 충치
长 zhǎng 자라다

192.mp3

他刚从中国飞回来。

그는 막 중국에서 **돌아왔습니다**.

'~돌아오다(回来)', '~돌아가다(回去)'는 뜻으로, 구체적인 동작이나 추상적인 상태와 동작을 나타내는 복합방향보어입니다. 동사술어가 목적어를 데려올 때, 만일 목적어가 움직일 수 있는 사물이면 '回来+목적어'처럼 뒤에 놓을 수도 있습니다.

Step 1

1. 그는 막 중국에서 돌아왔습니다. 他刚从中国飞回来。
Tā gāng cóng Zhōngguó fēi huílái.

2. 저는 이 기념품을 가져갈 생각이에요. 我想把这个纪念品带回去。 002
Wǒ xiǎng bǎ zhè ge jìniànpǐn dài huíqù.

3. 그가 헐레벌떡하며 뛰어 돌아왔습니다. 他气喘吁吁地跑回来了。
Tā qìchuǎnxūxūde pǎo huílái le.

4. 그 사람 취해서 운전 못 합니다. *他喝醉了，不能把车开回去。 003 166
Tā hēzuì le, bù néng bǎ chē kāi huíqù.

5. 새로 산 옷이 맘에 들지 않아 반품하려 합니다. 新买的衣服我不喜欢了，想退回去。 003
Xīn mǎi de yīfu wǒ bù xǐhuan le, xiǎng tuì huíqù.

잠깐만요!

* 중국인도 술을 좋아하기 때문에 음주운전이 사회적인 문제로 부상했어요. "酒后不开车"는 "음주운전을 하지 마라"는 뜻의 대표적인 표어예요.

纪念品 jìniànpǐn 기념품
气喘吁吁地 qìchuǎnxūxūde 헐레벌떡하며
退 tuì 반환하다, 물리다

Step 2 딸아이가 남자 친구를 집에 데려와서 아빠와 말다툼을 하네요. 家有儿女

A 小雪，你交男朋友，그애를 집에까지 데려오니?
Xiǎoxuě, nǐ jiāo nánpéngyou,

B 你凭什么干涉我的社交?
Nǐ píng shénme gānshè wǒ de shèjiāo?

A 你这么小的年纪，懂什么叫社交?
Nǐ zhème xiǎo de niánjì, dǒng shénme jiào shèjiāo?

B 您懂，那你还离婚了呢!
Nín dǒng, nà nǐ hái líhūn le ne!

A 샤오쉬에, 너 남자 친구 사귀더니 **还把他带回家里来!**
hái bǎ tā dài huí jiāli lái!
B 왜 제 인간관계에 간섭하세요?
A 그렇게 어린 나이에 무슨 인간관계를 알아?
B 아빠는 알아서 이혼했어요?

干涉 gānshè 간섭하다
社交 shèjiāo 사교
离婚 líhūn 이혼하다

193.mp3

他从对面慢慢地走过来。

그가 맞은편에서 천천히 걸어왔어요.

'~건너오다(过来)', '~건너가다(过去)'는 뜻으로, 구체적인 동작이나 추상적인 상태와 동작을 나타낼 수 있는 복합방향보어입니다. 추상적인 뜻을 나타낼 때 '过来'는 비정상상태에서 정상상태로, '过去'는 정상상태에서 비정상상태로 바뀌었음을 나타냅니다.

1. 그가 맞은편에서 천천히 걸어왔어요.
   他从对面慢慢地走过来。
   Tā cóng duìmiàn mànmànde zǒu guòlái.

2. 그는 하룻낮 하룻밤을 자고 깨어났어요.
   他睡了一天一夜才醒过来。 121
   Tā shuì le yìtiān yíyè cái xǐng guòlái.

3. 시내가 이 마을을 흘러갑니다.
   小河从这个村子里流过去。 127
   Xiǎohé cóng zhè ge cūnzi li liú guòqù.

4. 그 사람 어젯밤에 많이 마시더니 끝내 취해 쓰러졌어요.
   昨晚他喝得不少，终于昏过去了。 026
   Zuówǎn tā hē de bùshǎo, zhōngyú hūn guòqù le.

5. 그는 늦었지만, 선생님 앞을 몰래 빠져 지나갔어요.
   他迟到了，却在老师面前溜★过去了。 217
   Tā chídào le, què zài lǎoshī miànqián liū guòqù le.

잠깐만요!

★'溜'는 원래 '미끄러지다'는 뜻이지만, '몰래 빠져나가다'는 말도 돼요. 마치 '발에 기름을 칠한 것'처럼 빠져나가기 때문에 앞에 '脚底抹油'라는 말을 붙일 수도 있어요.

对面 duìmiàn 맞은 편
小河 xiǎohé 시내
村子 cūnzi 마을
溜 liū 빠져나가다

미국에서 돌아온 지 얼마 안 된 막내가 학교 가기 싫어서 핑계를 대고 있네요. 家有儿女

A 我不想上学，我想睡觉！
Wǒ bù xiǎng shàngxué, wǒ xiǎng shuìjiào!

B 别胡说！为什么？
Bié húshuō! Wèi shénme?

A 시차가 아직 안 돌아왔단 말이에요!

B 谁在这儿胡说八道呢？
Shéi zài zhèr húshuōbādào ne?

A 나 학교 안 갈래. 자고 싶어요!
B 쓸데없는 소리! 왜?
A 我时差★还没倒过来呢！
Wǒ shíchā hái méi dǎo guòlái ne!
B 누가 지금 말도 안 되는 소리 하고 있어?

잠깐만요!

★'差'는 '차이가 나다'는 뜻일 때에는 제1성으로 읽어요.

胡说 húshuō 허튼소리
时差 shíchā 시차
倒 dǎo 거꾸로 되다
胡说八道 húshuōbādào 말도 안 되는 소리를 지껄이다

我想起来他是谁了。

그 사람 누구였는지 생각났어요.

상태나 동작을 나타내는 말 뒤에 와서 그 상태나 동작의 방향이 위로 향하거나 계속됨을 나타내는 복합방향보어입니다. 추상적으로 쓰일 때는 '~을 하기에', '~을 하자니' 등과 같이 어떤 일을 시작할 때의 짐작이나 의견을 나타내기도 합니다.

1. 그 사람 누구였는지 생각났어요.
   我想起★来他是谁了。
   Wǒ xiǎng qǐlái tā shì shéi le.
2. 일어나서 질문에 대답하세요.
   请你站起来回答问题。 092
   Qǐng nǐ zhàn qǐlái huídá wèntí.
3. 이 한자는 쓰기가 쉽지 않아요.
   这个汉字写起来不容易。
   Zhè ge Hànzì xiě qǐlái bù róngyì.
4. 그들은 보자마자 수다를 떨기 시작했어요.
   他们一见面就聊起来了。 157
   Tāmen yí jiànmiàn jiù liáo qǐlái le.
5. 바람이 부는 걸 보아하니 비가 오겠네요.
   刮风了，看起来要下雨了。 102
   Guāfēng le, kàn qǐlái yào xiàyǔ le.

잠깐만요!

★ '起去'라는 복합방향보어는 쓰지 않아요.

容易 róngyì 쉽다
刮风 guāfēng 바람이 불다

엄마는 누나가 오면 함께 식사하자고 하지만, 동생들은 배가 많이 고픈가 보네요. 家有儿女

A 刘星，我饿了！我好★饿啊！
Liúxīng, wǒ è le! Wǒ hǎo è a!

B 我也是，小雪姐姐快回来吧！
Wǒ yě shì, Xiǎoxuě jiějie kuài huílái ba!

A 哎呀，小雪姐姐，我好★想你啊！
Āiyā, xiǎoxuě jiějie, wǒ hǎo xiǎng nǐ a!

B 빨리 와, 내 배를 울리지 말고.

A 리우싱, 나 배고파! 정말 배고파!
B 나도! 샤오쉬에 누나, 빨리 와!
A 아이고, 샤오쉬에 누나, 정말 보고 싶어!
B 你快回来，别让我肚子叫起来。
Nǐ kuài huílái, bié ràng wǒ dùzi jiào qǐlái.

잠깐만요!

★ 이때 '好'는 '꽤', '대단히'라는 뜻이에요.

想 xiǎng 그리워하다
肚子 dùzi 배
叫 jiào 울다, 소리나다

Unit 26

충분히 할 수 있지요.

가능하다고 이야기하는 장면에서 꼭 나오는 패턴

저자 핵심 강의 26

가능이나 불가능을 나타내는 패턴에는 우리가 익히 알고 있는 조동사 패턴이 있습니다. 여기서 설명한 '가능보어' 패턴은 중국어의 독특한 표현법입니다. 가능이나 불가능 표현을 그 자체의 뜻뿐 아니라 왜 그런지 이유까지도 한꺼번에 설명하기 때문이에요. '가능보어'는 '동사+得/不+결과보어 또는 방향보어'의 형식으로 만들어집니다.

패턴 미리보기

195 …得… ~할 수 있다

196 …不… ~할 수 없다

195.mp3

一个汉堡包我吃得饱。

햄버거 하나면 배불리 **먹을 수 있어요**.

得는 동사 뒤에서 가능을 나타내며, [동사술어+得+보어]의 가능보어 형식으로 자주 쓰입니다. 가능보어는 가능하거나 불가능한 원인을 함께 말해 주기 때문에 주요 패턴을 잘 익혀두면 유용합니다.

1. 햄버거 하나면 배불리 먹을 수 있어요. 一个汉堡包我吃★得饱。
   Yí ge hànbǎobāo wǒ chīdebǎo.
2. 아직 10분이 더 있으니 빨리 가면 시간을 맞출 수 있어요. 还有十分钟，快走来得及。
   Háiyǒu shí fēnzhōng, kuài zǒu láidejí.
3. 그녀가 입은 옷은 한국에서 살 수 있어요. 她穿的衣服在韩国买得到。 122
   Tā chuān de yīfu zài Hánguó mǎidedào.
4. 그가 빨리 말하기는 하지만, 전 알아들을 수 있어요. 虽然他说得很快，但是我听得懂。 218
   Suīrán tā shuō de hěn kuài, dànshì wǒ tīngdedǒng.
5. 이 책은 하루에 30쪽을 보면 한 주면 다 볼 수 있어요. 这本书一天看三十页，一个星期看得完。
   Zhè běn shū yìtiān kàn sānshí yè, yí ge xīngqī kàndewán.

잠깐만요!

★ 吃得到(구할 수 있어서 먹을 수 있다), 吃得完(다 먹을 수 있다), 吃得好(잘 먹을 수 있다), 吃得饱(배불리 먹을 수 있다), 吃得起(살 수 있는 돈이 있어서 먹을 수 있다), 吃得动(씹을 수 있어서 먹을 수 있다), 吃得来(입에 맞아서 먹을 수 있다), 吃得惯(습관이 되어 먹을 수 있다), 吃得下(배가 남아 있어서 먹을 수 있다), 吃得下去(계속 먹을 수 있다)처럼 다양한 의미를 나타낼 수 있어요.

汉堡包 hànbǎobāo 햄버거
来得及 láidejí 시간에 댈 수 있다
页 yè 쪽, 페이지

초대를 받아 간 저녁 식사에서 아버지가 음식 맛을 칭찬하네요. 北京爱情故事

A 베이징에 와서 먹는 음식이 입에 맞을지 모르겠네.

B 菜做得太好吃了！
Cài zuò de tài hǎochī le!

A 这菜是我女儿做的。沈冰啊，客人在夸你做的菜好吃。
Zhè cài shì wǒ nǚ'ér zuò de. Shěnbīng a, kèrén zài kuā nǐ zuò de cài hǎochī.

B 阿姨，你年轻的时候一定很漂亮吧！从您女儿就能看出来！
Āyí, nǐ niánqīng de shíhou yídìng hěn piàoliang ba! Cóng nín nǚ'ér jiù néng kàn chūlái!

A 不知道你们北京来的吃得惯吗？
Bù zhīdào nǐmen Běijīng lái de chīdeguàn ma?
B 요리가 정말 맛있습니다!
A 이 요리는 내 딸아이가 한 걸세. 선빙, 손님이 네 요리가 맛있다고 칭찬하시는구나.
B 아주머니, 젊으셨을 때 분명 아름다우셨겠어요! 따님을 보니 알 수 있겠네요!

客人 kèrén 손님
夸 kuā 칭찬하다
年轻 niánqīng 젊다

196.mp3

这么多好吃的，可我吃不下。

맛있는 게 이렇게 많지만 전 더 **먹을 수가 없어요.**

'~할 수 없다'는 뜻으로, [동사술어+不+보어] 패턴으로 가능보어의 부정형입니다. 역시 불가능한 원인을 함께 설명해 주는데 가능보어는 '把'자문과 함께 쓸 수는 없다는 점에 유의하세요.

Step 1

1. 맛있는 게 이렇게 많지만 전 더 먹을 수가 없어요.
   这么多好吃的，可我吃★不下。 216
   Zhème duō hǎochī de, kě wǒ chībuxià.

2. 수학은 너무 어려워서 배울 수가 없어요.
   数学太难了，我学不会。 013
   Shùxué tài nán le, wǒ xuébuhuì.

3. 비가 너무 많이 와서 우리는 나갈 수가 없어요.
   雨下得很大，我们出不去。 027
   Yǔ xià de hěn dà, wǒmen chūbuqù.

4. 시험 전에 숙제가 많아서 다 할 수 없을 정도예요.
   考试前作业多得写不完。 028
   Kǎoshì qián zuòyè duō de xiěbuwán.

5. 그 사람은 근시라서 칠판의 글자를 알아보지 못해요.
   他近视了，看不清黑板上写的字。
   Tā jìnshì le, kànbuqīng hēibǎn shàng xiě de zì.

잠깐만요!

★ 가능보어는 의미에서 더 나아가 관용적인 뜻으로 쓰이기도 해요. 예를 들면 吃不开(환영받지 못하다), 吃不消(참을 수 없다), 吃不住(견딜 수 없다), 吃不准(파악할 수 없다) 등이 있어요.

好吃 hǎochī 맛있다
数学 shùxué 수학
近视 jìnshì 근시
黑板 hēibǎn 칠판

Step 2 친구의 이별 소식을 들은 친구들은 상황 파악에 바쁘네요. 北京爱情故事

A 小猛和沈冰分手了，害得沈冰现在都住我家去了。
Xiǎoměng hé Shěnbīng fēnshǒu le, hàide Shěnbīng xiànzài dōu zhù wǒ jiā qù le.

B 沈冰现在住你那儿去了？我以为她要回云南去了。
Shěnbīng xiànzài zhù nǐ nàr qù le? Wǒ yǐwéi tā yào huí Yúnnán qù le.

A 本来是要回的，유치원 아이들을 놓을 수 없나 봐.
Běnlái shì yào huí de,

B 哎，咱们去你家看看吧。我想问问到底怎么回事。
Āi, zánmen qù nǐ jiā kànkan ba. Wǒ xiǎng wènwen dàodǐ zěnme huíshì.

A 샤오멍하고 선빙 헤어졌대. 게다가 선빙은 지금 우리 집에서 지내고 있어.
B 선빙이 너희 집으로 갔다고? 난 윈난으로 갈 줄 알았는데.
A 원래는 그러려고 했는데, **就是放不下幼儿园的那些小孩。**
jiùshì fàngbuxià yòu'éryuán de nàxiē xiǎohái.
B 아이고, 우리 너희 집에 가 보자. 도대체 어떻게 된 일인지 좀 물어봐야겠어.

分手 fēnshǒu 헤어지다
害得 hàide 좋지 않은 상태가 되다
本来 běnlái 원래
幼儿园 yòu'éryuán 유치원

Unit 27

이건 정말 좋은 거예요.

저자 핵심 강의 27

강조해서 이야기하는 장면에서 꼭 나오는 패턴

어떤 일이 언제, 어디서, 왜, 누구 때문에 일어났는지, 또는 '~조차도' 등과 같은 말을 하고 싶을 때 쓰는 패턴입니다. 한국인들이 배우기에는 크게 어렵지 않아서 설명된 패턴을 중심으로 몇 번만 반복하면 금방 익힐 수 있을 거예요. 이해하기는 어렵지 않으나 현장에서 제대로 활용하려면 반복해서 연습할 필요가 있습니다.

패턴 미리보기

197 是…的 ~한 것이다

198 连…都 ~조차도 / ~까지도

199 非…不可 ~하지 않으면 안 된다

197.mp3

他是从新加坡来的。

그 사람은 싱가포르에서 왔어요.

'~한 것이다'는 뜻으로, 어떤 일이 일어난 시간, 장소, 방법, 주체, 목적, 원인 등을 강조하려고 할 때 쓰는 표현입니다. 일반적인 문장의 주어 뒤에 '是'를, 문장 맨 뒤에 '的'를 붙여 나타내는데, '是'는 쓰지 않을 수도 있습니다.

1. 그 사람은 싱가포르에서 왔어요. 他是从新加坡来的。
Tā shì cóng Xīnjiāpō lái de.

2. 저는 학교 친구들과 함께 농구했어요. 我是跟同学一起打篮球的。
Wǒ shì gēn tóngxué yìqǐ dǎ lánqiú de.

3. 오늘 아침에 저는 걸어서 학교에 왔어요. 今天早上我是走路来学校的。
Jīntiān zǎoshang wǒ shì zǒulù lái xuéxiào de.

4. 이 사전은 신화서점에서 산 것이에요. 这本词典我是在新华★书店买的。 122
Zhè běn cídiǎn wǒ shì zài Xīnhuá shūdiàn mǎi de.

5. 우리는 작년에 한 행사에서 알았어요. 我们是去年在一个活动上认识的。 122
Wǒmen shì qùnián zài yí ge huódòng shàng rènshi de.

잠깐만요!

★'新华书店'은 1930년대부터 중국 공산당이 운영하기 시작한 중국을 대표하는 최대 서점이에요. 주요 도시에서 볼 수 있는 '新华书店'의 간판 글씨도 마오쩌둥(毛泽东)이 썼다고 합니다.

新加坡 Xīnjiāpō 싱가포르
篮球 lánqiú 농구
走路 zǒulù 길을 걷다
新华书店 Xīnhuá shūdiàn 신화서점

남자 친구가 뜬금없이 꽃을 보내왔는데 그 이유를 모르겠네요. 胜女的代价

A 男朋友送花还说庆祝，今天又不是我生日，也不是重大节日。
Nánpéngyou sònghuā hái shuō qìngzhù, jīntiān yòu búshì wǒ shēngrì, yě búshì zhòngdà jiérì.

B 그럼 너희 둘이 언제 알게 됐는지 기억해?

A 记得，是今年跨年的时候，他熬夜陪我在超市摆啤酒塔。
Jìde, shì jīnnián kuànián de shíhou, tā áoyè péi wǒ zài chāoshì bǎi píjiǔ tǎ.

B 今天该不会是你们两个认识的一百天纪念日吧！
Jīntiān gāi bú huì shì nǐmen liǎng ge rènshi de yìbǎitiān jìniànrì ba!

A 남자친구가 꽃을 보내서 축하한다는데, 오늘 내 생일도 아니고 무슨 중요한 날도 아닌데.
B 那你还记不记得你们两个是什么时候认识的?
Nà nǐ hái jì bu jìde nǐmen liǎng ge shì shénme shíhou rènshi de?
A 기억하지, 올해 해 바뀔 때 그 사람이 밤새 나랑 슈퍼마켓에서 맥주 탑을 쌓았어.
B 오늘 그럼 너희 둘이 만난 백일 기념일이겠네!

送花 sònghuā 꽃을 선물하다
节日 jiérì 명절, 축제
跨年 kuànián 해를 넘기다
纪念日 jìniànrì 기념일

198.mp3

他有时连哥哥都看不起。

그는 어떤 때 형**까지도** 무시합니다.

'~조차도', '~까지도'라는 뜻으로, 어떤 주체나 대상을 강조하고 싶을 때 쓰는 표현입니다. '连…也…'패턴도 같이 쓰이고, 때로는 '连'을 쓰지 않을 수도 있습니다.

1. 그는 어떤 때 형까지도 무시합니다. 他有时连哥哥都看★不起。 196
   Tā yǒushí lián gēge dōu kànbuqǐ.
2. 그는 밥 먹을 때조차도 책을 봅니다. 他连吃饭时也看书。 010 110
   Tā lián chī fàn shí yě kànshū.
3. 그는 화가 나서 한마디도 하지 않았습니다. 他很生气，连一句话都没说。 010
   Tā hěn shēngqì, lián yí jù huà dōu méi shuō.
4. 교실이 조용해서 숨소리까지 들립니다. 教室里很安静，连呼吸声都能听到。 003
   Jiàoshì li hěn ānjìng, lián hūxīshēng dōu néng tīngdào.
5. 그 사람 너무 많이 변해서 어머니조차도 몰라봤습니다. 他变化很大，连他妈妈都不认识他了。
   Tā biànhuà hěn dà, lián tā māma dōu bú rènshi tā le.

잠깐만요!

★ '看不起'의 반대말은 '看得起'(중요하게 여기다)로, pattern196의 한 예라 할 수 있어요. 그러고 보니 비슷한 형태로 '对不起'도 있네요. 우리가 '미안해요'라고 알고 있는 이 말은 '마주 대할 수가 없다'라는 뜻입니다.

有时 yǒushí 어떤 때, 이따금
生气 shēngqì 화나다
安静 ānjìng 조용하다
呼吸声 hūxīshēng 숨소리

파출소에 잡힌 여자 친구를 구해 달라고 형한테 부탁하네요. 北京爱情故事

A 哥，你帮我去派出所接一个朋友吧。
Gē, nǐ bāng wǒ qù pàichūsuǒ jiē yí ge péngyou ba.

B 남자가 여자 하나도 처리 못 하다니，你觉得你能搞定什么？
nǐ juéde nǐ néng gǎodìng shénme?

A 哥，这跟你没关系！
Gē, zhè gēn nǐ méi guānxi!

B 算了，照顾好你自己！
Suàn le, zhàogù hǎo nǐ zìjǐ!

A 형, 나 대신 파출소 가서 친구 좀 만나 줘.
B 一个男人连一个女人都搞不定, 넌 네가 뭘 제대로 할 수 있다고 생각하니?
Yí ge nánrén lián yí ge nǚrén dōu gǎobudìng,
A 형, 그건 형하고 상관없어!
B 됐어, 너나 잘해!

派出所 pàichūsuǒ 파출소
搞定 gǎodìng 처리하다, 해결하다
照顾 zhàogù 보살피다, 돌보다

199.mp3

今天的晚会我非去不可。

오늘 회식은 안 가면 안 되겠어요.

'~하지 않으면 안 된다'는 뜻으로, 의미는 '一定要…'와 같은 의미이고, 반드시 해야 하는 일을 나타냅니다. '非…不可' 사이에는 동사술어가 옵니다.

1. 오늘 회식은 안 가면 안 되겠어요. 今天的晚会★我非去不可。
Jīntiān de wǎnhuì wǒ fēi qù bùkě.

2. 이 일은 샤오왕이 하지 않으면 안 돼요. 这件事非小王做不可。
Zhè jiàn shì fēi Xiǎo Wáng zuò bùkě.

3. 그 비밀을 제가 말하지 않으면 안 되겠네요. 这个秘密我非说不可。
Zhè ge mìmì wǒ fēi shuō bùkě.

4. 베이징에 여행을 가면 베이징오리구이를 먹지 않으면 안 됩니다. 去北京旅游，北京烤鸭★非吃不可。
Qù Běijīng lǚyóu, Běijīng kǎoyā fēi chī bùkě.

5. 이번 대회에서 우리 반이 1등을 하지 않으면 안 됩니다. 这次比赛我们班非拿第一名不可。
Zhè cì bǐsài wǒmen bān fēi ná dìyī míng bùkě.

일을 망친 적이 있는 후배, 새로운 일거리를 받지만 자신이 없네요. 北京爱情故事

A 胡哥，您看我上个单子都搞砸了！这次…？
Hú gē, nín kàn wǒ shàng ge dānzi dōu gǎozá le! Zhè cì…?

B 이번 리스트는 네가 하지 않으면 안 돼. 别人谁也做不了。
Biérén shéi yě zuòbuliǎo.

A 谢谢胡哥的信任。我争取做好，放心吧！
Xièxie Hú gē de xìnrèn. Wǒ zhēngqǔ zuòhǎo, fàngxīn ba!

B 小猛，这次做好了，会对你帮助很大的。
Xiǎoměng, zhè cì zuòhǎo le, huì duì nǐ bāngzhù hěn dà de.

A 후 형, 지난 번 리스트는 제가 실패했잖아요! 이번에는?
B **这个单子非你做不可。** 다른 누구도 할 수 없어.
Zhè ge dānzi fēi nǐ zuò bùkě.
A 형이 믿어줘서 고마워요. 최선을 다할게요, 걱정하지 마세요!
B 샤오멍, 이번에 잘하면 너한테 큰 도움이 될 거야.

잠깐만요!

★ '晚会'는 '저녁에 열리는 모임'을 뜻하며, 우리말의 '회식'과 의미가 비슷하지만 '회식'이 낮에 열리면 이렇게 말할 수는 없어요.

★ '烤鸭三吃'라는 말이 있어요. '카오야는 세 가지로 먹는다'는 말인데요, 첫째로는 껍질과 고기를 연잎이나 밀전병에 싸 먹는 방법이고, 둘째는 말린 고기를 채소에 말아 먹는 방법이고, 셋째는 탕을 끓여 먹는 방법을 가리켜요.

晚会 wǎnhuì 저녁 회식
秘密 mìmì 비밀
比赛 bǐsài 대회
第一名 dìyī míng 1등

单子 dānzi 리스트, 명세서
搞砸 gǎozá 실패하다
争取 zhēngqǔ 쟁취하다, ~하려고 힘쓰다

Unit 28

그건 해 볼 만하다니까요.

저자 핵심 강의 28

가치를 이야기하는 장면에서 꼭 나오는 패턴

어떤 대상이 나에게 얼마나 가치가 있는지, 또는 별로 가치가 없는지를 말하려고 할 때 쓰는 패턴이에요. 대부분 한국인에게는 쉬운 패턴이어서 익히는데 큰 어려움은 없을 거예요. 단지 值得 패턴은 이해는 쉬우니 활용에 중점을 두시고, 至于 패턴은 조금 낯설 수도 있으니 이해와 활용 측면에서 모두 잘 살펴봐 주세요.

패턴 미리보기

200 值得… ~할 만하다
201 只是… 단지 ~일 뿐이다
202 …而已 ~일 뿐이다
203 只不过是…罢了 단지 ~일 뿐이다
204 至于… ~까지는

这部电影值得一看。

이 영화는 한번 **볼 만합니다.**

'~할 만하다', '~할 만한 가치가 있다'는 뜻으로, 어떤 일에 대해서 그럴 만한 가치가 있다고 말할 때 쓰는 표현입니다. '~할 만한'에 해당하는 표현은 '值得…' 뒤에 와야 합니다.

1. 이 영화는 한번 볼 만합니다. 这部电影值得一看。
   Zhè bù diànyǐng zhíde yí kàn.
2. 그의 행동은 우리가 존경할 만합니다. 他的行为值得我们尊敬。
   Tā de xíngwéi zhíde wǒmen zūnjìng.
3. 윈난에는 가 볼 만한 곳이 많습니다. 云南有很多值得去的地方。
   Yúnnán yǒu hěn duō zhíde qù de dìfang.
4. 그는 믿을 만한 친구입니다. 他是一位值得信赖的朋友。
   Tā shì yí wèi zhíde xìnlài de péngyou.
5. 이 일을 이렇게 하면 할 만하다고 생각해? 你觉得这件事这么做值得吗?
   Nǐ juéde zhè jiàn shì zhème zuò zhíde ma?

잠깐만요!

* 반대로 '가치가 없다'고 말하려면 '不值得…'라고 표현하면 돼요.
* 윈난은 중국에서도 이름난 아름다운 지역이에요. 성도인 '昆明'이나 대리석의 원산지인 '大理'를 비롯해 많은 소수민족의 문화와 멋진 풍광을 체험할 수 있는 곳이에요.

行为 xíngwéi 행동
尊敬 zūnjìng 존경하다
云南 Yúnnán 윈난
信赖 xìnlài 신뢰하다

엄마는 딸에게 옛 남자를 잊고 새로운 남자 친구를 사귀라고 하네요. 北京爱情故事

A 沈冰，妈跟你说件事。我决定把你托付给疯子。
Shěnbīng, mā gēn nǐ shuō jiàn shì. Wǒ juédìng bǎ nǐ tuōfù gěi Fēngzǐ.

B 妈，你什么意思啊? 你让我跟他谈朋友，不行，绝对不行!
Mā, nǐ shénme yìsi a? Nǐ ràng wǒ gēn tā tán péngyou, bù xíng, juéduì bù xíng!

A 你还想着那石小猛? 잘 들어 봐, 그 사람은 네가 그렇게 애쓸 사람이 아니야.
Nǐ hái xiǎngzhe nà Shíxiǎoměng?

B 妈，你是不是糊涂了，你说什么?
Mā, nǐ shì bu shì hútu le, nǐ shuō shénme?

A 선빙, 엄마가 할 얘기가 있어. 난 너를 펑쯔에게 맡기기로 했다.
B 엄마, 무슨 말이에요? 나더러 그 사람이랑 친구를 하라고요? 안 돼요, 절대 안 돼요!
A 너 아직도 그 스샤오멍 생각하는 거니? 我跟你说，他不值得你为他那么付出。
Wǒ gēn nǐ shuō, tā bù zhídé nǐ wèi tā nàme fùchū.
B 엄마, 어떻게 된 거 아니에요? 뭐라고 하시는 거예요?

托付 tuōfù 맡기다
付出 fùchū (돈, 대가 등을) 들이다
糊涂 hútu 어리석다, 흐리멍덩하다

201.mp3

他们只是普通朋友的关系。

그들은 **단지** 그냥 친구 관계**일 뿐이에요.**

'단지 ~일 뿐이다'는 뜻으로, pattern202처럼 문장 끝에 '而已' 같은 말과도 자주 함께 쓰입니다.

1. 그들은 단지 그냥 친구 관계일 뿐이에요.
   他们只是普通朋友的关系。
   Tāmen zhǐshì pǔtōng péngyou de guānxi.
2. 단지 시간문제일 뿐이니 천천히 하렴.
   只是时间问题，你慢慢来吧。 089
   Zhǐshì shíjiān wèntí, nǐ mànmàn lái ba.
3. 다른 일은 없고 단지 너랑 이야기하고 싶어.
   我没有别的事，只是想跟你聊天。 002
   Wǒ méiyǒu bié de shì, zhǐshì xiǎng gēn nǐ liáotiān.
4. 그는 글씨를 빨리 쓰는데, 단지 그렇게 보기 좋지는 않아요.
   他写字很快，只是写得不太好看。 014 026
   Tā xiě zì hěn kuài, zhǐshì xiě de bútài hǎokàn.
5. 난징은 단지 옛날 수도였을 뿐이고 지금은 아니에요.
   南京*只是以前的首都，现在不是了。 009
   Nánjīng zhǐshì yǐqián de shǒudū, xiànzài búshì le.

잠깐만요!

* 南京은 '辛亥革命(신해혁명)'으로 수립된 '中华民国(중화민국)' 정부가 수도로 삼았던 도시예요. 1912년부터 1949년까지 수도 역할을 했던 곳입니다.

普通 pǔtōng 보통
南京 Nánjīng 난징
首都 shǒudū 수도

누나는 아무 말도 없이 놀러 나간 동생을 꾸짖는데 말이 안 통하네요. 家有儿女

A 你太过分了，出去玩儿也不跟家长说一声。
Nǐ tài guòfèn le, chūqù wánr yě bù gēn jiāzhǎng shuō yì shēng.

B 你根本没资格这么说我！
Nǐ gēnběn méi zīgé zhème shuō wǒ!

A 난 단지 누나의 책임을 행사하는 것뿐이야.

B 你还带男朋友回家呢？凭什么管我！
Nǐ hái dài nánpéngyou huíjiā ne? Píng shénme guǎn wǒ!

A 너 너무한다. 나가 놀면서 아빠한테도 한마디 안 하고!
B 누나는 근본적으로 날 이렇게 혼낼 자격이 없어!
A 我只是行使一个姐姐的责任。
Wǒ zhǐshì xíngshǐ yí ge jiějie de zérèn.
B 남자 친구나 집에 데려오면서? 왜 나한테 신경을 써!

根本 gēnběn 여태껏, 원래
资格 zīgé 자격
行使 xíngshǐ 행사하다, 집행하다

202.mp3

他只是来看看情况而已。

그 사람은 단지 상황을 보러 온 것**뿐입니다**.

'~일 뿐이다'는 뜻으로, 문장 맨 끝에 나옵니다. '…罢了'도 같은 뜻이고, 앞 부분에는 '只是', '仅仅', '不过' 등의 말들이 자주 나옵니다.

1. 그 사람은 단지 상황을 보러 온 것뿐입니다.
   他只是来看看情况而已。 178
   Tā zhǐshì lái kànkan qíngkuàng éryǐ.

2. 우리는 강연을 들으러 가는 것뿐이에요.
   我们就是去听演讲而已。 178
   Wǒmen jiùshì qù tīng yǎnjiǎng éryǐ.

3. 그 사람 너한테 관심이 있는 것뿐이지 다른 뜻은 없어.
   他只是关心★你而已，没有别的意思。
   Tā zhǐshì guānxīn nǐ éryǐ, méiyǒu bié de yìsi.

4. 아직 어린아이일 뿐이니 그 아이한테 너무 엄하게 하지 마세요.
   对他别太严格，他还是个孩子而已。 095 129
   Duì tā bié tài yángé, tā háishi ge háizi éryǐ.

5. 사랑은 말뿐이 아니라 행동으로 증명하는 것입니다.
   爱不是说说而已，是要用行动证明的。
   Ài búshì shuōshuo éryǐ, shì yào yòng xíngdòng zhèngmíng de.

잠깐만요!

★ '关心'은 어떤 사람이나 사물에 관심을 기울인다는 뜻이에요. 그 대상이 바로 뒤에 따라 나와요. 물론 '관심이 없다'는 말은 '不关心'이라 할 수 있겠죠.

情况 qíngkuàng 상황
演讲 yǎnjiǎng 강연
严格 yángé 엄격하다
行动 xíngdòng 행동
证明 zhèngmíng 증명

아들과 신발을 사러 간 아빠, 그런데 가진 돈이 충분치 않네요. 小爸爸

A 爸爸，我想和你穿一样的鞋。
Bàba, wǒ xiǎng hé nǐ chuān yíyàng de xié.

B 可是这双太贵了！
Kěshì zhè shuāng tài guì le!

A 그냥 얘기해 본 것뿐이에요, 那我们买别的吧。
nà wǒmen mǎi bié de ba.

B 这鞋又贵又不实用！
Zhè xié yòu guì yòu bù shíyòng!

A 아빠, 나 아빠랑 같은 신발 신고 싶어요.
B 하지만 이건 너무 비싼데!
A 我只是说说而已, 그럼 우리 다른 것 사요.
Wǒ zhǐshì shuōshuo éryǐ,
B 이 신발은 비싼데다 실용적이지도 않아!

鞋 xié 신발
实用 shíyòng 실용적이다

203.mp3

我只不过是想去问问罢了。

저는 **단지** 가서 물어보고 싶었을 **뿐이에요.**

'단지 ~일 뿐이다', '다만 ~에 불과하다'는 뜻으로, 말하려는 대상이 가치가 없거나 작음을 나타냅니다. '…罢了'는 '…而已'와 같은 표현이지만 좀더 구어체적인 표현입니다.

1. 저는 단지 가서 물어보고 싶었을 뿐이에요.
   我只不过是想去问问罢了。 002 178
   Wǒ zhǐbúguò shì xiǎng qù wènwen bàle.

2. 그것은 전설일 뿐, 진짜는 아니지요.
   那只不过是传说，不是真的。
   Nà zhǐbúguò shì chuánshuō, búshì zhēn de.

3. 우리는 단지 시험을 해 본 것뿐이었어요.
   我们只不过是试验一下罢了。
   Wǒmen zhǐbúguò shì shìyàn yíxià bàle.

4. 들은 것뿐이지 직접 본 것은 아니에요.
   只不过是听说罢了，没有亲眼看见。
   Zhǐbúguò shì tīngshuō bàle, méiyǒu qīnyǎn kànjiàn.

5. 그는 단지 한마디만 했을 뿐 자기 의견을 표현하지 않았어요.
   他只不过是说了一句罢了，没有表达*自己的意见。
   Tā zhǐbúguò shì shuō le yí jù bàle, méiyǒu biǎodá zìjǐ de yìjiàn.

잠깐만요!

* 감정이나 의견을 '표현하다'고 할 때는 '表现'이 아니라 '表达'라는 말을 씁니다. '表现'은 주로 '心情'이나 '热爱' 같은 말과 자주 결합해요. '表现'에는 '과시하다', '뽐내다'는 뜻도 있어요.

传说 chuánshuō 전설
试验 shìyàn 시험하다
亲眼 qīnyǎn 직접 눈으로
表达 biǎodá 표현하다

아내는 아들을 만나러 자꾸 찾아오는 전 남편이 못마땅하네요. 家有儿女

A 你少来搅和我们的生活。
Nǐ shǎo lái jiǎohuò wǒmen de shēnghuó.

B 난 단지 내 아들을 가르치는 것뿐이야. 从小学做男子汉，不能输！
Cóng xiǎoxué zuò nánzǐhàn, bùnéng shū!

A 刘星要是出什么事了，你得为你今天的话负责任。
Liúxīng yàoshi chū shénme shì le, nǐ děi wèi nǐ jīntiān de huà fù zérèn.

B 等出事的时候你再找我，也不迟。
Děng chūshì de shíhou nǐ zài zhǎo wǒ, yě bù chí.

A 자꾸 와서 우리 생활을 어수선하게 하지 좀 마요.
B 我只不过是教育我儿子罢了。 초등학교 때부터 사내가 돼야 해, 지면 안 돼!
Wǒ zhǐbúguò shì jiàoyù wǒ érzi bàle.
A 리우싱이 만일 무슨 일이 생기면, 당신 오늘 그 말 때문에 책임져야 할 거예요.
B 일이 생기면 날 찾으라고, 늦지 않을 테니.

搅和 jiǎohuò 어수선하게 하다, 휘젓다
教育 jiàoyù 가르치다
男子汉 nánzǐhàn 사내대장부

204.mp3

这件事情不难，不至于麻烦您。

이 일은 어렵지 않아서 귀찮게**까지는** 않을 겁니다.

'~까지는'이라는 뜻으로, 어떤 정도나 결과에까지 이른다는 의미입니다. 부정형인 '不至于'는 '~까지는 아니다', '~까지는 안 된다'는 뜻입니다. 또 '至于'는 '~로 말하면'이라는 뜻으로 화제를 전환하거나 마무리 짓기 위해서 마지막으로 말하고 싶은 내용을 표현하기도 합니다.

Step 1

1. 이 일은 어렵지 않아서 귀찮게까지는 않을 겁니다.
   这件事情不难，不至于麻烦您。
   Zhè jiàn shìqing bù nán, bú zhìyú máfan nín.

2. 아직 시간이 있으니 그렇게 서두르지는 않아도 됩니다.
   我们还有时间，不至于这么着★急。
   Wǒmen háiyǒu shíjiān, bú zhìyú zhème zháojí.

3. 시험 전에 복습을 잘하면 불합격까지는 하지 않을 겁니다.
   如果考前好好复习，就不至于不及格。 226
   Rúguǒ kǎo qián hǎohǎo fùxí, jiù bú zhìyú bù jígé.

4. 이게 제 생각인데 그 사람이 어떻게 생각하는지까지는 저도 몰라요.
   这是我的想法，至于他怎么想我也不知道。
   Zhè shì wǒ de xiǎngfǎ, zhìyú tā zěnme xiǎng wǒ yě bù zhīdào.

5. 내가 도와줄 수 있는 일도 있지만 이번 일 같은 경우는 못 도와줘.
   有些事情我能帮你，至于这次的事儿，我帮不了。 196
   Yǒuxiē shìqing wǒ néng bāng nǐ, zhìyú zhè cì de shìr, wǒ bāngbuliǎo.

잠깐만요!

★ '着'는 조사로 쓰일 때 'zhe'로, '着急'에서는 'zháo'로 '着眼'(착안하다)에서는 'zhuó'로 다양하게 발음합니다.

麻烦 máfan 귀찮게 하다, 폐를 끼치다
着急 zháojí 서두르다
及格 jígé 합격하다

Step 2 엄마는 딸아이를 데리러 가는 아빠한테 넥타이를 골라 주네요. 家有儿女

A 你打哪个领带？这个吧？
Nǐ dǎ nǎ ge lǐngdài? Zhè ge ba?

B 不就是接个闺女嘛。이렇게까지 공식적일 필요가 있나?
Bú jiùshì jiē ge guīnü ma.

A 当然至于了！多大的事啊！
Dāngrán zhìyú le! Duōdà de shì a!

B 好！听老婆的！
Hǎo! Tīng lǎopo de!

A 어느 넥타이 맬래요? 이거요?
B 딸 만나러 가는 거잖아. 至于这么正式吗?
Zhìyú zhème zhèngshì ma?
A 물론 있지요! 얼마나 큰일인데!
B 알았어! 마누라 말 들어야지!

领带 lǐngdài 넥타이
正式 zhèngshì 공식적이다

Unit 29

이거나 저거나 비슷해요.

저자 핵심 강의 29

비교해서 이야기하는 장면에서 꼭 나오는 패턴 1

비교당하지 않는 세상에서 살고 싶으시죠? 하지만 인간의 운명이란 어쩔 수 없나 봐요. 끊임없이 두 대상을 놓고 비교를 거듭하는 속성, 인간만이 가진 것일까요? 비교해 봤더니 그 결과가 비슷하거나 똑같은 경우를 말하는 패턴들을 모았습니다. 어법적으로는 꼭 '비교문'이라고 할 수는 없어도 넓은 의미로 비유하거나 결과가 같음을 나타내는 표현도 함께 실었어요.

패턴 미리보기

205 跟…一样… ~와 같이 ~하다

206 跟…差不多 ~와 비슷하다 / ~와 별 차이가 없다

207 像…一样… ~처럼 ~하다

208 …也好，…也好 ~이든(하든) ~이든(하든)

他跟我一样高。

그는 키가 저**만큼** 큽**니다**.

'~와 같이/처럼/만큼 ~하다'는 뜻으로, 두 가지 대상을 비교했는데 그 결과가 똑같을 때 쓰는 표현입니다. '一样'으로 말이 마무리될 수도 있고, 그 뒤에 다른 말이 와서 설명을 덧붙일 수도 있습니다. '跟'은 '和'나 '与'로 바꾸어 쓸 수도 있습니다.

1. 그는 키가 저만큼 큽니다.
   他跟我一样高。
   Tā gēn wǒ yíyàng gāo.

2. 어제도 오늘만큼 추웠어요.
   昨天跟今天一样冷。
   Zuótiān gēn jīntiān yíyàng lěng.

3. 그도 역시 아버지처럼 술을 좋아합니다.
   他还是跟他爸一样喜欢喝酒。
   Tā háishi gēn tā bà yíyàng xǐhuan hē jiǔ.

4. 중국의 어떤 풍속이나 관습들은 한국과 같습니다.
   中国的有些风俗习惯★跟韩国一样。
   Zhōngguó de yǒuxiē fēngsú xíguàn gēn Hánguó yíyàng.

5. 이 도시는 변화가 많아 예전과는 다릅니다.
   这座城市变化很大，跟以前不一样。 010
   Zhè zuò chéngshì biànhuà hěn dà, gēn yǐqián bù yíyàng.

잠깐만요!

★ '习惯'이라는 말은 개인적인 것을 나타낼 때 '습관', '버릇'이라고 쓰이지만, 사회적인 내용을 말할 때는 '관습'이라는 뜻이에요. '惯习'라는 말은 중국어에서 쓰지 않아요.

风俗 fēngsú 풍속
习惯 xíguàn 관습

여자는 남자 친구가 다른 여자랑 같이 있는 모습을 발견했네요. 北京爱情故事

A 你为什么不接我电话?
Nǐ wèi shéme bù jiē wǒ diànhuà?

B 就是因为我不喜欢你!
Jiùshì yīnwèi wǒ bù xǐhuan nǐ!

A 그럼 왜 나를 다른 사람이랑 다르게 대해?

B 咱俩喝一杯，我就告诉你!
Zán liǎ hē yì bēi, wǒ jiù gàosu nǐ!

A 내 전화 왜 안 받아?
B 바로 내가 널 싫어하니까!
A 那你为什么对我跟别人不一样?
Nà nǐ wèi shéme duì wǒ gēn biérén bù yíyàng?
B 우리 한잔 마시자. 그럼 알려줄게!

接 jiē (전화를) 받다
别人 biérén 다른 사람, 남

206.mp3

他的爱好跟我的差不多。

그의 취미는 저와 비슷합니다.

'~와 비슷하다', '~와 별 차이가 없다'는 뜻으로, 두 가지 대상을 비교했는데 그 결과 차이가 별로 나지 않음을 나타냅니다. '跟'은 '和'나 '与'로, '差不多'는 '类似'와 바꿔 쓸 수 있습니다.

1. 그의 취미는 저와 비슷합니다. 他的爱好跟我的差★不多。
   Tā de àihào gēn wǒ de chàbuduō.
2. 그 사람 저 스타와 비슷하게 생겼어요. 他长得跟那个明星差不多。
   Tā zhǎng de gēn nà ge míngxīng chàbuduō.
3. 이 옷 스타일은 저것과 비슷해요. 这件衣服的款式跟那件差不多。
   Zhè jiàn yīfu de kuǎnshì gēn nà jiàn chàbuduō.
4. 칭다오 날씨는 서울과 비슷합니다. 青岛的天气跟首尔的天气差不多。
   Qīngdǎo de tiānqì gēn Shǒu'ěr de tiānqì chàbuduō.
5. 이 프로그램은 예전이랑 비슷하게 재밌어요. 这个节目很有意思，跟以前的差不多。 027
   Zhè ge jiémù hěn yǒuyìsi, gēn yǐqián de chàbuduō.

잠깐만요!

★ 胡适라는 근대 중국의 대문호가 쓴 수필 중에 《差不多先生传(얼렁뚱땅 선생의 전기)》이라는 글이 있습니다. 대충대충하는 중국인의 국민성을 날카롭게 비판한 글입니다.

爱好 àihào 취미
明星 míngxīng 스타
款式 kuǎnshì 스타일
青岛 Qīngdǎo 칭다오
节目 jiémù 프로그램

잘 알고 지내는 남자아이에게 이상형을 물었더니 자기 딸이라네요. 小爸爸

A 你工作是不是很忙啊？不好意思把你约出来。
Nǐ gōngzuò shì bu shì hěn máng a? Bùhǎoyìsi bǎ nǐ yuē chūlái.

B 您太客气了！有什么事儿吗？
Nín tài kèqi le! Yǒu shénme shìr ma?

A 我想给你介绍个女朋友，想问问你喜欢什么样的女孩子？
Wǒ xiǎng gěi nǐ jièshào ge nǚpéngyou, xiǎng wènwen nǐ xǐhuan shénmeyàng de nǚháizi?

B 제 이상형의 여자 친구는 싼메이랑 비슷해요. 性格开朗，善解人意。
Xìnggé kāilǎng, shànjiě rényì.

A 일이 바쁜 거 아니야? 약속을 잡아서 미안하네.
B 무슨 말씀을요! 무슨 일 있으세요?
A 내가 자네한테 여자 친구를 하나 소개해주고 싶어서, 어떤 여자를 좋아하는지 좀 물어보려고.
B 我理想中的女朋友跟三妹差不多。성격도 명랑하고 이해심도 많고요.
Wǒ lǐxiǎng zhōng de nǚpéngyǒu gēn Sānmèi chàbuduō.

约 yuē 약속하다
开朗 kāilǎng 명랑하다
善解人意 shànjiě rényì 이해심이 넓다

207.mp3

女孩的脸像苹果一样圆。

여자아이 얼굴이 사과**처럼** 둥급**니다**.

'~처럼 ~하다'는 뜻으로, 어떤 대상이 다른 대상을 닮아서 유추할 수 있는 관계를 표현합니다. '像' 대신 '好像'을, '一样' 대신 '似的'를 쓸 수도 있습니다.

1. 여자아이 얼굴이 사과처럼 둥급니다.
   女孩的脸像苹果一样圆。
   Nǚhái de liǎn xiàng píngguǒ yíyàng yuán.

2. 아버지는 큰 나무처럼 우뚝 서 계십니다.
   爸爸像大树一样高大挺拔。
   Bàba xiàng dàshù yíyàng gāodà tǐngbá.

3. 어른들은 아이들처럼 단순하게 즐거워하지 않아요.
   大人不像小孩子一样单纯快乐。
   Dàrén bú xiàng xiǎoháizi yíyàng dānchún kuàilè.

4. 선생님은 어머니처럼 우리를 돌봐주십니다.
   老师像我们的妈妈一样照顾我们。
   Lǎoshī xiàng wǒmen de māma yíyàng zhàogù wǒmen.

5. 그는 송혜교처럼 예쁜 여자를 찾고 싶어 해요.
   他想找一位像宋慧乔*一样美的女孩儿。 002
   Tā xiǎng zhǎo yí wèi xiàng Sònghuìqiáo yíyàng měi de nǚháir.

잠깐만요!

* 중국에서 좋아하는 한국 여배우는 누가 있을까요? 송혜교, 이영애, 전지현, 김희선, 장나라 등 수많은 스타가 중국인들에게 사랑받고 있어요.

脸 liǎn 얼굴
苹果 píngguǒ 사과
圆 yuán 동그랗다
大树 dàshù 큰 나무
高大挺拔 gāodà tǐngbá 우뚝 서다
单纯 dānchún 단순하다

유치원에서 수습 기간을 거쳤지만 월급이 없는 여자 친구를 위해 남자가 나서네요.

北京爱情故事

A 我告诉你啊，试用期间可没有工资。
Wǒ gàosu nǐ a, shìyòng qījiān kě méiyǒu gōngzī.

B 那我给幼儿园爱心捐款，남은 부분을 직원에게 주는 월급처럼 그 친구에게 주세요.
Nà wǒ gěi yòu'éryuán àixīn juānkuǎn,

A 你小子鬼主意真多！好吧，就这么定了！
Nǐ xiǎozi guǐzhǔyi zhēn duō! Hǎo ba, jiù zhème dìng le!

B 老师可千万别告诉她是我给你的钱，嘻嘻！
Lǎoshī kě qiānwàn bié gàosu tā shì wǒ gěi nǐ de qián, xīxi!

A 들어 봐. 수습 기간에는 월급이 없어.
B 그럼 제가 유치원에 사랑하는 맘으로 낸 기부금은요. 剩下那部分你就像给员工发工资一样发给她。
shèngxià nà bùfen nǐ jiù xiàng gěi yuángōng fā gōngzī yíyàng fāgěi tā.
A 요 녀석, 잔꾀를 피우기는! 좋아, 그렇게 정하는 거야!
B 선생님, 하지만 절대 제가 준 돈이라고 말씀하시면 안 돼요. 히히!

试用 shìyòng 수습
工资 gōngzī 월급
爱心 àixīn 관심, 사랑
捐款 juānkuǎn 기부금
剩下 shèngxià 남다
鬼主意 guǐzhǔyi 꾀
千万 qiānwàn 제발

208.mp3

你去也好，我去也好，只要有人去就好。

네가 가든 내가 가든 누군가 가면 돼.

'~이든(하든), ~이든(하든)'이라는 뜻으로, 두 가지 상황이나 동작 중 어느 하나를 선택해도 모두 좋다는 표현입니다. '好'가 있다고 해서 우리말로 '좋다'고 하면 어색해질 수도 있습니다.

1. 네가 가든 내가 가든 누군가 가면 돼.
   你去也好，我去也好，只要有人去就好。 231
   Nǐ qù yěhǎo, wǒ qù yěhǎo, zhǐyào yǒurén qù jiù hǎo.
2. 사과든 바나나든 과일은 몸에 좋아요.
   苹果也好，香蕉也好，吃水果对身体好。 129
   Píngguǒ yěhǎo, xiāngjiāo yěhǎo, chī shuǐguǒ duì shēntǐ hǎo.
3. 오든 안 오든 미리 저에게 알려주세요.
   来也好，不来也好，都要提前告诉我一下。 091 146
   Lái yěhǎo, bù lái yěhǎo, dōu yào tíqián gàosu wǒ yíxià.
4. 버리든 안 버리든 어떤 선택도 괜찮아요.
   扔掉也好，不扔掉也好，怎么样都可以。
   Rēngdiào yěhǎo, bù rēngdiào yěhǎo, zěnmeyàng dōu kěyǐ.
5. 내가 말하든 그가 말하든 어쨌든 관점이 전면적이진 않아.
   我说的也好，他说的也好，总之观点都不全面。 010
   Wǒ shuō de yěhǎo, tā shuō de yěhǎo, zǒngzhī guāndiǎn dōu bù quánmiàn.

잠깐만요!

* '扔'은 원래 '던지다'라는 말이지만, 뜻이 확장되어 '버리다', '포기하다'는 말로도 쓰여요. '丢'도 비슷한 뜻이에요.

提前 tíqián 미리
总之 zǒngzhī 어쨌든
观点 guāndiǎn 관점
全面 quánmiàn 전면적이다

개구쟁이 아들은 텔레비전 오디션 프로그램에 나간다네요. 家有儿女

A 老爸，我想参加这期的"快乐男声"比赛。
Lǎobà, wǒ xiǎng cānjiā zhè qī de "Kuàilè Nánshēng" bǐsài.

B 可是你平时除了踢球没有唱歌的爱好啊！
Kěshì nǐ píngshí chúle tī qiú méiyǒu chànggē de àihào a!

A 我是"快乐男声"的歌迷，所以我也想试试。
Wǒ shì "Kuàilè Nánshēng" de gēmí, suǒyǐ wǒ yě xiǎng shìshi.

B 노래를 부르든 춤을 추든 都不是一天两天练成的！
dōu búshì yìtiān liǎngtiān liànchéng de!

A 아빠, 나 이번 '즐거운 남자 목소리' 대회에 나가고 싶어요.
B 그런데 넌 평소에 축구만 했지 노래 부르는 취미는 없잖아!
A 전 '즐거운 남자 목소리' 팬이라구요. 그래서 해 보고 싶은 거예요.
B **唱歌也好，跳舞也好**，하루 이틀 연습한다고 되는 게 아닐 텐데!
Chànggē yěhǎo, tiàowǔ yěhǎo,

平时 píngshí 평소
歌迷 gēmí 노래 팬
练 liàn 연습하다

Unit 30

이게 저것보다 크네요.

저자 핵심 강의 30

비교해서 이야기하는 장면에서 꼭 나오는 패턴 2

우리의 삶에서는 비교의 결과, 차이가 나는 경우가 훨씬 많죠. 키, 몸무게, 돈, 지식 등등 말이에요. 둘을 비교하고 나서 어느 한쪽이 '더(훨씬) ~하다'는 말을 하고 싶을 때 쓸 수 있는 패턴들이에요. 更과 还가 자주 활용되는 점에 주목해 주시고, 비교의 결과 앞에 있는 것이 더 못하다고 할 때 쓰는 不如, 没有…这么/那么 패턴에도 관심을 기울여 주세요.

패턴 미리보기

209 比…还… ~보다 더욱 ~하다

210 比起…来，…更 ~와 비교하면 / ~보다

211 跟…相比 ~와 비교해서

212 …不如… ~는 ~만 못하다

213 没有…这么… ~만큼 그렇게 ~하지는 않다

214 比…(수량) ~보다 (얼마만큼) ~하다

215 一天比一天 하루가 다르게

209.mp3

他的朋友比他长得更胖。

그의 친구는 그보다 더 뚱뚱합니다.

'~보다 더욱 ~하다'는 뜻으로, 두 가지 대상을 비교했는데 그 결과 차이가 날 때 쓰는 표현입니다. '更' 자리에는 '还'도 쓸 수 있습니다. '更'이나 '还'가 없으면 '더욱'이라는 어감이 약해집니다.

1. 그의 친구는 그보다 더 뚱뚱합니다. 他的朋友比他长得更胖。 Tā de péngyou bǐ tā zhǎng de gèng pàng.
2. 그는 저보다 더 만화를 좋아합니다. 他比我更喜欢看漫画。 Tā bǐ wǒ gèng xǐhuan kàn mànhuà.
3. 상하이 물가는 선전보다 더 비쌉니다. 上海*的物价比深圳还贵。 Shànghǎi de wùjià bǐ Shēnzhèn hái guì.
4. 그의 집은 우리 집보다 학교에서 더 멀어요. 他家比我家离学校还远。 Tā jiā bǐ wǒ jiā lí xuéxiào hái yuǎn.
5. 남동생은 여동생보다 더 세상 물정을 모릅니다. 弟弟比妹妹更不懂事。 Dìdi bǐ mèimei gèng bù dǒngshì.

친구는 씁쓸한 마음으로 회사를 그만두려고 하네요. 北京爱情故事

A 你为什么突然要辞职啊? 胡总一直很器重你的嘛?
Nǐ wèi shénme tūrán yào cízhí a? Hú zǒng yìzhí hěn qìzhòng nǐ de ma?

B 是我对他有用罢了。그런데 지금은 나보다 더 쓸모 있는 사람을 찾았어.
Shì wǒ duì tā yǒuyòng bàle.

A 你不会说我呢吧。
Nǐ bú huì shuō wǒ ne ba.

B 如果我有像程峰那样的朋友, 我也不会辞职的。
Rúguǒ wǒ yǒu xiàng Chéngfēng nàyàng de péngyou, wǒ yě bú huì cízhí de.

A 왜 사직하려고 하는 거야? 후 사장이 너 신임하지 않았어?
B 내가 그 사람한테 쓸모가 있었던 거지. 而他现在找到了比我更有用的人。
Ér tā xiànzài zhǎodào le bǐ wǒ gèng yǒuyòng de rén.
A 나 나무라지 않을 거지?
B 만약 청펑 같은 친구가 있었다면 나도 그만두려고 하지 않았을 거야.

잠깐만요!

* 중국 최대의 경제도시 上海의 물가는 중국 최고 수준이에요. 20세기 초부터 국제도시로 성장한 上海는 오늘날까지도 중국 경제를 이끌고 있다는 자부심이 대단한 도시이고, 深圳은 1980년대 개혁개방으로 새로 개발된 도시입니다.

胖 pàng 뚱뚱하다
漫画 mànhuà 만화
物价 wùjià 물가

辞职 cízhí 사직하다
器重 qìzhòng (윗사람이 아랫사람을) 신임하다
有用 yǒuyòng 쓸모가 있다

210.mp3

比起哥哥来，弟弟长得更帅。

형에 비해서 동생이 더 멋지네요.

'~와 비교하면', '~보다'라는 뜻으로, 비교하고 싶은 대상을 '比起…来' 사이에 넣어서 말합니다. pattern194를 활용한 표현으로, '来'는 쓰지 않을 수도 있습니다.

1. 형에 비해서 동생이 더 멋지네요.
   ★比起哥哥来，弟弟长得更帅。
   Bǐqǐ gēge lái, dìdi zhǎng de gèng shuài.
2. 겨울에 비해서 사람들은 여름을 더 좋아해요.
   比起冬天来，人们更喜欢夏天。
   Bǐqǐ dōngtiān lái, rénmen gèng xǐhuan xiàtiān.
3. 음악 듣는 것에 비해서 저는 그림 그리기를 더 좋아해요.
   比起听音乐来，我更喜欢画画。
   Bǐqǐ tīng yīnyuè lái, wǒ gèng xǐhuan huàhuà.
4. 선양에 비해서 하얼빈이 더 추워요.
   比起沈阳来，哈尔滨的冬天更冷。
   Bǐqǐ Shěnyáng lái, Hā'ěrbīn de dōngtiān gèng lěng.
5. 그는 축구 경기에 비해서 농구 경기 보는 것을 더 좋아해요.
   比起足球赛来，他更爱看篮球赛。
   Bǐqǐ zúqiú sài lái, tā gèng ài kàn lánqiú sài.

잠깐만요!

★ 이 패턴은 pattern211처럼 바꿔 쓸 수도 있어요. 1번 문장을 예로 들면 "跟哥哥相比，弟弟长得更帅。"가 되겠네요.

帅 shuài 멋있다
沈阳 Shěnyáng 선양
画画 huàhuà 그림 그리다

삼촌은 조카를 데리고 만리장성에 바람을 쐬러 갔네요. 小爸爸

A 夏天，今天玩儿得开心吗？舅舅小时候也和你妈妈来过这儿。
Xiàtiān, jīntiān wánr de kāixīn ma? Jiùjiu xiǎo shíhou yě hé nǐ māma láiguo zhèr.

B 还好吧，爬长城太累了。舅舅我饿了。
Hái hǎo ba, pá Chángchéng tài lèi le. Jiùjiu wǒ è le.

A 好，我们去吃午饭。以后有时间舅舅多陪你出来玩儿。
Hǎo, wǒmen qù chī wǔfàn. Yǐhòu yǒu shíjiān jiùjiu duō péi nǐ chūlái wánr.

B 삼촌에 비해서 저는 아빠랑 같이 노는 게 더 좋은데…….

A 시아티안, 오늘 재미있었어? 삼촌도 어렸을 때 네 엄마랑 여기 와 봤어.
B 그냥 괜찮았어요. 만리장성 올라가는 건 힘들어요. 삼촌, 배고파요.
A 그래. 우리 점심 먹으러 가자. 앞으로 삼촌이 자주 시간 내서 데리고 놀러 나올게.
B **比起舅舅来，我更喜欢跟爸爸一起玩儿…。**
Bǐqǐ jiùjiu lái, wǒ gèng xǐhuan gēn bàba yìqǐ wánr….

开心 kāixīn 즐겁다
饿 è 배고프다
陪 péi 모시다

211.mp3

跟你相比，我还差得远呢。

너와 비교해서 나는 아직 멀었어.

'~와 비교해서'라는 뜻으로, 비교하고 싶은 말을 '跟…相比', '跟…比起来' 사이에 넣어서 표현합니다. '跟'은 '与'와 바꾸어 쓸 수 있습니다.

1. 너와 비교해서 나는 아직 멀었어.
   跟你相比，我还差得远呢。
   Gēn nǐ xiāngbǐ, wǒ hái chà de yuǎn ne.
2. 작년과 비교해서 올해는 회사 상황이 좋습니다.
   跟去年相比，今年公司情况较好。 010
   Gēn qùnián xiāngbǐ, jīnnián gōngsī qíngkuàng jiào hǎo.
3. 1등하고 비교해서 저는 한참 못합니다.
   跟第一名比起来，我就自叹不如了。
   Gēn dìyī míng bǐ qǐlái, wǒ jiù zìtàn bùrú le.
4. 선배들에 비하면 그는 아직 새내기입니다.
   跟前辈比起来，他还是个新手。
   Gēn qiánbèi bǐ qǐlái, tā háishi ge xīnshǒu.
5. 선진국과 비교하면 우리는 아직 부족한 게 많아요.
   跟发达国家相比，我们还有很多不足。
   Gēn fādáguójiā xiāngbǐ, wǒmen háiyǒu hěn duō bùzú.

잠깐만요!

* 누군가에게 칭찬을 들었을 때 자주 쓸 수 있는 표현이에요. "아직 멀었습니다."라고 말하고 싶을 때, "还差得远。"이라고 합니다.
* 등수를 나타낼 때는 사람이든 기관이나 단체든 모두 '第…名'이라고 써요. '꼴찌'라는 말은 '最后一名'이라고 합니다.

自叹不如 zìtàn bùrú 슬프게도 수준이 못 따라 가다
前辈 qiánbèi 선배
新手 xīnshǒu 새내기
发达国家 fādáguójiā 선진국
不足 bùzú 부족하다

함께 지내기로 한 친구가 들어와서 깨끗하게 집 정리를 했네요. 北京爱情故事

A 我回来喽！我的天啊！沈冰你太勤劳了，一天的功夫，家里变了个样！
Wǒ huílái lou! Wǒ de tiān a! Shěnbīng nǐ tài qínláo le, yìtiān de gōngfu, jiāli biàn le ge yàng!

B 得了，有那么夸张吗！我没事就打扫打扫。
Déle, yǒu nàme kuāzhāng ma! Wǒ méishì jiù dǎsǎo dǎsǎo.

A 你在这么下去，我不敢留你了。너랑 비교하면 난 골칫덩어리잖아!
Nǐ zài zhème xiàqù, wǒ bù gǎn liú nǐ le.

B 哪啊，哪啊！谢谢你的夸奖，我再接再厉！
Nǎ a, nǎ a! Xièxie nǐ de kuājiǎng, wǒ zàijiēzàilì!

A 나 왔어! 맙소사! 선빙 너 일 열심히 했구나. 하루 동안 공을 들였는데 집이 이렇게 변하다니!
B 됐어, 과장하지 말고! 할 일 없어서 청소 좀 했어.
A 너 계속 이럴 거면 나 너 여기 못 둔다. 跟你相比我就是个祸害嘛!
Gēn nǐ xiāngbǐ wǒ jiùshì ge huòhài ma!
B 됐어, 됐어! 칭찬 고마워, 앞으로 더 잘할게!

잠깐만요!

* '맙소사!'하고 놀랄 때는 '天'을 넣어 "天啊!", "我的天啊!"처럼 말해요.

勤劳 qínláo 열심히 일하다
功夫 gōngfu 노력
夸张 kuāzhāng 과장하다
打扫 dǎsǎo 청소하다
祸害 huòhài 골칫거리
夸奖 kuājiǎng 칭찬하다
再接再厉 zàijiēzàilì 한층 분발하다

212.mp3

我的汉语水平不如他的英语水平。

제 중국어 수준은 그의 영어 수준만 못해요.

'~는 ~만 못하다'는 뜻으로, 앞의 상황이나 사실보다 뒤의 것이 더 나을 때 쓰는 표현입니다. '比…还…' 패턴의 부정형이라고 볼 수 있습니다.

1. 제 중국어 수준은 그의 영어 수준만 못해요.
   我的汉语水平不如他的英语水平。
   Wǒ de Hànyǔ shuǐpíng bùrú tā de Yīngyǔ shuǐpíng.
2. 할머니의 건강이 이전만 못해요.
   奶奶的身体不如以前了。 025
   Nǎinai de shēntǐ bùrú yǐqián le.
3. 그 사람이 네 친구니까 내가 말하는 게 네가 말하는 것만 못하지.
   我说不如你说，他是你的朋友。
   Wǒ shuō bùrú nǐ shuō, tā shì nǐ de péngyou.
4. 약속이 우연보다 못하다더니 정말 공교롭네요.
   ★相约不如偶遇，真是太巧了。 013
   Xiāngyuē bùrú ǒuyù, zhēnshi tài qiǎo le.
5. 남의 도움을 바라느니 스스로 해결하는 게 좋듯이 그 일은 잘 생각해 보세요.
   ★求人不如求己，那件事你要好好想想。 090
   Qiúrén bùrú qiújǐ, nà jiàn shì nǐ yào hǎohǎo xiǎngxiang.

잠깐만요!

★ "相约不如偶遇"나 "求人不如求己"라는 말은 일종의 속담처럼 쓰이는 표현이에요. "相约不如偶遇"는 누군가를 우연히 만났을 때, "求人不如求己"는 스스로 문제를 해결함을 말하고 싶을 때 쓸 수 있는 표현이에요.

水平 shuǐpíng 수준
相约 xiāngyuē 약속하다
偶遇 ǒuyù 우연히 만나다
巧 qiǎo 공교롭다
求人 qiúrén 남에게 부탁하다
求己 qiújǐ 스스로 구하다

식당에서 사업 동료와 우연을 가장한 만남을 가지네요. 北京爱情故事

A 哎，这不是汤总和赵处长吗？你们也在这用餐啊？
Āi, zhè búshì Tāng zǒng hé Zhào chùzhǎng ma? Nǐmen yě zài zhè yòngcān a?

B 小伍，我们又见面了，真是太巧了！
Xiǎowǔ, wǒmen yòu jiànmiàn le, zhēnshi tài qiǎo le!

A 是啊，我和吴狄来这儿吃饭，谁知道就又和你们见面了！
Shì a, wǒ hé Wúdí lái zhèr chī fàn, shéi zhīdào jiù yòu hé nǐmen jiànmiàn le!

B 서로 약속하는 게 우연한 만남보다 못하다더니, 那就共进晚餐吧！
nà jiù gòngjìn wǎncān ba!

A 앗. 탕 사장님과 자오 처장님 아니세요? 여기서 식사하시는군요?
B 샤오우, 또 만났네요. 정말 공교롭네!
A 네. 저하고 우디도 밥 먹으러 왔는데, 여기서 또 두 분을 뵐 줄 누가 알았겠습니까!
B 相请不如偶遇嘛, 그럼 함께 들어가서 식사하시지요!
Xiāngqǐng bùrú ǒuyù ma,

用餐 yòngcān 식사하다(정중한 표현)
相请 xiāngqǐng 서로 초대하다
偶遇 ǒuyù 우연히 만나다
共进 gòngjìn 함께 식사하다

213.mp3

他没有我这么忙。

그는 저만큼 그렇게 바쁘지는 않아요.

'~만큼 그렇게 ~하지는 않다'는 비교의 뜻으로, '没有' 뒤에 나오는 말이 '더욱 ~하다'는 뜻입니다. 역시 '比…还…'패턴의 부정형이라고 볼 수도 있습니다. 이 표현의 긍정형인 '有…这么(那么)…'는 그렇게 자주 쓰이지는 않습니다.

1. 그는 저만큼 그렇게 바쁘지는 않아요.
   他没有我这么忙。
   Tā méiyǒu wǒ zhème máng.
2. 그는 동생만큼 키가 크지는 않아요.
   他没有他弟弟那么高。
   Tā méiyǒu tā dìdi nàme gāo.
3. 어제는 오늘처럼 바람이 세게 불지는 않았어요.
   昨天没有今天风那么大。
   Zuótiān méiyǒu jīntiān fēng nàme dà.
4. 이번 학기 수업은 지난 학기만큼 어렵지는 않아요.
   这学期的课没有上学期那么难。
   Zhè xuéqī de kè méiyǒu shàng xuéqī nàme nán.
5. 한국의 인구는 일본만큼 그렇게 많지는 않아요.
   韩国的人口没有日本这么多。
   Hánguó de rénkǒu méiyǒu Rìběn zhème duō.

잠깐만요!

* '这么'는 '이렇게'보다 '그렇게'라고 하는 편이 훨씬 자연스러워요. 우리말에는 지시대명사가 '이', '그', '저' 세 가지가 있는데 중국어에는 '这', '那' 밖에 없으니 '그'라는 말은 '这', '那'가 공유해야 해요.

* 중국의 학제는 우리와 달라서 해마다 9월부터 1학기를 시작해요.

风 fēng 바람
学期 xuéqī 학기
课 kè 수업
人口 rénkǒu 인구

아이의 양육권을 포기한 아빠는 후회하고 있네요. 小爸爸

A 博利，我放弃了抚养权，但现在特别后悔！
Bólì, wǒ fàngqì le fǔyǎngquán, dàn xiànzài tèbié hòuhuǐ!

B 你的心情我可以理解。이 일은 상상하는 것처럼 그렇게 쉬운 게 아니야!
Nǐ de xīnqíng wǒ kěyǐ lǐjiě.

A 泰勒是拿钱引诱我的，我当时一时糊涂就签了。
Tàilè shì ná qián yǐnyòu wǒ de, wǒ dāngshí yìshí hútu jiù qiān le.

B 你也别太担心，我会尽力帮你争取抚养权的！
Nǐ yě bié tài dānxīn, wǒ huì jìnlì bāng nǐ zhēngqǔ fǔyǎngquán de!

A 보리, 내가 양육권을 포기했지만, 지금은 엄청나게 후회하고 있어!
B 네 심정 이해할 수 있어. 这件事情没有想象的那么容易啊！
Zhè jiàn shìqing méiyǒu xiǎngxiàng de nàme róngyì a!
A 타이러가 돈으로 나를 꼬여서 그때는 내가 잠깐 눈이 어두워서 사인했어.
B 너무 걱정하지 마. 내가 힘껏 너를 도와서 양육권을 찾아올게!

想象 xiǎngxiàng 상상하다
引诱 yǐnyòu 유인하다
糊涂 hútu 멍청하다
担心 dānxīn 걱정하다

214.mp3

今天的温度比昨天低三度。

오늘 온도는 어제**보다 3도가 낮아요**.

[比…+형용사+수량사]와 같은 패턴은 '~보다 (얼마만큼) ~하다'는 뜻으로, 두 가지 대상의 비교 결과를 수량으로 표현한 것입니다.

1. 오늘 온도는 어제보다 3도가 낮아요. 今天的温度比昨天低三度。 Jīntiān de wēndù bǐ zuótiān dī sān dù.
2. 그녀의 남자 친구는 그녀보다 네 살이 많아요. 她男朋友比她大四岁。 Tā nánpéngyou bǐ tā dà sì suì.
3. 이번 시험은 지난번보다 30점이 높아요. 这次考试比上次高三十分。 Zhè cì kǎoshì bǐ shàng cì gāo sānshí fēn.
4. 빨간 가방은 검은색보다 5백 위안이 비싸요. 红色的包比黑色的贵伍*佰元。 Hóngsè de bāo bǐ hēisè de guì wǔbǎi yuán.
5. 이 방은 저 방보다 6평방미터가 커요. 这个房间比那个房间大六平方。 Zhè ge fángjiān bǐ nà ge fángjiān dà liù píngfāng.

잠깐만요!

* 숫자를 나타내는 한자는 획수가 적어서 위조나 변조하기 쉬워요. 그래서 사람들이 '갖은자'라는 걸 만들어 냈어요. 비슷하거나 같은 발음이지만 획수가 훨씬 복잡한 한자로 그 숫자를 대신 쓰는 것입니다. 중국어로는 '大写字'라고 해요. 1부터 10까지 壹, 贰, 叁, 肆, 伍, 陆, 柒, 捌, 玖, 拾이고, 백은 佰, 천은 仟으로 써요. 금전 거래할 때는 이 글자들을 직접 쓰지는 못해도 알아볼 수는 있어야 합니다.

温度 wēndù 온도
低 dī 낮다
房间 fángjiān 방
平方 píngfāng 평방미터, ㎡

남자는 관심 있는 여자 친구가 자신을 맘에 들어 했으면 하네요. 奋斗

A 杨晓芸，你觉得咱俩不合适？
Yángxiǎoyún, nǐ juéde zán liǎ bù héshì?

B 你长得太难看了，我喜欢帅哥，陆涛那样的！
Nǐ zhǎng de tài nánkàn le, wǒ xǐhuan shuàigē, Lùtāo nàyàng de!

A 내가 루타오보다 두 달 먼저니까 我是帅哥的哥，呵呵。
wǒ shì shuàigē de gē, hēhe.

B 咱俩合适不合适，这事儿咱俩谁说了也不算！
Zán liǎ héshì bù héshì, zhè shìr zán liǎ shéi shuō le yě búsuàn!

A 양샤오윈, 네 생각엔 우리 둘은 안 어울려?
B 넌 너무 못생겼어. 난 루타오 같은 훈남 좋아해!
A **我比陆涛大两个月**, 난 훈남의 형이네. 하하.
Wǒ bǐ Lùtāo dà liǎng ge yuè,
B 우리가 어울리는지 안 어울리는지, 그건 누구라도 말 못하겠네!

合适 héshì 어울리다
难看 nánkàn 못생기다
帅哥 shuàigē 멋진 남자
说了不算 shuō le búsuàn 결정권이 없다, 한 말에 책임을 지지 않다

215.mp3

天气一天比一天热。

날씨가 **하루가 다르게** 더워지네요.

'하루가 다르게'라는 뜻으로, 어떤 일이 날이 갈수록 더해지는 상황을 나타냅니다. 비슷한 표현으로 '一年比一年'은 '해가 다르게'라는 뜻입니다.

1. 날씨가 하루가 다르게 더워지네요.
   天气一天比一天热。
   Tiānqì yìtiān bǐ yìtiān rè.

2. 그녀는 하루가 다르게 예뻐지네요.
   她一天比一天漂亮。
   Tā yìtiān bǐ yìtiān piàoliang.

3. 동지가 지나자 낮이 하루가 다르게 길어집니다.
   冬至*过后，白天一天比一天长。
   Dōngzhì guòhòu, báitiān yìtiān bǐ yìtiān cháng.

4. 제 고향은 해가 갈수록 좋아집니다.
   我的家乡一年比一年好。
   Wǒ de jiāxiāng yìnián bǐ yìnián hǎo.

5. 그는 열심히 공부하더니 성적이 해가 갈수록 오릅니다.
   他学习很努力，成绩一年比一年好。
   Tā xuéxí hěn nǔlì, chéngjì yìnián bǐ yìnián hǎo.

잠깐만요!

* 24절기는 중국에서 시작됐는데, 옛날 사람은 이 24절기에 맞추어 움직였습니다. 한 해는 '**立春**'으로 시작해서 곧 '**春节**'가 되고 '**大寒**'이 되면 한 해가 끝나는 거예요.

冬至 dōngzhì 동지
白天 báitiān 낮
家乡 jiāxiāng 고향
成绩 chéngjì 성적

딸아이는 새엄마의 진심을 알고 나서 변하기 시작하네요. 家有儿女

A 夏东海，你发现了没有?
Xiàdōnghǎi, nǐ fāxiàn le méiyǒu?

B 什么呀? 发生什么事了吗?
Shénme ya? Fāshēng shénme shì le ma?

A 제가 보니 요즘 샤오쉐에가 하루가 다르게 착해져요.

B 这就是宽容和理解的神奇力量!
Zhè jiùshì kuānróng hé lǐjiě de shénqí lìliàng!

A 여보, 당신 봤어요?
B 왜? 무슨 일 생겼어?
A 我看最近小雪一天比一天乖了。
Wǒ kàn zuìjìn Xiǎoxuě yìtiān bǐ yìtiān guāi le.
B 그게 바로 관용과 이해의 신기한 힘이지!

乖 guāi 착하다, 얌전하다
宽容 kuānróng 관용
神奇 shénqí 신기하다

Unit 31

아무리 그래도 그렇죠.

저자 핵심 강의 31

양보의 표현으로 말하는 장면에서 꼭 나오는 패턴

"내가 백 번을 양보하더라도, 그런 일이 있을 수 있는 건가요?"는 앞의 상황 인정할 수 있지만, 그러나 그럴 수는 없다는 의미입니다. 뒤에 따라오는 부분이 정말 말하고 싶은 내용입니다. 부사 却 패턴을 한국인들이 좀 어려워하는데 반복해서 익혀 주세요. "어떻든 상관없다"고 말하는 패턴도 같이 정리했습니다.

패턴 미리보기

216 但是… 그러나~ / 하지만~
217 却… ~지만 / ~인데도
218 虽然…但是… (비록) ~이지만, 그러나~
219 即使…，也 설령 ~하더라도
220 哪怕…，也 설령 ~하더라도
221 就是…，也… ~하더라도 ~하다
222 再…也 아무리 ~하더라도
223 既然…，就 이왕 ~하게 된 바에야
224 反正 아무튼 / 어쨌든 / 어차피
225 不管怎么样 어쨌든 / 아무튼

216.mp3

他瘦了，但是长得更精神了。

그는 말랐**지만** 더 활기차 보여요.

'그러나', '하지만'이라는 뜻으로, 앞에 나온 말과 상반되는 말을 하려고 할 때 씁니다. 줄여서 '但'이라고도 하고, '可是'나 '可'도 같은 의미입니다.

1. 그는 말랐지만 더 활기차 보여요. 他瘦了，但是长得更精神★了。
Tā shòu le, dànshì zhǎng de gèng jīngshen le.

2. 음악회를 가고 싶지만 시간이 없어요. 我想去看音乐会，但是没有时间。 002
Wǒ xiǎng qù kàn yīnyuèhuì, dànshì méiyǒu shíjiān.

3. 나는 그를 좋아하지만 말을 할 수가 없어요. 我喜欢他，但是说不出话来。 190 196
Wǒ xǐhuan tā, dànshì shūobuchū huà lái.

4. 그녀는 성형을 했지만 자연스러워 보여요. 她整容了，但是看起来很自然。 010 041
Tā zhěngróng le, dànshì kàn qǐlái hěn zìrán.

5. 노인이 길에서 넘어졌는데도 부축하는 사람이 없어요. 老人在路上摔倒了，但是没人扶她。 122 158
Lǎorén zài lùshang shuāidǎo le, dànshì méi rén fú tā.

친구의 아버지 회사에 들어간 남자, 그다지 좋지만은 않나 보네요. 北京爱情故事

A 疯子，我不想在你那儿干了！
Fēngzǐ, wǒ bù xiǎng zài nǐ nàr gàn le!

B 为什么啊？不是挺好的嘛。
Wèi shénme a? Búshì tǐng hǎo de ma.

A 你照顾我很多，하지만 난 꼭 즐겁지만은 않아.
Nǐ zhàogù wǒ hěn duō,

B 行，班★不用上了，但每个月工资给你。
Xíng, bān búyòng shàng le, dàn měi ge yuè gōngzī gěi nǐ.

A 펑쯔야, 나 너네서 일하고 싶지 않아!
B 왜? 정말 좋잖아.
A 네가 나 많이 챙겨주는데, 但是我并不开心。
dànshì wǒ bìng bù kāixīn.
B 됐어, 출근은 안 해도 돼, 하지만 매달 월급은 줄게.

잠깐만요!

★ '精神'에는 '정신'이라는 뜻도 있지만, '활기차다', '씩씩하다', '생기발랄하다'라는 뜻도 있어요. 그럴 땐 주로 뒷글자인 '神'을 경성으로 읽어요.

瘦 shòu 마르다
精神 jīngshen 활기차다
音乐会 yīnyuèhuì 음악회
整容 zhěngróng 성형하다
自然 zìrán 자연스럽다
摔倒 shuāidǎo 넘어지다
扶 fú 부축하다

잠깐만요!

★ '上班'을 활용한 표현이에요. '上'이 동사술어, '班'은 목적어로 이루어진 구조이기 때문에 이런 형태가 가능해요. 이런 특별한 구조를 '离合词'라고 하는데 '见面', '帮忙', '睡觉', '毕业' 등의 단어가 여기에 해당합니다. 뒤에 있는 것이 목적어 역할을 하므로 다른 목적어를 쓰려면 '见你的面'처럼 둘 사이에 넣거나 '大学毕业'처럼 앞으로 가져와야 해요.

干 gàn (일을) 하다
照顾 zhàogù 보살피다, 돌보다

217.mp3

他不爱吃面条，却从来都不说。

그는 국수를 싫어하**는데도** 지금껏 말을 안 해요.

'~지만', '~인데도'라는 뜻으로, 앞의 말과 상반되는 말을 표현합니다. 때로는 '但是'과 호응해서 [但是+주어+却…]의 패턴으로 쓰기도 합니다.

1. 그는 국수를 싫어하는데도 지금껏 말을 안 해요.
   他不爱吃面条，却★从来都不说。 107
   Tā bú ài chī miàntiáo, què cónglái dōu bù shuō.

2. 그는 수업할 때 잠을 잤는데도 다 알아들었더라고요.
   他上课时睡觉，却什么都会。 110 139
   Tā shàngkè shí shuìjiào, què shénme dōu huì.

3. 여동생은 다섯 살인데도 당시를 많이 외울 수 있어요.
   妹妹只有五岁，却能背很多唐诗。 003
   Mèimei zhǐyǒu wǔ suì, què néng bèi hěn duō tángshī.

4. 제게 허락하셔 놓고 이제는 뒤집으시는군요.
   你答应我了，现在却反悔。
   Nǐ dāying wǒ le, xiànzài què fǎnhuǐ.

5. 그가 늦었는데도 선생님은 나무라지 않았어요.
   他迟到了，但是老师却没批评他。 216
   Tā chídào le, dànshì lǎoshī què méi pīpíng tā.

잠깐만요!

★ '但是'는 접속사라서 '주어+술어' 구조를 이끌지만, '却'는 부사라서 술어 앞에만 올 수 있어요.

面条 miàntiáo 국수
背 bèi 외우다
唐诗 tángshī 당시
答应 dāying 허락하다
反悔 fǎnhuǐ (허락을) 번복하다
批评 pīpíng 나무라다

고객을 만나러 온 상사, 같이 오기로 한 직원이 늦었네요. 北京爱情故事

A 对不起，我来晚了，徐总他们到了吗？
Duìbuqǐ, wǒ láiwǎn le, Xú zǒng tāmen dào le ma?

B 还没。吴狄，我让你找徐总的资料查到了吗？
Hái méi. Wúdí, wǒ ràng nǐ zhǎo Xú zǒng de zīliào chádào le ma?

A 他喜欢字画、品茶、做事认真，从不迟到，就这些了！
Tā xǐhuan zìhuà、pǐnchá、zuòshì rènzhēn, cóng bù chídào, jiù zhè xiē le!

B 你查得很对，하지만 예전에 대학교수여서 좀 고상하다는 점은 못 챙겼네.
Nǐ chá de hěn duì,

A 죄송합니다. 늦었습니다. 쉬 사장님 일행은 왔나요?
B 아직이요. 우디, 내가 찾아보라고 한 쉬 사장 쪽 자료 찾았어?
A 서화와 차 마시는 것 좋아하고, 일을 열심히 하고 항상 늦지 않는다, 이런 것들입니다!
B 잘 찾았네, 却忽略了一点他以前是大学老师，因此有些清高。
què hūlüè le yìdiǎn tā yǐqián shì dàxué lǎoshī, yīncǐ yǒuxiē qīnggāo.

查 chá 찾아보다
字画 zìhuà 그림과 글씨
品茶 pǐnchá 차를 마시다
忽略 hūlüè 소홀히 하다
清高 qīnggāo 고상하다

218.mp3

天气虽然有点儿阴，但是一点儿也不冷。

날씨가 좀 흐리긴 하지만, 조금도 춥지 않아요.

'(비록) ~이지만, 그러나 ~'라는 뜻으로, 앞의 상황이나 사실에도 불구하고 뒤의 상황이나 사실을 긍정하려고 할 때 쓰입니다.

1. 날씨가 좀 흐리긴 하지만, 조금도 춥지 않아요.
   天气虽然有点儿阴，但是一点儿也不冷。 019
   Tiānqì suīrán yǒudiǎnr yīn, dànshì yìdiǎnr yě bù lěng.

2. 그는 장난꾸러기이긴 하지만 공부는 잘해요.
   他虽然很顽皮*，但是学习很好。 010
   Tā suīrán hěn wánpí, dànshì xuéxí hěn hǎo.

3. 이 책은 이해하기 어렵긴 하지만 내용은 재밌어요.
   这本书虽然很难懂，但是内容很有趣。 010
   Zhè běn shū suīrán hěn nándǒng, dànshì nèiróng hěn yǒuqù.

4. 생활이 좋아지긴 했지만 낭비할 수는 없어요.
   虽然生活好了，但是不能奢侈浪费。 003 025
   Suīrán shēnghuó hǎo le, dànshì bùnéng shēchǐ làngfèi.

5. 그는 1등을 하긴 했지만 조금도 교만하지 않아요.
   虽然他考了第一名，但是一点儿也不骄傲。
   Suīrán tā kǎo le dìyī míng, dànshì yìdiǎnr yě bù jiāo'ào.

잠깐만요!

* '顽皮'는 '장난이 심하다', '개구쟁이다'라는 뜻이에요. '调皮'(tiáopí)나 '淘气'(táoqì)도 비슷한 의미입니다.

阴 yīn 흐리다
顽皮 wánpí 장난이 심하다
内容 nèiróng 내용
奢侈 shēchǐ 사치하다
浪费 làngfèi 낭비하다
骄傲 jiāo'ào 교만하다

시아티안은 학교에서 다른 친구들 숙제를 도와줬나 보네요. 小爸爸

A 夏天，听说你帮同学写作业赚钱，那你也帮我写吧！
Xiàtiān, tīngshuō nǐ bāng tóngxué xiě zuòyè zhuànqián, nà nǐ yě bāng wǒ xiě ba!

B 不，我不帮那些看不起我的同学，我不帮你写！
Bù, wǒ bù bāng nàxiē kànbuqǐ wǒ de tóngxué, wǒ bù bāng nǐ xiě!

A 你不是需要钱吗？我多给你点钱不行吗？
Nǐ búshì xūyào qián ma? Wǒ duō gěi nǐ diǎn qián bù xíng ma?

B 돈은 필요하지만, 네 돈은 필요 없어! 흥!

A 시아티안, 네가 친구들 숙제 도와주고 돈을 번다며? 그럼 나도 좀 도와줘!
B 싫어, 난 나를 무시하는 친구는 돕지 않아. 난 널 안 도와줘!
A 돈 필요한 거 아니니? 내가 더 많이 줘도 안 돼?
B 虽然我需要钱，但是我不要你的钱！哼！
Suīrán wǒ xūyào qián, dànshì wǒ búyào nǐ de qián! Hēng!

赚钱 zhuànqián 돈을 벌다
看不起 kànbuqǐ 무시하다

219.mp3

即使明天下雨，我也要出去玩儿。

설령 내일 비가 오**더라도** 나는 놀러 나갈 거예요.

'설령 ~하더라도'라는 뜻으로, 앞의 상황이나 사실과 관계없이 그 결과는 같다는 것을 나타냅니다.

1. 설령 내일 비가 오더라도 나는 놀러 나갈 거예요.
   即使明天下雨，我也要出去玩儿。 178
   Jíshǐ míngtiān xiàyǔ, wǒ yě yào chūqù wánr.

2. 설령 네가 실패했더라도 포기해선 안 돼.
   即使你失败了，也不能放弃。 003
   Jíshǐ nǐ shībài le, yě bùnéng fàngqì.

3. 설령 날씨가 더 추워지더라도 저는 일찍 일어나 조깅을 계속할 거예요.
   即使天气再冷，我也坚持★早起跑步。
   Jíshǐ tiānqì zài lěng, wǒ yě jiānchí zǎoqǐ pǎobù.

4. 설령 큰 어려움이 있더라도 물러설 수는 없습니다.
   即使遇到多大困难，也不能退缩。 003
   Jíshǐ yùdào duōdà kùnnan, yě bù néng tuìsuō.

5. 좋은 일을 하려면 설령 작은 일이라도 해야 합니다.
   做好事，即使是小事儿，也要去做。 152
   Zuò hǎoshì, jíshǐ shì xiǎoshìr, yě yào qù zuò.

잠깐만요!

★ '坚持'는 '견지하다'라는 뜻 외에 '(무언가를) 계속해 나가다', '고수하다'라고 풀이하면 됩니다.

放弃 fàngqì 포기하다
坚持 jiānchí 계속해 나가다
早起 zǎoqǐ 일찍 일어나다
跑步 pǎobù 달리다
遇到 yùdào 만나다
退缩 tuìsuō 뒷걸음질치다

회사 일 때문에 친구의 아버지가 쓰러졌네요. 北京爱情故事

A 我现在就给小猛打电话？至于吗？
Wǒ xiànzài jiù gěi Xiǎoměng dǎ diànhuà? Zhìyú ma?

B 老吴，别！我已经够烦了！你就别打了，行吗？
Lǎowú, bié! Wǒ yǐjīng gòu fán le! Nǐ jiù bié dǎ le, xíng ma?

C 小猛也不是医生，온다 하더라도 소용없어!
Xiǎoměng yě búshì yīshēng,

B 行，我不打了！我们就在这儿等吧，希望程叔叔没事儿！
Xíng, wǒ bù dǎ le! Wǒmen jiù zài zhèr děng ba, xīwàng Chéng shūshu méi shìr!

A 지금 샤오멍한테 전화할까? 그럴 필요 있을까?
B 라오우, 하지 마! 난 이미 충분히 복잡해! 전화하지 마, 알았지?
C 샤오멍이 의사도 아니잖아, **即使他来了，也没有用！**
jíshǐ tā lái le, yě méiyǒu yòng!
B 알았어, 안 할게! 우리 여기서 기다리자, 청 아저씨 아무 일 없기를 바라면서!

至于 zhìyú ~의 정도에 이르다
烦 fán 골치 아프다

220.mp3

哪怕一个星期见一次面，他们也很高兴。

한 주에 한 번을 보더라도 그들은 기뻤습니다.

'(설령) ~하더라도'라는 뜻으로, '即使…, 也…'와 같은 패턴입니다. 간혹 '哪怕'가 뒷 구절에 오면 뜻이 더 강조되는 어감이 있습니다.

Step 1

1. 한 주에 한 번을 보더라도 그들은 기뻤습니다.
   哪怕一个星期见一次面，他们也很高兴。 010 108
   Nǎpà yí ge xīngqī jiàn yí cì miàn, tāmen yě hěn gāoxìng.

2. 학생은 반나절만 쉬어도 즐겁습니다.
   对学生来说，哪怕休息半天，也很开心。 010 121
   Duì xuésheng láishuō, nǎpà xiūxi bàntiān, yě hěn kāixīn.

3. 그가 조금만 발전한다 해도 부모님이 기뻐하실 텐데.
   他哪怕有一点点的进步，父母都会感到欣慰。 053
   Tā nǎpà yǒu yìdiǎndiǎn de jìnbù, fùmǔ dōu huì gǎndào xīnwèi.

4. 설령 작은 일일지라도 미디어는 크게 떠들어야 합니다.
   哪怕是很小的事件，媒体*也要大肆宣扬。
   Nǎpà shì hěn xiǎo de shìjiàn, méitǐ yě yào dàsì xuānyáng.

5. 설령 어려움이 매우 많더라도 우리는 맞서 나가야 합니다.
   哪怕困难重重，我们也要迎难而上。
   Nǎpà kùnnan chóngchóng, wǒmen yě yào yíngnán érshàng.

잠깐만요!

* '媒体'는 '미디어'라고 할 수도 있는데, '대중매체'는 '大众媒体'라고 하면 되겠네요.

进步 jìnbù 발전하다
感到 gǎndào 느끼다
欣慰 xīnwèi 기쁘고 위안이 되다
媒体 méitǐ 매체
大肆宣扬 dàsì xuānyáng 제멋대로 크게 알리다
重重 chóngchóng 겹겹의, 매우 많다
迎难而上 yíngnán érshàng 어려움에 맞서 나가다

Step 2 계약 상담 후에 희망이 없다고 생각하지만 포기하지 않네요. 北京爱情故事

A 我觉得我们这个合同谈不成了。
Wǒ juéde wǒmen zhè ge hétong tánbuchéng le.

B 现在才刚刚开始，你别气馁！
Xiànzài cái gānggāng kāishǐ, nǐ bié qìněi!

A 你的意思是我们还有可能，是吗？
Nǐ de yìsi shì wǒmen háiyǒu kěnéng, shì ma?

B 没到最后关头，설령 한 가닥 희망이 있더라도 포기할 수는 없어요!
Méi dào zuìhòu guāntóu,

A 내 생각엔 우리 이 계약은 성사 안 될 것 같아.
B 이제 시작했잖아요. 낙담하지 마세요!
A 자네 말은 우리한테 아직 가능성이 있다는 거야?
B 마지막 관문은 아직 남았어요. 哪怕还有一线希望，也不能放弃！
nǎpà háiyǒu yí xiàn xīwàng, yě bùnéng fàngqì!

谈不成 tánbuchéng 이야기가 이뤄지지 않다
气馁 qìněi 낙담하다
可能 kěnéng 가능성
关头 guāntóu 관문

221.mp3

老师就是批评你，你也要虚心接受。

선생님이 혼내시더라도 겸허히 받아들여야 합니다.

'~하더라도 ~하다'는 뜻으로, 어떤 상황을 가정해서 말하려고 할 때 쓰는 표현입니다. '就是' 자리에 '就'가 올 수도 있지만, 그럴 때는 반드시 주어 뒤에 와야 합니다.

Step 1

1. 선생님이 혼내시더라도 겸허히 받아들여야 합니다.
   老师就是批评你，你也要虚心接受。
   Lǎoshī jiùshì pīpíng nǐ, nǐ yě yào xūxīn jiēshòu.

2. 내일은 날씨가 좋더라도 저는 안 나갈래요.
   明天就是天气好，我也不想出去。
   Míngtiān jiùshì tiānqì hǎo, wǒ yě bù xiǎng chūqù.

3. 그는 나이가 그렇게 어린데도 세상 물정을 아네요.
   他就是年纪小，也要懂些人情世故*。
   Tā jiùshì niánjì xiǎo, yě yào dǒng xiē rénqíng shìgù.

4. 그의 말에 일리가 있더라도 우리는 다른 측면에서 봐야 합니다.
   就是他的话有道理，我们也要一分为二。
   Jiùshì tā de huà yǒu dàolǐ, wǒmen yě yào yìfēnwéi'èr.

5. 어려움이 아무리 많더라도 노력해서 극복해야 합니다.
   就是困难再多，也要努力克服。 222
   Jiùshì kùnnan zài duō, yě yào nǔlì kèfú.

잠깐만요!

* '人情世故'에는 '처세술'이라는 뜻도 있어요. '인정이 있다'고 할 때는 '有人情味儿'이라고 말합니다.

虚心 xūxīn 겸손하다
接受 jiēshòu 받아들이다
人情世故 rénqíng shìgù 세상 물정
有道理 yǒu dàolǐ 일리가 있다
一分为二 yìfēnwéi'èr 두 가지 측면에서 생각하다
克服 kèfú 극복하다

Step 2

여자는 회사를 그만두러 가는 남자 친구를 힘껏 격려하네요. 北京爱情故事

A 一会儿去公司，可别跟胡总翻脸啊。사직하려고 했더라도 활기차게 해!
Yíhuìr qù gōngsī, kě bié gēn Hú zǒng fānliǎn a.

B 我辞职没什么，让你也把工作辞了我心里挺难受的。
Wǒ cízhí méi shénme, ràng nǐ yě bǎ gōngzuò cí le wǒ xīnli tǐng nánshòu de.

A 面包会有的，工作也会有的！放下过去的不开心！
Miànbāo huì yǒu de, gōngzuò yě huì yǒu de! Fàngxià guòqù de bù kāixīn!

B 丫头你真好！幸亏有你，要不我就一无所有了！
Yātou nǐ zhēn hǎo! Xìngkuī yǒu nǐ, yàobù wǒ jiù yìwúsuǒyǒu le!

A 조금 있다 회사 가서 후 사장 앞에서 또 생각 바꾸지 마. 就是要辞职，也要精精神神的去！
Jiùshì yào cízhí, yě yào jīngjīngshénshén de qù!
B 사직하는 건 별거 아닌데, 너한테도 일을 그만두라고 해서 정말 힘들어.
A 빵도 생기고, 일도 생길 거야! 즐겁지 않은 지나간 일은 그만 놓아 줘!
B 자기는 정말 훌륭해! 자기가 있어서 다행이지, 안 그러면 나는 아무것도 없다고!

翻脸 fānliǎn 갑자기 태도를 바꾸다
精精神神 jīngjīngshénshén 활기차다, 활발하다
难受 nánshòu 괴롭다
幸亏 xìngkuī 다행히
一无所有 yìwúsuǒyǒu 아무것도 없다

222.mp3

事情再多也别着急，一件一件办。

일이 아무리 많아도 서두르지 말고 하나씩 해 나가세요.

'아무리 ~하더라도'라는 뜻으로, 어떤 상황이 벌어지더라도 그와 관계없이 결과는 같다는 표현입니다.

1. 일이 아무리 많아도 서두르지 말고 하나씩 해 나가세요.
   事情再多也别着急，一件一件办。*
   Shìqing zài duō yě bié zháojí, yí jiàn yí jiàn bàn.

2. 그는 아무리 불편하더라도 글을 써 나갑니다.
   他再不舒服也坚持写文章。
   Tā zài bù shūfu yě jiānchí xiě wénzhāng.

3. 그는 아무리 힘들어도 매일 수영을 하러 갑니다.
   他再累每天也要去游泳。 178
   Tā zài lèi měitiān yě yào qù yóuyǒng.

4. 아무리 바쁘더라도 엄마 아빠 보러 자주 집에 오너라.
   你再忙也要常回家看看爸妈。 178
   Nǐ zài máng yě yào cháng huíjiā kànkan bàmā.

5. 아이들은 아무리 어려도 응석받이를 만들면 안 됩니다.
   孩子再小也不能娇生惯养。 003
   Háizi zài xiǎo yě bùnéng jiāoshēngguànyǎng.

잠깐만요!

* 수량사를 이렇게 반복해서 쓰면 '(몇 개)씩 (몇 개)씩'이란 말이 됩니다. 예를 들어 '一本一本'은 '한 권씩 한 권씩', '一块一块'는 '한 조각씩 한 조각씩'이란 뜻입니다.

着急 zháojí 서두르다
游泳 yóuyǒng 수영하다
娇生惯养 jiāoshēngguànyǎng 응석받이로 자라다

여자는 남자 친구가 다른 사람과 친한 모습을 보고 묘한 질투심이 생겼네요. 小爸爸

A 大胜，你和那三弟俩人关系还真不一般啊！
Dàshèng, nǐ hé nà Sāndì liǎ rén guānxi hái zhēn bù yìbān a!

B 小宝宝，你千万别误会啊！我和他就是聊聊天。
Xiǎo bǎobǎo, nǐ qiānwàn bié wùhuì a! Wǒ hé tā jiùshi liáoliáotiān.

A 行了，别解释！더 설명해도 소용없어!
Xíng le, bié jiěshì!

B 我这冤啊，他是三妹的弟弟，让我帮忙，我就出来了！
Wǒ zhè yuān a, tā shì Sānmèi de dìdi, ràng wǒ bāngmáng, wǒ jiù chūlái le!

A 다성, 너하고 그 싼디 둘 관계가 정말 보통은 아니던데!
B 아기야, 절대 오해하지 마! 그냥 얘기 나눈 거야.
A 됐어, 설명하지 마! 再解释也没有用!
Zài jiěshì yě méiyǒu yòng!
B 난 억울해, 그는 싼메이 동생이야. 도와달라고 해서 나온 거라고!

一般 yìbān 그저 그렇다
误会 wùhuì 오해하다
解释 jiěshì 해명하다

223.mp3

既然知道做错了，就赶快改正。

이왕 잘못을 알게 된 바에야 빨리 고쳐야죠.

'이왕 ~하게 된 바에야'라는 뜻으로, 이미 어떤 일이 이루어졌다면 그것을 인정하고 뒤에 나오는 내용대로 해야 함을 나타냅니다. '就' 대신 '也', '还', '又' 등이 올 수도 있습니다.

1. 이왕 잘못을 알게 된 바에야 빨리 고쳐야죠.
   既然知道做错了，就赶快改正。
   Jìrán zhīdào zuòcuò le, jiù gǎnkuài gǎizhèng.
2. 이왕 반드시 가야 한다면야 저는 막지 않겠어요.
   你既然一定要去，我就不阻拦了。 009
   Nǐ jìrán yídìng yào qù, wǒ jiù bù zǔlán le.
3. 이왕 그 사람이 벌써 사과를 했는데, 그를 용서하시지요.
   既然他已经道★歉了，就原谅他吧。 089
   Jìrán tā yǐjīng dàoqiàn le, jiù yuánliàng tā ba.
4. 이왕 좋은 성적을 얻고 싶다면야 평소에 열심히 노력해야만 합니다.
   既然想取得好成绩，平时就应该好好儿努力。
   Jìrán xiǎng qǔdé hǎo chéngjì, píngshí jiù yīnggāi hǎohāor nǔlì.
5. 이왕 다른 일이 있다면야 더 말하지 않을게.
   既然你还有别的事情，我就不跟你多说了。 009
   Jìrán nǐ háiyǒu bié de shìqing, wǒ jiù bù gēn nǐ duō shuō le.

잠깐만요!

★ '道歉'의 '道'에는 원래 '말하다'라는 뜻이 있어요. 그래서 '감사를 표하다'라고 할 때는 '道谢'라고 할 수도 있어요.

改正 gǎizhèng 바로잡다
阻拦 zǔlán 막다
道歉 dàoqiàn 사과하다
原谅 yuánliàng 양해하다
取得 qǔdé 얻다
平时 píngshí 평소

두 회사의 사장이 협력 사업을 잘 성사시킨 뒤에 함께 저녁을 먹네요. 胜女的代价

A 高总裁，感谢你对我们的关照！
Gāo zǒngcái, gǎnxiè nǐ duì wǒmen de guānzhào!

B 汤总裁，这次我们的合作非常顺利，希望日后还有机会合作。
Tāng zǒngcái, zhè cì wǒmen de hézuò fēicháng shùnlì, xīwàng rìhòu háiyǒu jīhuì hézuò.

A 가오 사장님이 이왕 그렇게 말씀하시니 제가 청이 하나 있습니다.

B 你尽管说吧！
Nǐ jǐnguǎn shuō ba!

A 가오 사장님, 저희를 돌봐주셔서 감사합니다!
B 탕 사장님, 이번 우리 협력이 아주 잘 됐으니 앞으로도 기회가 있기를 바랍니다.
A 既然高总裁这么说了，我就有个请求！
Jìrán Gāo zǒngcái zhème shuō le, wǒ jiù yǒu ge qǐngqiú!
B 얼마든지 말씀하시지요!

总裁 zǒngcái 최고경영자(CEO)
关照 guānzhào 돌보다
合作 hézuò 협력
日后 rìhòu 앞으로
请求 qǐngqiú 요청
尽管 jǐnguǎn 얼마든지

224.mp3

信不信由你，反正我不信。

밑든 안 믿든 너한테 달렸는데, **아무튼** 나는 안 믿어.

'아무튼', '어쨌든', '어차피'라는 뜻으로, 앞의 일이나 상황과 관계없이 결과는 같음을 나타냅니다. 습관적으로 쓰는 말로, 단호한 어감을 가지고 있습니다.

1. 믿든 안 믿든 너한테 달렸는데, 아무튼 나는 안 믿어.
   信不信由你，反正我不信。 163
   Xìn bú xìn yóu nǐ, fǎnzhèng wǒ bú xìn.
2. 어쨌든 오늘은 시간이 있으니 천천히 둘러보시죠.
   我们慢慢逛*，反正今天有时间。
   Wǒmen mànmàn guàng, fǎnzhèng jīntiān yǒu shíjiān.
3. 그를 초청하지 마세요. 어쨌든 오지 않을 거예요.
   你别邀请他了，反正也不会来。 053
   Nǐ bié yāoqǐng tā le, fǎnzhèng yě búhuì lái.
4. 어쨌든 너도 학교에 가야 한다면 빨리 가는 게 좋지.
   反正你也要去学校，还不如早点去。 212
   Fǎnzhèng nǐ yě yào qù xuéxiào, hái bùrú zǎodiǎn qù.
5. 어쨌든 저는 종일 집에 있을 테니 언제든지 오셔도 됩니다.
   你什么时候来都行，反正我一天都在家。
   Nǐ shénme shíhou lái dōu xíng, fǎnzhèng wǒ yìtiān dōu zài jiā.

잠깐만요!

* '逛'은 특별한 목적 없이 거리 등을 거닐거나 돌아다니며 구경한다고 할 때 쓰는 표현이에요.

逛 guàng 돌아다니다
早点 zǎodiǎn 조금 일찍

고향에서 다시 베이징으로 돌아온 여자는 친구를 만났네요. 北京爱情故事

A 아무튼 한숨도 못 잤어, 我带你去个地方。
wǒ dài nǐ qù ge dìfang.

B 去什么地方啊?
Qù shénme dìfang a?

A 特别好！走走！
Tèbié hǎo! Zǒu zǒu!

B 好的，马上出发！
Hǎo de, mǎshàng chūfā!

A 反正也睡不着了，너 데리고 어디 좀 가야겠어.
Fǎnzhèng yě shuìbuzháo le,
B 어딜 가는데?
A 아주 좋은 데! 가자!
B 좋아, 바로 출발해!

睡不着 shuìbuzháo 잠 못 들다
特别 tèbié 특별히, 아주

225.mp3

不管怎么样，我都不同意你去美国。

아무튼 나는 네가 미국 가는 것에 동의하지 않아.

'어쨌든', '아무튼'이라는 뜻으로, 때로는 '不管三七二十一'라는 표현과도 비슷하게 씁니다. 서면어로는 '无论如何'라고 할 수 있습니다.

1. 아무튼 나는 네가 미국 가는 것에 동의하지 않아.
   不管怎么样，我都不同意你去美国。
   Bùguǎn zěnmeyàng, wǒ dōu bù tóngyì nǐ qù Měiguó.
2. 날씨가 어떻든 그는 매일 나가서 산책한다.
   不管天气怎么样，他每天都出去散步。 178
   Bùguǎn tiānqì zěnmeyàng, tā měitiān dōu chūqù sànbù.
3. 어쨌든 그는 그래도 우리를 돕기로 선택했어요.
   不管怎么样他还是选择了帮助我们。
   Bùguǎn zěnmeyàng tā háishi xuǎnzé le bāngzhù wǒmen.
4. 국가 간에는 어쨌든 외교 원칙을 지켜야 합니다.
   国家之间不管怎么样都要遵守外交原则。
   Guójiā zhījiān bùguǎn zěnmeyàng dōu yào zūnshǒu wàijiāo yuánzé.
5. 종업원으로서 어쨌든 손님을 잘 모셔야 합니다.
   作为一名服务员*，不管怎么样都应该好好接待客人。
   Zuòwéi yì míng fúwùyuán, bùguǎn zěnmeyàng dōu yīnggāi hǎohǎo jiēdài kèrén.

잠깐만요!

*'服务员'이라는 말은 식당 같은 곳에서 종업원을 부를 때 쓰는 말이기도 해요.

散步 sànbù 산책하다
遵守 zūnshǒu 준수하다
外交 wàijiāo 외교
原则 yuánzé 원칙
接待 jiēdài 접대하다
客人 kèrén 손님

학교에서 잘못을 저지른 손자, 외할머니에게 학부모회에 와달라고 하네요. 家有儿女

A 好姥姥！您今天就住这儿，明天去开家长会，好不好？
Hǎo lǎolao! Nín jīntiān jiù zhù zhèr, míngtiān qù kāi jiāzhǎnghuì, hǎo bu hǎo?

B 你是不是又惹什么祸了？
Nǐ shì bu shì yòu rě shénme huò le?

A 姥姥明天去学校，어쨌든 욱해서 화내시지 마세요.
Lǎolao míngtiān qù xuéxiào,

B 你在学校到底干什么了？
Nǐ zài xuéxiào dàodǐ gàn shénme le?

A 착한 할머니! 오늘 여기 계실 거니까, 내일 학부모회 가주세요, 네?
B 너 또 뭐 잘못한 거냐?
A 할머니 내일 학교 가시면요, 不管怎么样您都别激动生气啊。
bùguǎn zěnmeyàng nín dōu bié jīdòng shēngqì a.
B 너 학교에서 도대체 뭔 일을 한 거야?

惹祸 rěhuò 일을 저지르다
激动 jīdòng 흥분하다

Unit 32

만일 그렇다면요.

저자 핵심 강의 32

만일의 상황을 이야기하는 장면에서 꼭 나오는 패턴

자, 이제 마지막입니다. 마지막이 너무 어려우면 여러분이 힘들어할까 봐 살짝 배려했습니다. 한국인이라면 어렵지 않게 익힐 수 있는 가정과 조건을 나타내는 패턴들입니다. 주로 복문들로 이루어져 있어서 문장 길이가 조금 길 수 있다는 점 말고는 큰 어려움은 없을 거예요. 只要…就, 只有…才 패턴은 분명히 구분해 주세요!

패턴 미리보기

226 如果…，那么…就… 만약 ~이면, (그렇다면)~

227 …的话 ~하다면 / ~이면

228 要是… 만일 ~이라면

229 要不然… 그렇지 않으면~ / 아니면~

230 除非…，否则… ~하지 않으면 ~하지 않다

231 只要…，就… ~하기만 하면 ~하다

232 只有…才… ~만이 ~하다

233 一旦…就… 일단 ~하면 ~하다

226.mp3

如果明天下雨，那么运动会就要延期。

만일 내일 비가 오**면** 운동회는 연기될 것입니다.

'만약/만일 ~이면, (그렇다면)~'이라는 뜻으로, 가정을 나타낼 때 가장 흔하게 쓰는 표현입니다. 앞뒤 의미가 분명할 때는 '如果', '那么', '就' 세 가지 중 어느 것이라도 쓰지 않을 수 있습니다.

1. 만일 내일 비가 오면 운동회는 연기될 것입니다.
   如果明天下雨，那么运动会就要延期。 001
   Rúguǒ míngtiān xiàyǔ, nàme yùndònghuì jiù yào yánqī.

2. 만일 문제가 있으면 선생님께 찾아가 물어보세요.
   如果有问题，那么就找老师问问吧。 089 090
   Rúguǒ yǒu wèntí, nàme jiù zhǎo lǎoshī wènwen ba.

3. 만일 그녀를 좋아하면 용감히 따라다니세요.
   如果你喜欢她，那么就勇敢去追★求吧。 089
   Rúguǒ nǐ xǐhuan tā, nàme jiù yǒnggǎn qù zhuīqiú ba.

4. 만일 나무가 없다면 우리는 안개 속에서 살 겁니다.
   如果没有树木，那么我们就生活在烟雾中。 123
   Rúguǒ méiyǒu shùmù, nàme wǒmen jiù shēnghuó zài yānwù zhōng.

5. 만일 사람마다 조금씩 사랑을 베풀면 세상은 더욱 아름다워질 겁니다.
   如果人人都献出一点爱，那么世界就会变得更美好。 053
   Rúguǒ rénrén dōu xiànchū yìdiǎn ài, nàme shìjiè jiù huì biàn de gèng měihǎo.

잠깐만요!

★ '追求'는 '추구하다'는 말도 되지만 '이성을 쫓아다니다', '구애하다'는 뜻으로도 자주 쓰여요.

运动会 yùndònghuì 운동회
延期 yánqī 연기하다
勇敢 yǒnggǎn 용감하다
树木 shùmù 수목, 나무
烟雾 yānwù 연기, 안개, 스모그
献 xiàn 바치다

연인 사이에 사소한 일로 말다툼이 벌어졌네요. 胜女的代价

A 만약 우리 이런 다툼이 지겹다고 생각되면, 그럼 우리 헤어져!

B 这就是你解决问题的方式？
Zhè jiùshì nǐ jiějué wèntí de fāngshì?

A 你知道的，我是不会妥协的！
Nǐ zhīdào de, wǒ shì bú huì tuǒxié de!

B 我明白了，就按照你说的做。
Wǒ míngbai le, jiù ànzhào nǐ shuō de zuò.

A 如果你觉得我们这种争吵很烦，那么我们分手吧！
Rúguǒ nǐ juéde wǒmen zhè zhǒng zhēngchǎo hěn fán, nàme wǒmen fēnshǒu ba!
B 이게 바로 네가 문제를 해결하는 방식이야?
A 네가 알잖아, 나는 타협할 줄 모르는 사람이야!
B 알았어, 네 말대로 할게.

争吵 zhēngchǎo 말다툼하다
分手 fēnshǒu 헤어지다
妥协 tuǒxié 타협하다
按照 ànzhào ~에 따르다

227.mp3

你有时间的话，请来我的办公室一下。

시간 있**다면** 내 사무실로 좀 오세요.

'~하다면', '~이면'이라는 뜻으로, 구어체에서 많이 쓰는 표현입니다. 문장 앞에는 '如果'가 올 수도 있습니다.

1. 시간 있다면 내 사무실로 좀 오세요.
   你有时间的话，请来我的办公室一下。 091 092
   Nǐ yǒu shíjiān dehuà, qǐng lái wǒ de bàngōngshì yíxià.
2. 날마다 일요일이라면 얼마나 좋을까!
   天天都是星期天的话，那该多好！ 023
   Tiāntiān dōu shì Xīngqītiān dehuà, nà gāi duō hǎo!
3. 네가 노력한다면 몸은 갈수록 좋아질 거야.
   你努力锻炼的话，身体就会越来越好。 088
   Nǐ nǔlì duànliàn dehuà, shēntǐ jiù huì yuèláiyuè hǎo.
4. 비행기가 제시간에 이륙했다면 벌써 난징에 도착했을 겁니다.
   飞机准时起飞的话，我就已经到南京了。
   Fēijī zhǔnshí qǐfēi dehuà, wǒ jiù yǐjīng dào Nánjīng le.
5. 런민비 환율에 변화가 있으면 제게 알려주세요.
   人民币*汇率有变化的话，你就告诉我一下。 091 146 226
   Rénmínbì huìlǜ yǒu biànhuà dehuà, nǐ jiù gàosu wǒ yíxià.

잠깐만요!

* 중국의 화폐인 '人民币'는 영어 약자로 RMB(Ren Min Bi)라고 씁니다. 기호는 ¥인데, 중국어 화폐의 단위가 '元'(Yuan)이기 때문에 그 앞글자를 따와서 만든 것이에요. 그런데 일본 엔(円)화의 기호와 간혹 헷갈릴 수도 있어요.

准时 zhǔnshí 시간을 지키다
起飞 qǐfēi 이륙하다
人民币 rénmínbì 인민폐
汇率 huìlǜ 환율

남자는 여자 친구를 위해 지인이 운영하는 유치원을 찾아가 부탁하네요. 北京爱情故事

A 王老师，我经常跟她说要以你为榜样。
Wáng lǎoshī, wǒ jīngcháng gēn tā shuō yào yǐ nǐ wéi bǎngyàng.

B 行了，你就会吹牛！让她明天来这儿面试吧！
Xíng le, nǐ jiù huì chuīniú! Ràng tā míngtiān lái zhèr miànshì ba!

A 谢谢，王老师！她在你这工作我就放心了。
Xièxie, Wáng lǎoshī! Tā zài nǐ zhè gōngzuò wǒ jiù fàngxīn le.

B 先试用三个月，만일 태도가 좋다면 정식 사원으로 전환할게.
Xiān shìyòng sān ge yuè,

A 왕 선생님, 제가 늘 그 사람한테 선생님을 본보기로 삼으라고 얘기하곤 해요.
B 됐어, 허풍도 잘 떨긴! 내일 여기 와서 면접 보라고 하렴!
A 감사합니다, 왕 선생님! 그 친구가 여기서 일하면 제가 마음을 놓겠어요.
B 우선 석 달만 수습이야, **如果她表现好的话再转正。**
rúguǒ tā biǎoxiàn hǎo dehuà zài zhuǎnzhèng.

榜样 bǎngyàng 본보기
吹牛 chuīniú 허풍떨다
面试 miànshì 면접
试用 shìyòng (사람을) 시험삼아 쓰다
转正 zhuǎnzhèng 정식 사원으로 되다

228.mp3

要是你不去，我也不去了。

만일 네가 안 간**다면** 나도 안 갈래.

'만일 ~이라면'이라는 뜻으로, '如果'와 같은 의미입니다. '…的话'와 함께 쓸 수도 있습니다. 때로는 '要是'가 이끄는 말이 뒷부분으로 갈 수도 있습니다.

1. 만일 네가 안 간다면 나도 안 갈래.
   要是你不去，我也不去了。 009
   Yàoshi nǐ bú qù, wǒ yě bú qù le.
2. 내일 날씨가 개면 우리 소풍 가자.
   要是明天天气转晴，我们就去郊游★。 178
   Yàoshi míngtiān tiānqì zhuǎnqíng, wǒmen jiù qù jiāoyóu.
3. 나무를 함부로 베어버리면 생태환경은 파괴될 겁니다.
   要是乱砍树木，生态环境就会被破坏。 053
   Yàoshi luànkǎn shùmù, shēngtài huánjìng jiù huì bèi pòhuài.
4. 부모님 말씀을 안 들으면 후회할 거예요.
   要是你不听父母的话，你会后悔的。 053
   Yàoshi nǐ bù tīng fùmǔ dehuà, nǐ huì hòuhuǐ de.
5. 어려움이 있으면 얘기해 봐, 우리가 모두 널 도와줄게.
   你要是有困难，说出来，我们都会帮助你。 053 191
   Nǐ yàoshi yǒu kùnnan, shuō chūlái, wǒmen dōu huì bāngzhù nǐ.

잠깐만요!

★ '郊游'는 '교외로 놀러가다'라는 뜻으로 '소풍'이나 '야유회'라고 해도 좋아요.

转晴 zhuǎnqíng (날씨가) 개다
郊游 jiāoyóu 소풍
乱 luàn 제멋대로
砍 kǎn 베다
生态环境 shēngtài huánjìng 생태환경
破坏 pòhuài 파괴하다

남자 친구와 헤어져서 마음이 안 좋은 친구를 위로하고 있네요. 胜女的代价

A 怎么一个人在这哭？是不是有什么心事儿？
Zěnme yí ge rén zài zhè kū? Shì bu shì yǒu shénme xīnshìr?

B 我刚刚和男朋友分手，有点儿伤心，没事的。
Wǒ gānggāng hé nánpéngyou fēnshǒu, yǒudiǎnr shāngxīn, méishì de.

A 만일 네 남자 친구가 너를 찼다면, 미련을 두지 마. 后悔的一定是他。
Hòuhuǐ de yídìng shì tā.

B 谢谢你的鼓励！
Xièxie nǐ de gǔlì!

A 왜 혼자 여기서 울고 있어? 무슨 걱정 있어?
B 방금 남자 친구랑 헤어져서 좀 마음이 안 좋아. 괜찮아.
A 要是你的男朋友放弃了你，就不要再留恋了。후회하는 건 분명 그 사람이야.
Yàoshi nǐ de nánpéngyou fàngqì le nǐ, jiù búyào zài liúliàn le.
B 용기 줘서 고마워!

伤心 shāngxīn 상심하다
留恋 liúliàn 미련을 두다
鼓励 gǔlì 격려하다

229.mp3

要不然我们干脆回去吧。

그렇지 않으면 우리 차라리 돌아가자.

'그렇지 않으면~', '아니면~'이라는 뜻으로, 앞의 내용과 다르면 그와 상반되는 결과가 일어남을 말합니다. '要不然的话', '要不(的话)', '不然(的话)' 등도 같은 의미입니다.

1. 그렇지 않으면 우리 차라리 돌아가자.
   要不然我们干脆*回去吧。 089
   Yàoburán wǒmen gāncuì huíqù ba.
2. 힘들면 우리 좀 쉬어요.
   太累了，要不然我们休息一会儿吧。 089 121
   Tài lèi le, yàoburán wǒmen xiūxi yíhuìr ba.
3. 이 길은 걷기가 어려워요, 아니면 다른 길로 가지요.
   这条路很难走，要不然我们走别的路吧。 024 089
   Zhè tiáo lù hěn nánzǒu, yàoburán wǒmen zǒu bié de lù ba.
4. 그 사람 병이 났는데 우리 같이 보러 갈래요?
   他病了，要不然我们一起去看看他? 025 178
   Tā bìng le, yàoburán wǒmen yìqǐ qù kànkan tā?
5. 그 사람이 동의하지 않으면 저는 안 할 거예요.
   除非他同意，要不然我就不做。
   Chúfēi tā tóngyì, yàoburán wǒ jiù bú zuò.

영화를 보는 중에 전화가 계속 와서 옆 사람이 화가 났네요. 北京爱情故事

A 你那是手机，还是按摩器啊?
Nǐ nà shì shǒujī, háishi ànmóqì a?

B 都是些推销保险的。
Dōu shì xiē tuīxiāo bǎoxiǎn de.

A 接吧！그렇지 않고 영화에서처럼 사람 목숨 왔다 갔다 하는 일이면 어쩔래?
Jiē ba!

B 喂，说话啊！
Wèi, shuōhuà a!

A 너 그거 휴대전화니, 안마기니?
B 다 보험 팔려는 거예요.
A 받아! 要不然像电影里人命关天怎么办?
Yàoburán xiàng diànyǐng lǐ rénmìng guāntiān zěnme bàn?
B 여보세요? 말씀하세요!

잠깐만요!

* '干脆'는 주로 '아예', '차라리'라는 뜻으로 쓰이지만, 때로는 말이나 행동이 '명쾌하다, 솔직하다, 거리낌 없다'는 뜻으로도 쓰여요.

干脆 gāncuì 아예
条 tiáo (긴 것을 세는 양사)
病 bìng 병, 병 나다
除非 chúfēi ~한다면 몰라도, 오직 ~하여야

按摩器 ànmóqì 안마기
推销 tuīxiāo 널리 팔다
保险 bǎoxiǎn 보험
人命关天 rénmìng guāntiān 목숨이 걸린 중요한 일

230.mp3

除非你告诉我理由，否则我不会说的。

네가 이유를 말하지 않는다면 나는 이야기하지 않을 거야.

'~하지 않는다면 ~하지 않다'라는 뜻으로, 앞의 내용이 뒤의 내용을 이루기 위한 유일한 조건입니다. '除非'를 쓰지 않을 수도 있고, '只有…否则', '除了…否则'처럼 쓸 수도 있습니다. '否则'는 '否则的话'라고 쓸 수도 있고, '要不', '不然'이 대신할 수도 있습니다.

1. 네가 이유를 말하지 않는다면 나는 이야기하지 않을 거야.
   除非你告诉我理由，否则我不会说的。 053 146
   Chúfēi nǐ gàosu wǒ lǐyóu, fǒuzé wǒ búhuì shuō de.

2. 그가 우리 팀에 들어오지 않으면 사람 수가 부족해요.
   除非他加入我们队，否则人数不够。
   Chúfēi tā jiārù wǒmen duì, fǒuzé rénshù bú gòu.

3. 지도자가 서명하지 않으면 이 일은 처리할 사람이 없어요.
   除非领导签字*，否则这件事没人处理。 058
   Chúfēi lǐngdǎo qiānzì, fǒuzé zhè jiàn shì méi rén chǔlǐ.

4. 그가 성격이 좋게 변하지 않으면 그와 친구 하려는 사람은 없어요.
   除非他性格变好，否则没人愿意和他做朋友。 005 158
   Chúfēi tā xìnggé biàn hǎo, fǒuzé méi rén yuànyì hé tā zuò péngyou.

5. 그 국가가 포기하지 않으면 다시 협상할 수는 없어요.
   除非这个国家放弃，否则不能重新开*始谈判。 003
   Chúfēi zhè ge guójiā fàngqì, fǒuzé bù néng chóngxīn kāishǐ tánpàn.

잠깐만요!

* '签字'는 '서명하다', '사인하다'는 말로, '签名'이라고도 말해요. 중국도 도장 문화가 발달했지만 '盖章'(도장 찍다)이라는 표현보다 '签字', '签名'을 더 자주 사용합니다.

* '开始'는 뒤에 목적어구가 올 때, '동사술어+목적어'의 형태가 와야 해요. '회의를 시작하다'는 '开始会'가 아니라 '开始开会'라고 말해야 합니다.

理由 lǐyóu 이유
加入 jiārù 들어오다
领导 lǐngdǎo 지도자
签字 qiānzì 서명하다
处理 chǔlǐ 처리하다
重新 chóngxīn 새롭게
谈判 tánpàn 협상하다

남자는 여자 친구가 다른 남자를 더 좋아한다고 오해했네요. 北京爱情故事

A 丫头，我跟疯子没法比。你真跟了他，我祝福你们！
Yātou, wǒ gēn Fēngzǐ méi fǎ bǐ. Nǐ zhēn gēn le tā, wǒ zhùfú nǐmen!

B 我心里只有你一个人。你放心，我明天就去辞职！
Wǒ xīnli zhǐyǒu nǐ yí ge rén. Nǐ fàngxīn, wǒ míngtiān jiù qù cízhí!

A 真的？那就是说你明天也辞职？你不离开我，是吗？
Zhēn de? Nà jiùshì shuō nǐ míngtiān yě cízhí? Nǐ bù líkāi wǒ, shì ma?

B 我的心里是不会有别人。네가 나를 거부하지 않는다면, 나는 널 떠나지 않을 거야!
Wǒ de xīnli shì bú huì yǒu biérén.

A 자기야, 난 펑쯔에 비할 바는 아니지, 네가 정말 그 사람 따라 간다면 너희를 축복해 줄게!
B 내 마음속엔 너뿐이야. 걱정하지 마. 내일 가서 사직할 거야!
A 정말? 그럼 내일 사직한다고? 나 안 떠나는 거야? 그래?
B 내 마음에 다른 사람은 없어. 除非你不要我了，否则我是不会离开你的！
Chúfēi nǐ búyào wǒ le, fǒuzé wǒ shì bú huì líkāi nǐ de!

祝福 zhùfú 축복하다
辞职 cízhí 사직하다

231.mp3

只要明天你有时间，就去爬山。

내일 시간**만** 있**다면** 등산 갑시**다**.

'~하기만 하면 ~하다'는 뜻으로, 뒤의 일을 하기 위해 필요한 조건을 나타냅니다. '只有…, 才…' 패턴과 헷갈리지 않도록 유의하세요.

1. 내일 시간만 있다면 등산 갑시다.
只要明天你有时间，就去爬山。 178
Zhǐyào míngtiān nǐ yǒu shíjiān, jiù qù páshān.

2. 그분을 찾아뵙기만 하면 좋은 소식을 줄 겁니다.
只要你去拜访他，他就会给你好消息。 053
Zhǐyào nǐ qù bàifǎng tā, tā jiù huì gěi nǐ hǎo xiāoxi.

3. 그는 시간만 나면 어머니의 집안일을 도와줍니다.
他只要有时间就帮妈妈做家务。
Tā zhǐyào yǒu shíjiān jiù bāng māma zuò jiāwù.

4. 굳세게 지켜나가기만 하면 수확이 있을 겁니다.
只要你坚持，就会有收获。 053
Zhǐyào nǐ jiānchí, jiù huì yǒu shōuhuò.

5. 우리가 마음을 모아 협력하기만 하면 어려움을 이겨낼 겁니다.
只要我们齐心协力，就会战胜★困难。 053
Zhǐyào wǒmen qíxīn xiélì, jiù huì zhànshèng kùnnan.

함께 밖으로 놀러 나간 연인은 무엇을 해야 할지 고민하네요. 胜女的代价

A 晓洁，我们今天去哪儿做什么啊?
Xiǎojié, wǒmen jīntiān qù nǎr zuò shénme a?

B 我不知道，我没心情。哎，你想做什么?
Wǒ bù zhīdào, wǒ méi xīnqíng. Āi, nǐ xiǎng zuò shénme?

A 我呢，都可以啊！ 네가 좋아하는 거면 뭐든 좋아!
Wǒ ne, dōu kěyǐ a!

B 那我肚子饿了，不如我们先去填饱肚子。
Nà wǒ dùzi è le, bùrú wǒmen xiān qù tiánbǎo dùzi.

A 샤오지에, 우리 오늘 어디 가서 뭐할까?
B 모르겠어, 나 별생각 없어. 아, 넌 뭐하고 싶은데?
A 나는, 다 괜찮아! 只要你喜欢的就都可以！
Zhǐyào nǐ xǐhuan de jiù dōu kěyǐ!
B 그럼 나 배고프니까 우리 우선 배 좀 채우는 것이 낫겠다.

잠깐만요!

★ 이때 '战胜'은 꼭 '전쟁에서 이기다'는 뜻이 아니라 '이겨내다', '극복하다'는 뜻이에요. '克服'라는 말과 비슷합니다.

拜访 bàifǎng 방문하다
家务 jiāwù 집안일
收获 shōuhuò 수확
齐心 qíxīn 마음을 모으다
协力 xiélì 협력하다
战胜 zhànshèng 이겨내다

心情 xīnqíng 심정, 기분
填饱 tiánbǎo 배를 채우다

232.mp3

只有他才可以完成这个任务。

그 사람만이 이 임무를 완수할 수 있어요.

'~만이 ~하다'는 뜻으로, 단지 앞의 내용만이 뒤의 일을 할 수 있다는 조건을 나타냅니다. '只要…, 就…' 패턴과 헷갈리지 않도록 합니다.

1. 그 사람만이 이 임무를 완수할 수 있어요.
   ★只有他才可以完成这个任务。
   Zhǐyǒu tā cái kěyǐ wánchéng zhè ge rènwù.
2. 수험생만이 고사장에 들어갈 수 있어요.
   只有考生才可以进考场。
   Zhǐyǒu kǎoshēng cái kěyǐ jìn kǎochǎng.
3. 우리 세 사람만이 이번 대회에 참가할 수 있습니다.
   只有我们三个人，才可以参加这次比赛。
   Zhǐyǒu wǒmen sān ge rén, cái kěyǐ cānjiā zhè cì bǐsài.
4. 진지한 사랑만이 사랑의 참뜻을 느낄 수 있어요.
   只有认真去爱，才会体会爱的真谛。
   Zhǐyǒu rènzhēn qù ài, cái huì tǐhuì ài de zhēndì.
5. 성실하게 일해야만 자신의 가치를 실현할 수 있어요.
   只有踏实工作，才能实现自己的价值。 003
   Zhǐyǒu tāshi gōngzuò, cái néng shíxiàn zìjǐ de jiàzhí.

잠깐만요!

★'只要'는 '就', '只有'는 '才'와만 결합할 수 있어요.

完成 wánchéng 완수하다
任务 rènwù 임무
考生 kǎoshēng 수험생
考场 kǎochǎng 고사장
体会 tǐhuì 깨닫다
真谛 zhēndì 참뜻, 진리
踏实 tāshi 성실하다
实现 shíxiàn 실현하다
价值 jiàzhí 가치

아들의 양육권을 포기한 아빠, 떠나야 하는 아들은 마음이 좋지 않네요. 小爸爸

A 夏天，心情怎么不好啊？闷闷不乐的！
Xiàtiān, xīnqíng zěnme bù hǎo a? Mènmènbúlè de!

B 我就要离开这了，不能和爸爸在一起，所以…。
Wǒ jiù yào líkāi zhè le, bù néng hé bàba zài yìqǐ, suǒyǐ….

A 夏天你还会回来的？爸爸不在你身边你也要开心啊。
Xiàtiān nǐ hái huì huílái de? Bàba bú zài nǐ shēnbiān nǐ yě yào kāixīn a.

B 저는 아빠랑만 같이 있으면 즐거워요! 我想快点回来！
Wǒ xiǎng kuàidiǎn huílái!

A 시아티안, 마음이 왜 안 좋아? 답답하고 울적해?
B 여기를 곧 떠나야 하니까요. 아빠랑 같이 있을 수 없어서, 그래서…….
A 시아티안, 너 다시 돌아올 거지? 아빠가 네 옆에 없어도 너는 즐겁게 지내야 한다.
B 我只有跟爸爸在一起才高兴！ 저 빨리 돌아올게요!
Wǒ zhǐyǒu gēn bàba zài yìqǐ cái gāoxìng!

闷闷不乐 mènmènbúlè 마음이 답답하고 울적하다
身边 shēnbiān 곁, 신변

233.mp3

这种植物一旦缺水就会枯萎。

이 식물은 **일단** 물이 부족**하면** 말라죽을 겁니다.

'일단 ~하면 ~하다'는 뜻으로, 특정한 조건이 있으면 언제라도 뒤의 상황이 일어남을 나타냅니다.

1. 이 식물은 일단 물이 부족하면 말라죽을 겁니다.
   这种植物一旦缺水就会枯萎。 053
   Zhè zhǒng zhíwù yídàn quēshuǐ jiù huì kūwěi.

2. 일단 해이해지면 잘못을 저지르기 쉽습니다.
   一旦松懈下来，就容易出错。 024 189
   Yídàn sōngxiè xiàlái, jiù róngyì chūcuò.

3. 일단 결심을 했으면 목표를 위해 노력해야 합니다.
   一旦下定决心，就要为目标而努力。
   Yídàn xiàdìng juéxīn, jiù yào wèi mùbiāo ér nǔlì.

4. 사건이 발각됐으니 그들은 징계를 받을 겁니다.
   事情一旦败露，他们就会受到惩罚。 053
   Shìqing yídàn bàilù, tāmen jiù huì shòudào chéngfá.

5. 인간이 환경 문제를 소홀히 하기 시작하면 위험을 초래합니다.
   ★人类一旦忽视环境问题，就会带来危害。 053
   Rénlèi yídàn hūshì huánjìng wèntí, jiù huì dàilái wēihài.

잠깐만요!

★ '人类'는 '인류' 외에 '인간'이란 말도 돼요. '人间'이라는 표현은 '세상'이라는 뜻이니 유의하세요.

植物 zhíwù 식물
缺水 quēshuǐ 물이 부족하다
枯萎 kūwěi 말라죽다, 시들다
松懈 sōngxiè 해이하다
出错 chūcuò 잘못을 저지르다
下定 xiàdìng 결정하다
决心 juéxīn 결심
目标 mùbiāo 목표
败露 bàilù 발각되다, 드러나다
惩罚 chéngfá 징벌, 징계
忽视 hūshì 소홀히 하다
危害 wēihài 위해, 위험

우 사장은 오늘 저녁 파티에 참여해서 배수진을 치기로 하네요. 北京爱情故事

A 伍总，今天的晚宴我们没戏了，又让人家抢先了。
Wǔ zǒng, jīntiān de wǎnyàn wǒmen méixì le, yòu ràng rénjiā qiǎngxiān le.

B 我不是说了嘛，我们还有机会。일단 오늘 저녁 기회를 놓치면, 우리는 정말 끝이에요!
Wǒ búshì shuō le ma, wǒmen háiyǒu jīhuì.

A 可是，我们还是很被动，所以我看…。
Kěshì, wǒmen háishi hěn bèidòng, suǒyǐ wǒ kàn….

B 好戏就在今晚上演了，你到时候见机行事！
Hǎoxì jiù zài jīnwǎn shàngyǎn le, nǐ dào shíhou jiànjī xíngshì!

A 우 사장, 오늘 저녁 모임에 나는 아무래도 가망이 없을 것 같아. 또 다른 사람한테 선수를 뺏겼네.
B 제가 말씀드렸잖아요. 아직 기회는 있어요. **一旦错过今晚的机会，我们就真的完了！**
Yídàn cuòguò jīnwǎn de jīhuì, wǒmen jiù zhēn de wán le!
A 하지만 우리는 아무래도 수동적이고, 그래서 내가 보기엔…….
B 좋은 공연이 오늘 저녁에 펼쳐질 테니 그때 가서 기회를 보고 행동에 들어가세요!

没戏 méixì 희망이 없다
抢先 qiǎngxiān 선수를 뺏기다
处在 chǔzài ~에 처하다
被动 bèidòng 수동적이다
上演 shàngyǎn 공연하다
见机行事 jiànjī xíngshì 기회를 보고 즉시 행동에 옮기다

드라마 속 패턴만 익히면 나도 주인공처럼 말할 수 있다!

드라마 중국어회화

핵심패턴 233

임대근, 高瑜 지음

01.mp3

우리말 해석을 보면서 해당하는 중국어 문장을 큰 소리로 말해 보세요. 정답은 오디오나 본책을 보면서 확인합니다. 머릿속으로만 생각하지 말고 꼭 소리 내어 말합니다. 밑줄에 직접 써 보면서 정리하면 패턴을 기억하는 데 훨씬 도움이 됩니다.

Pattern 001 我要去中国。 저는 중국에 갈 거예요.

1. 저는 중국에 갈 거예요. ▶ ______
2. 저는 커피 마실 거예요. ▶ ______
3. 그 사람은 소설을 쓸 거예요. ▶ ______
4. 그 사람은 휴대전화를 살 거예요. ▶ ______
5. 제 동생은 군대에 갈 거예요. ▶ ______

Pattern 002 我想吃炒饭。 저는 볶음밥을 먹고 싶어요.

1. 저는 볶음밥을 먹고 싶어요. ▶ ______
2. 저는 영화를 보고 싶어요. ▶ ______
3. 저는 우리 할머니가 보고 싶어요. ▶ ______
4. 그 사람은 중국어를 배우고 싶어 해요. ▶ ______
5. 우리 형은 여자 친구를 사귀고 싶어 해요. ▶ ______

Pattern 003 我能听懂你的话。 나는 네 말을 알아들을 수 있어.

1. 나는 네 말을 알아들을 수 있어. ▶ ______
2. 저는 기름진 음식을 먹을 수 있어요. ▶ ______
3. 제 동생은 시험에 합격할 수 있어요. ▶ ______
4. 저는 탁구를 못 합니다. ▶ ______
5. 너 나를 떠나면 안 돼. ▶ ______

Pattern 004 我会说汉语。 저는 중국어를 할 수 있어요.

1. 저는 중국어를 할 수 있어요. ▶ ______
2. 저는 자전거를 탈 줄 알아요. ▶ ______
3. 저는 마작 할 줄 알아요. ▶ ______
4. 그 사람은 운전을 못 합니다. ▶ ______
5. 저는 밥할 줄 모릅니다. ▶ ______

● 02.mp3

우리말 해석을 보면서 해당하는 중국어 문장을 큰 소리로 말해 보세요. 정답은 오디오나 본책을 보면서 확인합니다. 머릿속으로만 생각하지 말고 꼭 소리 내어 말합니다. 밑줄에 직접 써 보면서 정리하면 패턴을 기억하는 데 훨씬 도움이 됩니다.

Pattern 005 我愿意搞音乐。 저는 음악 하기를 원해요.

1. 저는 음악 하기를 원해요. ▶ ______
2. 저는 당신 말을 듣기를 원해요. ▶ ______
3. 저는 고향에 돌아가기를 원합니다. ▶ ______
4. 그는 영화 찍기를 원합니다. ▶ ______
5. 그는 중학교에서 학생을 가르치기를 원합니다. ▶ ______

Pattern 006 我打算找她。 저는 그녀를 찾을 생각이에요.

1. 저는 그녀를 찾을 생각이에요. ▶ ______
2. 저는 가수가 될 생각이에요. ▶ ______
3. 저는 담배를 피우지 않을 생각이에요. ▶ ______
4. 그는 계속 한국에 있을 생각이에요. ▶ ______
5. 그는 상하이에서 유학할 생각이에요. ▶ ______

Pattern 007 我希望你成功。 성공하시길 바랍니다.

1. 성공하시길 바랍니다. ▶ ______
2. 서울에서 뵙기를 바랍니다. ▶ ______
3. 제 여동생이 시험에 합격하길 바랍니다. ▶ ______
4. 내년엔 베이징에 가기를 바랍니다. ▶ ______
5. 우리 모두 승리하길 바랍니다. ▶ ______

Pattern 008 祝你身体健康。 건강하시길 빕니다.

1. 건강하시길 빕니다. ▶ ______
2. 생일 축하해요. ▶ ______
3. 공부 잘하시길 빕니다. ▶ ______
4. 영원히 행복하길 빕니다. ▶ ______
5. 모든 일이 뜻대로 이루어지길 바랍니다. ▶ ______

03.mp3

우리말 해석을 보면서 해당하는 중국어 문장을 큰 소리로 말해 보세요. 정답은 오디오나 본책을 보면서 확인합니다. 머릿속으로만 생각하지 말고 꼭 소리 내어 말합니다. 밑줄에 직접 써 보면서 정리하면 패턴을 기억하는 데 훨씬 도움이 됩니다.

Pattern 009 我不抽烟了。 이제 담배 안 피울래요.

1. 이제 담배 안 피울래요. ▶ ______
2. 이제 더 안 기다릴래요. ▶ ______
3. 이제 커피 안 마실래요. ▶ ______
4. 이제 게임 안 할래요. ▶ ______
5. 이제 네 말 안 들을래. ▶ ______

Pattern 010 今天天气很好。 오늘 날씨 좋네요.

1. 오늘 날씨 좋네요. ▶ ______
2. 우리 아버지는 엄하세요. ▶ ______
3. 그의 여자 친구는 예뻐요. ▶ ______
4. 전 어렸을 땐 똑똑했어요. ▶ ______
5. 시간이 빨리 가네요. ▶ ______

Pattern 011 今年夏天挺热。 올해 여름은 꽤 덥네요.

1. 올해 여름은 꽤 덥네요. ▶ ______
2. 그 사람 말은 꽤 분명합니다. ▶ ______
3. 그의 개는 꽤 귀여워요. ▶ ______
4. 그 만화는 꽤 재미있네요. ▶ ______
5. 학교가 여기서 꽤 가깝군요. ▶ ______

Pattern 012 这儿的气氛真不错。 여기 분위기 정말 좋네요.

1. 여기 분위기 정말 좋네요. ▶ ______
2. 이 물건들은 정말 쌉니다. ▶ ______
3. 한국 학생들은 정말 불쌍해요. ▶ ______
4. 그 사람 정말 싹수가 노래요. ▶ ______
5. 늦어서 정말 죄송합니다. ▶ ______

04.mp3

우리말 해석을 보면서 해당하는 중국어 문장을 큰 소리로 말해 보세요. 정답은 오디오나 본책을 보면서 확인합니다. 머릿속으로만 생각하지 말고 꼭 소리 내어 말합니다. 밑줄에 직접 써 보면서 정리하면 패턴을 기억하는 데 훨씬 도움이 됩니다.

Pattern 013 他太过分了。 그 사람 너무하네요.

1. 그 사람 너무하네요. ▶ ____________
2. 그럼 아주 잘됐네요. ▶ ____________
3. 우리 집 강아지는 아주 똑똑해요. ▶ ____________
4. 이 신발은 너무 커요. ▶ ____________
5. 이 영화 정말 재미없어요. ▶ ____________

Pattern 014 我身体不太舒服。 저는 몸이 별로 안 좋아요.

1. 저는 몸이 별로 안 좋아요. ▶ ____________
2. 이 요리는 별로 맛이 없네요. ▶ ____________
3. 우리도 잘 모르겠어요. ▶ ____________
4. 전 음악 듣는 거 별로 안 좋아해요. ▶ ____________
5. 그는 인간관계를 별로 중시하지 않아요. ▶ ____________

Pattern 015 我爸年纪比较大。 저희 아버지는 연세가 좀 많은 편이에요.

1. 저희 아버지는 연세가 좀 많은 편이에요. ▶ ____________
2. 이 문제는 좀 쉬운 편이에요. ▶ ____________
3. 그 이야기는 좀 복잡한 편이에요. ▶ ____________
4. 이 도시는 좀 조용한 편이에요. ▶ ____________
5. 서울은 교통이 편리한 편이에요. ▶ ____________

Pattern 016 认识您非常荣幸。 뵙게 되어 대단히 영광입니다.

1. 뵙게 되어 대단히 영광입니다. ▶ ____________
2. 그분은 저를 매우 잘 보살펴주십니다. ▶ ____________
3. 그가 말한 문제는 매우 중대합니다. ▶ ____________
4. 그의 성격은 매우 솔직합니다. ▶ ____________
5. 우리의 꿈은 매우 위대했습니다. ▶ ____________

05.mp3

우리말 해석을 보면서 해당하는 중국어 문장을 큰 소리로 말해 보세요. 정답은 오디오나 본책을 보면서 확인합니다. 머릿속으로만 생각하지 말고 꼭 소리 내어 말합니다. 밑줄에 직접 써 보면서 정리하면 패턴을 기억하는 데 훨씬 도움이 됩니다.

Pattern 017 她长得特别漂亮。 그녀는 정말 예쁘게 생겼네요.

1. 그녀는 정말 예쁘게 생겼네요. ▶ ______
2. 베이징에는 안개가 정말 짙어요. ▶ ______
3. 그는 농구를 유달리 좋아합니다. ▶ ______
4. 이 드라마는 특별히 재미있어요. ▶ ______
5. 우리는 선생님을 정말로 존경했습니다. ▶ ______

Pattern 018 便宜一点儿吧。 좀 싸게 해 주세요.

1. 좀 싸게 해 주세요. ▶ ______
2. 우리 형은 키가 좀 큽니다. ▶ ______
3. 제주도는 여기서 좀 멉니다. ▶ ______
4. 저는 그 사람 말을 좀 알아들었습니다. ▶ ______
5. 제가 의견을 좀 보충하겠습니다. ▶ ______

Pattern 019 这篇文章有点儿难。 이 글은 좀 어려워요.

1. 이 글은 좀 어려워요. ▶ ______
2. 그 사람 성격은 좀 단순합니다. ▶ ______
3. 그 연극은 좀 길었습니다. ▶ ______
4. 이번 여행은 좀 힘들었습니다. ▶ ______
5. 우리는 살기가 좀 어렵습니다. ▶ ______

Pattern 020 这把刀又长又快。 이 칼은 길고도 날카롭습니다.

1. 이 칼은 길고도 날카롭습니다. ▶ ______
2. 이 집은 싸고 맛있습니다. ▶ ______
3. 그의 아이는 예쁘고 똑똑합니다. ▶ ______
4. 저 고양이는 눈이 희고 동그랍니다. ▶ ______
5. 지하철을 타면 빠르고 편리합니다. ▶ ______

06.mp3

우리말 해석을 보면서 해당하는 중국어 문장을 큰 소리로 말해 보세요. 정답은 오디오나 본책을 보면서 확인합니다. 머릿속으로만 생각하지 말고 꼭 소리 내어 말합니다. 밑줄에 직접 써 보면서 정리하면 패턴을 기억하는 데 훨씬 도움이 됩니다.

Pattern 021 我妈高兴得不得了。 우리 엄마는 무척 즐거워하셨습니다.

1. 우리 엄마는 무척 즐거워하셨습니다. ▶ ______________________________
2. 우리 팀은 무척 바빴습니다. ▶ ______________________________
3. 그들은 후회가 막심했습니다. ▶ ______________________________
4. 그의 할아버지는 병이 꽤 중하십니다. ▶ ______________________________
5. 하얼빈의 겨울은 무척 추웠습니다. ▶ ______________________________

Pattern 022 他们的关系还可以。 그 사람들 관계는 그런대로 괜찮아요.

1. 그 사람들 관계는 그런대로 괜찮아요. ▶ ______________________________
2. 그는 중국어를 그런대로 괜찮게 해요. ▶ ______________________________
3. 새로 나온 상품은 그런대로 괜찮아요. ▶ ______________________________
4. 이 영화는 그런대로 볼 만해요. ▶ ______________________________
5. 괜찮으면 같이 가시지요. ▶ ______________________________

Pattern 023 这孩子多可爱! 이 아이는 얼마나 귀여운지요!

1. 이 아이는 얼마나 귀여운지요! ▶ ______________________________
2. 그 문제는 얼마나 어렵던지요! ▶ ______________________________
3. 이 빵은 얼마나 맛있던지요! ▶ ______________________________
4. 제 친구가 얼마나 부럽던지요! ▶ ______________________________
5. 우리 회사가 얼마나 자랑스럽던지요! ▶ ______________________________

Pattern 024 这种话，我不好说。 이런 말은 하기 어려운데요.

1. 이런 말은 하기 어려운데요. ▶ ______________________________
2. 그 요리는 만들기 어려워요. ▶ ______________________________
3. 그 사람 짐은 들기가 어려워요. ▶ ______________________________
4. 새로운 학문은 배우기가 어려워요. ▶ ______________________________
5. 이 문제는 해결하기가 어려워요. ▶ ______________________________

07.mp3

우리말 해석을 보면서 해당하는 중국어 문장을 큰 소리로 말해 보세요. 정답은 오디오나 본책을 보면서 확인합니다. 머릿속으로만 생각하지 말고 꼭 소리 내어 말합니다. 밑줄에 직접 써 보면서 정리하면 패턴을 기억하는 데 훨씬 도움이 됩니다.

Pattern 025 他的头发变白了。 그분은 머리가 희어졌어요.

1. 그분은 머리가 희어졌어요. ▶ ____________
2. 우리 모두 돈이 떨어졌어요. ▶ ____________
3. 오늘 날씨는 따뜻해졌네요. ▶ ____________
4. 1년 만에 저는 키가 컸어요. ▶ ____________
5. 이번 시험은 더 쉽지 않아졌어요. ▶ ____________

Pattern 026 他说汉语说得很流利。 그는 중국어를 유창하게 합니다.

1. 그는 중국어를 유창하게 합니다. ▶ ____________
2. 그는 한자를 꽤 예쁘게 씁니다. ▶ ____________
3. 제 친구는 타자를 매우 정확하게 칩니다. ▶ ____________
4. 제 여동생은 아이를 잘 돌봅니다. ▶ ____________
5. 그 선수는 스케이트를 정말 빠르게 탑니다. ▶ ____________

Pattern 027 他的汉语说得很流利。 그는 중국어를 유창하게 합니다.

1. 그는 중국어를 유창하게 합니다. ▶ ____________
2. 그는 한자를 꽤 예쁘게 씁니다. ▶ ____________
3. 저는 시험을 잘 못 보았어요. ▶ ____________
4. 제 여동생은 아이를 잘 돌봅니다. ▶ ____________
5. 제 친구는 좀 말이 많습니다. ▶ ____________

Pattern 028 汉语，他说得很流利。 중국어를 그는 유창하게 합니다.

1. 중국어를 그는 유창하게 합니다. ▶ ____________
2. 한자를 그는 꽤 예쁘게 씁니다. ▶ ____________
3. 이번 시험을 저는 잘 못 보았습니다. ▶ ____________
4. 이 문제를 그리 빨리 해결하지는 못했습니다. ▶ ____________
5. 저는 제 컴퓨터를 매우 편리하게 사용합니다. ▶ ____________

08.mp3

우리말 해석을 보면서 해당하는 중국어 문장을 큰 소리로 말해 보세요. 정답은 오디오나 본책을 보면서 확인합니다. 머릿속으로만 생각하지 말고 꼭 소리 내어 말합니다. 밑줄에 직접 써 보면서 정리하면 패턴을 기억하는 데 훨씬 도움이 됩니다.

Pattern 029 那儿的风景美极了。 그곳 풍경은 대단히 아름답습니다.

1. 그곳 풍경은 대단히 아름답습니다. ▶ ______________________
2. 그 가게는 장사가 대단히 잘됩니다. ▶ ______________________
3. 오늘 우리 선생님은 대단히 기뻐하셨습니다. ▶ ______________________
4. 이 취두부는 냄새가 대단히 고약합니다. ▶ ______________________
5. 다리의 상처가 대단히 고통스럽습니다. ▶ ______________________

Pattern 030 我想了一个办法。 저는 한 가지 방법을 생각했어요.

1. 저는 한 가지 방법을 생각했어요. ▶ ______________________
2. 어떻게 하면 좋을지 생각해 봐. ▶ ______________________
3. 그는 반나절을 생각하더니 한마디 했어요. ▶ ______________________
4. 저는 이 일은 그녀가 맞게 했다고 생각해요. ▶ ______________________
5. 그들 모두 정답을 생각해 내지 못했어요. ▶ ______________________

Pattern 031 我觉得他是一个好人。 저는 그분이 좋은 사람이라고 생각해요.

1. 저는 그분이 좋은 사람이라고 생각해요. ▶ ______________________
2. 오늘은 정말 행운이라고 생각해요. ▶ ______________________
3. 저는 좀 추운 것 같은데요. ▶ ______________________
4. 말 속에 뼈가 있는 것 같은데요. ▶ ______________________
5. 여러분은 어떻게 생각해요? ▶ ______________________

Pattern 032 我认为未来是美丽的。 저는 미래가 아름답다고 생각해요.

1. 저는 미래가 아름답다고 생각해요. ▶ ______________________
2. 그는 자기가 가장 잘났다고 생각해요. ▶ ______________________
3. 그가 우리 행사에 오리라고 생각해요. ▶ ______________________
4. 보통 사람들은 중국인이 먹을 것을 중시한다고 생각해요. ▶ ______________________
5. 우리는 모두 세계 경제가 좋아질 거라고 생각해요. ▶ ______________________

09.mp3

우리말 해석을 보면서 해당하는 중국어 문장을 큰 소리로 말해 보세요. 정답은 오디오나 본책을 보면서 확인합니다. 머릿속으로만 생각하지 말고 꼭 소리 내어 말합니다. 밑줄에 직접 써 보면서 정리하면 패턴을 기억하는 데 훨씬 도움이 됩니다.

Pattern 033 我以为今天是星期天。 저는 오늘이 일요일인 줄 알았어요.

1. 저는 오늘이 일요일인 줄 알았어요. ▶ ______
2. 저는 그 사람이 한국인인 줄 알았어요. ▶ ______
3. 저는 그 사람이 나이가 적은 편이라고 생각했어요. ▶ ______
4. 우리는 아버지가 돌아가시지 않을 거라 생각했어요. ▶ ______
5. 그들은 자신의 사랑이 영원히 변치 않으리라 생각했어요. ▶ ______

Pattern 034 我知道你不爱我。 네가 날 사랑하지 않는다는 것을 알고 있어.

1. 네가 날 사랑하지 않는다는 것을 알고 있어. ▶ ______
2. 그 사람 돈 많다는 것을 알고 있어. ▶ ______
3. 다음 역에서 내려야 한다는 것을 알고 있어. ▶ ______
4. 우리는 건강이 가장 중요하다는 것을 알고 있어요. ▶ ______
5. 한류가 전 세계에서 사랑받는다는 것을 모두 알고 있어요. ▶ ______

Pattern 035 我相信你会再回来的。 나는 네가 다시 돌아올 거라고 믿어.

1. 나는 네가 다시 돌아올 거라고 믿어. ▶ ______
2. 저는 그가 이 아이의 아버지라고 믿습니다. ▶ ______
3. 저는 좋은 사람이 성공할 거라고 믿습니다. ▶ ______
4. 저는 인간은 모두 평등하다고 믿습니다. ▶ ______
5. 우리는 과학기술이 계속 진보하리라 믿습니다. ▶ ______

Pattern 036 我估计两天以内有变化。 제 생각엔 이틀 안에 변화가 있을 거예요.

1. 제 생각엔 이틀 안에 변화가 있을 거예요. ▶ ______
2. 제 생각엔 그 사람 중국어 수준이 틀림없이 높을 거예요. ▶ ______
3. 제 생각엔 1억 명의 관객이 이 영화를 봤어요. ▶ ______
4. 제 생각에 그건 천 년 전 문화재예요. ▶ ______
5. 제 생각에 올해 생산량은 작년의 두 배가 될 거예요. ▶ ______

◉ 10.mp3

우리말 해석을 보면서 해당하는 중국어 문장을 큰 소리로 말해 보세요. 정답은 오디오나 본책을 보면서 확인합니다. 머릿속으로만 생각하지 말고 꼭 소리 내어 말합니다. 밑줄에 직접 써 보면서 정리하면 패턴을 기억하는 데 훨씬 도움이 됩니다.

Pattern 037 我是说**世界上有的是女孩子。** 제 말은 세상에 여자는 많다고요.

1. 제 말은 세상에 여자는 많다고요. ▶ ______
2. 제 말은 우리는 목표가 다르다고요. ▶ ______
3. 제 말은 여러분 모두 바로 돌아가야 한다고요. ▶ ______
4. 그분 말은 그녀가 우리 팀원이 아니라는 거예요. ▶ ______
5. 네 말은 네가 아무 문제 없다는 거지? ▶ ______

Pattern 038 我的意思是**要接受他的看法。** 제 뜻은 그의 생각을 받아들여야 한다는 거예요.

1. 제 뜻은 그의 의견을 받아들여야 한다는 거예요. ▶ ______
2. 제 뜻은 그가 절대로 동의하지 않는다는 거예요. ▶ ______
3. 제 뜻은 아무리 해도 못 알아듣겠다는 거예요. ▶ ______
4. 그의 뜻은 네가 도대체 어디 있느냐는 거지. ▶ ______
5. 그녀의 뜻은 포도주가 건강에 좋다는 거야. ▶ ______

Pattern 039 我的意见是**咱们赶快回家。** 제 의견은 우리 서둘러 집에 가야 한다고요.

1. 제 의견은 우리 서둘러 집에 가야 한다고요. ▶ ______
2. 제 의견은 이 문제를 다시 고려해야 한다고요. ▶ ______
3. 제 의견은 우리가 함께 노력해 나가야 한다는 거예요. ▶ ______
4. 그녀의 의견은 축구 경기가 매우 재미있다는 거예요. ▶ ______
5. 우리의 의견은 그 결과를 생각해야만 한다는 거예요. ▶ ______

Pattern 040 我看，**现在我们要出发。** 자, 이제 우리 출발해야 해요.

1. 자, 이제 우리 출발해야 해요. ▶ ______
2. 자, 두 분 먼저 인사하세요. ▶ ______
3. 자, 우리 팀이 이길 것 같습니다. ▶ ______
4. 보아하니 저기 사고가 났네. ▶ ______
5. 보아하니 그 책은 읽기 어렵겠네. ▶ ______

11.mp3

우리말 해석을 보면서 해당하는 중국어 문장을 큰 소리로 말해 보세요. 정답은 오디오나 본책을 보면서 확인합니다. 머릿속으로만 생각하지 말고 꼭 소리 내어 말합니다. 밑줄에 직접 써 보면서 정리하면 패턴을 기억하는 데 훨씬 도움이 됩니다.

Pattern 041 看样子，他挺喜欢你。 보아하니 그 사람이 너를 참 좋아하네.

1. 보아하니 그 사람이 너를 참 좋아하네. ▶ ____________
2. 보아하니 이 라면은 맵겠네요. ▶ ____________
3. 보아하니 그녀는 임신했네요. ▶ ____________
4. 보아하니 그는 직업을 구한 것 같아요. ▶ ____________
5. 구름이 많아요. 보아하니 곧 비가 오겠네요. ▶ ____________

Pattern 042 依我看，他为人很好。 제가 보기엔 그 사람은 사람됨이 훌륭해요.

1. 제가 보기엔 그 사람은 사람됨이 훌륭해요. ▶ ____________
2. 제가 보기엔 이 도시는 아름다운 곳이에요. ▶ ____________
3. 제가 보기엔 젊은이들은 특권이 있어요. ▶ ____________
4. 제가 보기엔 몇 년 전에 그들은 헤어졌어요. ▶ ____________
5. 제가 보기엔 경제에 대한 올림픽의 영향은 작지 않아요. ▶ ____________

Pattern 043 在我看来，人人都有自己的长处。 제가 보기엔 사람들은 모두 저마다 장점이 있어요.

1. 제가 보기엔 사람들은 모두 저마다 장점이 있어요. ▶ ____________
2. 제가 보기엔 이 갈등은 해결하기 어렵지 않아요. ▶ ____________
3. 제가 보기엔 중요한 건 환경보호예요. ▶ ____________
4. 제가 보기엔 전쟁은 인류 최대의 비극이에요. ▶ ____________
5. 제가 보기엔 전통명절은 현대 생활에 적합하지 않아요. ▶ ____________

Pattern 044 对我来说，今天是难忘的一天。 제게 있어 오늘은 잊을 수 없는 하루입니다.

1. 제게 있어 오늘은 잊을 수 없는 하루입니다. ▶ ____________
2. 우리에게 있어 휴대전화는 의사소통 도구예요. ▶ ____________
3. 중국 같은 경우엔 인구 문제가 매우 중대합니다. ▶ ____________
4. 중국어의 경우엔 발음이 전혀 어렵지 않습니다. ▶ ____________
5. 이 잡지 같은 경우는 국내 유일의 영화 주간지입니다. ▶ ____________

12.mp3

우리말 해석을 보면서 해당하는 중국어 문장을 큰 소리로 말해 보세요. 정답은 오디오나 본책을 보면서 확인합니다. 머릿속으로만 생각하지 말고 꼭 소리 내어 말합니다. 밑줄에 직접 써 보면서 정리하면 패턴을 기억하는 데 훨씬 도움이 됩니다.

Pattern 045 从我的角度来看，他是对的。 제 시각에서 보면 그가 옳았습니다.

1. 제 시각에서 보면 그가 옳았습니다. ▶ ____________________
2. 겉모습으로 보면 그들은 영화배우 같습니다. ▶ ____________________
3. 멀리 보면 이 계획은 중요합니다. ▶ ____________________
4. 바나나의 성분을 보면 소화를 도울 수 있어요. ▶ ____________________
5. 현재 상황으로 보면 한국 팀은 결코 질 수 없어요. ▶ ____________________

Pattern 046 我跟你说，吃饭是次要的。 들어 봐, 밥 먹는 건 다음 문제야.

1. 들어 봐, 밥 먹는 건 다음 문제야. ▶ ____________________
2. 들어 봐, 이 일은 꼭 비밀을 지켜야 해. ▶ ____________________
3. 들어 봐, 그 두 사람 관계가 심상치 않아. ▶ ____________________
4. 들어 봐, 호랑이는 영원한 동물의 왕이야. ▶ ____________________
5. 들어 봐, 사람 노릇을 하려면 잘해야 해. ▶ ____________________

Pattern 047 我告诉你，学汉语并不难。 들어 봐, 중국어 공부는 전혀 어렵지 않아.

1. 들어 봐, 중국어 공부는 전혀 어렵지 않아. ▶ ____________________
2. 이것 봐, 요즘엔 장사가 정말 안돼. ▶ ____________________
3. 이것 봐, 그는 작년에 벌써 떠나갔어. ▶ ____________________
4. 들어 보세요. 내일 회의는 취소됐어요. ▶ ____________________
5. 들어 보세요. 한중관계의 역사는 유구합니다. ▶ ____________________

Pattern 048 说实话，我不喜欢吃面条。 솔직히 말하면 나 국수 안 좋아해.

1. 솔직히 말하면 나 국수 안 좋아해. ▶ ____________________
2. 솔직히 말하면 오늘 저 늦게 일어났어요. ▶ ____________________
3. 솔직히 말하면 남자 친구를 사귀고 싶어요. ▶ ____________________
4. 솔직히 말하면 난 록 음악 팬이야. ▶ ____________________
5. 솔직히 말하면 지난주에 홍콩에 다녀왔어. ▶ ____________________

13.mp3

우리말 해석을 보면서 해당하는 중국어 문장을 큰 소리로 말해 보세요. 정답은 오디오나 본책을 보면서 확인합니다. 머릿속으로만 생각하지 말고 꼭 소리 내어 말합니다. 밑줄에 직접 써 보면서 정리하면 패턴을 기억하는 데 훨씬 도움이 됩니다.

Pattern 049 他是不是新来的职员？ 그 사람이 새로 온 직원이에요?

1. 그 사람이 새로 온 직원이에요? ▶ ______
2. 요즘 일이 바쁜 거예요? ▶ ______
3. 제 말을 잘못 들은 겁니다. 그렇죠? ▶ ______
4. 아직 배가 안 부른 거죠? ▶ ______
5. 계속 기침을 하는데, 감기 걸린 건가요? ▶ ______

Pattern 050 他不是说三点来吗？ 그 사람 3시에 온다고 하지 않았어요?

1. 그 사람 3시에 온다고 하지 않았어요? ▶ ______
2. 그 사람들 한국에 와 본 적 있지 않아요? ▶ ______
3. 이 사진 우리 베이징에서 찍은 것 아니에요? ▶ ______
4. 그건 우리가 그제 봤던 뮤지컬 아니에요? ▶ ______
5. 방학에 중국어 배운다 하지 않았어요? ▶ ______

Pattern 051 他难道不是韩国人吗？ 그 사람 설마 한국인은 아니겠죠?

1. 그 사람 설마 한국인은 아니겠죠? ▶ ______
2. 오늘 설마 금요일은 아니겠지? ▶ ______
3. 설마 저를 모르는 건 아니죠? ▶ ______
4. 설마 제가 뭐 잘못한 건가요? ▶ ______
5. 설마 이 음식이 맛이 없나요? ▶ ______

Pattern 052 我猜这是他的包。 제 생각에는 이거 그 사람 가방이에요.

1. 제 생각에는 이거 그 사람 가방인데요. ▶ ______
2. 제 생각에는 그 사람 여자 친구 없어요. ▶ ______
3. 제 추측으로는 요즘 타이베이는 따뜻할 거예요. ▶ ______
4. 제 추측으로는 그들이 길을 잃은 것 같아요. ▶ ______
5. 제 추측으로는 그 둘은 틀림없이 싸웠어요. ▶ ______

14.mp3

우리말 해석을 보면서 해당하는 중국어 문장을 큰 소리로 말해 보세요. 정답은 오디오나 본책을 보면서 확인합니다. 머릿속으로만 생각하지 말고 꼭 소리 내어 말합니다. 밑줄에 직접 써 보면서 정리하면 패턴을 기억하는 데 훨씬 도움이 됩니다.

Pattern 053 明天会更好的。 내일은 더 좋아질 거예요.

1. 내일은 더 좋아질 거예요. ▶ ______
2. 그는 반드시 돌아올 겁니다. ▶ ______
3. 오늘은 비가 올 리 없어요. ▶ ______
4. 그들은 모두 회의를 하러 올 겁니다. ▶ ______
5. 중국 사회는 변화할 것입니다. ▶ ______

Pattern 054 他可能不在里边儿。 그 사람 아마 안에 없을 걸요.

1. 그 사람 아마 안에 없을 걸요. ▶ ______
2. 그 사람 아마도 또 병이 난 것 같아요. ▶ ______
3. 엄마는 아마 내일 갈 것 같아요. ▶ ______
4. 그녀는 아마도 스타가 될 거예요. ▶ ______
5. 그들은 어쩌면 방법을 찾을 거예요. ▶ ______

Pattern 055 我们好像见过面。 우리 아마도 만난 적이 있는 것 같은데요.

1. 우리 아마도 만난 적이 있는 것 같은데요. ▶ ______
2. 그 사람 아마도 중국인이 아닌 것 같아요. ▶ ______
3. 올해 여름은 아마도 매우 더울 것 같아요. ▶ ______
4. 그는 아마 막 수업이 끝난 것 같은데요. ▶ ______
5. 그녀는 마치 몸이 좀 안 좋은 것 같아요. ▶ ______

Pattern 056 这也许是一件好事。 그건 아마도 좋은 일인 듯합니다.

1. 그건 아마도 좋은 일인 듯합니다. ▶ ______
2. 그는 아마도 공연 보는 걸 좋아하는 듯합니다. ▶ ______
3. 이 답안은 아마도 정확한 듯합니다. ▶ ______
4. 그들은 아마도 저를 기억 못 하는 듯합니다. ▶ ______
5. 내일 그녀가 저를 도와줄 수 있을 듯합니다. ▶ ______

15.mp3

우리말 해석을 보면서 해당하는 중국어 문장을 큰 소리로 말해 보세요. 정답은 오디오나 본책을 보면서 확인합니다. 머릿속으로만 생각하지 말고 꼭 소리 내어 말합니다. 밑줄에 직접 써 보면서 정리하면 패턴을 기억하는 데 훨씬 도움이 됩니다.

Pattern 057 恐怕她明年要结婚。 그녀는 아마 내년에 결혼할 것 같아요.

1. 그녀는 아마 내년에 결혼할 것 같아요. ▶ ______
2. 여기는 아마 오늘 문을 안 여는 것 같아요. ▶ ______
3. 내일 오전에는 아마 비가 올 것 같아요. ▶ ______
4. 그 사람 아마 행사에 참석 못 할 것 같아요. ▶ ______
5. 제가 마음대로 말을 할 수는 없을 것 같아요. ▶ ______

Pattern 058 我怕你起得晚。 네가 늦게 일어날까 봐 걱정돼.

1. 네가 늦게 일어날까 봐 걱정돼. ▶ ______
2. 그녀가 거부할까 봐 두려워. ▶ ______
3. 후회할까 봐 회식에 참가했어요. ▶ ______
4. 배가 고플까 봐 많이 먹었어요. ▶ ______
5. 벌레에 물릴까 봐 약을 발랐어요. ▶ ______

Pattern 059 他应该喜欢红色的帽子。 그 사람 틀림없이 빨간 모자를 좋아할 거예요.

1. 그 사람 틀림없이 빨간 모자를 좋아할 거예요. ▶ ______
2. 그들은 틀림없이 이 음식들 다 못 먹을 거예요. ▶ ______
3. 저는 그가 틀림없이 앞에 있을 거라 생각해요. ▶ ______
4. 도서관에는 틀림없이 그 책이 있을 거예요. ▶ ______
5. 이 일은 마땅히 네가 처리해야 해. ▶ ______

Pattern 060 我大概三点到办公室。 저는 대략 3시에 사무실에 도착할 거예요.

1. 저는 대략 3시에 사무실에 도착할 거예요. ▶ ______
2. 오늘 열 명쯤 되는 학생이 견학을 옵니다. ▶ ______
3. 제 생각엔 그 사람 아마도 여기 오지 않을 겁니다. ▶ ______
4. 대략적인 원인을 알려주실 수 있나요? ▶ ______
5. 이것이 바로 이곳의 대략적인 상황입니다. ▶ ______

▶ 16.mp3

우리말 해석을 보면서 해당하는 중국어 문장을 큰 소리로 말해 보세요. 정답은 오디오나 본책을 보면서 확인합니다. 머릿속으로만 생각하지 말고 꼭 소리 내어 말합니다. 밑줄에 직접 써 보면서 정리하면 패턴을 기억하는 데 훨씬 도움이 됩니다.

Pattern 061 你几点左右到车站? 몇 시쯤 역에 도착하나요?

1. 몇 시쯤 역에 도착하나요? ▶ ______
2. 그는 30분쯤 말했습니다. ▶ ______
3. 그는 상하이에서 30년쯤 살았습니다. ▶ ______
4. 그 남자아이는 스무 살쯤으로 젊습니다. ▶ ______
5. 만두를 10개쯤 먹었더니 조금도 배가 안 고파요. ▶ ______

Pattern 062 听说他们早就认识了。 그 사람들 진작부터 알고 있었다던데요.

1. 그 사람들 진작부터 알고 있었다던데요. ▶ ______
2. 그의 소설은 매우 유명하다던데요. ▶ ______
3. 부산까지는 2시간이 걸린다던데요. ▶ ______
4. 그 사람 아직 베이징에서 공부한다던데요. ▶ ______
5. 중국 경제는 더 좋아질 거라던데요. ▶ ______

Pattern 063 我听他说今天会下雪。 그 사람이 그러던데 오늘 눈 온다는데요.

1. 그 사람이 그러던데 오늘 눈 온다는데요. ▶ ______
2. 제 친구가 그러던데 그 사람 사직했다던데요. ▶ ______
3. 어머니 말씀으로는 이 가게는 좀 비싸다던데요. ▶ ______
4. 선생님 말씀으로는 다음 주에 방학한다던데요. ▶ ______
5. 뉴스에서 들었는데 또 거기서 사고가 났다던데요. ▶ ______

Pattern 064 据说他的星座是天秤座。 그 사람 천칭자리라던데요.

1. 그 사람 천칭자리라던데요. ▶ ______
2. 제 남동생은 혈액형이 AB형이라던데요. ▶ ______
3. 구이린은 풍경이 아름답다던데요. ▶ ______
4. 그 사람 말이 곧 신입생을 모집한다는데요. ▶ ______
5. 제 친구 말이 그 가수는 노래를 잘 부른다던데요. ▶ ______

17.mp3

우리말 해석을 보면서 해당하는 중국어 문장을 큰 소리로 말해 보세요. 정답은 오디오나 본책을 보면서 확인합니다. 머릿속으로만 생각하지 말고 꼭 소리 내어 말합니다. 밑줄에 직접 써 보면서 정리하면 패턴을 기억하는 데 훨씬 도움이 됩니다.

Pattern 065 他告诉我说有人来找我。 누군가 저를 찾아왔다고 그가 알려주었어요.

1. 누군가 저를 찾아왔다고 그가 알려주었어요. ▶
2. 이 컵의 물은 마셔도 된다고 다른 사람이 알려주었어요. ▶
3. 그 친구 벌써 졸업했다고 선생님이 알려주셨어요. ▶
4. 앞으로 조심하라고 제가 그에게 알려주었어요. ▶
5. 내일은 출근하지 않는다고 제가 동료에게 알려주었어요. ▶

Pattern 066 他的名字叫什么来着? 그 사람 이름이 뭐였더라?

1. 그 사람 이름이 뭐였더라? ▶
2. 네 생일이 며칠이었더라? ▶
3. 그가 방금 뭐라고 했더라? ▶
4. 이 근처에 은행이 어디 있었더라? ▶
5. 우리 약속이 언제였더라? ▶

Pattern 067 这么来说，我猜得没错。 듣고 보니 제 추측이 맞았네요.

1. 듣고 보니 제 추측이 맞았네요. ▶
2. 듣고 보니 상황이 더 복잡해졌네요. ▶
3. 듣고 보니 그 사람 너한테 관심이 있네. ▶
4. 듣고 보니 네가 일부러 그런 거야? ▶
5. 듣고 보니 그는 미국에 가고 싶지 않네요. ▶

Pattern 068 比方说，苹果对身体很好。 예를 들면, 사과는 몸에 좋습니다.

1. 예를 들면, 사과는 몸에 좋습니다. ▶
2. 예를 들면, 돈 버는 일은 쉽지 않습니다. ▶
3. 예를 들어, 지난번에는 안 도와주셨죠. ▶
4. 예를 들어, 수학은 일종의 논리학이죠. ▶
5. 예를 들어, 그 사람이 안 간다면 어쩌지? ▶

18.mp3

우리말 해석을 보면서 해당하는 중국어 문장을 큰 소리로 말해 보세요. 정답은 오디오나 본책을 보면서 확인합니다. 머릿속으로만 생각하지 말고 꼭 소리 내어 말합니다. 밑줄에 직접 써 보면서 정리하면 패턴을 기억하는 데 훨씬 도움이 됩니다.

Pattern 069 打个比方，**他每天学习到很晚。** 예를 들면, 그는 매일 늦게까지 공부합니다.

1. 예를 들면, 그는 매일 늦게까지 공부합니다. ▶ ____________
2. 예를 들면, 이 교실은 농구장보다 큽니다. ▶ ____________
3. 예를 들면, 지구는 태양 주위를 돕니다. ▶ ____________
4. 예를 들면, 그는 소처럼 힘이 셉니다. ▶ ____________
5. 예를 들면, 윈난에는 소수민족이 많습니다. ▶ ____________

Pattern 070 举例来说，**熊在冬天冬眠。** 예를 들어 말하면, 곰은 겨울에 겨울잠을 잡니다.

1. 예를 들어 말하면, 곰은 겨울에 겨울잠을 잡니다. ▶ ____________
2. 예를 들어 말하면, 저는 그녀의 노래를 자주 들어요. ▶ ____________
3. 예를 들어 말하면, 혼자 사는 건 외롭습니다. ▶ ____________
4. 예를 들어 말하면, 1년에 사계절이 있어요. ▶ ____________
5. 예를 들어 말하면, 공자는 위대한 인물이죠. ▶ ____________

Pattern 071 例如，**春节是重要的节日。** 예를 들면, 춘절은 중요한 명절입니다.

1. 예를 들면, 춘절은 중요한 명절입니다. ▶ ____________
2. 예를 들면, 상하이는 국제적인 도시입니다. ▶ ____________
3. 예를 들면, 20세기는 과학의 시대였습니다. ▶ ____________
4. 예를 들면, 다른 사람을 비판할 때는 말을 주의해야 합니다. ▶ ____________
5. 예를 들면, 아시아라는 개념은 좀 모호합니다. ▶ ____________

Pattern 072 **我喜欢吃水果，**如香蕉等。 저는 바나나 같은 과일을 좋아합니다.

1. 저는 바나나 같은 과일을 좋아합니다. ▶ ____________
2. 스마트폰 같은 어떤 기기는 편리합니다. ▶ ____________
3. 시간이 정말 빨라서 10년이 하루 같아요. ▶ ____________
4. 모옌 같은 중국의 작가는 뛰어난 소설가입니다. ▶ ____________
5. 중국인은 생선회처럼 살아있는 음식은 좋아하지 않습니다. ▶ ____________

19.mp3

우리말 해석을 보면서 해당하는 중국어 문장을 큰 소리로 말해 보세요. 정답은 오디오나 본책을 보면서 확인합니다. 머릿속으로만 생각하지 말고 꼭 소리 내어 말합니다. 밑줄에 직접 써 보면서 정리하면 패턴을 기억하는 데 훨씬 도움이 됩니다.

Pattern 073 我们改天，**就是说**明天再见。 우리 다른 날, 그러니까 내일 다시 봐요.

1. 우리 다른 날, 그러니까 내일 다시 봐요. ▶ ____________
2. 병이 났어요. 그러니까 거기 갈 수가 없단 말씀입니다. ▶ ____________
3. 그 사람은 성격이 안 좋아서 성깔머리가 있어요. ▶ ____________
4. 이제 1㎞ 남았어요. 그러니까 다 왔단 말이죠. ▶ ____________
5. 어젯밤에 한 숨도 못 잤어요. 걱정이 너무 많았단 말이에요. ▶ ____________

Pattern 074 换句话说，**我不同意他的意见。** 다시 말하면 저는 그분 의견에 동의하지 않아요.

1. 다시 말하면 저는 그분 의견에 동의하지 않아요. ▶ ____________
2. 다시 말하면 내일 회의는 중요해요. ▶ ____________
3. 다시 말하면 그는 사람의 도리를 아예 몰라요. ▶ ____________
4. 다시 말하면 우리 전략이 노출됐어요. ▶ ____________
5. 다시 말하면 중국의 국력은 날로 커지고 있어요. ▶ ____________

Pattern 075 换个角度来说，**他的想法也没错。** 다른 시각에서 말하면 그의 생각도 틀리지 않았습니다.

1. 다른 시각에서 말하면 그의 생각도 틀리지 않았습니다. ▶ ____________
2. 다른 시각에서 말하면 우리는 모두 가족입니다. ▶ ____________
3. 다른 시각에서 말하면 이 문제는 해결하기 어렵습니다. ▶ ____________
4. 다른 시각에서 말하면 이 책은 그다지 과학적이지 않습니다. ▶ ____________
5. 다른 시각에서 말하면 문화란 인류의 모든 행위를 포함합니다. ▶ ____________

Pattern 076 具体来说，**英语的语法比较难。** 구체적으로 말하면, 영어의 문법이 어려운 편입니다.

1. 구체적으로 말하면, 영어의 문법이 어려운 편입니다. ▶ ____________
2. 구체적으로 말하면, 저는 다음 주 목요일에 떠날 예정입니다. ▶ ____________
3. 구체적으로 말하면, 그들 중 두 사람이 반대했습니다. ▶ ____________
4. 구체적으로 말하면, 이 노트북은 1㎏입니다. ▶ ____________
5. 구체적으로 말하면, 저는 소고기 등의 고기류는 먹지 않아요. ▶ ____________

20.mp3

우리말 해석을 보면서 해당하는 중국어 문장을 큰 소리로 말해 보세요. 정답은 오디오나 본책을 보면서 확인합니다. 머릿속으로만 생각하지 말고 꼭 소리 내어 말합니다. 밑줄에 직접 써 보면서 정리하면 패턴을 기억하는 데 훨씬 도움이 됩니다.

Pattern 077 另外他带来了一些吃的东西。 별도로 그가 먹을 것을 좀 가져왔어요.

1. 별도로 그가 먹을 것을 좀 가져왔어요. ▶ ______
2. 별도로 저는 해야 할 일이 더 있습니다. ▶ ______
3. 저는 시간도 없는데다가 달리 거기 가고 싶지도 않아요. ▶ ______
4. 붉은색은 피, 사랑, 이 외에 열정을 상징합니다. ▶ ______
5. 또 다른 이유를 알아요? ▶ ______

Pattern 078 他不懂汉语，再说也没做过翻译。 그는 중국어를 모르고, 게다가 통역을 해 본 적도 없어요.

1. 그는 중국어를 모르고, 게다가 통역을 해 본 적도 없어요. ▶ ______
2. 오늘은 온도가 낮고, 게다가 바람까지 불고 있어요. ▶ ______
3. 제 형은 키도 크고, 게다가 인물까지 훤합니다. ▶ ______
4. 저 영화는 재미도 없고, 게다가 길기까지 해요. ▶ ______
5. 이 요리는 색깔도 예쁘고, 게다가 향기까지 좋네요. ▶ ______

Pattern 079 他很优秀，并且为人也好。 그는 뛰어난데다 사람됨도 좋습니다.

1. 그는 뛰어난데다 사람됨도 좋습니다. ▶ ______
2. 제 딸은 애완동물을 좋아하는데다 잘 돌보기도 합니다. ▶ ______
3. 한국의 배는 큰데다 식감도 좋습니다. ▶ ______
4. 그는 이 일을 처리하고 나서 회사를 떠났습니다. ▶ ______
5. 우리는 종일 그 문제를 토론하고 그리고 해결방안을 결정했습니다. ▶ ______

Pattern 080 这不只是他一个人的错误。 이건 그 사람의 잘못만은 아닙니다.

1. 이건 그 사람의 잘못만은 아닙니다. ▶ ______
2. 인기가 있는 텔레비전 프로그램은 코미디만이 아닙니다. ▶ ______
3. 그와 악수한 것은 나뿐만이 아니었습니다. ▶ ______
4. 그는 목소리가 클 뿐 아니라 말도 많습니다. ▶ ______
5. 생활 환경이 좋아졌을 뿐 아니라 마음도 편안해졌습니다. ▶ ______

21.mp3

우리말 해석을 보면서 해당하는 중국어 문장을 큰 소리로 말해 보세요. 정답은 오디오나 본책을 보면서 확인합니다. 머릿속으로만 생각하지 말고 꼭 소리 내어 말합니다. 밑줄에 직접 써 보면서 정리하면 패턴을 기억하는 데 훨씬 도움이 됩니다.

Pattern 081 我得做的工作不仅仅是这个。 제가 할 일이 단지 이것만은 아닙니다.

1. 제가 할 일이 단지 이것만은 아닙니다. ▶
2. 여드름은 단지 피부의 문제만이 아닙니다. ▶
3. 홍콩의 딤섬 종류는 단지 이 몇 종류만은 아닙니다. ▶
4. 내가 네게 한 말이 그것만은 아니었을 텐데. ▶
5. 결혼은 단지 남녀의 결합만이 아닙니다. ▶

Pattern 082 他不但聪明，而且很努力。 그는 똑똑할 뿐 아니라 노력도 합니다.

1. 그는 똑똑할 뿐 아니라 노력도 합니다. ▶
2. 오늘만 출장을 가야 하는 게 아니라 이번 주 내내 가야 합니다. ▶
3. 이 컴퓨터는 속도도 빠를 뿐 아니라 용량도 큽니다. ▶
4. 태국은 날씨가 따뜻할 뿐 아니라 물가도 쌉니다. ▶
5. 저만 모르는 게 아니라 선생님도 몰랐습니다. ▶

Pattern 083 他甚至跟我说假话。 그는 심지어 저한테도 거짓말을 했어요.

1. 그는 심지어 저한테도 거짓말을 했어요. ▶
2. 그는 너무 아파서 심지어 말을 하지도 못했어요. ▶
3. 선생님은 심지어 채점까지도 엄격하게 했어요. ▶
4. 그는 길치라서 심지어 집에 가는 길도 못 찾습니다. ▶
5. 그는 친구는커녕 가족들과도 연락하지 않습니다. ▶

Pattern 084 进一步来说，他起到了很大的作用。 더 나아가 말하면, 그가 큰 역할을 했습니다.

1. 더 나아가 말하면, 그가 큰 역할을 했습니다. ▶
2. 더 나아가 말하면, 그는 이렇게 될 줄 몰랐어요. ▶
3. 더 나아가 이야기하면, 환율이 도와주지 않았습니다. ▶
4. 더 나아가 이야기하면, 이 상품은 미국에서도 사랑 받습니다. ▶
5. 더 나아가 이야기하면, 당시 전쟁은 우연히 발발했습니다. ▶

22.mp3

우리말 해석을 보면서 해당하는 중국어 문장을 큰 소리로 말해 보세요. 정답은 오디오나 본책을 보면서 확인합니다. 머릿속으로만 생각하지 말고 꼭 소리 내어 말합니다. 밑줄에 직접 써 보면서 정리하면 패턴을 기억하는 데 훨씬 도움이 됩니다.

Pattern 085 除了英语以外，他还会说日语。 그는 영어 말고도 일어도 합니다.

1. 그는 영어 말고도 일어도 합니다. ▶ ______
2. 오늘 말고도 사흘이 더 있습니다. ▶ ______
3. 휴대전화 말고도 태블릿 컴퓨터도 살 거예요. ▶ ______
4. 우체국 말고도 은행에도 다녀올 겁니다. ▶ ______
5. 경제 위기 말고도 환경보호도 작지 않은 문제입니다. ▶ ______

Pattern 086 除了英语以外，别的外语他都不会。 그는 영어 말고는 다른 외국어를 못합니다.

1. 그는 영어 말고는 다른 외국어를 못합니다. ▶ ______
2. 오늘 말고는 시간이 전혀 없습니다. ▶ ______
3. 휴대전화 말고는 아무것도 지니지 마세요. ▶ ______
4. 거기 말고는 어디라도 갈 수 있어요. ▶ ______
5. 그 잘못 말고는 문제가 없습니다. ▶ ______

Pattern 087 除此之外，还发现了新的病菌。 그것 말고도 새로운 병균을 또 발견했습니다.

1. 그것 말고도 새로운 병균을 또 발견했습니다. ▶ ______
2. 그것 말고도 제가 의논할 문제가 더 있습니다. ▶ ______
3. 그것 말고도 더 재미있는 프로그램이 있습니다. ▶ ______
4. 그것 말고는 경찰은 다른 증거를 찾지 못했어요. ▶ ______
5. 그것 말고는 박물관에 아무런 전시도 없습니다. ▶ ______

Pattern 088 那时候，我越说越开心。 그때 저는 말을 할수록 더 즐거웠습니다.

1. 그때 저는 말을 할수록 더 즐거웠습니다. ▶ ______
2. 어떤 물건은 클수록 꼭 좋은 것만은 아니죠. ▶ ______
3. 저 친구는 보면 볼수록 예쁘네요. ▶ ______
4. 그는 달릴수록 더 빨리 뛰었습니다. ▶ ______
5. 그 기업은 갈수록 소비자의 신임을 얻었습니다. ▶ ______

23.mp3

우리말 해석을 보면서 해당하는 중국어 문장을 큰 소리로 말해 보세요. 정답은 오디오나 본책을 보면서 확인합니다. 머릿속으로만 생각하지 말고 꼭 소리 내어 말합니다. 밑줄에 직접 써 보면서 정리하면 패턴을 기억하는 데 훨씬 도움이 됩니다.

Pattern 089 我们快走吧。 우리 어서 갑시다.

1. 우리 어서 갑시다. ▶ ____________________
2. 우리 수영하러 갑시다. ▶ ____________________
3. 좀 싸게 해 주세요. ▶ ____________________
4. 훠궈를 뜨거울 때 먹어 봅시다. ▶ ____________________
5. 그가 제기한 건의를 고려해 보세요. ▶ ____________________

Pattern 090 我们一起去看一看。 우리 같이 가서 봅시다.

1. 우리 같이 가서 봅시다. ▶ ____________________
2. 우리 그의 음악을 들어 봅시다. ▶ ____________________
3. 우리 우선 이 외투를 입어 봅시다. ▶ ____________________
4. 그럼 이 문제를 좀 연구해 봅시다. ▶ ____________________
5. 여자의 심리를 중요하게 여겨보세요. ▶ ____________________

Pattern 091 你说一下刚才的情况。 방금 상황을 좀 말해 봐요.

1. 방금 상황을 좀 말해 봐요. ▶ ____________________
2. 잠시만 기다려 보세요. ▶ ____________________
3. 우리 조금 더 참아 봅시다. ▶ ____________________
4. 이 문장을 다시 읽어 주세요. ▶ ____________________
5. 우리 이번 의제를 토론해 봅시다. ▶ ____________________

Pattern 092 请里边儿坐。 안쪽으로 앉으십시오.

1. 안쪽으로 앉으시지요. ▶ ____________________
2. 잘 좀 보살펴 주십시오. ▶ ____________________
3. 녹차를 좀 드셔 보십시오. ▶ ____________________
4. 양해해 주십시오. ▶ ____________________
5. 선물을 보내니 받아 주십시오. ▶ ____________________

24.mp3

우리말 해석을 보면서 해당하는 중국어 문장을 큰 소리로 말해 보세요. 정답은 오디오나 본책을 보면서 확인합니다. 머릿속으로만 생각하지 말고 꼭 소리 내어 말합니다. 밑줄에 직접 써 보면서 정리하면 패턴을 기억하는 데 훨씬 도움이 됩니다.

Pattern 093 麻烦你告诉我他的电话号码。 죄송합니다만 그분 전화번호 좀 알려주세요.

1. 죄송합니다만 그분 전화번호 좀 알려주세요. ▶
2. 죄송합니다만 좀 비켜 주십시오. ▶
3. 죄송합니다만 이 문 좀 열어 주세요. ▶
4. 죄송합니다만 이 국을 다시 데워 주실래요. ▶
5. 죄송합니다만 근처에 약국이 있습니까? ▶

Pattern 094 你给我站住！ 너 거기 서!

1. 너 거기 서! ▶
2. 썩 꺼져! ▶
3. 내 말 좀 들어 봐! ▶
4. 나와서 좀 봐 주세요. ▶
5. 이 창문 커튼 좀 걸어 주세요. ▶

Pattern 095 以后别这样做。 앞으로는 이렇게 하지 마세요.

1. 앞으로는 이렇게 하지 마세요. ▶
2. 그런 생각 마세요. ▶
3. 여기서 담배 피우지 마세요. ▶
4. 술 좀 덜 드세요. ▶
5. 그 사람한테 이 일을 말하지 마세요. ▶

Pattern 096 少说废话。 헛소리 좀 그만해.

1. 헛소리 좀 그만해. ▶
2. 초콜릿 좀 그만 먹으렴. ▶
3. 여기서는 한국어를 쓰지 마세요. ▶
4. 앞으로는 저한테 전화 좀 하지 마세요. ▶
5. 너 그런 친구랑 사귀지 좀 마. ▶

25.mp3

우리말 해석을 보면서 해당하는 중국어 문장을 큰 소리로 말해 보세요. 정답은 오디오나 본책을 보면서 확인합니다. 머릿속으로만 생각하지 말고 꼭 소리 내어 말합니다. 밑줄에 직접 써 보면서 정리하면 패턴을 기억하는 데 훨씬 도움이 됩니다.

Pattern 097 千万不用担心。 제발 걱정하지 마세요.

1. 제발 걱정하지 마세요. ▶
2. 더 말씀하지 마세요. ▶
3. 여러분 사양하지 마세요. ▶
4. 두려워하지 않는 게 가장 좋아요. ▶
5. 우리에게 관여하지 마세요. ▶

Pattern 098 结果呢，我们到达了目的地。 결과적으로 우리는 목적지에 도착했습니다.

1. 결과적으로 우리는 목적지에 도착했습니다. ▶
2. 결과적으로 그들 둘은 화해했어요. ▶
3. 결과적으로 그가 대회의 승리를 차지했어요. ▶
4. 결과적으로 그는 마침내 이 수학 난제를 해결했습니다. ▶
5. 결과적으로 백설공주는 왕자와 행복했습니다. ▶

Pattern 099 总的来说，他的计划是挺好的。 전체적으로 그의 계획은 좋았습니다.

1. 전체적으로 그의 계획은 좋았습니다. ▶
2. 전반적으로 말해서 대부분은 그에게 찬성을 표했습니다. ▶
3. 전반적으로 말해서 이 집 주인은 장사를 잘합니다. ▶
4. 전체적으로 1/4분기 생산량은 절반 감소했습니다. ▶
5. 전체적으로 중국 문화산업은 갈수록 발전하고 있습니다. ▶

Pattern 100 总而言之，他的度量特别小。 결론적으로, 그의 도량은 매우 작습니다.

1. 결론적으로, 그의 도량은 매우 작습니다. ▶
2. 결론적으로, 그는 전도양양한 청년입니다. ▶
3. 결론적으로, 우리는 새로운 회의를 개최합니다. ▶
4. 결론적으로, 두 파가 투쟁을 시작했습니다. ▶
5. 결론적으로, 올림픽은 본래의 정신을 잃어버렸습니다. ▶

26.mp3

우리말 해석을 보면서 해당하는 중국어 문장을 큰 소리로 말해 보세요. 정답은 오디오나 본책을 보면서 확인합니다. 머릿속으로만 생각하지 말고 꼭 소리 내어 말합니다. 밑줄에 직접 써 보면서 정리하면 패턴을 기억하는 데 훨씬 도움이 됩니다.

Pattern 101 飞机快要起飞了。 비행기가 곧 이륙합니다.

1. 비행기가 곧 이륙합니다. ▶
2. 저는 곧 대학을 졸업할 겁니다. ▶
3. 이 건전지는 다 닳았어요. ▶
4. 조금만 기다려. 나 다 왔어. ▶
5. 사람이 다 죽게 생겼어요. ▶

Pattern 102 飞机两点就要起飞了。 비행기는 2시에 곧 이륙합니다.

1. 비행기는 2시에 곧 이륙합니다. ▶
2. 다음 달에 저는 대학을 졸업해요. ▶
3. 조금만 기다려. 나 5분 안에 도착해. ▶
4. 이 건전지는 다 닳았어요. ▶
5. 제 여자 친구가 곧 귀국합니다. ▶

Pattern 103 十二点了，该吃午饭了！ 12시가 됐어요. 점심 먹을 때가 됐네요.

1. 12시가 됐어요. 점심 먹을 때가 됐네요. ▶
2. 곧 성탄절인데, 선물을 준비해야겠네요. ▶
3. 텔레비전 보지 말고 숙제해야지. ▶
4. 그녀는 결혼해야 할 나이가 됐어요. ▶
5. 몸조리 잘하세요. ▶

Pattern 104 我正在吃饭呢。 저는 밥을 먹고 있는 중입니다.

1. 저는 밥을 먹고 있는 중입니다. ▶
2. 우리는 시험을 준비하고 있습니다. ▶
3. 그는 영화를 보고 있는 중입니다. ▶
4. 제가 도착했을 때, 그는 요리하고 있었습니다. ▶
5. 그는 연설은 듣지 않고 만화를 보고 있는 중입니다. ▶

27.mp3

우리말 해석을 보면서 해당하는 중국어 문장을 큰 소리로 말해 보세요. 정답은 오디오나 본책을 보면서 확인합니다. 머릿속으로만 생각하지 말고 꼭 소리 내어 말합니다. 밑줄에 직접 써 보면서 정리하면 패턴을 기억하는 데 훨씬 도움이 됩니다.

Pattern 105 他听着广播呢。 그는 라디오 방송을 듣고 있는 중입니다.

1. 그는 라디오 방송을 듣고 있는 중입니다. ▶ ______
2. 웬일인지 문이 열려 있네요. ▶ ______
3. 하늘에 별이 빛나고 있습니다. ▶ ______
4. 모래사장 위로 갈매기들이 날고 있습니다. ▶ ______
5. 프린터가 계속 일을 하고 있습니다. ▶ ______

Pattern 106 我爬过长城。 저는 만리장성에 올라가 본 적이 있어요.

1. 저는 만리장성에 올라가 본 적이 있어요. ▶ ______
2. 저는 제주도에 두어 번 가 봤어요. ▶ ______
3. 저는 그 이름을 들어본 적이 있어요. ▶ ______
4. 그들도 여기를 이용해 본 적이 있어요. ▶ ______
5. 한국은 외국의 지원을 받아본 적이 있습니다. ▶ ______

Pattern 107 他这个傻瓜从来没有接过吻。 저 바보 같은 놈은 이제껏 키스도 못 해 봤어요.

1. 저 바보 같은 놈은 이제껏 키스도 못 해 봤어요. ▶ ______
2. 저는 와인을 마셔 본 적이 없습니다. ▶ ______
3. 저는 그런 논리를 들어 본 적이 없습니다. ▶ ______
4. 우리 아버지는 저에게 화를 내신 적이 없습니다. ▶ ______
5. 한국은 다른 나라를 침략해 본 적이 없습니다. ▶ ______

Pattern 108 我去过北京两次。 저는 베이징에 두 번 가 봤어요.

1. 저는 베이징에 두 번 가 봤어요. ▶ ______
2. 다시 한 번만 말씀해 주세요. ▶ ______
3. 네가 할아버지에게 한 번 다녀오너라. ▶ ______
4. 방금 괘종시계가 열두 번 울렸습니다. ▶ ______
5. 우리는 같이 밥을 한 번 먹은 적이 있습니다. ▶ ______

28.mp3

우리말 해석을 보면서 해당하는 중국어 문장을 큰 소리로 말해 보세요. 정답은 오디오나 본책을 보면서 확인합니다. 머릿속으로만 생각하지 말고 꼭 소리 내어 말합니다. 밑줄에 직접 써 보면서 정리하면 패턴을 기억하는 데 훨씬 도움이 됩니다.

Pattern 109 我差点儿没考上。 저는 하마터면 시험에 떨어질 뻔했어요.

1. 저는 하마터면 시험에 떨어질 뻔했어요. ▶
2. 그는 하마터면 늦을 뻔했어요. ▶
3. 그들은 하마터면 붙잡힐 뻔했어요. ▶
4. 우리는 가까스로 이길 수 있었는데요. ▶
5. 저는 가까스로 기차를 놓치지 않았어요. ▶

Pattern 110 工作的时候我经常听音乐。 일할 때 저는 자주 음악을 들어요.

1. 일할 때 저는 자주 음악을 들어요. ▶
2. 제가 잘 때 옆에 아무도 없었어요. ▶
3. 세상 물정을 모를 때 사람들은 잘못을 저지를 수 있어요. ▶
4. 그들이 토론하고 있을 때 전화가 걸려왔습니다. ▶
5. 우리가 주저하고 있을 때 그 사람이 결정을 내렸습니다. ▶

Pattern 111 在我小的时候，祖父就去世了。 제가 어렸을 때 할아버지께서 돌아가셨습니다.

1. 제가 어렸을 때, 할아버지께서 돌아가셨습니다. ▶
2. 제가 달리고 있을 때, 그는 일부러 넘어졌습니다. ▶
3. 저는 대학생 때 그의 책을 읽어 보았습니다. ▶
4. 그녀가 어려웠을 때, 저는 그녀를 도왔습니다. ▶
5. 이 문제를 처리할 때, 반드시 주의해야 해. ▶

Pattern 112 当他说话的时候，看了我一眼。 그가 말을 할 때 나를 한번 봤어요.

1. 그가 말을 할 때 나를 한번 봤어요. ▶
2. 그녀가 젊었을 때는 지금보다 더 아름다웠습니다. ▶
3. 제가 문을 나섰을 때 비가 내리고 있었습니다. ▶
4. 제가 일부러 기침할 때 자리에서 일어나세요. ▶
5. 스마트폰이 등장했을 때 사람들은 혁명이라고 생각했어요. ▶

29.mp3

우리말 해석을 보면서 해당하는 중국어 문장을 큰 소리로 말해 보세요. 정답은 오디오나 본책을 보면서 확인합니다. 머릿속으로만 생각하지 말고 꼭 소리 내어 말합니다. 밑줄에 직접 써 보면서 정리하면 패턴을 기억하는 데 훨씬 도움이 됩니다.

Pattern 113 在十年里，我写了三本书。 10년 동안 저는 책 세 권을 썼어요.

1. 10년 동안 저는 책 세 권을 썼어요. ▸
2. 이틀 안에 우리 다시 모입시다. ▸
3. 오랜 시간 동안 그들은 연락하지 않았어요. ▸
4. 순식간에 무언가가 지나갔어요. ▸
5. 일주일 안에 회신을 주십시오. ▸

Pattern 114 在比赛期间，他一句话都没说。 경기하는 동안 그는 한마디도 하지 않았어요.

1. 경기하는 동안 그는 한마디도 하지 않았어요. ▸
2. 회의하는 동안 저는 내내 이리저리 생각했어요. ▸
3. 그 기간에 그는 새로운 계획을 승인했어요. ▸
4. 전시회 동안 대략 2천 명이 관람했어요. ▸
5. 대학에서 공부하는 동안 저는 외국어의 중요성을 몰랐어요. ▸

Pattern 115 在二十岁之前，不准喝酒。 스무 살 전에는 술을 마시지 못합니다.

1. 스무 살 전에는 술을 마시지 못합니다. ▸
2. 며칠 전에 저는 중국에 다녀왔습니다. ▸
3. 수업이 끝나기 전에 오늘의 요점을 정리하겠습니다. ▸
4. 지하철 문이 닫히기 전에 나는 간신히 올라탔습니다. ▸
5. 서명하기 전에 이 계약서를 다시 자세히 읽어 보세요. ▸

Pattern 116 在结束之后，我们再谈吧。 끝난 뒤에 우리 다시 이야기합시다.

1. 끝난 뒤에 우리 다시 이야기합시다. ▸
2. 도착한 뒤에 제게 연락 주세요. ▸
3. 날이 밝은 뒤에 다시 찾아보러 갑시다. ▸
4. 돈을 낸 뒤에 잘못됐다는 걸 알았어요. ▸
5. 그는 늘 말을 한 뒤에 후회합니다. ▸

30.mp3

우리말 해석을 보면서 해당하는 중국어 문장을 큰 소리로 말해 보세요. 정답은 오디오나 본책을 보면서 확인합니다. 머릿속으로만 생각하지 말고 꼭 소리 내어 말합니다. 밑줄에 직접 써 보면서 정리하면 패턴을 기억하는 데 훨씬 도움이 됩니다.

Pattern 117 从周一起，门票贵了十元。 월요일부터 입장료가 10위안 비싸졌습니다.

1. 월요일부터 입장료가 10위안 비싸졌습니다. ▶
2. 오늘부터 내 말 잘 들어. ▶
3. 그때부터 우리는 서로 만나고 싶었습니다. ▶
4. 그는 재작년부터 미국에서 살았습니다. ▶
5. 올해부터는 많은 정책이 바뀌었습니다. ▶

Pattern 118 从二十世纪以来，地球越来越小。 20세기 이래로 지구는 갈수록 좁아졌습니다.

1. 20세기 이래로 지구는 갈수록 좁아졌습니다. ▶
2. 한 왕조 이래로 유교가 부흥했습니다. ▶
3. 구석기시대 이래로 인간은 돌을 사용했습니다. ▶
4. 1950년대 이래로 현대 미술이 시작됐습니다. ▶
5. 전쟁이 끝나고 난 이래로 세계평화는 영원한 주제가 됐습니다. ▶

Pattern 119 从一点到三点，电梯会停运的。 1시부터 3시까지 엘리베이터가 운행을 멈출 것입니다.

1. 1시부터 3시까지 엘리베이터는 운행을 멈출 것입니다. ▶
2. 월요일부터 금요일까지 매일 출근해야 합니다. ▶
3. 5분부터 7분까지 영화 화면이 계속 멈춰 있습니다. ▶
4. 입춘부터 곡우까지가 봄이라 할 수 있습니다. ▶
5. 고려부터 조선까지의 역사는 중세 시기에 속합니다. ▶

Pattern 120 雨一会儿下一会儿停。 비가 왔다가 그쳤다 하네요.

1. 비가 왔다가 그쳤다 하네요. ▶
2. 전등이 켜졌다 꺼졌다 합니다. ▶
3. 아이가 때로는 웃다 때로는 울다 하네요. ▶
4. 그는 이렇게 말했다 저렇게 말했다 합니다. ▶
5. 조울증은 기분이 좋았다 나빴다 합니다. ▶

31.mp3

우리말 해석을 보면서 해당하는 중국어 문장을 큰 소리로 말해 보세요. 정답은 오디오나 본책을 보면서 확인합니다. 머릿속으로만 생각하지 말고 꼭 소리 내어 말합니다. 밑줄에 직접 써 보면서 정리하면 패턴을 기억하는 데 훨씬 도움이 됩니다.

Pattern 121 我平时睡七个小时。 저는 평소에 일곱 시간을 잡니다.

1. 저는 평소에 일곱 시간을 잡니다. ▶ ______
2. 그는 중국에서 4년을 살았습니다. ▶ ______
3. 이 아이는 태어난 지 두 달 되었습니다. ▶ ______
4. 저는 오랫동안 그녀를 쫓아다녔습니다. ▶ ______
5. 그는 중국어를 10년 넘게 배웠습니다. ▶ ______

Pattern 122 他在食堂里等你。 그 사람이 식당에서 널 기다리고 있어.

1. 그 사람이 식당에서 널 기다리고 있어. ▶ ______
2. 펭귄은 남극에서 살아갑니다. ▶ ______
3. 우리 늘 보던 거기서 만납시다. ▶ ______
4. 주인공이 무대에서 인사를 합니다. ▶ ______
5. 선수는 운동장에서 자신의 역량을 발휘합니다. ▶ ______

Pattern 123 你要坐在我旁边。 넌 내 옆에 앉아야 해.

1. 넌 내 옆에 앉아야 해. ▶ ______
2. 이 책들을 우선 상자에 담으세요. ▶ ______
3. 이 간장은 국에 넣어야 합니다. ▶ ______
4. 이름을 여기에 써 주십시오. ▶ ______
5. 제 모자를 커피숍에 두고 왔어요. ▶ ______

Pattern 124 在公交车上, 我看见了一个朋友。 버스에서 저는 친구를 만났어요.

1. 버스에서 저는 친구를 만났어요. ▶ ______
2. 제 동생은 항상 소파에서 책을 봅니다. ▶ ______
3. 이 범위에서 골라 보세요. ▶ ______
4. 슈퍼마켓에서 과일을 좀 샀습니다. ▶ ______
5. 역사상 그것은 비참한 사건이었습니다. ▶ ______

▶ 32.mp3

우리말 해석을 보면서 해당하는 중국어 문장을 큰 소리로 말해 보세요. 정답은 오디오나 본책을 보면서 확인합니다. 머릿속으로만 생각하지 말고 꼭 소리 내어 말합니다. 밑줄에 직접 써 보면서 정리하면 패턴을 기억하는 데 훨씬 도움이 됩니다.

Pattern 125 在暑假中，我要去香港旅游。 여름방학에 저는 홍콩 여행 갈 거예요.

1. 여름방학에 저는 홍콩 여행 갈 거예요. ▶ ____________
2. 제 급우 중에 바로 그 친구가 멋있습니다. ▶ ____________
3. 경쟁 가운데 몇 사람들은 도태됐습니다. ▶ ____________
4. 생방송 중에 그는 여러 차례 말실수를 했습니다. ▶ ____________
5. 이것들 중 가장 싼 것은 어느 것인가요? ▶ ____________

Pattern 126 在这个条件下，我们要做决定。 이 조건에서 우리는 결정해야 합니다.

1. 이 조건에서 우리는 결정해야 합니다. ▶ ____________
2. 네 도움으로 이 일을 마쳤어. ▶ ____________
3. 그녀의 질투로 공주는 쫓겨났습니다. ▶ ____________
4. 그 다리 아래서 교통사고가 일어났습니다. ▶ ____________
5. 경제 위기 아래서 우리 생활은 힘들었습니다. ▶ ____________

Pattern 127 从他的信中，我看出了几个秘密。 그의 편지에서 저는 몇 가지 비밀을 알아냈습니다.

1. 그의 편지에서 저는 몇 가지 비밀을 알아냈습니다. ▶ ____________
2. 언어 습관에서 그가 베이징 사람임을 알 수 있습니다. ▶ ____________
3. 역사의 경험 속에서 우리는 미래의 방향을 발견할 것입니다 ▶ ____________
4. 그는 막 악몽으로부터 깨어났습니다. ▶ ____________
5. 우리는 이 몇 가지 문서에서 적지 않은 증거를 찾았습니다. ▶ ____________

Pattern 128 我表示对他的同意。 저는 그에 대한 동의를 표했습니다.

1. 저는 그에 대한 동의를 표했습니다. ▶ ____________
2. 저에 대한 선생님의 보살핌에 감사드립니다. ▶ ____________
3. 아버지는 고향에 대한 그리움을 늘 말씀하십니다. ▶ ____________
4. 그는 물리학에 대한 새로운 발견을 발표했습니다. ▶ ____________
5. 백인은 종종 흑인에 대한 편견을 나타냅니다. ▶ ____________

33.mp3

우리말 해석을 보면서 해당하는 중국어 문장을 큰 소리로 말해 보세요. 정답은 오디오나 본책을 보면서 확인합니다. 머릿속으로만 생각하지 말고 꼭 소리 내어 말합니다. 밑줄에 직접 써 보면서 정리하면 패턴을 기억하는 데 훨씬 도움이 됩니다.

Pattern 129 我们对这个问题商量过。 우리는 그 문제에 대해 의논해 봤습니다.

1. 우리는 그 문제에 대해 의논해 봤습니다. ▶ ______________________________
2. 그들은 회의 결과에 대해 만족해했습니다. ▶ ______________________________
3. 사람마다 그의 글에 대해 평론을 합니다. ▶ ______________________________
4. 그의 의견에 대해 보충하고 싶습니다. ▶ ______________________________
5. 국가는 국민의 안전에 대해 진지하게 책임을 져야 합니다. ▶ ______________________________

Pattern 130 我对足球感兴趣。 저는 축구에 흥미가 있어요.

1. 저는 축구에 흥미가 있어요. ▶ ______________________________
2. 그는 애니메이션에 흥미가 있어요. ▶ ______________________________
3. 그는 아무 일에도 흥미가 없어요. ▶ ______________________________
4. 저는 지리에 흥미가 없어요. ▶ ______________________________
5. 저는 스포츠 경기에 흥미가 있어요. ▶ ______________________________

Pattern 131 他对她的发言有意见。 그는 그녀의 발언에 대해 의견이 있습니다.

1. 그는 그녀의 발언에 대해 의견이 있습니다. ▶ ______________________________
2. 회사는 이 일에 대해 책임이 있습니다. ▶ ______________________________
3. 모두 이 결정에 의문을 가지고 있습니다. ▶ ______________________________
4. 시민은 문화재를 보호할 의무가 있습니다. ▶ ______________________________
5. 부모는 아이 교육 문제에 대해 다른 견해를 가지고 있습니다. ▶ ______________________________

Pattern 132 他今天或者明天到这儿。 그는 오늘이나 내일 여기 도착할 거예요.

1. 그는 오늘이나 내일 여기 도착할 거예요. ▶ ______________________________
2. 너 또는 그 사람 중에서는 반드시 거기 가야 한다. ▶ ______________________________
3. 너는 돌아가서 목욕을 하든지 잠을 자든지 하렴. ▶ ______________________________
4. 저항인지 복종인지, 하나를 선택해라. ▶ ______________________________
5. 이 영화는 자막이나 더빙을 제공해야 합니다. ▶ ______________________________

34.mp3

우리말 해석을 보면서 해당하는 중국어 문장을 큰 소리로 말해 보세요. 정답은 오디오나 본책을 보면서 확인합니다. 머릿속으로만 생각하지 말고 꼭 소리 내어 말합니다. 밑줄에 직접 써 보면서 정리하면 패턴을 기억하는 데 훨씬 도움이 됩니다.

Pattern 133 或者今天去, 或者明天去, 都可以。 오늘 가든 내일 가든 다 괜찮아요.

1. 오늘 가든 내일 가든 다 괜찮아요. ▶ ______
2. 내가 가든 네가 오든 다 한 시간이 걸리네. ▶ ______
3. 비행기를 타든지 기차를 타든지 전 괜찮아요. ▶ ______
4. 동의를 하든 반대를 하든 반드시 의견을 표현해야 합니다. ▶ ______
5. 바람을 쐬러 가든 영화를 보러 가든 그는 좋아하지 않았어요. ▶ ______

Pattern 134 也许是昨天, 也许是前天, 他来过一趟。 어제였는지 그제였는지 그분이 다녀가셨어요.

1. 어제였는지 그제였는지 그분이 다녀가셨어요. ▶ ______
2. 사랑이었는지 미움이었는지 저도 잘 모르겠어요. ▶ ______
3. 여기였는지 다른 곳이었는지 기억을 잘 못하겠어요. ▶ ______
4. 마음이 안 좋았는지 다른 이유인지 그는 진작에 돌아갔어요. ▶ ______
5. 하루든 이틀이든 우리는 이 일을 끝내야 합니다. ▶ ______

Pattern 135 有的消息好, 有的消息不好。 좋은 소식도 있고 나쁜 소식도 있습니다.

1. 좋은 소식도 있고 나쁜 소식도 있습니다. ▶ ______
2. 온 사람도 있고 안 온 사람도 있어요. ▶ ______
3. 어떤 때는 이렇게 말했다 어떤 때는 저렇게 말했다 합니다. ▶ ______
4. 해결된 문제도 있고 아직 해결해야 할 문제도 있어요. ▶ ______
5. 비싼 것도 있고 싼 것도 있어서 한마디로 말 못하겠어요. ▶ ______

Pattern 136 他不是女的, 而是男的。 그 사람은 여자가 아니라 남자입니다.

1. 그 사람은 여자가 아니라 남자입니다. ▶ ______
2. 이건 고의가 아니라 실수였어요. ▶ ______
3. 제가 가져온 게 책이 아니라 사전이었어요. ▶ ______
4. 그의 말은 충고가 아니라 비판입니다. ▶ ______
5. 그들이 선택한 건 평화가 아니라 전쟁이었습니다. ▶ ______

35.mp3

우리말 해석을 보면서 해당하는 중국어 문장을 큰 소리로 말해 보세요. 정답은 오디오나 본책을 보면서 확인합니다. 머릿속으로만 생각하지 말고 꼭 소리 내어 말합니다. 밑줄에 직접 써 보면서 정리하면 패턴을 기억하는 데 훨씬 도움이 됩니다.

Pattern 137 不是你做的，就是他做的。 너 아니면 그 사람이 한 거야.

1. 너 아니면 그 사람이 한 거야. ▶ ______
2. 우리가 뽑히든지 그들이 뽑히든지 할 것입니다. ▶ ______
3. 그는 항상 욕을 하든지 사람을 때리든지 합니다. ▶ ______
4. 제 옷은 검은색 아니면 흰색이에요. ▶ ______
5. 그는 사무실에서 일을 하든지 숙소에서 잠을 잡니다. ▶ ______

Pattern 138 你要喝茶，还是要喝咖啡？ 차 마실래요, 아니면 커피 마실래요?

1. 차 마실래요, 아니면 커피 마실래요? ▶ ______
2. 엄마 좋아해, 아니면 아빠 좋아해? ▶ ______
3. 여기서 드시나요, 아니면 가져가시나요? ▶ ______
4. 그가 전화를 받았나요, 아니면 다른 사람이 받았나요? ▶ ______
5. 유엔이 결정한 건가요, 아니면 유럽연합이 결정한 건가요? ▶ ______

Pattern 139 我什么都不想吃。 저는 아무것도 먹고 싶지 않아요.

1. 저는 아무것도 먹고 싶지 않아요. ▶ ______
2. 이 임무는 누구라도 감당 못 합니다. ▶ ______
3. 요즘 그는 어디 있더라도 불편합니다. ▶ ______
4. 언제 떠나더라도 저는 괜찮습니다. ▶ ______
5. 그녀의 질문은 어떻게 대답해도 상관없어요. ▶ ______

Pattern 140 与其坐高铁，不如坐飞机。 고속철도를 타느니 비행기를 타겠어요.

1. 고속철도를 타느니 비행기를 타겠어요. ▶ ______
2. 그의 말을 듣느니 차라리 죽어버리겠어요. ▶ ______
3. 멍하니 앉아 있느니 나가서 방법을 찾아볼래요. ▶ ______
4. 그와 헤어지느니 평생 혼자 살겠어요. ▶ ______
5. 헛되이 시간만 낭비하느니 그와 협상을 시작하겠습니다. ▶ ______

36.mp3

우리말 해석을 보면서 해당하는 중국어 문장을 큰 소리로 말해 보세요. 정답은 오디오나 본책을 보면서 확인합니다. 머릿속으로만 생각하지 말고 꼭 소리 내어 말합니다. 밑줄에 직접 써 보면서 정리하면 패턴을 기억하는 데 훨씬 도움이 됩니다.

Pattern 141 我们把他看作伟人。 우리는 그를 위인으로 간주합니다.

1. 우리는 그를 위인으로 간주합니다. ▶
2. 그 사람 동생 삼고 싶네요. ▶
3. 우리는 그것을 핵심적인 문제로 봤습니다. ▶
4. 그는 이 현상을 새로운 위험으로 보았습니다. ▶
5. 어떤 사람들은 먹을거리를 약으로 간주합니다. ▶

Pattern 142 我把今天看成星期天了。 저는 오늘을 일요일로 봤어요.

1. 저는 오늘을 일요일로 봤어요. ▶
2. 저는 이 글자를 영어 알파벳으로 봤어요. ▶
3. 저는 이 차를 택시로 봤어요. ▶
4. 우리는 그를 착한 사람으로 봅니다. ▶
5. 그들은 그것을 지진이라고 착각했습니다. ▶

Pattern 143 红玫瑰代表五月。 붉은 장미는 5월을 상징합니다.

1. 붉은 장미는 5월을 상징합니다. ▶
2. 이 동물 형상은 우리 학교를 상징합니다. ▶
3. 첫눈은 우리의 사랑을 상징합니다. ▶
4. 그의 금메달 획득은 우리 모두의 승리를 상징합니다. ▶
5. 그의 죽음은 인도주의의 좌절을 상징합니다. ▶

Pattern 144 中国的北京相当于韩国的首尔。 중국의 베이징은 한국의 서울에 해당합니다.

1. 중국의 베이징은 한국의 서울에 해당합니다. ▶
2. 섭씨 1도는 화씨 33.8도에 해당합니다. ▶
3. 그의 강아지는 보통사람의 눈에 해당합니다. ▶
4. 올해 음력 1월 1일은 양력 2월 3일에 해당합니다. ▶
5. 자동차의 엔진은 사람의 심장에 해당합니다. ▶

37.mp3

우리말 해석을 보면서 해당하는 중국어 문장을 큰 소리로 말해 보세요. 정답은 오디오나 본책을 보면서 확인합니다. 머릿속으로만 생각하지 말고 꼭 소리 내어 말합니다. 밑줄에 직접 써 보면서 정리하면 패턴을 기억하는 데 훨씬 도움이 됩니다.

Pattern 145 那件事情跟我们无关。 그 일은 우리와 관계없어요.

1. 그 일은 우리와 관계없어요. ▶
2. 그들의 집안일은 너와 관계없으니 끼어들지 마. ▶
3. 차의 맛은 수질과 관계가 있습니다. ▶
4. 집값의 높고 낮음은 정부의 조정과 관계있습니다. ▶
5. 법률의 제정은 백성의 삶과 관계있습니다. ▶

Pattern 146 张老师教我们汉语。 장 선생님은 우리에게 중국어를 가르치십니다.

1. 장 선생님은 우리에게 중국어를 가르치십니다. ▶
2. 여자 친구가 제게 초콜릿을 주었습니다. ▶
3. 그는 제게 곤란한 질문을 했어요. ▶
4. 내가 놀랄만한 뉴스를 알려줄게. ▶
5. 주인이 방금 내게 30위안을 거슬러 주었어요. ▶

Pattern 147 他给我打电话了。 그 사람이 제게 전화를 했습니다.

1. 그 사람이 제게 전화를 했습니다. ▶
2. 제가 폐를 끼쳤습니다. ▶
3. 내가 새 친구를 데려갈게. ▶
4. 회장님이 우리에게 선물을 보내셨습니다. ▶
5. 그 사람은 걸핏하면 나에게 문자를 보냅니다. ▶

Pattern 148 我跟他说好了。 제가 그에게 잘 이야기했습니다.

1. 제가 그에게 잘 이야기했습니다. ▶
2. 내가 너에게 이 상황을 말해 줄게. ▶
3. 그는 제게 사고의 원리를 설명했습니다. ▶
4. 오랜만에 본 동창이 그에게 농담했어요. ▶
5. 엄마는 항상 제게 운동하라고 말씀하십니다. ▶

38.mp3

우리말 해석을 보면서 해당하는 중국어 문장을 큰 소리로 말해 보세요. 정답은 오디오나 본책을 보면서 확인합니다. 머릿속으로만 생각하지 말고 꼭 소리 내어 말합니다. 밑줄에 직접 써 보면서 정리하면 패턴을 기억하는 데 훨씬 도움이 됩니다.

Pattern 149 他向我挥手了。 그는 나에게 손을 흔들었습니다.

1. 그가 나에게 손을 흔들었습니다. ▶ ______
2. 제가 그에게 인사했어요. ▶ ______
3. 제가 선생님께 질문을 하나 했습니다. ▶ ______
4. 그가 할아버지에게 인사를 했습니다. ▶ ______
5. 제 친구가 지나가는 사람에게 시비를 걸었어요. ▶ ______

Pattern 150 老师发给我们讲义了。 선생님이 우리에게 강의안을 나눠주셨어요.

1. 선생님이 우리에게 강의안을 나눠주셨어요. ▶ ______
2. 제가 보고서를 곧 그에게 드릴게요. ▶ ______
3. 그 식초 좀 저에게 건네주세요. ▶ ______
4. 죄송하지만 이 편지 좀 그녀에게 전해주세요. ▶ ______
5. 그녀는 돈이 많은 남자에게 시집갔어요. ▶ ______

Pattern 151 妈妈让我去买些东西。 엄마가 저에게 물건을 좀 사오라고 하셨어요.

1. 엄마가 저에게 물건을 좀 사오라고 하셨어요. ▶ ______
2. 그 사람이 우리를 못 들어가게 했어요. ▶ ______
3. 가서 그 사람더러 전화하라고 해. ▶ ______
4. 저는 동생에게 텔레비전을 좀 켜라고 했어요. ▶ ______
5. 우리는 종업원에게 물 한 병을 가져다 달라고 했어요. ▶ ______

Pattern 152 我去图书馆看书。 저는 도서관에 가서 책을 봅니다.

1. 저는 도서관에 가서 책을 봅니다. ▶ ______
2. 그는 비행기를 타고 런던에 갑니다. ▶ ______
3. 그는 박물관에 가서 전시회를 봅니다. ▶ ______
4. 우리는 밥을 먹고 영화를 봤어요. ▶ ______
5. 저는 양복을 사서 축제에 참가해요. ▶ ______

39.mp3

우리말 해석을 보면서 해당하는 중국어 문장을 큰 소리로 말해 보세요. 정답은 오디오나 본책을 보면서 확인합니다. 머릿속으로만 생각하지 말고 꼭 소리 내어 말합니다. 밑줄에 직접 써 보면서 정리하면 패턴을 기억하는 데 훨씬 도움이 됩니다.

Pattern 153 你听听我的话，然后说吧。 제 말을 들어 보고 나서 말씀하세요.

1. 내 말을 들어 보고 나서 말씀하세요. ▶ ______
2. 전등이 깜빡이더니 꺼져버렸어요. ▶ ______
3. 우리 선생님에게 물어보고 결정합시다. ▶ ______
4. 잘 생각해 보고 반성문을 쓰세요. ▶ ______
5. 그는 한동안 앉아 있더니 천천히 일어섰다. ▶ ______

Pattern 154 我先去北京，再去上海。 저는 베이징에 갔다가 상하이로 갈 거예요.

1. 저는 베이징에 갔다가 상하이로 갈 거예요. ▶ ______
2. 찬물 좀 마시고 나서 똑똑히 얘기해 봐. ▶ ______
3. 우리는 발음을 배우고 나서 문법을 배웁니다. ▶ ______
4. 집을 청소하고 나서 손님 맞을 준비를 하세요. ▶ ______
5. 에어컨을 켜고 나서 앉아서 쉽시다. ▶ ______

Pattern 155 我先去北京，又去了上海。 저는 베이징에 갔다가 상하이에 갔어요.

1. 저는 베이징에 갔다가 상하이에 갔어요. ▶ ______
2. 우리는 점심을 먹고 나서 또 간식을 먹었어요. ▶ ______
3. 그는 지도자에게 보고하고 돌아와서 저에게 말했어요. ▶ ______
4. 저는 그의 자료를 보고 나서 몇 가지 질문을 했어요. ▶ ______
5. 군대는 우리 고향을 공격한 뒤에 또 여기로 쳐들어왔어요. ▶ ______

Pattern 156 等星期天再去主题公园。 일요일이 되면 테마파크에 가요.

1. 일요일이 되면 테마파크에 가요. ▶ ______
2. 엄마가 퇴근하시면 할머니네 집에 갑니다. ▶ ______
3. 3시가 되면 전화를 하세요. ▶ ______
4. 방학하고 나면 우리 다시 만나요. ▶ ______
5. 숙제 다 하고 나면 텔레비전을 보아라. ▶ ______

40.mp3

우리말 해석을 보면서 해당하는 중국어 문장을 큰 소리로 말해 보세요. 정답은 오디오나 본책을 보면서 확인합니다. 머릿속으로만 생각하지 말고 꼭 소리 내어 말합니다. 밑줄에 직접 써 보면서 정리하면 패턴을 기억하는 데 훨씬 도움이 됩니다.

Pattern 157 我一上课就想睡觉。 저는 수업만 들으면 자고 싶어요.

1. 저는 수업만 들으면 자고 싶어요. ▶ ______________________________
2. 그는 집에만 오면 컴퓨터를 해요. ▶ ______________________________
3. 저는 일어나자마자 아침을 먹어요. ▶ ______________________________
4. 그들은 방학하자마자 미국으로 돌아갔어요. ▶ ______________________________
5. 여동생은 음악을 듣기만 하면 춤을 춰요. ▶ ______________________________

Pattern 158 我没有时间看电影。 저는 영화 볼 시간이 없어요.

1. 저는 영화 볼 시간이 없어요. ▶ ______________________________
2. 저는 라오왕이라는 친구가 있어요. ▶ ______________________________
3. 그는 이 책을 살 돈이 없어요. ▶ ______________________________
4. 최근에는 재미있는 드라마가 없어요. ▶ ______________________________
5. 아프리카의 아이들은 먹을 식량이 없어요. ▶ ______________________________

Pattern 159 世界上有的是好人。 세상에 좋은 사람은 많습니다.

1. 세상에 좋은 사람은 많습니다. ▶ ______________________________
2. 우리에게 있는 것이라곤 시간뿐입니다. ▶ ______________________________
3. 여기에 있는 것이라곤 광산 자원입니다. ▶ ______________________________
4. 오늘은 바쁘지만 내일은 있는 게 시간이에요. ▶ ______________________________
5. 그는 직업은 없지만 가진 것이라곤 지식뿐입니다. ▶ ______________________________

Pattern 160 一些资料包括我写的在内都消失了。 제가 쓴 것을 포함한 일부 자료가 소실됐습니다.

1. 제가 쓴 것을 포함한 일부 자료가 소실됐습니다. ▶ ______________________________
2. 그를 비롯해서 모두 세 명이 상을 탔습니다. ▶ ______________________________
3. 언어 교육은 듣기, 말하기, 읽기, 쓰기 네 항목을 포함합니다. ▶ ______________________________
4. 아시아는 동아시아, 서아시아, 동남아시아 등을 포함합니다. ▶ ______________________________
5. 회의가 시작될 때 라오장을 비롯해서 모두 왔습니다. ▶ ______________________________

41.mp3

DAY 41

우리말 해석을 보면서 해당하는 중국어 문장을 큰 소리로 말해 보세요. 정답은 오디오나 본책을 보면서 확인합니다. 머릿속으로만 생각하지 말고 꼭 소리 내어 말합니다. 밑줄에 직접 써 보면서 정리하면 패턴을 기억하는 데 훨씬 도움이 됩니다.

Pattern 161 不管天气好不好，我都要去爬山。 날씨가 좋든 안 좋든 나는 등산하러 갈 거예요.

1. 날씨가 좋든 안 좋든 나는 등산하러 갈 거예요. ▶ ____________________
2. 네가 동의하든 안 하든 나는 그렇게 할 거야. ▶ ____________________
3. 내일이 무슨 요일이든 나는 공부하러 학교 갈 거야. ▶ ____________________
4. 극장에 사람이 얼마건 난 영화를 볼 거예요. ▶ ____________________
5. 네가 얼마나 바쁘던 이 회의에는 참석해. ▶ ____________________

Pattern 162 你来谈谈你的看法。 자네가 생각을 이야기해 보게.

1. 자네가 생각을 이야기해 보게. ▶ ____________________
2. 우리는 총장이 연설하도록 초청했어요. ▶ ____________________
3. 샤오왕, 이 일은 당신이 하시지요. ▶ ____________________
4. 우리가 공원의 아름다운 풍경을 그려 보자. ▶ ____________________
5. 모두 이 시를 읽어 보세요. ▶ ____________________

Pattern 163 这个计划由他负责执行。 이 계획은 그가 책임지고 집행합니다.

1. 이 계획은 그가 책임지고 집행합니다. ▶ ____________________
2. 반장은 학우들이 투표로 선출합니다. ▶ ____________________
3. 아이를 매일 외할머니가 등하교시킵니다. ▶ ____________________
4. 이 선생님께서 우리에게 학교 상황을 소개해 주세요. ▶ ____________________
5. 고독한 노인은 정부가 부양합니다. ▶ ____________________

Pattern 164 他的演讲使我们很感动。 그의 연설은 우리를 감동하게 했습니다.

1. 그의 연설은 우리를 감동하게 했습니다. ▶ ____________________
2. 할머니의 별세는 그녀를 슬프게 했어요. ▶ ____________________
3. 그는 나의 인생관을 바꾸어 놓았어요. ▶ ____________________
4. 구기 종목의 승리는 팬들을 기쁘게 하였습니다. ▶ ____________________
5. 시험 성적은 그를 매우 낙담케 했습니다. ▶ ____________________

42.mp3

우리말 해석을 보면서 해당하는 중국어 문장을 큰 소리로 말해 보세요. 정답은 오디오나 본책을 보면서 확인합니다. 머릿속으로만 생각하지 말고 꼭 소리 내어 말합니다. 밑줄에 직접 써 보면서 정리하면 패턴을 기억하는 데 훨씬 도움이 됩니다.

Pattern 165 这件事叫他很为难。 이 일이 그를 곤란하게 했어요.

1. 이 일이 그를 곤란하게 했어요. ▶
2. 할아버지는 저에게 수업이 끝나고 집에 오라 하셨어요. ▶
3. 선생님은 우리에게 시험을 잘 준비하게 했어요. ▶
4. 더운 날씨는 사람을 불안하게 합니다. ▶
5. 현장의 분위기는 그를 곤경에 빠뜨렸어요. ▶

Pattern 166 我把作业写完了。 저는 숙제를 다 했어요.

1. 저는 숙제를 다 했어요. ▶
2. 창문을 좀 열어 주세요. ▶
3. 책가방을 여기 두지 마세요. ▶
4. 엄마는 사온 수박을 냉장고에 넣어 둡니다. ▶
5. 수업이 끝나고 그는 컴퓨터를 껐다. ▶

Pattern 167 可乐被他喝完了。 콜라는 그가 다 마셨어요.

1. 콜라는 그가 다 마셨어요. ▶
2. 자동차는 어제 수리를 끝냈어요. ▶
3. 황색 팀이 남색 팀에게 졌어요. ▶
4. 그 책은 방금 다른 사람이 빌려갔어요. ▶
5. 우리는 그의 이야기에 감동 받았어요. ▶

Pattern 168 因为明天是周六，所以不上课。 내일은 토요일이라 수업이 없어요.

1. 내일은 토요일이라 수업이 없어요. ▶
2. 지하철이 고장 나서 우리는 늦게 갔어요. ▶
3. 그 사람 어제 밤을 새서 오늘 정신이 없네요. ▶
4. 다음 주에 시험을 봐야 해서 저는 열심히 공부해야 해요. ▶
5. 그는 매일 운동을 하러 가서 몸이 좋아요. ▶

43.mp3

우리말 해석을 보면서 해당하는 중국어 문장을 큰 소리로 말해 보세요. 정답은 오디오나 본책을 보면서 확인합니다. 머릿속으로만 생각하지 말고 꼭 소리 내어 말합니다. 밑줄에 직접 써 보면서 정리하면 패턴을 기억하는 데 훨씬 도움이 됩니다.

Pattern 169 他病得很严重，因此没来上班。 그는 병이 심해요, 그래서 출근하지 않았어요.

1. 그는 병이 심해요, 그래서 출근하지 않았어요. ▶ ______
2. 그녀는 열심히 공부해서 이번 시험에 통과했어요. ▶ ______
3. 세금이 감면되니 원성도 줄어들었어요. ▶ ______
4. 그의 말에 모두 웃어서 분위기가 누그러졌어요. ▶ ______
5. 중국이 개혁개방을 시행해서 경제가 갈수록 좋아졌어요. ▶ ______

Pattern 170 由于他的失误，他们错失了金牌。 그의 실수로 인해 그들은 금메달을 잃었습니다.

1. 그의 실수로 인해 그들은 금메달을 잃었습니다. ▶ ______
2. 선생님의 도움으로 그의 성적이 향상됐어요. ▶ ______
3. 사고는 그의 부당한 조작으로 생겼습니다. ▶ ______
4. 안개 낀 날씨로 인해 비행기가 정상 착륙하지 못했습니다. ▶ ______
5. 온실효과는 환경오염으로 생겨났습니다. ▶ ______

Pattern 171 你今天为什么迟到了？ 너 오늘 왜 늦었어?

1. 너 오늘 왜 늦었어? ▶ ______
2. 왜 운동하러 안 와? ▶ ______
3. 그는 왜 아들을 혼내는 걸까? ▶ ______
4. 그는 왜 저 옷이 예쁘다고 하는 거야? ▶ ______
5. 왜 낮과 밤이 있는 걸까? ▶ ______

Pattern 172 你最近忙什么呢？ 너 요새 뭐가 바빠?

1. 너 요새 뭐가 바빠? ▶ ______
2. 뭐가 급해? ▶ ______
3. 너는 왜 웃어? ▶ ______
4. 울긴 왜 울어? ▶ ______
5. 왜 울어? 무슨 일 있어? ▶ ______

◉ 44.mp3

우리말 해석을 보면서 해당하는 중국어 문장을 큰 소리로 말해 보세요. 정답은 오디오나 본책을 보면서 확인합니다. 머릿속으로만 생각하지 말고 꼭 소리 내어 말합니다. 밑줄에 직접 써 보면서 정리하면 패턴을 기억하는 데 훨씬 도움이 됩니다.

Pattern 173 他凭什么当了主席? 그는 어떻게 회장이 됐대요?

1. 그 사람 어떻게 회장이 됐대요? ▶ ____________________
2. 넌 왜 그 사람을 혼내는 거야? ▶ ____________________
3. 그는 어떻게 우승을 차지했나요? ▶ ____________________
4. 왜 그녀가 우리 팀장이 된 거죠? ▶ ____________________
5. 파리는 어떻게 예술의 도시가 됐나요? ▶ ____________________

Pattern 174 之所以问你，我觉得你懂得比较多。 네게 묻는 까닭은 네가 많은 걸 알고 있다고 생각해서야.

1. 네게 묻는 까닭은 네가 많은 걸 알고 있다고 생각해서야. ▶ ____________________
2. 오시라고 한 이유는 생각을 좀 들어보기 위해섭니다. ▶ ____________________
3. 그가 수상한 까닭은 훈련을 정말 힘들게 했기 때문이에요. ▶ ____________________
4. 선생님이 그렇게 말하는 까닭은 그게 다 경험 이야기이기 때문입니다. ▶ ____________________
5. 이 요리를 시킨 까닭은 고향의 특산품 중 하나이기 때문입니다. ▶ ____________________

Pattern 175 请按照问题的要求回答。 질문의 요구에 따라서 대답하세요.

1. 질문의 요구에 따라서 대답하세요. ▶ ____________________
2. 우리는 규정에 따라서 일해야 합니다. ▶ ____________________
3. 그의 말대로 따르니 금방 찾았습니다. ▶ ____________________
4. 과거의 의견으로는 그렇게 하는 게 좋지 않아요. ▶ ____________________
5. 그는 낡은 방법으로 연구하는 것을 좋아하지 않아요. ▶ ____________________

Pattern 176 依据观测，今年夏天会很热。 관측에 의하면 올해 여름은 덥겠습니다.

1. 관측에 의하면 올해 여름은 덥겠습니다. ▶ ____________________
2. 어떠한 일을 하더라도 일정한 방법을 따라야 합니다. ▶ ____________________
3. 이런 현상은 모두 자연의 법칙으로 일어난 것입니다. ▶ ____________________
4. 우리는 이런 작은 일로 판단해서는 안 됩니다. ▶ ____________________
5. 회사의 규정에 의해 저녁 7시에나 퇴근합니다. ▶ ____________________

45.mp3

우리말 해석을 보면서 해당하는 중국어 문장을 큰 소리로 말해 보세요. 정답은 오디오나 본책을 보면서 확인합니다. 머릿속으로만 생각하지 말고 꼭 소리 내어 말합니다. 밑줄에 직접 써 보면서 정리하면 패턴을 기억하는 데 훨씬 도움이 됩니다.

Pattern 177 依靠直觉他做出了选择。 그는 직감에 의지해서 선택했어요.

1. 그는 직감에 의지해서 선택했어요. ▶
2. 좋은 정책에 의지하여 농민들은 부를 이뤘습니다. ▶
3. 권력에 의지해서 그는 과감하게 개혁을 수행했습니다. ▶
4. 그의 힘으로는 이 임무를 완성할 수 없어요. ▶
5. 이 증거에 의지해서는 그가 죄가 있다고 말할 수 없습니다. ▶

Pattern 178 我去图书馆看书。 저는 책을 보러 도서관에 갑니다.

1. 저는 책을 보러 도서관에 갑니다. ▶
2. 여기 뭐 하러 왔어요? ▶
3. 그는 방금 밥 먹으러 집에 갔어요. ▶
4. 그는 모레 회의하러 상하이에 가요. ▶
5. 그는 중국어를 배우러 베이징에 머물렀어요. ▶

Pattern 179 为了身体健康，你要多多锻炼。 건강을 위해서 운동을 많이 하세요.

1. 건강을 위해서 운동을 많이 하세요. ▶
2. 그는 집안을 돌보기 위하여 열심히 일하지 않을 수 없어요. ▶
3. 가난한 학생들을 돕기 위해서 그는 먹고 쓰는 걸 아꼈어요. ▶
4. 고등학생들은 대학에 합격하기 위하여 힘든 생활을 견딥니다. ▶
5. 두 나라는 공동의 이익을 위하여 동맹을 맺었습니다. ▶

Pattern 180 请写下说明，以便他人理解。 다른 사람이 이해하도록 설명을 써 놓으세요.

1. 다른 사람이 이해하도록 설명을 써 놓으세요. ▶
2. 쉴 수 있도록 음악 소리를 좀 줄여 주세요. ▶
3. 알아듣도록 좀 분명히 이야기해 봐. ▶
4. 청소년 문제를 해결하도록 이 법률을 제정했습니다. ▶
5. 주민의 생활 여가에 편리하도록 공원을 수리합니다. ▶

46.mp3

우리말 해석을 보면서 해당하는 중국어 문장을 큰 소리로 말해 보세요. 정답은 오디오나 본책을 보면서 확인합니다. 머릿속으로만 생각하지 말고 꼭 소리 내어 말합니다. 밑줄에 직접 써 보면서 정리하면 패턴을 기억하는 데 훨씬 도움이 됩니다.

Pattern 181 你多穿点儿，免得感冒了。 감기 걸리지 않도록 두둑하게 입으세요.

1. 감기 걸리지 않도록 두둑하게 입으세요. ▶
2. 길을 잘못 들지 않도록 자세히 물어보아라. ▶
3. 후회하지 않도록 말하기 전에 잘 생각하세요. ▶
4. 또 늦지 않게 어서 수업에 들어가렴. ▶
5. 아침에 못 일어나지 않도록 일찍 자라. ▶

Pattern 182 他是美国人，也是韩国人。 그는 미국인이기도 하고 한국인이기도 합니다.

1. 그는 미국인이기도 하고, 한국인이기도 합니다. ▶
2. 그녀는 노래 부르기도 좋아하고, 춤추기도 좋아합니다. ▶
3. 이 옷은 색깔도 예쁘고, 디자인도 보기 좋네요. ▶
4. 그는 중국어 말하기도 잘하고, 듣기도 잘합니다. ▶
5. 이 컴퓨터는 가격도 싸고, 성능도 좋습니다. ▶

Pattern 183 去北京旅行，同时去看望朋友。 베이징에 여행을 가는 한편 친구도 보려고요.

1. 베이징에 여행을 가는 한편 친구도 보려고요. ▶
2. 졸업식에 참가하는 동시에 졸업증도 받아요. ▶
3. 그는 우리 반장이기도 하고 학생회장이기도 합니다. ▶
4. 우리는 시간을 약속하지 않았지만 동시에 역에 도착했어요. ▶
5. 그는 대학입학 성적이 좋아 동시에 두 학교에 합격했어요. ▶

Pattern 184 一方面休息，另一方面运动。 한편으로는 쉬고 다른 한편으로는 운동도 할 겁니다.

1. 한편으로는 쉬고 다른 한편으로는 운동도 할 겁니다. ▶
2. 중국어를 공부하는 한편 문화도 배웁니다. ▶
3. 급여도 많지 않은 한편, 지루합니다. ▶
4. 한편으로는 경제를 잡고, 다른 한편으로는 사상도 잡아야 합니다. ▶
5. 업무를 협의하는 한편 옛 친구를 만납니다. ▶

47.mp3

우리말 해석을 보면서 해당하는 중국어 문장을 큰 소리로 말해 보세요. 정답은 오디오나 본책을 보면서 확인합니다. 머릿속으로만 생각하지 말고 꼭 소리 내어 말합니다. 밑줄에 직접 써 보면서 정리하면 패턴을 기억하는 데 훨씬 도움이 됩니다.

Pattern 185 爷爷一边喝茶，一边下棋。 할아버지는 차를 드시면서 장기를 두십니다.

1. 할아버지는 차를 드시면서 장기를 두십니다. ▶
2. 그는 담배 피우면서 이야기 나눕니다. ▶
3. 밥 먹으면서 신문 보지 말아라. ▶
4. 그는 늘 수업을 들으면서 게임을 합니다. ▶
5. 운전하면서 전화 받는 건 안 좋은 버릇이에요. ▶

Pattern 186 他挥着手跑过来。 그는 손을 흔들며 뛰어 왔습니다.

1. 그는 손을 흔들며 뛰어 왔습니다. ▶
2. 그는 줄곧 제게 웃으면서 말했습니다. ▶
3. 아버지는 누워서 텔레비전 보기를 좋아하십니다. ▶
4. 어떤 때는 왕 선생님은 앉아서 수업하십니다. ▶
5. 몸에 안 좋으니 서서 밥 먹지 말아라. ▶

Pattern 187 我明天要到釜山开会去。 저는 내일 부산에 회의하러 갑니다.

1. 저는 내일 부산에 회의하러 갑니다. ▶
2. 책을 가져와서 좀 보여 주세요. ▶
3. 동생도 데려가서 함께 놀아라. ▶
4. 그건 방금 도쿄로 간 비행기입니다. ▶
5. 강아지 한 마리가 내 쪽으로 뛰어왔어요. ▶

Pattern 188 我整天跑来跑去，没法见他。 저는 종일 뛰어다녔지만 그를 볼 수 없었어요.

1. 저는 종일 뛰어다녔지만 그를 볼 수 없었어요. ▶
2. 그는 이런저런 이야기를 하더니 끝내 별 이야기를 하지 않았어요. ▶
3. 나는 이리저리 생각해 봤지만 좋은 생각을 내지 못했어요. ▶
4. 그는 이리저리 봤지만 어디가 다른지 알아볼 수 없었어요. ▶
5. 그는 이리저리 찾아봤는데, 사무실이 어디에 있는지 찾지 못했습니다. ▶

48.mp3

우리말 해석을 보면서 해당하는 중국어 문장을 큰 소리로 말해 보세요. 정답은 오디오나 본책을 보면서 확인합니다. 머릿속으로만 생각하지 말고 꼭 소리 내어 말합니다. 밑줄에 직접 써 보면서 정리하면 패턴을 기억하는 데 훨씬 도움이 됩니다.

Pattern 189 人们希望房价快降下来。 사람들은 집값이 내려가길 바랍니다.

1. 사람들은 집값이 내려가길 바랍니다. ▶ ______
2. 겨울 하늘은 진작 어두워졌습니다. ▶ ______
3. 빨리 내려가 봐. 누가 싸우고 있는 것 같아. ▶ ______
4. 골치 아플 때는 조용히 생각하면 좋아집니다. ▶ ______
5. 생산량이 계속 오르지 않아서 정말 걱정입니다. ▶ ______

Pattern 190 别说话了，老师走进来了。 선생님께서 들어오시니 떠들지 마세요.

1. 선생님께서 들어오시니 떠들지 마. ▶ ______
2. 끓인 물이 뜨거우니 손을 뻗지 마세요. ▶ ______
3. 오늘 너무 많이 먹어서 술은 조금도 마시지 못하겠어요. ▶ ______
4. 그 사람 지금 기분이 안 좋아서 다른 사람 말이 들리지도 않아요. ▶ ______
5. 투자 유치란 곧 자금의 유입을 말합니다. ▶ ______

Pattern 191 话说出来就不能收回去了。 말은 입 밖에 나오면 거둬들일 수가 없어요.

1. 말은 입 밖에 나오면 거둬들일 수가 없어요. ▶ ______
2. 이 문제를 어떻게 할지 저는 생각해냈어요. ▶ ______
3. 우리는 모두 잘못의 원인을 알아냈습니다. ▶ ______
4. 그는 무슨 일이 있는 듯 부리나케 뛰어 나갔습니다. ▶ ______
5. 선생님이 교실을 나가시자마자 학생들은 큰 소리로 떠듭니다. ▶ ______

Pattern 192 他刚从中国飞回来。 그는 막 중국에서 돌아왔습니다.

1. 그는 막 중국에서 돌아왔습니다. ▶ ______
2. 저는 이 기념품을 가져갈 생각이에요. ▶ ______
3. 그가 헐레벌떡하며 뛰어 돌아왔습니다. ▶ ______
4. 그 사람 취해서 운전 못 합니다. ▶ ______
5. 새로 산 옷이 맘에 들지 않아 반품하려 합니다. ▶ ______

49.mp3

우리말 해석을 보면서 해당하는 중국어 문장을 큰 소리로 말해 보세요. 정답은 오디오나 본책을 보면서 확인합니다. 머릿속으로만 생각하지 말고 꼭 소리 내어 말합니다. 밑줄에 직접 써 보면서 정리하면 패턴을 기억하는 데 훨씬 도움이 됩니다.

Pattern 193 他从对面慢慢地走过来。 그가 맞은편에서 천천히 걸어왔어요.

1. 그가 맞은편에서 천천히 걸어왔어요. ▶ ____________
2. 그는 하룻낮 하룻밤을 자고 깨어났어요. ▶ ____________
3. 시내가 이 마을을 흘러갑니다. ▶ ____________
4. 그 사람 어젯밤에 많이 마시더니 끝내 취해 쓰러졌어요. ▶ ____________
5. 그는 늦었지만, 선생님 앞을 몰래 빠져 지나갔어요. ▶ ____________

Pattern 194 我想起来他是谁了。 그 사람 누구였는지 생각났어요.

1. 그 사람 누구였는지 생각났어요. ▶ ____________
2. 일어나서 질문에 대답하세요. ▶ ____________
3. 이 한자는 쓰기가 쉽지 않아요. ▶ ____________
4. 그들은 보자마자 수다를 떨기 시작했어요. ▶ ____________
5. 바람이 부는 걸 보아하니 비가 오겠네요. ▶ ____________

Pattern 195 一个汉堡包我吃得饱。 햄버거 하나면 배불리 먹을 수 있어요.

1. 햄버거 하나면 배불리 먹을 수 있어요. ▶ ____________
2. 아직 10분이 더 있으니 빨리 가면 시간을 맞출 수 있어요. ▶ ____________
3. 그녀가 입은 옷은 한국에서 살 수 있어요. ▶ ____________
4. 그가 빨리 말하기는 하지만, 전 알아들을 수 있어요. ▶ ____________
5. 이 책은 하루에 30쪽을 보면 한 주면 다 볼 수 있어요. ▶ ____________

Pattern 196 这么多好吃的，可我吃不下。 맛있는 게 이렇게 많지만 전 더 먹을 수가 없어요.

1. 맛있는 게 이렇게 많지만 전 더 먹을 수가 없어요. ▶ ____________
2. 수학은 너무 어려워서 배울 수가 없어요. ▶ ____________
3. 비가 너무 많이 와서 우리는 나갈 수가 없어요. ▶ ____________
4. 시험 전에 숙제가 많아서 다 할 수 없을 정도예요. ▶ ____________
5. 그 사람은 근시라서 칠판의 글자를 알아보지 못해요. ▶ ____________

▶ 50.mp3

우리말 해석을 보면서 해당하는 중국어 문장을 큰 소리로 말해 보세요. 정답은 오디오나 본책을 보면서 확인합니다. 머릿속으로만 생각하지 말고 꼭 소리 내어 말합니다. 밑줄에 직접 써 보면서 정리하면 패턴을 기억하는 데 훨씬 도움이 됩니다.

Pattern 197 他是从新加坡来的。 그 사람은 싱가포르에서 왔어요.

1. 그 사람은 싱가포르에서 왔어요. ▶ ____________
2. 저는 학교 친구들과 함께 농구했어요. ▶ ____________
3. 오늘 아침에 저는 걸어서 학교에 왔어요. ▶ ____________
4. 이 사전은 신화서점에서 산 것이에요. ▶ ____________
5. 우리는 작년에 한 행사에서 알았어요. ▶ ____________

Pattern 198 他有时连哥哥都看不起。 그는 어떤 때 형까지도 무시합니다.

1. 그는 어떤 때 형까지도 무시합니다. ▶ ____________
2. 그는 밥 먹을 때조차도 책을 봅니다. ▶ ____________
3. 그는 화가 나서 한마디도 하지 않았습니다. ▶ ____________
4. 교실이 조용해서 숨소리까지 들립니다. ▶ ____________
5. 그 사람 너무 많이 변해서 어머니조차도 몰라봤습니다. ▶ ____________

Pattern 199 今天的晚会我非去不可。 오늘 회식은 안 가면 안 되겠어요.

1. 오늘 회식은 안 가면 안 되겠어요. ▶ ____________
2. 이 일은 샤오왕이 하지 않으면 안 돼요. ▶ ____________
3. 그 비밀을 제가 말하지 않으면 안 되겠네요. ▶ ____________
4. 베이징에 여행을 가면 베이징오리구이를 먹지 않으면 안 됩니다. ▶ ____________
5. 이번 대회에서 우리 반이 1등을 하지 않으면 안 됩니다. ▶ ____________

Pattern 200 这部电影值得一看。 이 영화는 한번 볼 만합니다.

1. 이 영화는 한번 볼 만합니다. ▶ ____________
2. 그의 행동은 우리가 존경할 만합니다. ▶ ____________
3. 윈난에는 가 볼 만한 곳이 많습니다. ▶ ____________
4. 그는 믿을 만한 친구입니다. ▶ ____________
5. 이 일을 이렇게 하면 할 만하다고 생각해? ▶ ____________

51.mp3

우리말 해석을 보면서 해당하는 중국어 문장을 큰 소리로 말해 보세요. 정답은 오디오나 본책을 보면서 확인합니다. 머릿속으로만 생각하지 말고 꼭 소리 내어 말합니다. 밑줄에 직접 써 보면서 정리하면 패턴을 기억하는 데 훨씬 도움이 됩니다.

Pattern 201 他们只是普通朋友的关系。 그들은 단지 그냥 친구 관계일 뿐이에요.

1. 그들은 단지 그냥 친구 관계일 뿐이에요. ▶ ______
2. 단지 시간문제일 뿐이니 천천히 하렴. ▶ ______
3. 다른 일은 없고 단지 너랑 이야기하고 싶어. ▶ ______
4. 그는 글씨를 빨리 쓰는데, 단지 그렇게 보기 좋지는 않아요. ▶ ______
5. 난징은 단지 옛날 수도였을 뿐이고 지금은 아니에요. ▶ ______

Pattern 202 他只是来看看情况而已。 그 사람은 단지 상황을 보러 온 것뿐입니다.

1. 그 사람은 단지 상황을 보러 온 것뿐입니다. ▶ ______
2. 우리는 강연을 들으러 가는 것뿐이에요. ▶ ______
3. 그 사람 너한테 관심이 있는 것뿐이지 다른 뜻은 없어. ▶ ______
4. 아직 어린아이일 뿐이니 그 아이한테 너무 엄하게 하지 마세요. ▶ ______
5. 사랑은 말뿐이 아니라 행동으로 증명하는 것입니다. ▶ ______

Pattern 203 我只不过是想去问问罢了。 저는 단지 가서 물어보고 싶었을 뿐이에요.

1. 저는 단지 가서 물어보고 싶었을 뿐이에요. ▶ ______
2. 그것은 전설일 뿐, 진짜는 아니지요. ▶ ______
3. 우리는 단지 시험을 해 본 것뿐이었어요. ▶ ______
4. 들은 것뿐이지 직접 본 것은 아니에요. ▶ ______
5. 그는 단지 한마디만 했을 뿐 자기 의견을 표현하지 않았어요. ▶ ______

Pattern 204 这件事情不难，不至于麻烦您。 이 일은 어렵지 않아서 귀찮게까지는 않을 겁니다.

1. 이 일은 어렵지 않아서 귀찮게까지는 않을 겁니다. ▶ ______
2. 아직 시간이 있으니 그렇게 서두르지는 않아도 됩니다. ▶ ______
3. 시험 전에 복습을 잘하면 불합격까지는 하지 않을 겁니다. ▶ ______
4. 이게 제 생각인데 그 사람이 어떻게 생각하는지까지는 저도 몰라요. ▶ ______
5. 내가 도와줄 수 있는 일도 있지만 이번 일 같은 경우는 못 도와줘. ▶ ______

52.mp3

우리말 해석을 보면서 해당하는 중국어 문장을 큰 소리로 말해 보세요. 정답은 오디오나 본책을 보면서 확인합니다. 머릿속으로만 생각하지 말고 꼭 소리 내어 말합니다. 밑줄에 직접 써 보면서 정리하면 패턴을 기억하는 데 훨씬 도움이 됩니다.

Pattern 205 他跟我一样高。 그는 키가 저만큼 큽니다.

1. 그는 키가 저만큼 큽니다. ▶
2. 어제도 오늘만큼 추웠어요. ▶
3. 그도 역시 아버지처럼 술을 좋아합니다. ▶
4. 중국의 어떤 풍속이나 관습들은 한국과 같습니다. ▶
5. 이 도시는 변화가 많아 예전과는 다릅니다. ▶

Pattern 206 他的爱好跟我的差不多。 그의 취미는 저와 비슷합니다.

1. 그의 취미는 저와 비슷합니다. ▶
2. 그 사람 저 스타와 비슷하게 생겼어요. ▶
3. 이 옷 스타일은 저것과 비슷해요. ▶
4. 칭다오 날씨는 서울과 비슷합니다. ▶
5. 이 프로그램은 예전이랑 비슷하게 재밌어요. ▶

Pattern 207 女孩的脸像苹果一样圆。 여자아이 얼굴이 사과처럼 둥급니다.

1. 여자아이 얼굴이 사과처럼 둥급니다. ▶
2. 아버지는 큰 나무처럼 우뚝 서 계십니다. ▶
3. 어른들은 아이들처럼 단순하게 즐거워하지 않아요. ▶
4. 선생님은 어머니처럼 우리를 돌봐주십니다. ▶
5. 그는 송혜교처럼 예쁜 여자를 찾고 싶어 해요. ▶

Pattern 208 你去也好，我去也好，只要有人去就好。 네가 가든 내가 가든 누군가 가면 돼.

1. 네가 가든 내가 가든 누군가 가면 돼. ▶
2. 사과든 바나나든 과일은 몸에 좋아요. ▶
3. 오든 안 오든 미리 저에게 알려주세요. ▶
4. 버리든 안 버리든 어떤 선택도 괜찮아요. ▶
5. 내가 말하든 그가 말하든 어쨌든 관점이 전면적이진 않아. ▶

53.mp3

우리말 해석을 보면서 해당하는 중국어 문장을 큰 소리로 말해 보세요. 정답은 오디오나 본책을 보면서 확인합니다. 머릿속으로만 생각하지 말고 꼭 소리 내어 말합니다. 밑줄에 직접 써 보면서 정리하면 패턴을 기억하는 데 훨씬 도움이 됩니다.

Pattern 209 他的朋友比他长得更胖。 그의 친구는 그보다 더 뚱뚱합니다.

1. 그의 친구는 그보다 더 뚱뚱합니다. ▶
2. 그는 저보다 더 만화를 좋아합니다. ▶
3. 상하이 물가는 선전보다 더 비쌉니다. ▶
4. 그의 집은 우리 집보다 학교에서 더 멀어요. ▶
5. 남동생은 여동생보다 더 세상 물정을 모릅니다. ▶

Pattern 210 比起哥哥来，弟弟长得更帅。 형에 비해서 동생이 더 멋지네요.

1. 형에 비해서 동생이 더 멋지네요. ▶
2. 겨울에 비해서 사람들은 여름을 더 좋아해요. ▶
3. 음악 듣는 것에 비해서 저는 그림 그리기를 더 좋아해요. ▶
4. 선양에 비해서 하얼빈이 더 추워요. ▶
5. 그는 축구 경기에 비해서 농구 경기 보는 것을 더 좋아해요. ▶

Pattern 211 跟你相比，我还差得远呢。 너와 비교해서 나는 아직 멀었어.

1. 너와 비교해서 나는 아직 멀었어. ▶
2. 작년과 비교해서 올해는 회사 상황이 좋습니다. ▶
3. 1등하고 비교해서 저는 한참 못합니다. ▶
4. 선배들에 비하면 그는 아직 새내기입니다. ▶
5. 선진국과 비교하면 우리는 아직 부족한 게 많아요. ▶

Pattern 212 我的汉语水平不如他的英语水平。 제 중국어 수준은 그의 영어 수준만 못해요.

1. 제 중국어 수준은 그의 영어 수준만 못해요. ▶
2. 할머니의 건강이 이전만 못해요. ▶
3. 그 사람이 네 친구니까 내가 말하는 게 네가 말하는 것만 못하지. ▶
4. 약속이 우연보다 못하다더니 정말 공교롭네요. ▶
5. 남의 도움을 바라느니 스스로 해결하는 게 좋듯이 그 일은 잘 생각해 보세요.

▶

54.mp3

우리말 해석을 보면서 해당하는 중국어 문장을 큰 소리로 말해 보세요. 정답은 오디오나 본책을 보면서 확인합니다. 머릿속으로만 생각하지 말고 꼭 소리 내어 말합니다. 밑줄에 직접 써 보면서 정리하면 패턴을 기억하는 데 훨씬 도움이 됩니다.

Pattern 213 他没有我这么忙。 그는 저만큼 그렇게 바쁘지는 않아요.

1. 그는 저만큼 그렇게 바쁘지는 않아요. ▶ ________________
2. 그는 동생만큼 키가 크지는 않아요. ▶ ________________
3. 어제는 오늘처럼 바람이 세게 불지는 않았어요. ▶ ________________
4. 이번 학기 수업은 지난 학기만큼 어렵지는 않아요. ▶ ________________
5. 한국의 인구는 일본만큼 그렇게 많지는 않아요. ▶ ________________

Pattern 214 今天的温度比昨天低三度。 오늘 온도는 어제보다 3도가 낮아요.

1. 오늘 온도는 어제보다 3도가 낮아요. ▶ ________________
2. 그녀의 남자 친구는 그녀보다 네 살이 많아요. ▶ ________________
3. 이번 시험은 지난번보다 30점이 높아요. ▶ ________________
4. 빨간 가방은 검은색보다 5백 위안이 비싸요. ▶ ________________
5. 이 방은 저 방보다 6평방미터가 커요. ▶ ________________

Pattern 215 天气一天比一天热。 날씨가 하루가 다르게 더워지네요.

1. 날씨가 하루가 다르게 더워지네요. ▶ ________________
2. 그녀는 하루가 다르게 예뻐지네요. ▶ ________________
3. 동지가 지나자 낮이 하루가 다르게 길어집니다. ▶ ________________
4. 제 고향은 해가 갈수록 좋아집니다. ▶ ________________
5. 그는 열심히 공부하더니 성적이 해가 갈수록 오릅니다. ▶ ________________

Pattern 216 他瘦了，但是长得更精神了。 그는 말랐지만 더 활기차 보여요.

1. 그는 말랐지만 더 활기차 보여요. ▶ ________________
2. 음악회를 가고 싶지만 시간이 없어요. ▶ ________________
3. 나는 그를 좋아하지만 말을 할 수가 없어요. ▶ ________________
4. 그녀는 성형을 했지만 자연스러워 보여요. ▶ ________________
5. 노인이 길에서 넘어졌는데도 부축하는 사람이 없어요. ▶ ________________

55.mp3

우리말 해석을 보면서 해당하는 중국어 문장을 큰 소리로 말해 보세요. 정답은 오디오나 본책을 보면서 확인합니다. 머릿속으로만 생각하지 말고 꼭 소리 내어 말합니다. 밑줄에 직접 써 보면서 정리하면 패턴을 기억하는 데 훨씬 도움이 됩니다.

Pattern 217 他不爱吃面条，却从来都不说。 그는 국수를 싫어하는데도 지금껏 말을 안 해요.

1. 그는 국수를 싫어하는데도 지금껏 말을 안 해요. ▶
2. 그는 수업할 때 잠을 잤는데도 다 알아들었더라고요. ▶
3. 여동생은 다섯 살인데도 당시를 많이 외울 수 있어요. ▶
4. 제게 허락하셔 놓고 이제는 뒤집으시는군요. ▶
5. 그가 늦었는데도 선생님은 나무라지 않았어요. ▶

Pattern 218 天气虽然有点儿阴，但是一点儿也不冷。 날씨가 좀 흐리긴 하지만, 조금도 춥지 않아요.

1. 날씨가 좀 흐리긴 하지만, 조금도 춥지 않아요. ▶
2. 그는 장난꾸러기이긴 하지만 공부는 잘해요. ▶
3. 이 책은 이해하기 어렵긴 하지만 내용은 재밌어요. ▶
4. 생활이 좋아지긴 했지만 낭비할 수는 없어요. ▶
5. 그는 1등을 하긴 했지만 조금도 교만하지 않아요. ▶

Pattern 219 即使明天下雨，我也要出去玩儿。 설령 내일 비가 오더라도 나는 놀러 나갈 거예요.

1. 설령 내일 비가 오더라도 나는 놀러 나갈 거예요. ▶
2. 설령 네가 실패했더라도 포기해선 안 돼. ▶
3. 설령 날씨가 더 추워지더라도 저는 일찍 일어나 조깅을 계속할 거예요. ▶
4. 설령 큰 어려움이 있더라도 물러설 수는 없습니다. ▶
5. 좋은 일을 하려면 설령 작은 일이라도 해야 합니다. ▶

Pattern 220 哪怕一个星期见一次面，他们也很高兴。 한 주에 한 번을 보더라도 그들은 기뻤습니다.

1. 한 주에 한 번을 보더라도 그들은 기뻤습니다. ▶
2. 학생은 반나절만 쉬어도 즐겁습니다. ▶
3. 그가 조금만 발전한다 해도 부모님이 기뻐하실 텐데. ▶
4. 설령 작은 일일지라도 미디어는 크게 떠들어야 합니다. ▶
5. 설령 어려움이 매우 많더라도 우리는 맞서 나가야 합니다. ▶

56.mp3

우리말 해석을 보면서 해당하는 중국어 문장을 큰 소리로 말해 보세요. 정답은 오디오나 본책을 보면서 확인합니다. 머릿속으로만 생각하지 말고 꼭 소리 내어 말합니다. 밑줄에 직접 써 보면서 정리하면 패턴을 기억하는 데 훨씬 도움이 됩니다.

Pattern 221 老师就是批评你, 你也要虚心接受。 선생님이 혼내시더라도 겸허히 받아들여야 합니다.

1. 선생님이 혼내시더라도 겸허히 받아들여야 합니다. ▶ ____________
2. 내일은 날씨가 좋더라도 저는 안 나갈래요. ▶ ____________
3. 그는 나이가 그렇게 어린데도 세상 물정을 아네요. ▶ ____________
4. 그의 말에 일리가 있더라도 우리는 다른 측면에서 봐야 합니다. ▶ ____________
5. 어려움이 아무리 많더라도 노력해서 극복해야 합니다. ▶ ____________

Pattern 222 事情再多也别着急, 一件一件办。 일이 아무리 많아도 서두르지 말고 하나씩 해 나가세요.

1. 일이 아무리 많아도 서두르지 말고 하나씩 해 나가세요. ▶ ____________
2. 그는 아무리 불편하더라도 글을 써 나갑니다. ▶ ____________
3. 그는 아무리 힘들어도 매일 수영을 하러 갑니다. ▶ ____________
4. 아무리 바쁘더라도 엄마 아빠 보러 자주 집에 오너라. ▶ ____________
5. 아이들은 아무리 어려도 응석받이를 만들면 안 됩니다. ▶ ____________

Pattern 223 既然知道做错了, 就赶快改正。 이왕 잘못을 알게 된 바에야 빨리 고쳐야죠.

1. 이왕 잘못을 알게 된 바에야 빨리 고쳐야죠. ▶ ____________
2. 이왕 반드시 가야 한다면야 저는 막지 않겠어요. ▶ ____________
3. 이왕 그 사람이 벌써 사과를 했는데, 그를 용서하시지요. ▶ ____________
4. 이왕 좋은 성적을 얻고 싶다면야 평소에 열심히 노력해야만 합니다. ▶ ____________
5. 이왕 다른 일이 있다면야 더 말하지 않을게. ▶ ____________

Pattern 224 信不信由你, 反正我不信。 믿든 안 믿든 너한테 달렸는데, 아무튼 나는 안 믿어.

1. 믿든 안 믿든 너한테 달렸는데, 아무튼 나는 안 믿어. ▶ ____________
2. 어쨌든 오늘은 시간이 있으니 천천히 둘러보시죠. ▶ ____________
3. 그를 초청하지 마세요. 어쨌든 오지 않을 거예요. ▶ ____________
4. 어쨌든 너도 학교에 가야 한다면 빨리 가는 게 좋지. ▶ ____________
5. 어쨌든 저는 종일 집에 있을 테니 언제든지 오셔도 됩니다. ▶ ____________

57.mp3

우리말 해석을 보면서 해당하는 중국어 문장을 큰 소리로 말해 보세요. 정답은 오디오나 본책을 보면서 확인합니다. 머릿속으로만 생각하지 말고 꼭 소리 내어 말합니다. 밑줄에 직접 써 보면서 정리하면 패턴을 기억하는 데 훨씬 도움이 됩니다.

Pattern 225 不管怎么样，我都不同意你去美国。

아무튼 나는 네가 미국 가는 것에 동의하지 않아.

1. 아무튼 나는 네가 미국 가는 것에 동의하지 않아. ▶ ____________________
2. 날씨가 어떻든 그는 매일 나가서 산책한다. ▶ ____________________
3. 어쨌든 그는 그래도 우리를 돕기로 선택했어요. ▶ ____________________
4. 국가 간에는 어쨌든 외교 원칙을 지켜야 합니다. ▶ ____________________
5. 종업원으로서 어쨌든 손님을 잘 모셔야 합니다. ▶ ____________________

Pattern 226 如果明天下雨，那么运动会就要延期。

만일 내일 비가 오면 운동회는 연기될 것입니다.

1. 만일 내일 비가 오면 운동회는 연기될 것입니다. ▶ ____________________
2. 만일 문제가 있으면 선생님께 찾아가 물어보세요. ▶ ____________________
3. 만일 그녀를 좋아하면 용감히 따라다니세요. ▶ ____________________
4. 만일 나무가 없다면 우리는 안개 속에서 살 겁니다. ▶ ____________________
5. 만일 사람마다 조금씩 사랑을 베풀면 세상은 더욱 아름다워질 겁니다. ▶ ____________________

Pattern 227 你有时间的话，请来我的办公室一下。

시간 있다면 내 사무실로 좀 오세요.

1. 시간 있다면 내 사무실로 좀 오세요. ▶ ____________________
2. 날마다 일요일이라면 얼마나 좋을까! ▶ ____________________
3. 네가 노력한다면 몸은 갈수록 좋아질 거야. ▶ ____________________
4. 비행기가 제시간에 이륙했다면 벌써 난징에 도착했을 겁니다. ▶ ____________________
5. 런민비 환율에 변화가 있으면 제게 알려주세요. ▶ ____________________

58.mp3

우리말 해석을 보면서 해당하는 중국어 문장을 큰 소리로 말해 보세요. 정답은 오디오나 본책을 보면서 확인합니다. 머릿속으로만 생각하지 말고 꼭 소리 내어 말합니다. 밑줄에 직접 써 보면서 정리하면 패턴을 기억하는 데 훨씬 도움이 됩니다.

Pattern 228 要是你不去，我也不去了。 만일 네가 안 간다면 나도 안 갈래.

1. 만일 네가 안 간다면 나도 안 갈래. ▶ ______
2. 내일 날씨가 개면 우리 소풍 가자. ▶ ______
3. 나무를 함부로 베어버리면 생태환경은 파괴될 겁니다. ▶ ______
4. 부모님 말씀을 안 들으면 후회할 거예요. ▶ ______
5. 어려움이 있으면 얘기해 봐, 우리가 모두 널 도와줄게. ▶ ______

Pattern 229 要不然我们干脆回去吧。 그렇지 않으면 우리 차라리 돌아가자.

1. 그렇지 않으면 우리 차라리 돌아가자. ▶ ______
2. 힘들면 우리 좀 쉬어요. ▶ ______
3. 이 길은 걷기가 어려워요, 아니면 다른 길로 가지요. ▶ ______
4. 그 사람 병이 났는데 우리 같이 보러 갈래요? ▶ ______
5. 그 사람이 동의하지 않으면 저는 안 할 거예요. ▶ ______

Pattern 230 除非你告诉我理由，否则我不会说的。
네가 이유를 말하지 않는다면 나는 이야기하지 않을 거야.

1. 네가 이유를 말하지 않는다면 나는 이야기하지 않을 거야. ▶ ______
2. 그가 우리 팀에 들어오지 않으면 사람 수가 부족해요. ▶ ______
3. 지도자가 서명하지 않으면 이 일은 처리할 사람이 없어요. ▶ ______
4. 그가 성격이 좋게 변하지 않으면 그와 친구 하려는 사람은 없어요. ▶ ______
5. 그 국가가 포기하지 않으면 다시 협상할 수는 없어요. ▶ ______

59.mp3

우리말 해석을 보면서 해당하는 중국어 문장을 큰 소리로 말해 보세요. 정답은 오디오나 본책을 보면서 확인합니다. 머릿속으로만 생각하지 말고 꼭 소리 내어 말합니다. 밑줄에 직접 써 보면서 정리하면 패턴을 기억하는 데 훨씬 도움이 됩니다.

Pattern 231 只要明天你有时间，就去爬山。 내일 시간만 있다면 등산 갑시다.

1. 내일 시간만 있다면 등산 갑시다. ▶ ______
2. 그분을 찾아뵙기만 하면 좋은 소식을 줄 겁니다. ▶ ______
3. 그는 시간만 나면 어머니의 집안일을 도와줍니다. ▶ ______
4. 굳세게 지켜나가기만 하면 수확이 있을 겁니다. ▶ ______
5. 우리가 마음을 모아 협력하기만 하면 어려움을 이겨낼 겁니다. ▶ ______

Pattern 232 只有他才可以完成这个任务。 그 사람만이 이 임무를 완수할 수 있어요.

1. 그 사람만이 이 임무를 완수할 수 있어요. ▶ ______
2. 수험생만이 고사장에 들어갈 수 있어요. ▶ ______
3. 우리 세 사람만이 이번 대회에 참가할 수 있습니다. ▶ ______
4. 진지한 사랑만이 사랑의 참뜻을 느낄 수 있어요. ▶ ______
5. 성실하게 일해야만 자신의 가치를 실현할 수 있어요. ▶ ______

Pattern 233 这种植物一旦缺水就会枯萎。 이 식물은 일단 물이 부족하면 말라죽을 겁니다.

1. 이 식물은 일단 물이 부족하면 말라죽을 겁니다. ▶ ______
2. 일단 해이해지면 잘못을 저지르기 쉽습니다. ▶ ______
3. 일단 결심을 했으면 목표를 위해 노력해야 합니다. ▶ ______
4. 사건이 발각됐으니 그들은 징계를 받을 겁니다. ▶ ______
5. 인간이 환경 문제를 소홀히 하기 시작하면 위험을 초래합니다. ▶ ______